実録ポスターコレクション PART 1

安藤 昇の世界

『やくざと抗争』

スピードポスター

B2ポスター

B2ポスター

『やくざと抗争 実録安藤組』

スピードポスター

『実録安藤組
襲撃篇』

スピードポスター

B2ポスター

B2ポスター

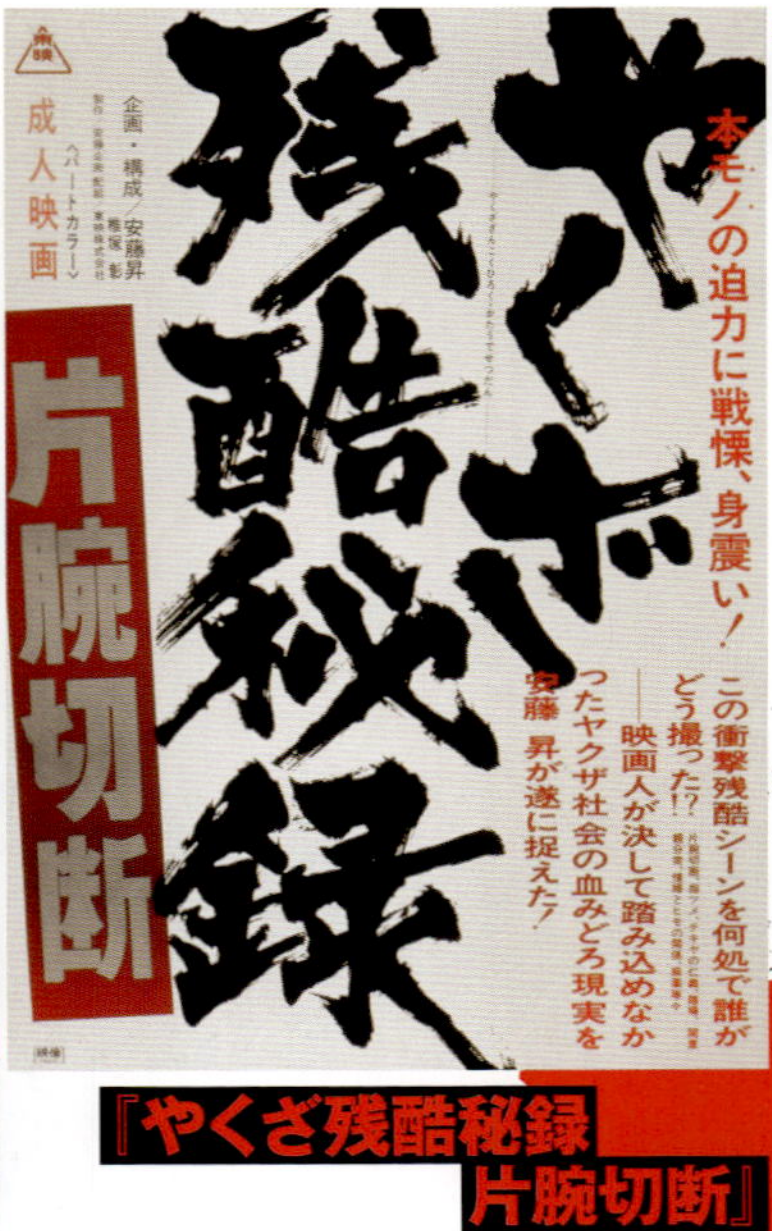

B2ティーザーポスター

『やくざ残酷秘録
片腕切断』

スピードポスター

B2ポスター

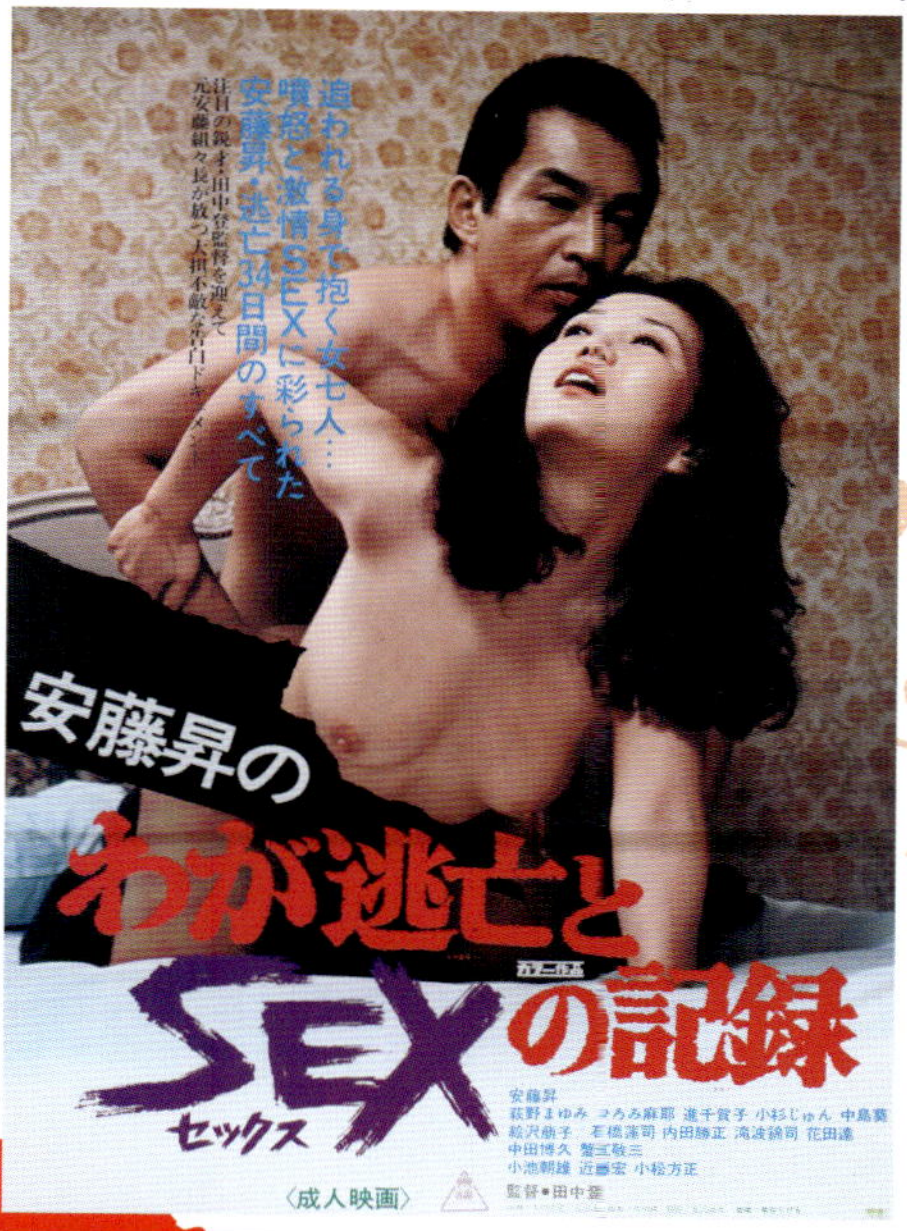

『安藤昇の
わが逃亡とSEXの記録』

B2ポスター

『安藤組外伝
人斬り舎弟』

拡大する実録路線

『実録・私設銀座警察』

B2ポスター

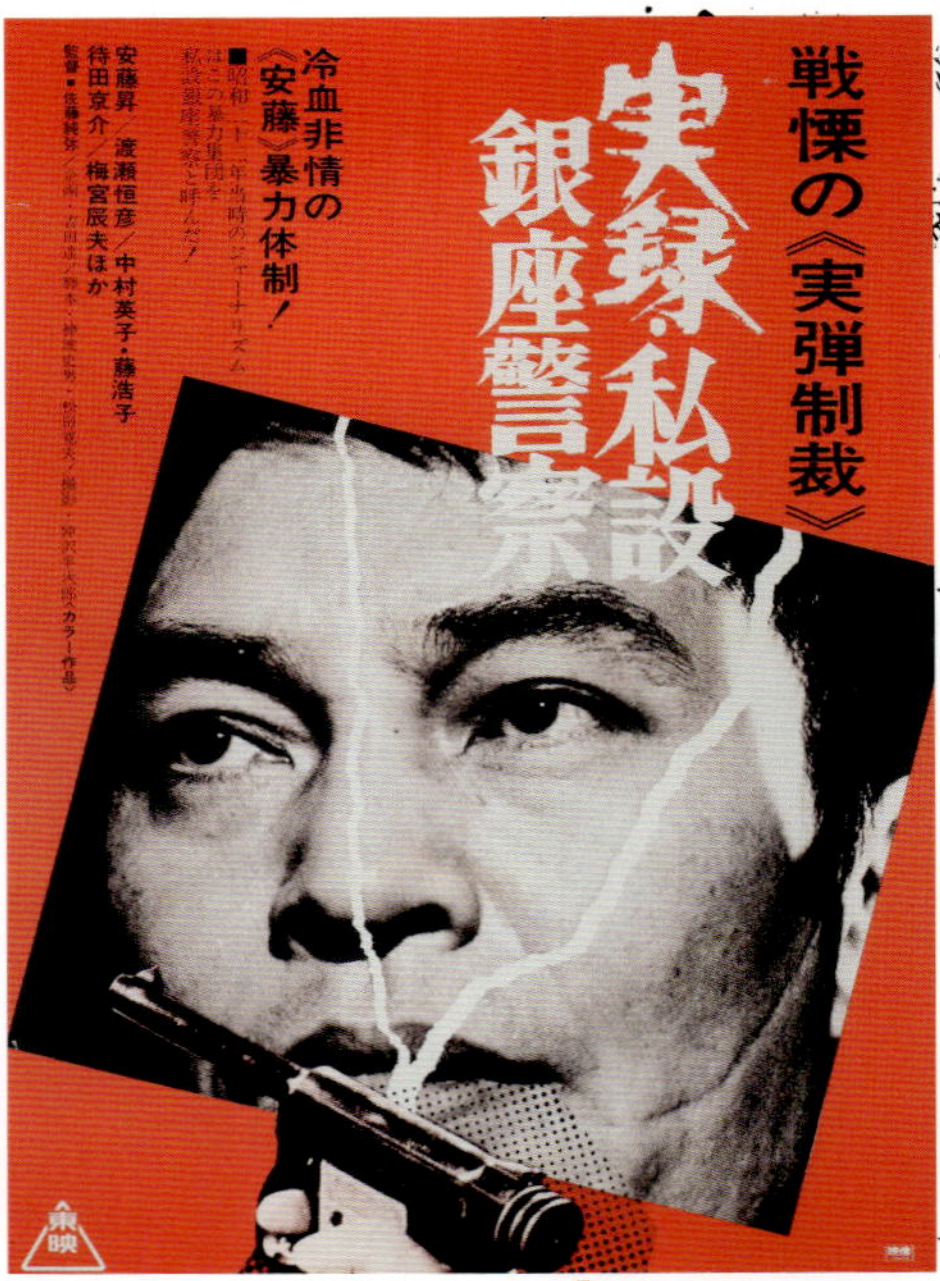

ティーザーポスター

スピードポスター

2シートポスター

B2ポスター

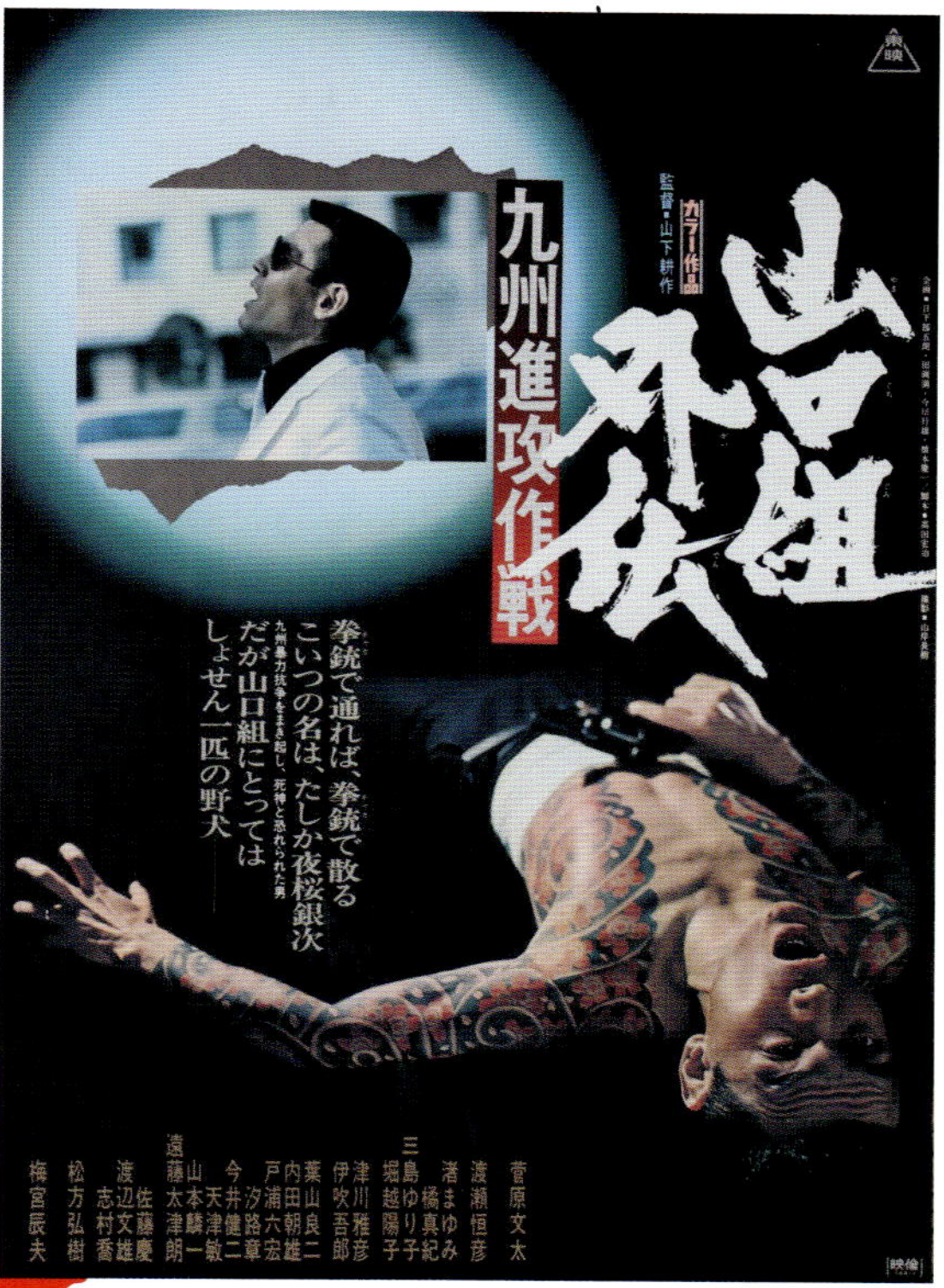

ティーザーポスター

『山口組外伝 九州進攻作戦』

スピードポスター

B2ポスター

『バカ政ホラ政トッパ政』

2シートポスター

『沖縄やくざ戦争』

●２シートポスター

●B2ポスター B

『実録外伝 大阪電撃作戦』

●B2ポスター A

B2ポスター

『沖縄10年戦争』

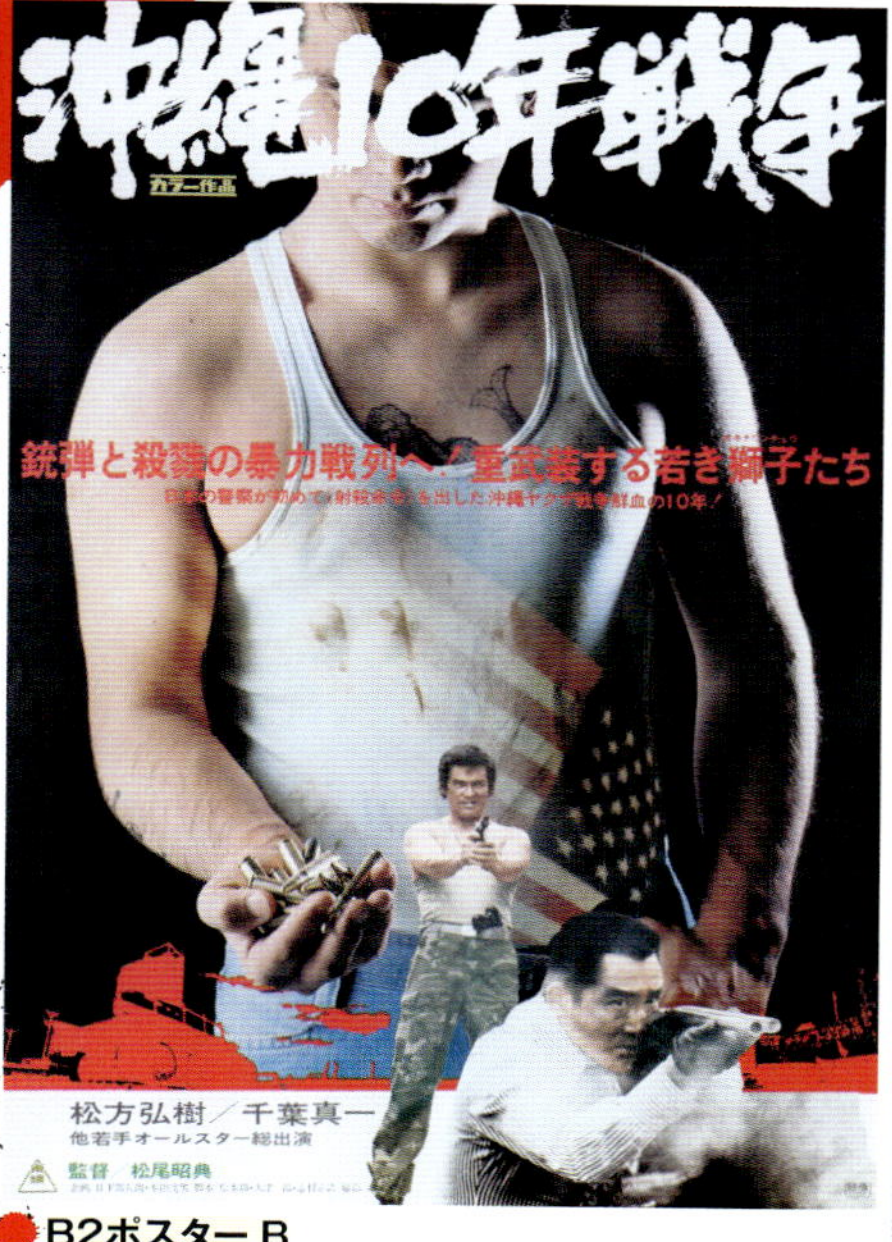

B2ポスター B

B2ポスター A

B2ポスター

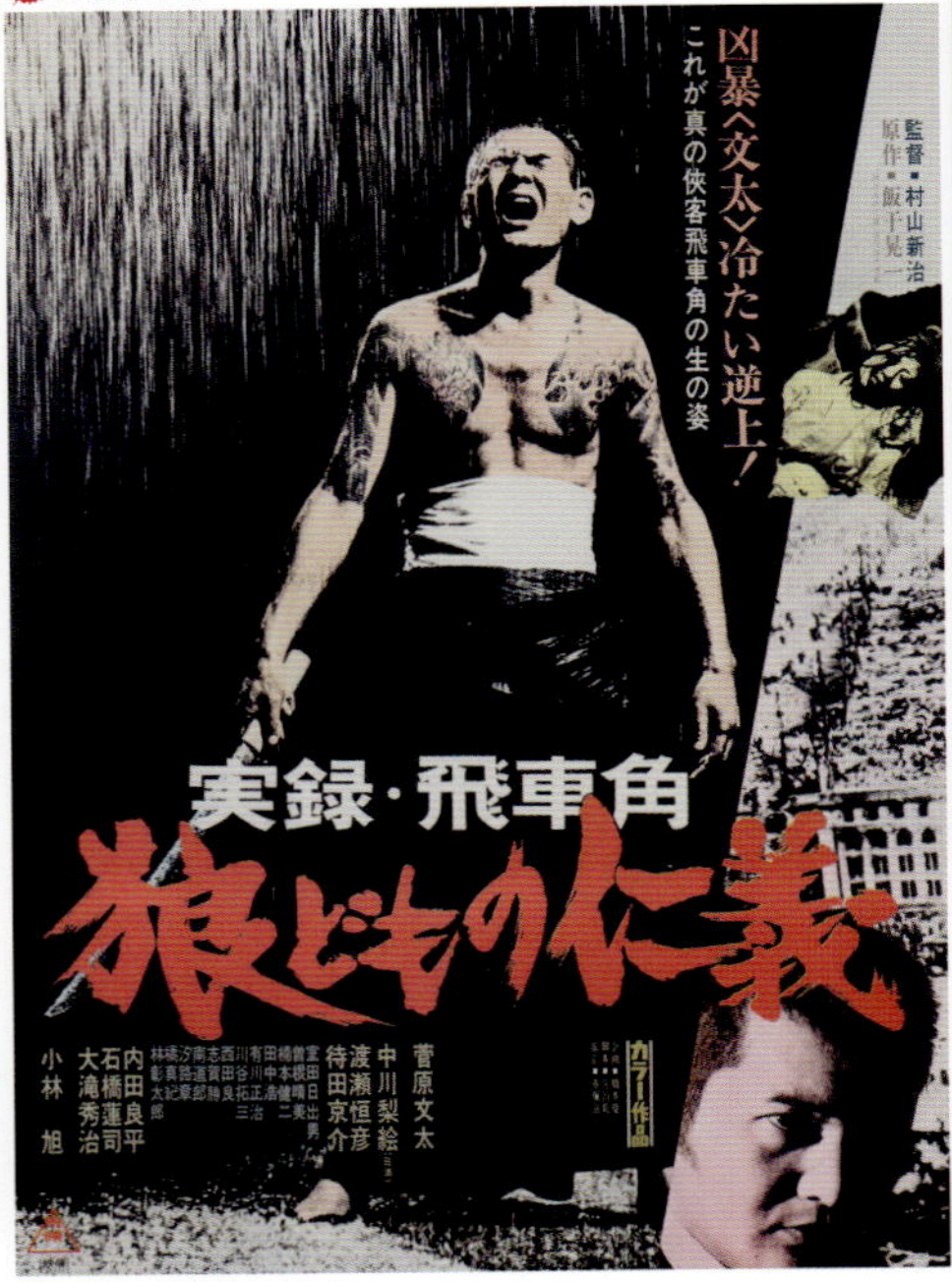

B2ティーザーポスター

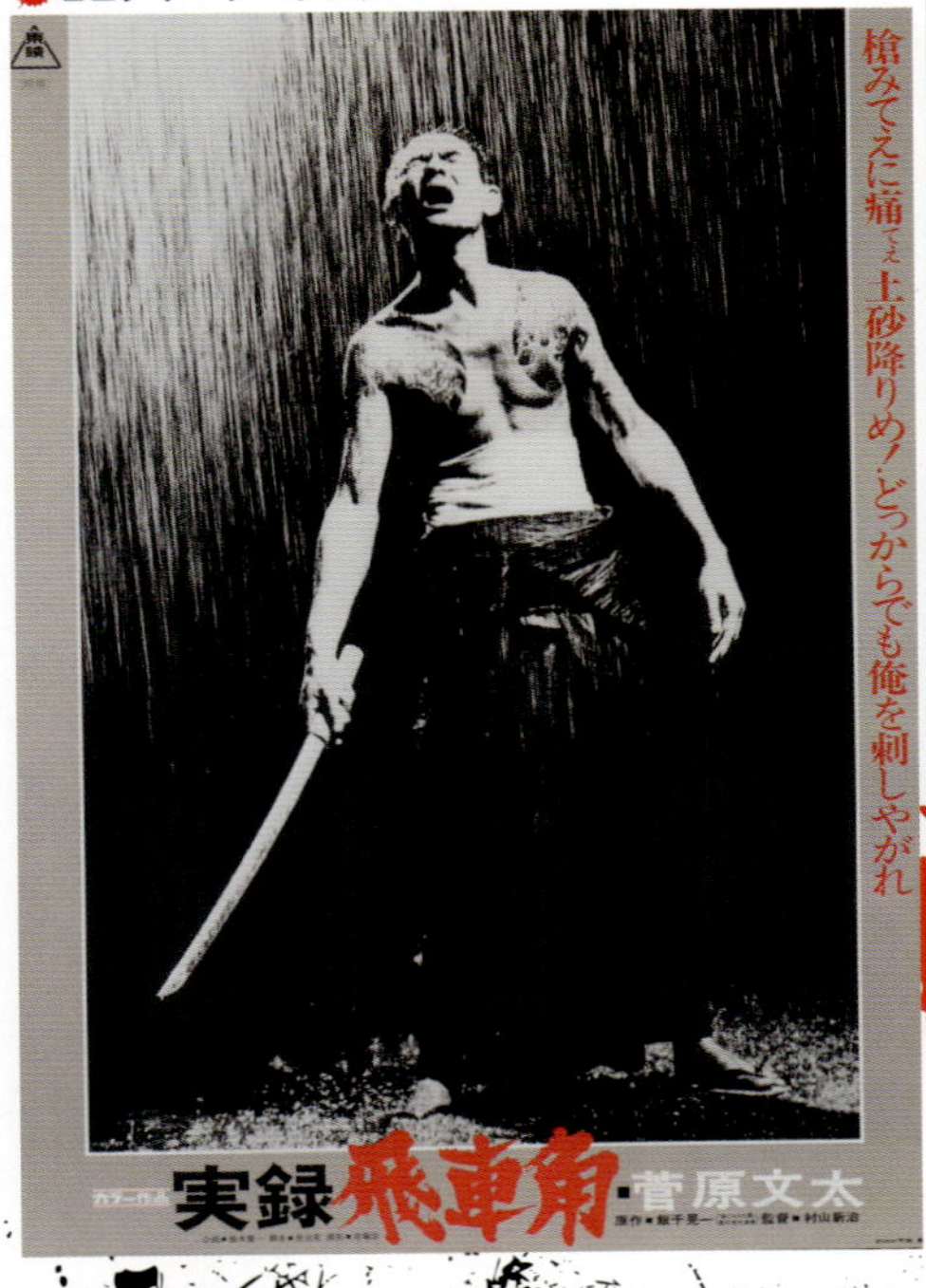

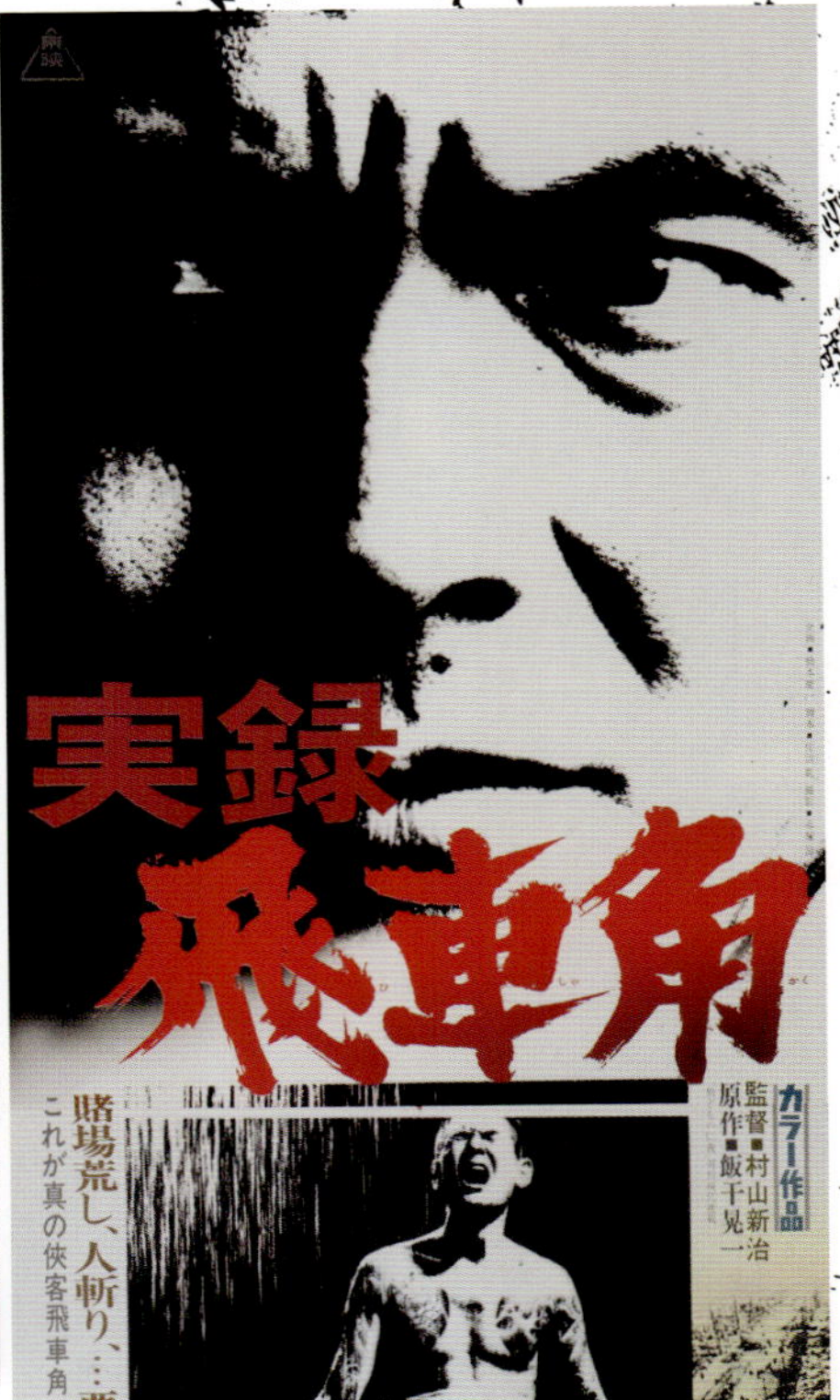

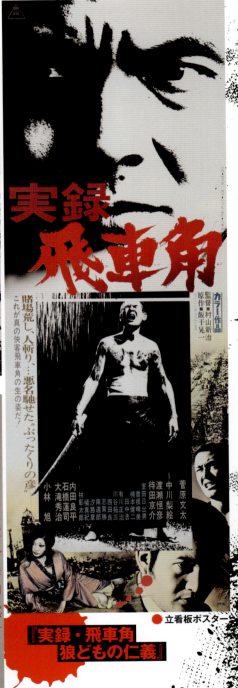

立看板ポスター

**『実録・飛車角
狼どもの仁義』**

『唐獅子警察』

● カラースチール

● B2ポスター

『神戸国際ギャング』

● 2シートポスター

B2ポスター（高倉 健）

B2ポスター

『神戸国際ギャング』封切り初日に配布された特製手ぬぐい

『鉄砲玉の美学』

B2ポスター

B2イラストポスター

『広島仁義 人質奪回作戦』

B2ポスター

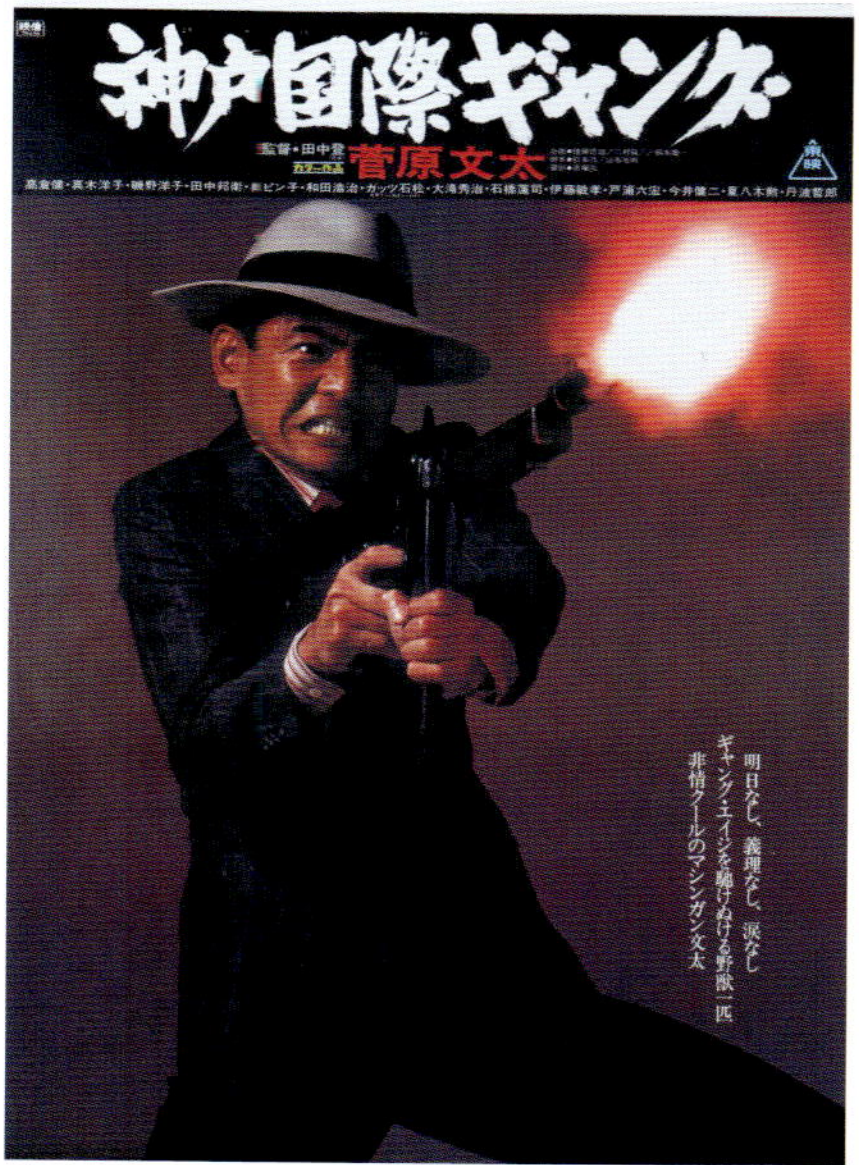

B2ポスター（菅原文太）

『仁義と抗争』

B2ポスター B

B2ポスター A

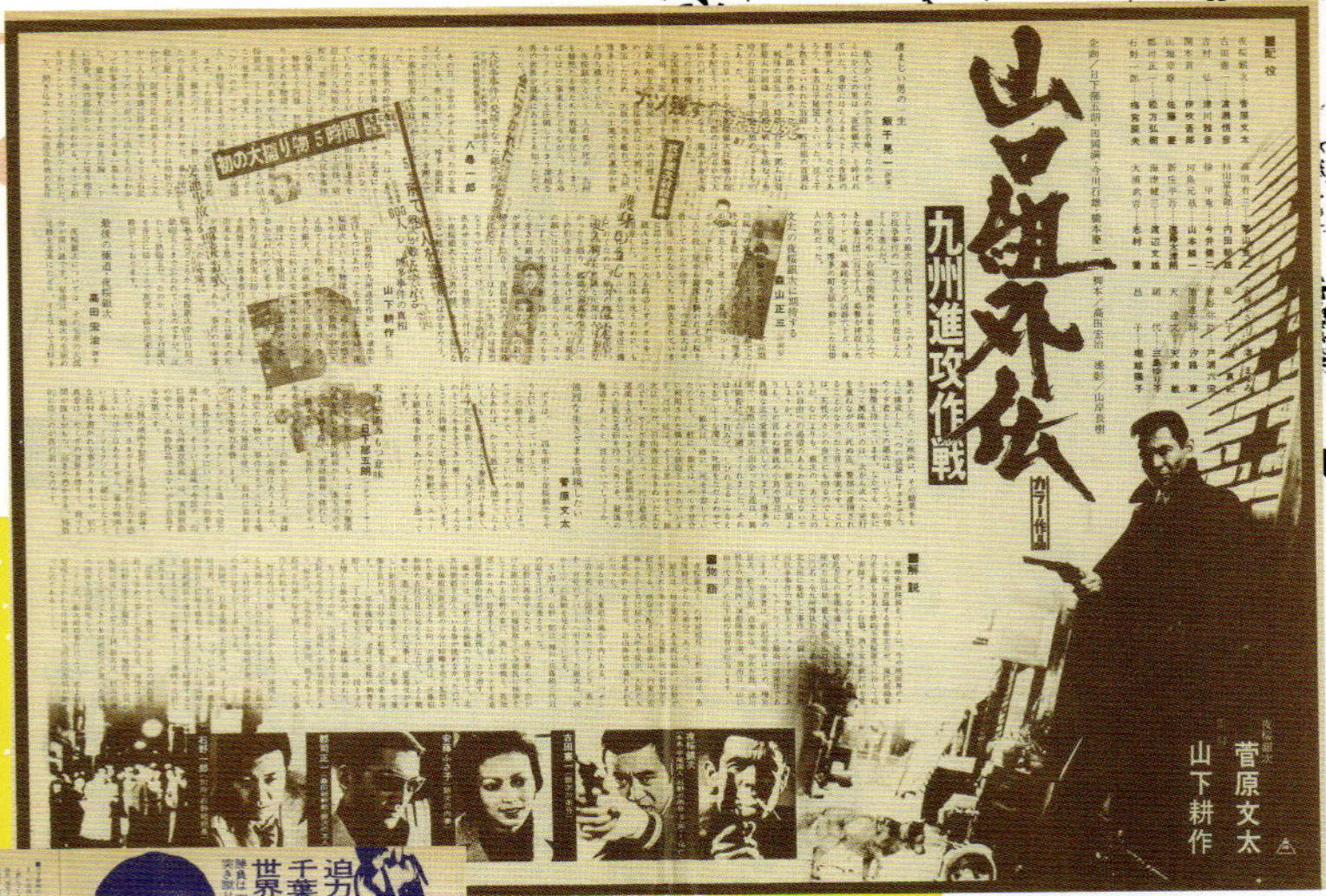

チラシ

この当時、東映がチラシを作るのは珍しいことだった。裏面は同時上映の『殺人拳2』を紹介

●『山口組外伝 九州進攻作戦』チラシ

●九州地方で製作された『県警対組織暴力』チラシの裏面

〝日本暴力列島〟シリーズ製作開始、という煽りで、『京阪神殺しの軍団』以降のタイトルとして、『北九州電撃作戦』『関東包囲作戦』という企画が挙がっていたようだ

レコード

●主題歌「血と命／明日はない」
安藤 昇（キャニオン／A-157・廃盤）

東映実録
バイオレンス
浪漫アルバム

『県警対組織暴力』

杉作J太郎
植地 毅 編著

「実録」ではあるが映画の冒頭、
白抜きの文字で注意書きされているように
すべてフィクションである。

したがって本書に記されることは
元がフィクションであるから
ダブルフィクションかというとそれは違う。

演じているのは全て役者である。
三上寛さんはやくざではない。
詩人である。
野坂昭如さんもやくざではない。
小説家である。
舞台役者も多数登場する。
チェーホフやマクベスを普段演じているが
ここでは実録やくざである。
安藤昇さんが安藤昇さんを演じることもあるが
厳密に言えば
それもイコールではないのだろう。
映画の中で死んでも
松方さんも渡瀬さんも生きていた。

『北陸代理戦争』

現実に亡くなられても
映画の中では生きている。

だが間違いなく
実録映画の提示したものは
私たちの体内に残った。
それは事実だ。

複雑な話に思わなくていい。
実録路線の登場人物はおしなべて組織との折り合い、
社会との折り合いに苦しむが
その意地と根性を私たちは受け取ることができる。

自分が自分であるために
人は生きることができるのだ。

本書に掲載された映画群がなければ
私は今日まで生きてこられただろうか。

強い感謝の気持ちをまず記しておきたかった。
ありがとうございます。

東映
実録路線に
捧げる詩

文．杉作J太郎

CONTENTS

序章 東映実録路線への道 … 18

第1章 「実録俳優」安藤昇の世界 … 36

第2章 拡大する東映実録映画の世界 … 74

※本文中の敬称は、基本、略させて頂きました　※掲載された情報は、2018年4月現在のものです
※本書で紹介する作品の中に、一部差別的な表現が含まれています。しかし、映画製作当時の人権意識は現在とは大きく異なり、差別的な表現に著しく配慮に著しく欠けていました。これらの表現を肯定するものではありませんが、製作者の意思を尊重しそのまま掲載しています。このような表現を不快に感じられる皆様にはお詫び申し上げます。

PROLOGUE:

PRE-JITSUROKU VIOLENCE MOVIES

序章
東映実録路線への道

リアルな描写とクールな視点で瞬く間に任俠路線を駆逐した「東映実録路線」。しかし、その誕生は決して突然変異的なものではない。果たしてその萌芽はどこにあったのか？

『組織暴力』

『広島仁義　人質奪回作戦』

序論

「実録」とは何なのか!?

文.杉作J太郎

実録映画の定義というのも難しい。

これは本書の中におそらく何度も何度も登場する話題である。

私の思う実録映画。

それは「文脈のない映画」である。

あるいは「予測のつかない映画」である。

乱暴な言い方をすれば「でたらめな映画」である。

なぜなら「実録」だから。

事実は小説より奇なり、と言うではないか。努力して努力して報われる。愛して愛して、結ばれる。困難に立ち向かって突破する。例えば、暗黒宇宙の帝王を艱難辛苦の果てに倒すことは「実録」ではない。

世の中は思った通りにはならないのだ。

これが現実。それが「実録」の風味。

綺麗な女性と出会って。「つきあってください」とアタックしたら、気持ち悪がられて相手にもされなかった。

これが現実。それが「実録」の風味。

世の中は厳しい。

少なくとも私にとっては厳しかった。甘いものではなかった。学校も恋愛も仕事も何もかも。現実が恵まれないから、せめて映画ぐらいは多幸感に満ちたハッピーエンドのものを観たいと思う人もいるのだろうか。いるのだと思う。たくさんいるのだと思う。だが私はそういうものを観たくなかった。

思った通りになってたまるか！

若者たちの期待は裏切られ、希望は叶わず、夢は閉ざされ、命は散る。

私の思う実録映画はそんな映画である。

世の中の厳しさを教えてくれた。

そしてその中で、たとえ夢は叶わずとも、どう生きるのが男であるか、どう死ぬのが男であるか、それを教えてくれた。それが実録映画だと私は思っている。

実録映画の登場人物はほとんどが幸せになれない。

で、まさかの人物が幸せになったりする。

本書では取り上げないが（シリーズ既刊『東映ピンキー・バイオレンス浪漫アルバム』参照）『徳川女刑罰絵巻 牛裂きの刑』という映画がある。

ちょうど実録映画真っ盛りに作られたポルノ時代劇である。監督は牧口雄二。１９７６年公開。『沖縄やくざ戦争』の同時上映作品である。

京都撮影所で作られたこの映画は時代劇でありポルノであり、史実に基づいて作られたものではない。物語は完全なフィクションである。が、この物語、主人公たちはもがけばもがくほど酷いことになり、メチャクチャな最期を遂げる。一方、主人公たちを酷い目にあわせた悪魔のような権力者は出世して物語は終わる。

これが「実録」、または「実録」風味なのである。

つまり。実録映画だからといって全て実際にあったことでもないのだ。

いや、全てどころか、ほとんどがフィクションの実録映画も実録映画と誰もが呼んでいる作品の中にもある。

本書はそのどれが本当の実録で、どれがフェイクの実録か、などというありふれた論点で綴られるものではない。

めくるめく大冒険にも似た世界が繰り広げられていく。

人類史上、ここにしか存在しなかった奇跡の実録映画大絵巻。

おおいに期待して、ページをめくっていってほしい。

ドキュメント鼎談

今こそ「東映実録路線」を語れ!

杉作J太郎 J-taro Sugisaku
植地 毅 Takeshi Uechi
飯島洋一 Yo-ichi Iijima

司会・構成／伴ジャクソン

――まず、皆さんに語って頂きたいのは、いわゆる実録映画は73年1月公開の『仁義なき戦い』から一気に路線が広がっていったというのが、定説になってるんですけど、それは本当なのか？という……。

植地 再検証ですか。

――はい。それ以前にも、実在の話を基にしたリアルなやくざ像を描いた作品はあったんじゃないかということです。

飯島 いくらでもあったんじゃないですか、だって、安藤（昇）さんの松山を舞台にした『日本暗黒史 情無用』（※1）のポスターなんかは「安藤昇の実録シリーズ！」ってはっきりポスターに書いてますからね。

杉作 うん、安藤さんの映画は、やっぱり実録でしょう。

植 逆に言うと、現実と映画の境目をなくしてしまったのが安藤昇さんですよ。

飯 刑務所出てきた人が、また刑務所入るような映画に出てるんだから凄いよね。

植 自分が警察から逃げまくる映画を3回作ってますから（笑）。

杉 ハハハ、公開すればするほど顔バレして逃げられなくなるっていう。

植 海外だとダニー・トレホ（※2）が近い存在ですよね。元々ギャングで、そのまま俳優になっている感じですけど、トレホの場合は不良を更生させる目的があって、ちゃんとセミナーとかもやって「ギャングなんかに入っちゃいけない」とか言ってる訳ですよ。安藤さんはもう全然（一同笑）。むしろ、「俺は昔こんなだったのに、今の若者は元気がない！」くらいの感じのノリじゃないですか。

杉 その辺りは当時どうだったんですか、飯島さん。

飯 悪いけど、俺は玉電の沿線だから、周りの大人が安藤さんの大ファンばかり。中学生の時なんか、何だかよくわかんないけど、「あそこで安藤組の××が○○した」なんて新聞記事を読んで見に行ってたくらいだよ。

杉 わかります。僕が20歳の頃に不動産屋のおばさんに世話になった時に、そのおばさん、安藤さんの追っかけだったですからね。女学生時代に安藤さんのオープンカーが通ったら「キャー！」って追いかけて行ったって言っていましたよ。

飯 今じゃ考えられないよね。

植 考えられない。大らかだったというか。

杉 飯島さんなんかわかると思うんですけど、僕の子供の頃、極道っていうのは「将来なりたい職業」の1つだったんですよ。

飯 わかる。そういう人間がいなかったら「網走番外地」の歌も流行らないよね。

杉 「やくざになりたい！」っていう人が、一流企業の就職希望者くらいいたと思うよ。これ、絶対大げさな話じゃないんだよ、「大げさな話だ」と思い込まされているんだよ。だって、飯島さんなんか、ほとんどやくざみたいなものじゃないですか（一同爆笑）。

飯 やくざを愛してる内にそうなっちゃったよ。

杉 そして何より大事なのは、飯島さんにとって、やくざっていうのは「立派な人」ってことだからさ。

飯 そう、鶴田（浩二）の親分の後ろ姿を見て学んできたから。

植 基本的に、やくざ映画は勧善懲悪の世界でしたからね。あの時代は学生運動やベトナム戦争なんかで混乱していましたけど……。

杉 そんなぼんやりした世界で、何が正しくて何が悪いかという、男の生き方をびしっと教えてくれたわけですよ。

飯　金の使い方から何から、とにかくやくざはカッコいいからね。若い衆に財布を丸ごとあげたりさ。

杉　東映はそういうところを一生懸命描いてきましたよ、「財布丸ごと」っていう文化を（一同笑）。

飯　鶴田さん、絶対財布ごとだよね。

植　高倉健さんもですよ。そのきっぷの良さに惚れるんですものね。まあ、クレジットカードとか入ってないから、できたんでしょうけどね（笑）。

杉　ちょっと戻りますけど、僕なんかが幼い頃は、やっぱりやくざは憧れだったんですよ。それでどんどん大きくなって中学生となっていく頃に『仁義なき戦い』とか『県警対組織暴力』みたいな実録シリーズが始まってね。子供心にも衝撃でしたね。それまで、やくざはスマートでカッコいいと思っていましたから。だって、テレビでやってる清水次郎長は竹脇無我とかがやってたんですよ？（※3）　だから「任侠＝竹脇無我」みたいな（一同爆笑）。おまけに映画だけじゃなくて、毒々しく事件性を帯びたポスター群が、街にぶわーっと貼られてね。

植　そう、新聞の号外みたいなレイアウトになってるんですよね。多分、『仁義なき戦い』の広告デザインをされた堀（三千三）さんがそういう風にイメージして作られていましたから（※4）。

飯　凄いセンスだよね、東映は他の会社に比べても、特に凄い。俺は東映のポスターが一番カッコいいと思っていますよ。

植　実際、本物の報道写真をコラージュして作っていますし。

杉　デザインでいわゆるムードを出していくんですよね。これが出てきて、やくざのイメージが変わったんじゃないかな。

飯　でも『仁義』の最初の頃なんかさ、一応（菅原）文太さんも善玉役みたいになっていたから、そんなに悪い人だと思えなかったけどね。

杉　そもそも、世の中の流れが、そうだったと思うんですよ。オイルショックとかがあって暗い世相になると、「明るいものを観ているような気分ではない」と子供心にも思ってましたからね。そうなってくるとね、今までみたいな希望があるとかみたいなのが流行らなかったんだな。

――確かに、『日本沈没』（※5）とかが大ヒットした頃です。

杉　ホラー映画で言うと、『エクソシスト』（※6）も最初の発掘場面からやっぱり実録風味なんだよね。だから世界同時多発のムードだったんですよ。『日本の首領』も、東映が『ゴッドファーザー』（※7）なぞっただけだなんて言われるけど、世間がそういうものを自然発生的に欲していたから大ヒットしたんじゃないかと思う。だって幸せ一杯の人がこんな映画、観に行きます？

――全部滅んでいく話ですからね。

飯　当時、そういう視点はなかったなァ。

杉　僕もないですよ（笑）。でも、今考えたら、そういうことじゃないですか。

植　最近『ゴッドファーザー』を観直したんですけど、血まみれになって倒れるところをカメラがばっと追っかけていくところとか、深作さんの手腕もあるんでしょうけど、まあ影響は大きいんだろうなという風に素直に考えましたね。逆に、アメリカのギャング映画は『ゴッドファーザー』以前にああいう描写はなかった訳ですから。

杉　確かに『ゴッドファーザー』みたいなのはあったのかも知れないけど、そう思って全部のシーンを観ない方がいいんだよ。そもそも人間のやることはね、日本でも海外でも同じになるんだよ。例えば『日本の首領』で首を切断するところなんかは、どっちが真似した、真似しないじゃなくて、"事件の残酷性"が同じなの。勿論参考にする・しないはあるし、流行る・流行ら

※1　68年1月14日公開の安藤昇主演『日本暗黒史』シリーズ第2作。監督／工藤栄一。

※2　だにー・とれほ／アメリカの俳優。1944年生まれ。10代の頃から犯罪に関わり、刑務所を行き来していたが、85年から映画のエキストラに参加する形で俳優としてのキャリアをスタート。ロバート・ロドリゲス監督の常連キャストとして活躍し、映画『マチェーテ』（10年）では66歳で初主演を務めた。

※3　71～72年放送のテレビドラマ『清水次郎長』（フジテレビ）

※4　書籍「仁義なき戦い浪漫アルバム」の堀氏インタビューでの発言より。

※5　73年に発売された小松左京のベストセラーSF小説。地殻変動で日本が消滅する状況をリアルに描き、73年には森谷司郎監督が、06年には樋口真嗣監督が映画化した。

※6　ウィリアム・ピーター・ブラッティが71年に発表した、メリーランド悪魔憑依事件を基にしたオカルト小説を、ウィリアム・フリードキン監督が73年に映画化。ディック・スミスによる特殊メイクの迫力も手伝って大ヒットを記録、世界的なオカルト・ブームを巻き起こした。

※7　69年に発表されたマリオ・プーゾの小説をフランシス・フォード・コッポラ監督が72年に映画化。アメリカに移住したイタリア人移民がマフィアとなり、その一族が暴力と権力に翻弄される様を鮮烈に描き、世界的な大ヒット作品となった。

石立鉄男さんの実録シンクロ度は最高！（杉作）

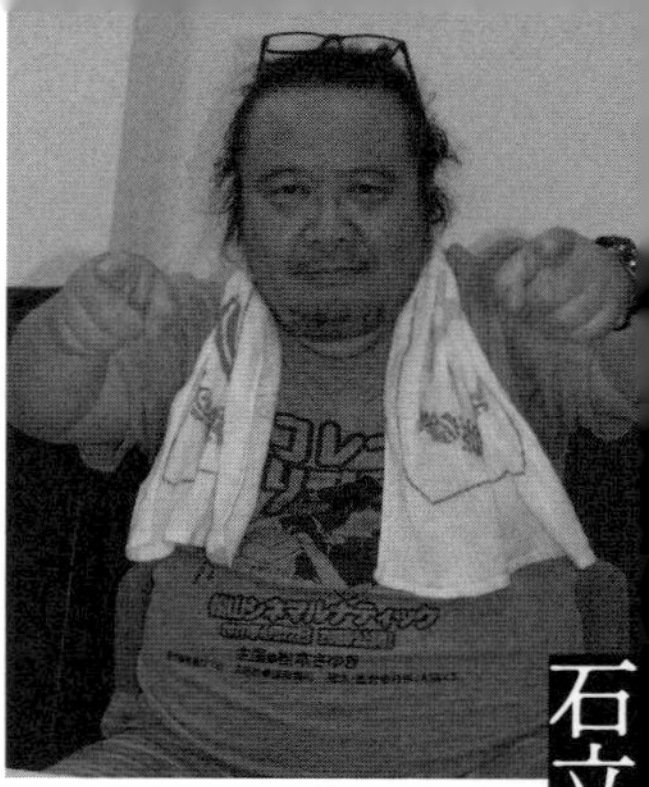

ないもあると思う。でも、全部のシーンを脚本家なり監督がトレースして作っていった訳ではない。

植　それは勿論、そうですよ。

杉　そう思っている人、今は結構いるんだよ。それで（この種の作品が）軽んじられているところがあるから、僕はそれを止めたいんだよね。だって実録風アクションってことで言ったら、例えば佐藤純彌さんの『組織暴力』で千葉（真一）さんがやるビッグアクション。あれ、『沖縄やくざ戦争』で尾藤イサオさんがやるアクションの元祖ですよ。あれはね、絶対当時アメリカで流行ってない。もし仮にやっていたとしたら、西部劇なんだよ。だから、もし日本が参考にしたって意味で言うなら、（実録路線は）ギャング映画と西部劇を一緒にしたんだよ。必ずしも流行ってるジャンルを真似したんじゃなくて、日本で融合したような気がするんです。

飯　なるほどね、深作欣二監督の世代は、たぶん一番西部劇観てたはずだよ。

杉　そうでしょう。ギャング映画じゃなくて、むしろ西部劇を観ていたような気がする。

植　『パピヨン』の大ヒットがきっかけで作ったという『脱獄広島殺人囚』とか、ものすごい独自路線ですよ。

飯　あの発想、凄いよね。

植　『暴動島根刑務所』と『大脱走』（※8）、同じ集団闘争でも違いすぎる（笑）。あそこまでお祭りになるっていうのは。

杉　東映が面白いのは、男子の入る刑務所は楽しかったり、愉快だったり居心地いい感じがあるんですけど、女子刑務所は大抵居心地悪い場所なんですよね。東映企画部の、女性に対するものの見方がよくわかる（一同爆笑）。

植　『不良番長』（※9）がカラッとしてるのに、「女番長」のイメージはジメッとしてますもんね。

杉　男の刑務所は、房が部室みたいだもん（笑）。所長とか看守も怖くない。だって、神山繁（※10）さんですよ（笑）。全然怖くないし、むしろホッとしますよ、神山繁さんがいたら（笑）。ただ、さっきの話じゃないけど、世相や環境が暗いというか殺伐としてるから、やっぱこういうのを観て救われた人が凄くいたと思う。

――ああ、なるほど。

杉　特に僕なんか、当時中学を退学して「えらいことになったなー」っていう時期だったんで、ハッピーエンドの映画なんか観たら、自分がもう寂しくなってくる訳ですよ。ところが東映の映画館に行ったら、そういう暗いのしかやっていないから救われるんですよ。「俺はまだ、何とかなる」って。しかも、悲劇は悲劇でも、最後まで悲劇にしないから。

――松方弘樹さん主演の映画は、まさにそうですよね。

植　プッて思い切り良く切れるの、多いですよね。高田宏治さんの脚本に多い様な。

杉　そう、生きてるか、死んでるかわからない、みたいなね。もう高田先生のお陰ですよ。やっぱり『県警対組織暴力』『仁義の墓場』みたいな映画は、精神的にきついですから。

飯　そうだねぇ。

植　そんなこと言ったら『人斬り与太』もかなり辛いですよ。

杉　そう。だからね、深作さんは全部ハッキリ切るんですよ。その一方で、中島（貞夫）さんはそれをやらない。

植　結構明るく終わりますよね。「松方はまだまだ逃げるぞ！」みたいな。

※8　63年公開の、ジョン・スタージェス監督作品。第2次世界大戦下のドイツ捕虜収容所を舞台に、集団脱走を図る連合軍兵士たちの姿を描くアクション巨編。スティーヴ・マックイーン、ジェームズ・ガーナー、チャールズ・ブロンソン、リチャード・アッテンボロー、ジェームズ・コバーンほか、豪華オールスターが集合した。

※9　68～72年にかけて東映東京撮影所で16作が製作された、梅宮辰夫主演のアクションシリーズ。作品の詳細は、是非シリーズ既刊「不良番長浪漫アルバム」のご一読を。

※10　こうやま・しげる／俳優。1929年広島県生まれ。テレビドラマ「ザ・ガードマン」の榊隊員役でお茶の間で人気を博し、最近では北野武監督『アウトレイジ ビヨンド』（12年）で花菱会々長役で強烈な印象を残した。17年没。

※11　オリジナルやくざ映画作品を大量に製作・リリースし続けている映像企画・製作・販売会社。現在の名称は「オールイン エンタテインメント」。

※12　84～89年にかけて四代目・竹中正久率いる山口組と反竹中派によって結成された一和会との間に起こった抗争事件で、317件にも及ぶ争いが勃発した。

※13　たつかわ・みつお／元広島東洋カープ捕手。1955年広島県生まれ。92年の引退後は、野球解説者、ヘッドコーチなどで活躍。『現代仁侠伝』（97年／降旗康男監督）では、関西会幹部を演じた。

杉　そう、「あしたのジョー」のラストみたいな感じ。だから、ここで「中島貞夫＝ちばてつや」説を推したい！（一同爆笑）

植　となると、深作さんは梶原（一騎）さんに近いかも。殺伐としてますもんね。

杉　「あしたのジョー」のエンディングはちばさんでしょう？　そこにはね、やっぱりちばさんのメッセージがあると思うんですよ。「しんどいけど、頑張っていこうよ」っていうね。そういう感じが実録映画に結構あるんですよ。特に『刑務所』シリーズは。

飯　『仁義』もそうだけど、あの時代の東映は、松方弘樹がほとんど占めてた感じがするね。これは俺の個人的な印象かもしれないけど。

杉　当時の実録映画で言うと「四番・松方弘樹、三番・渡瀬恒彦」って感じですね。

植　先発で菅原文太が出てってって。やっぱり松方さん、キャリアが長いじゃないですか。

飯　『仁義』で菅原文太ファンも一杯いたけど、俺たちの世代は「松方の方が凄いんじゃないか？」って言ってた。だから、松方の真似してたもん、エッチな女とする芝居とか、変な笑い方とかさ。

――「イッヒッヒ」って奴ですか（笑）。

実録映画の隆盛に寂しさも感じた（飯島）

植　出演本数も凄い数ですけど、晩年までこの種の作品に現役で出演し続けてるところも凄いですよ。それこそGP、ミュージアム（※11）の映画なんか、ほんの一瞬、座って立つだけの丹波哲郎みたいな役でも出てるんですけど。

杉　そう、実録感が強いですよね。文太さんだと善の感じが出ちゃうんですけど、松方さんには正義のイメージがないから。渡瀬さんに到っては、ズバリ「悪」って感じでしたしね（一同爆笑）。

植　文部省推薦映画にかなり出てますけどね。

杉　いやいや、あの頃の話だって！

――あの時代の渡瀬さんは、作品的には基本、人の話や忠告を一切聞かないイメージですよね（笑）。

杉　言葉が悪いかもしれませんけど、検品ではねられるもの、「規格外」って感じ。そういう雰囲気があったんですよ。

植　実録路線は現実とリンクしてナンボだと思うんですけど、情報ソースが山一抗争（※12）だけに絞られていったのが、衰退していった原因の1つなのかなとも思います。あの頃は確かにテレビの報道も凄くて、本物のやくざがテレビに出まくっていましたからね。

杉　モデルがはっきり出ていたから、「今回は誰が出るんだろう？」って。

植　そうそう。「今回は何組に名前が変わってるんだろう？」って。あと、80年代に入ると、抗争シーンより会議のシーンが増えてくるんですよ。

杉　会議は普通、主役以外は大部屋の人とかがいたけど、その頃にはそこだけの特別ゲストが入ってきたりね、そこで達川光男（※13）さんが入ってくる訳ですよ（一同爆笑）。

植　だって『日本の首領』なんかは現実の事件を入れ過ぎて、ロッキード事件（※14）とかまで入ってきますからね。

杉　直接関係のない事件までね。

植　あらゆる事件が、全部やくざのせいになってて。近代日本史の闇の事件簿みたいな話になってる。

飯　俺、好きなんですよ、1作目。鶴田さんがどうなのか、最初不安だったんですけど、最後全部持って行ったし。市原悦子の女房も、合わないんじゃないかと思ったけど、上手かったよ。

杉　確かに、鶴田さんの奥さんにしては変わったイメージですよね。

飯　今までの任侠路線の歴史から行くと、おかしいよね。市原さんだったら手を出さないんじゃないか、とかプロデューサーが考えたのかな。

杉　いや、あれは日本の名優総出演にしたかったんでしょう。

植　でしょうね。あの頃から、やくざ映画に出ないタイプの役者も合流するようになってきて。

杉　だからこそ、ダブル悦（市原悦子＆高橋悦史）が入ってくる訳ですよ！　鶴田さんのラスト、ペンを持つ場面なんてギャラの100倍くらい頑張ってると思うんですよ。あれは多分、台本を見たら自分の出番の後に悦史さんと佐分利さんが凄くいいセリフを喋るから、相当やっとかないと自分の存在感が消えるなって考えたんじゃないかな。やりすぎるくらいやっておかないと、もう忘れ去られてしまう（笑）。

――「俺の映画にするぞ！」と。

杉　あと、信じられないような家庭内暴力を展開しますからね、佐分利信さんが（笑）。

植　あれ、凄いですよね！　足袋で蹴りまくるところ。

杉　天龍（源一郎）より凄いよ、あ

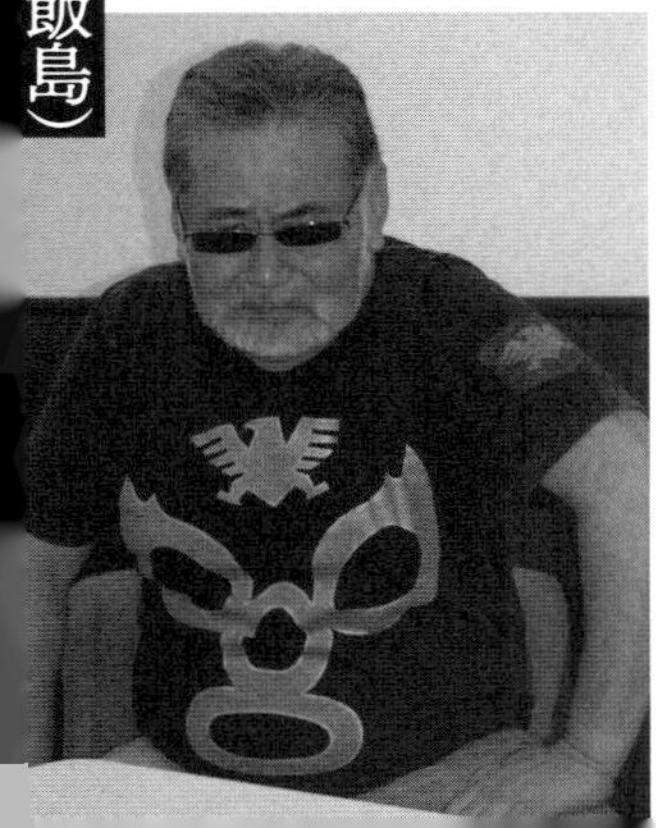

れ。しかし素晴らしい映画だと思うね、『日本の首領』は。だってやくざ映画に出てくる俳優さん、例えば渡辺文雄さんなんて基本、悪い奴ばかり演じているじゃないですか、ところが、ここでは何か……。

植 いい感じの役ですよね。

杉 初めて、汚い笑いを顔に浮かべないんですよね、憎らしくないんですよ(笑)。あの渡辺文雄さんと佐藤慶さんは見てほしいな、やっぱり。あの綺麗な2人を(笑)。

植 『日本の仁義』もスケールが若干縮まりますけど、フランキー堺さんであったり、本来やくざ映画に出ない人、東映っぽくない人をわざわざキャスティングしてますよね。

杉 藤田進さん、良かったよ。

植 良かったですよね、野坂昭如さん、林隆三さんなんかも、やくざ役じゃなくても話引っかき回す役じゃないですか。そういう部分で、作品に説得力を持たせているのかなって思いますね。

日本映画の中でも重要なジャンルです(植地)

杉 だから新劇の人は新劇の芝居、東宝の人は東宝の芝居、とそれぞれやってるから、演劇の総集編みたいなところもある。『日本の首領 野望篇』なんかに到っては吉本新喜劇も入ってるんですよ。橘麻紀さんが「これだけは見ないで!」って(一同爆笑)。

——花紀京さんがよくやってたやつですよね。チンピラに追われた人を隠しておきながら、その扉の前に立って「ここには絶対おらんぞ!」みたいな。

杉 とにかく、色んな人が合流してきたということで、役者が一杯見れる場所として楽しいんですよね。特に実録路線は、色んな人が出てくるから面白い。とはいえ、誰でも出られるわけじゃないじゃないですか。

飯 石原裕次郎さんとか高橋英樹さんは使いにくいかもね。

植 難しいですね。

杉 思った以上に良かったのは『激動の1750日』の石立鉄男さんです!

植 そうですよね!! 良かったですよ、港で撃たれまくって死ぬところ。

杉 実録へのシンクロ度で言ったら、もう、ごぼう抜き!

飯 大映は成田三樹夫さんくらいですかね。

植 勝新太郎さんも、東映に合流するとあんまり合わなかったですよね。

飯 『海軍横須賀刑務所』(※15)の勝さん、辛かったよね。

杉 実質、松方さんの方が光っていましたからね、実録風味になると。だから松方さん自身にドキュメントっぽい雰囲気があるんだね。

植 『山口組三代目』は、実録作品なんですけど、実際の感触としてはトラディショナルな……。

飯 大任侠映画だよね。

杉 そうそう、さっき言いかけたことがあったんですけど、立身出世ものみたいな、主人公が善になると、僕らの思ってる実録風味は落ちるんですよ。ただ、それも実録といえば実録なんですよね。言葉的にも時期的にも。

——そうなんです。実際、『山口組三代目』は公開当時、実録路線第2弾として売られました。

杉 でも、風合いってことになってくると、ちょっと違ってくるよね。ジャンルムービーとして考えると。

植 『修羅の群れ』だって実録じゃないですか。

飯 それ、俺は勝手に「日本偉人伝」シリーズって言ってる(笑)。『山口組三代目』と『修羅の群れ』と『最後の博徒』。

——杉作さんの今の話は非常にわかりやすいですね、「実録バイオレンス」という今回の僕らの本の括りとして。いわゆる田岡一雄さんの実録ものは実録ではあるけれども……。

杉 すごくわかりやすく言うと、写真週刊誌のグラビアと、月刊明星のグラビアくらいテイストが違うんだよ。あと、ちょっと違うかも

※14 アメリカの航空機製造会社・ロッキード社への旅客機発注を巡り、76年2月に発覚した世界的な汚職事件。現役の首相であった田中角栄総理をはじめ、数多くの政治家・実力者が逮捕されたことで、当時大きな衝撃を与えた。

※15 73年11月17日に公開された、勝新太郎が東映で唯一主演した作品。松方弘樹、菅原文太が共演。監督/山下耕作。

※16 59~64年にかけてアメリカで放送された、SFオムニバスドラマシリーズ。ほとんどの脚本を手掛けたロッド・スターリングがホスト役を務めていて、後にスティーヴン・スピルバーグらによるオムニバス映画『トワイライト・ゾーン/超次元の体験』が83年に公開された(日本公開は84年)。

※17 主演を高島礼子が務める、新シリーズ第3作。00年7月22日公開。監督/関本郁夫。

しれないけど『仁義と抗争』もポスターは実録、雰囲気も実録だけど、話の中身は何か夢みたいな話なんだよ。

植　幻影のような感じですよね。本当に『トワイライトゾーン』(※16)みたいなやくざ映画。3回くらい観ても、人に内容を説明できないんですよ。全部あき竹城さんに持ってかれちゃう(笑)。

――**でも、あれは入れた方がいいですね。**

杉　入れた方がいい。実録ものも数をこなしていく中で、合わないものが時々入ってくるんですよね。中村敦夫さんとか、藤田まことさんとか。

飯　『沖縄10年戦争』ね。

杉　藤田まことさんをやくざ映画で見られるっていう意味では客を呼べる映画だけど、ポスターの藤田さんの名前が小さいんでね。あれは当時も不思議に思いましたね。

飯　止めじゃなかった?

杉　止めですよ。

植　珍しいのに扱いが小さいし、出番もそれほど多くない。

杉　そうなんですよ。超珍しかった訳なんですけどね。

飯　とはいえ、鶴田さん位のいい役どころですよ。完全に二の線の役。

杉　あれ、何かの映画雑誌で誤植があって、『沖縄100年戦争』になってたんだよ(一同笑)。『沖縄やくざ戦争』があの面白さなんだから、100年ときたら、これは超大作だなと思ったんですよ。で、観たらそうでもなかったという。

植　10年ですからね。

杉　あと、『広島仁義』も相当変わってますね。

飯　『広島仁義 人質奪回作戦』。

植　あれ『広島仁義』ってタイトルなのに全員セリフが標準語なんですよね。あえて避けたんですかね。

杉　これも、ラストの松方さんのワンマンショーは、ちょっと皆に見てもらいたいね。

植　『山口組外伝 九州進攻作戦』も不思議な映画ですね。前半すごく駆け足なのに、後半主人公の夜桜銀次が死んでからも、まだ話が続いてる。

杉　明石家さんまさんが一番好きなやくざ映画が、それ。

飯　そうなんだ。でもあれは俺らの周りではあんまり評判良くなかったです。突然梯子を外されたみたいな映画でしたよ。

杉　そうなんですよ。だから、「さんまさん、変わってるなー」とは思いました。

植　まさに梯子外される感じ。タイトルは威勢がいいのに、中身はヌーベル・ヴァーグ的な雰囲気で。

杉　今の植地君の発言を受けて、もうひとつ実録路線の定義を提示したいね。ポルノ映画、ピンク映画に若干似ててね、「実録やくざ映画」と謳えば、どんな映画でも撮れた時代のような気がする。今言ったみたいな、ものすごく斬新で前衛的な映画もある訳ですよ。僕はその時期に青春期を送れたことをすごく誇りに思ってるんです。

飯　うん。

杉　だから僕の中に映画の定型ってないんですよ。何でないかというと、実録路線で育ってるから。「こうじゃなきゃ駄目」みたいなのがない訳。

植　『総長の首』なんかは実録映画だけど、大正時代のやくざの話で、むしろ時代劇になってるんですよね。

杉　『総長の首』は、『鉄砲玉の美学』よりATG色が強いと思いましたね。だって夏純子の語りでやってる事自体おかしいじゃないかと。

飯　確かに変な映画だった。

植　でも、それだけに、杉作さんより上の世代になると、実録路線に拒否反応を示す人も結構いるんですよね。

杉　ああ、そうでしょうね。

植　だから、健さんのトラディショナルなものが好きな人は実録路線を観ない。

杉　それは植地君の言う通りなんだよな。田中登さんの『神戸国際ギャング』も、ちょっと変だけど、いい映画でしたよ。案外海外とかの方が評価されるんじゃないか、みたいな。ただ一つ残念だったのは、真木洋子さんの裸が吹き替えだったということでしょうね(一同爆笑)。あそこは観る度にがっかりする。もう少し肉付きの同じような人が欲しかった。

飯　確かになぁ

杉　「実録」って言ってる以上、裸も吹き替えは勘弁してほしいね。だから、渚まゆみさんの脱ぎっぷりは素晴らしいよ!

――**体を張るという意味では、渡瀬恒彦さんのスタントアクションもまた凄くて。**

杉　渡瀬さんは大したもんですよ。何かのドラマで、七瀬なつみさんとベッドシーンがあって、その時の渡瀬さんの記者に対するコメントが秀逸だったんですよ。「宮沢りえちゃんに負けてないよ」(一同爆笑)。でも、途中からあまり姿が見られなくなったのは寂しかったですね。『極道の妻たち』は今回どうだっけ?

――**扱わない予定です。**

杉　頼むから、今だけ『極道の妻たち／リベンジ』(※17)について話をさせて!　石立鉄男さんがすごく良いから(一同爆笑)。

――**え、話したいのはそこ!?**

杉　石立鉄男さん、凄いよ！『1750日』と同じで、また海に落ちるんだよ。

植　また!?

杉　池上季実子さんにトミーガンで撃たれて（一同笑）。で、吹き替え使ってないんだよ。本当に夜の海の闇の中に石立さんが飛び込んで死ぬんだけど、この石立さんのガッツは、実録扱いでいいと思いますよ。ところで飯島さん、飯島さんの中での「実録やくざ映画」っていうのはどういう印象なんですか。

飯　本音で言うと、最初観るまではすごく嫌だったんです。俺はやくざ映画が大好きだったから、『仁義』の出来があんなに良いと、一瞬で任侠映画は消滅すると思ったもん。実際客も来てなかったし、その寂しさはありましたね。確かに面白いんだけど、勧善懲悪のドラマがなくなっていくんだな、と思うとね……。

植　そうですね、どんどん現実とリンクしていく一方で、ファンタジー感が薄れていくっていうか。

飯　そう、ファンタジーの世界が好きな人が劇場に来れなくなっていく一抹の寂しさ、ね。

植　そう考えたら、『総長賭博』はリアルさとファンタジーさが同居している珍しいタイプの映画ですよね。

――まあ、どっちも脚本は笠原和夫さんですけど。

飯　笠原さんは凄いね。ああいうのも書けちゃうんだから。

杉　一部読者の期待を裏切って申し訳ないけど、僕は割とインテリなんですよ。おしゃれと前衛が大好きな人間なので、アメリカン・ニューシネマみたいな、話なんかわかんなくても、どんどん新しい表現してくれる方が好きなんですよ。だから安藤組の映画なんかも、多分、佐藤純彌さんは意識しておしゃれな映画を撮っていたと思いますよ。

――『実録・私設銀座警察』とかもアヴァンギャルドですよね。

杉　伴さんは、こういう路線はどう考えていますか?

――杉作さんの様な、変化、新しいものという目線はなかったですけど、やくざ映画の伝統に対する一種の破壊行為的な側面はあったんじゃないかと思うんですよ。

杉　うん。

――なので、飯島さんの世代が感じた拒否反応があって当然なんですけど、最終的には破壊行為そのものがメインになって、路線そのものが完全に瓦解しちゃう訳じゃないですか。だからこそ、この辺の作品はすごく刺激的で好きなんですよね。話がとっちらかっていたり、さっきの植地さんじゃないけど『九州進攻作戦』の訳のわかんなさとか、でもそれがギリギリのバランスで作品として結実しているのが凄いと思って。

植　やっぱり、実録路線と呼ばれるジャンルはエネルギーに満ちているし、『男たちの挽歌』（※18）みたいに、実録路線が逆に海外、近い所では香港とか韓国なんかに影響を与えて広がっているところも含めて、日本映画の中でも重要で面白いジャンルだと思いますよ。

飯　安藤昇さんの映画も、あまり語られる機会がなかったしね。

杉　でも不思議なのは、僕の印象だと、俳優としての安藤さんは実録度が薄いんですよ。『任侠外伝玄界灘』の安藤さんの役は、すごくドキュメントっぽいけど、実はロマンチックな存在でね。本物のやくざだったけど、実は最も役者なんですよ。そう考えると、松方さんが一番実録路線の顔だったっていうのは、逆に松方さん自身がやくざから一番遠いところにいる人だったのかもしれないね。

――なるほど、そこもまた東映実録路線の面白さなのかもしれませんね。

※18　日活アクション、東映のやくざ映画に通じる男のドラマを、激しいガンアクションと大量の火薬を投入してド派手に演出、"香港ノワール"というブームを生み出した、ジョン・ウー監督の86年作品（日本公開は87年）。主演のチョウ・ユンファも、この1作で大スターの仲間入りを果たした。

東映実録路線の佐藤純彌（当時の表記は純弥）監督が手掛けた『組織暴力』シリーズは、東映東京撮影所で製作されていた「ギャング」ものから発展、展開したやくざ映画シリーズである。

第1作『組織暴力』（67年）は、暴力団同士の抗争に絡んだ拳銃密輸と、それを阻止せんとする警視庁・浦上警部（丹波哲郎）の三つ巴のバトルが描かれる。関西最大の暴力団が新興団体を支部扱いして抗争をバックアップする、というドラマ展開に加え、路上や新宿歌舞伎町の新宿TOKYU MILANO前で繰り広げられる銃撃戦、そして生き残りのためには仲間さえ犠牲にするやくざたちの残酷さ——本作の端々に、後の実録路線へと繋がっていくエッセンスがしっかりと感じられる。望遠レンズで捉えられた街頭での乱闘場面も実に生々しく、プレスシートに書かれたキャッチコピーはズバリ、「現代暴力の裏の裏を、ドキュメンタル・タッチで曝く壮絶な一時間半！」だ。

さらにこの作品が貪欲なのは、抗争の裏で暗躍するフィクサーも登場し、少しビターなラストを用意してくれること。そう、この物語の主役は『アンタッチャブル』のエリオット・ネスばりに突進する浦上警部ではなく、巨大な組織の力に弄ばれるやくざ達なのだ。

続く第2作『続 組織暴力』になると、その傾向はさらに強まっていく。「続」と語っておきながら、丹波演じる警部一派が名前を変えて再登場するが、物語はまったくの別物。渡辺文雄演ずる一匹狼のギャング・兵頭五郎が、やくざ組織・関東政友会と政界のフィクサー・大和田大作（柳永二郎）を利用して、その勢力を伸ばしていく経緯をスリリングに描いていく。完全に渡辺文雄のワンマンショー化したピカレスク・ロマンが堪能できる、稀有な1作だ。安藤昇も殺し屋役でゲスト出演、マシンガンを手にクラブで派手な銃撃戦を展開し、作品を大いに盛り上げてくれる。

約2年後に公開された最終作『兄弟盃』は、時間も経ったせいか、作品の方向性が急転換。「オリエンタル興業」という会社を立ち上げて銀座でのし上がる戦後やくざ・木島直次郎（菅原文太）と兄貴分・大場健二（安藤昇）の姿が描かれる。原爆のキノコ雲から始まる冒頭から闇市で女性を助けようとする木島の行動までが完全にプレ『仁義』な部分に加え、巨大組織と老獪なフィクサーに潰されていく若者たちの姿は、実録路線の流れを完全に汲んだ形となっている。岩佐義人の書籍「実録銀座私設警察」を原作にしている点からも『実録・私設銀座警察』の前身とも呼べる価値ある1作と言えるだろう。

実録路線に繋がる重要作 1

『組織暴力』シリーズ

文.伴ジャクソン

『続 組織暴力』

✷ シリーズDATA

『組織暴力』
（67年2月24日公開／
佐藤純弥監督／
脚本：佐治 乾・鈴樹三千夫）

『続 組織暴力』
（67年6月29日／
佐藤純弥監督／
脚本：石松愛弘）

『組織暴力 兄弟盃』
（69年9月6日公開／
佐藤純弥監督／
脚本：石松愛弘）

実録路線に繋がる重要作 2

『まむしの兄弟』シリーズ

文.植地 毅

『懲役太郎
まむしの兄弟』

菅原文太と川地民夫がコンビを組んで暴れ回る、バディ(相棒)系やくざ映画シリーズ『まむしの兄弟』。1971年に製作された第1作目『懲役太郎』のヒットから、『関東テキヤ一家』『現代やくざ』に続く菅原文太の人気シリーズとして、足掛け5年間にわたって番外編2本を含む計8本の続編が送り出されている。

コミカルなイメージのせいか、実録路線とは別物と思われがちだが、後に開花する実録路線と、それまでのスタンダードであった任侠路線の間をつなぐミッシング・リンク的な位置付けにあり、菅原文太が三枚目の一面を発揮したという点では、『トラック野郎』における〝桃さん〟のオリジンとも考えられる。すなわち、極論を承知で断言させてもらうと『まむしの兄弟』がなければ『仁義なき戦い』も、そこから始まる実録路線も、『トラック野郎』シリーズも誕生しなかったことになるのだ。

もちろん最初からシリーズ化を狙っていたわけではなく、当時円熟期を迎えていた梅宮辰夫主演の『不良番長』シリーズと、人気に陰りが見え始めていた任侠路線のリミックスを狙ったかの様な、東映お得意プログラム・ピクチャー企画であったのだろう。監督は中島貞夫、脚本に高田宏治と手堅いスタッフが固める中、東映ヤクザ映画でありながら主演の2人、菅原は新東宝出身で松竹より移籍してきた苦労人、相方の川地は日活出身と、鶴田浩二や高倉健といった東映生え抜きの看板俳優と比べると明らかに異質なキャスティング。しかし、それが逆に鶴サン健サンではちょっとできない様なお下劣なコメディ要素が活かされる素地にもなっていた。

さらにキャラクター設定として斬新だったのは、「義理人情に厚い」「侠客として立派」といった従来の任侠要素を捨てて、身勝手かつ横暴、おまけに下品という新手の主人公像は、後の『現代やくざ 人斬り与太』の主人公像にも重なっていく。一応モデルになったとされる2人組の極道が関西に実在していた、という説もあるので、それが事実であれば実録路線のフォーマットを取り入れた最初期の作品の1つという仮説も成り立つのだ。

児童養護施設育ちで天涯孤独、親の顔を見たことなく愛情を知らずに育った2人の少年は無知無教養で怖いもの知らず。いつしか義兄弟となり、傷害恐喝暴行強盗なんでもござれの悪党ぶりを発揮し、都合12回目の懲役を終えて出所した"ゴロ政"こと政次郎（菅原）を、弟分である勝次（川地）が出迎えるところから、第1作『懲役太郎』の物語は始まる。

上下黒のダボシャツスタイルに庭下駄（雪駄ではないところがポイント）という異形のスタイルで、作法もマナーも知らずに高級レストランに入ってガツガツ飯を食いまくるなど、神戸新開地を舞台に快進撃を続ける2人だったが、地元の大物組織である七友会の最高幹部・早崎（安藤昇）と出会い、その背に彫り込まれた見事な昇り龍の刺青に圧倒されてしまう。自分たちも早崎に負けない男……龍になれないなら蛇になるとばかりに、兄弟お揃いの"まむし"の刺青を施術するに至るが、生まれ育った児童養護施設が七友会傘下の組織による強引な地上げで存亡の危機にあると知り、刺青施術を中断して殴り込みをかける。

若手のチンピラが雑草根性で、権力を笠に着る大組織相手に暴れ回るコンセプトは『不良番長』シリーズと共通しているが、義侠心に燃えて刺青を背負い、最小人数で大組織に殴り込む展開は伝統的な任侠映画スタイル。そこに実録路線のフォーマットを取り入れて成功したという意味では、『893愚連隊』に並ぶ中島貞夫監督の任侠ヌーヴェルヴァーグの傑作の1つと呼べるだろう。

『仁義なき戦い』が公開されて以降もシリーズは続き、第6作『恐喝（かつあげ）三億円』（鈴木則文監督）ではゲストに松方弘樹も合流。ズッコケ&バイオレンス担当の主人公コンビに対して、笑いどころの少ないシリアスな役柄で挑む松方との絡みは、実録路線と不良性感度とコメディ路線が合体変形したハイブリッドな仕上がりとなっており、個人的にはシリーズ最高傑作だと思うので必見。『不良番長』の後半シリーズと同様に、『極道VSまむし』のような若山富三郎主演の『極道』シリーズとのコラボ展開も披露されたが、最終作『まむしと青大将』ではコンビも解消されてしまい、何だか淋しい形でシリーズは終了してしまった。

あと最後にもう1つ、『まむしの兄弟』を語る上で重要なのが、ジョン・ランディス監督、ジョン・ベルーシ&ダン・エイクロイド主演の『ブルース・ブラザース』（80年）の存在である。『ブルース・ブラザース』は設定から描写まで『まむしの兄弟』のオマージュ、というか丸パクリに近い内容であることは有名だが、いかんせん証拠がない。それは、"リドリー・スコットは『秘密戦隊ゴレンジャー』を観ていたか？　問題"（※）にも通ずる、日米の映画史をまたぐ大いなる謎であり、同時に「ハリウッドに影響を与えた邦画は黒澤明や小津安二郎だけではない」という、夢と浪漫の旅でもある。

ヤクザ、任侠、実録、刺青、コメディ、アクション……その全てが蛇の巣の如く絡み合い、非公式ながら海外進出まで果たした『まむしの兄弟』は、東映やくざ映画最後の秘宝だ。コメディ以上実録未満、刺青と下ネタはテンコ盛りのまむしワールドを語らずして、東映実録バイオレンスは解析できないのである。

✹ シリーズDATA

『懲役太郎 まむしの兄弟』
（71年6月1日公開／中島貞夫監督／脚本：高田宏治）

『まむしの兄弟 お礼参り』
（71年10月1日公開／本田達男監督／脚本：高田宏治・鳥居元宏）

『まむしの兄弟 懲役十三回』
（72年2月3日公開／中島貞夫監督／脚本：高田宏治・中島貞夫）

『まむしの兄弟 傷害恐喝十八犯』
（72年8月25日公開／中島貞夫監督／脚本：佐治 乾・蘇武路夫）

『まむしの兄弟 刑務所暮し四年半』
（73年2月17日公開／山下耕作監督／脚本：野上龍雄）

『まむしの兄弟 恐喝三億円』
（73年9月1日公開／鈴木則文監督／脚本：高田宏治・鈴木則文）

『まむしの兄弟 二人合わせて30犯』
（74年3月1日公開／工藤栄一監督／脚本：鴨井達比古）

『極道VSまむし』
（74年8月31日公開／中島貞夫監督／脚本：松本 功・山本英明・中島貞夫）

『まむしと青大将』
（75年3月8日公開／中島貞夫監督／脚本：高田宏治）

【注】
※『ブレードランナー』（82年）の名シーン「うどんトッピング」のやり取りが、『秘密戦隊ゴレンジャー』（1975年）の第1話において、ほぼ同じ台詞回しが登場することから、監督のリドリー・スコットが当時海外で放映されていた同番組を観ていたのではないか？という仮説が立てられた問題。ちなみに、かつてロサンゼルスの日本人街リトル・トーキョーに「L.A.TOEI」なる直営劇場が存在し、現地の邦人向けに英語字幕のない東映作品が上映されていたとか。劇場なき今となっては、公開作品の詳細な記録は不明だが、タランティーノも足繁く通ったとされるこの劇場で『まむしの兄弟』が上映されていた可能性は極めて高いといえる。

実録路線に繋がる重要作 3

『現代やくざ』シリーズ

文.伴ジャクソン

「新春のスクリーンに登場する／新しいヒーロー／その名は菅原文太」

シリーズ第1作『現代やくざ 与太者の掟』(69年)予告編でドンと打ち出される、この煽り文句に込めた東映の期待はいかなるものであったか。これが菅原文太の東映での初主演作であることも、ある意味において運命的なものであった。何故なら、『現代やくざ』シリーズは任侠路線から実録路線へと移行するグラデーション上に位置する重要作でもあるからだ。

これまでの任侠路線からの新しい潮流として「現代やくざ」というキーワードが選択されたのは、ファッションモデルもこなした菅原の持つスマートなイメージを意識したものであったのだろう。実際のところ、菅原のクールな佇まいと、白と黒を基調にしたファッションに、これまでの高倉健・鶴田浩二のラインとは一線を画した新たなアウトロー像の息吹が感じられる。そんな菅原の門出を祝うかのように、藤純子、若山富三郎、志村喬といった豪華ゲストが本編に華を添えた。

だが、肝心のストーリーはどうだったか。ムショから出たばかりで一匹狼を気取る勝又五郎(菅原)が愚連隊のリーダーとなり、兄弟分となった荒尾組の若衆・福地(待田京介)と対立することとなる……という展開は、任侠映画の枠を超えたものではなかった。東映東京作品らしく、主な舞台を新宿にしたり、ゴーゴークラブの描写が挿入されるなど、随所に都会的なイメージが打ち出されてはいるが、やはりこれまで観てきた任侠映画の延長戦上にあるものであった。ほぼ同時期にバイクアクションを打ち出したB面作品の『不良番長』の方が、遥かに若さの息吹を感じるのが、何とも皮肉というか。

第2作『与太者仁義』で、菅原は任侠の世界に生きる兄(池部良)、任侠の世界を捨てる弟(田村正和)の狭間に立つ三兄弟の次男・五郎を演じた。3人は貧民窟出身であることが提示され、飢えとバラック小屋から逃げ出すためには暴力を選択するしかなかったという背景が描かれ、義理人情の世界から一歩踏み込んだ感はあるが、やはり全体のドラマとしては従来の任侠映画のムードから脱することはなく、最終的にはドスを抱えて殴り込み、という定型パターンでドラマは幕を閉じる。それでも、菅

『現代やくざ 血桜三兄弟』

原が組織に与しないアウトローであることは『与太者の掟』と共通したものであった。

続く第3作『盃返します』で、また流れがおかしくなる。村上和彦原作の劇画「昭和極道史 逆縁の盃」を原案とした本作は、現代の大阪・伊丹を舞台に理不尽極まりないやくざ社会へ菅原が中指を突き立てる姿が描かれるが、ストーリーや演出が完全にレイドバック。菅原は堂本組の若衆という完全に組織の人間であり、しかも雨の中菅原が番傘をさして歩くタイトルバックからして、完全に任侠映画。義理と人情の間に挟まれ、身動きがとれない中間管理職のような菅原の有様が延々と描かれた末、遂に自分を踏み台にした組長（小池朝雄）らを血祭りに上げるという展開に、新味を感じることは難しいだろう。

しかし、第4作『血桜三兄弟』でシリーズの方向性はガラリと変わる。これまでの3作とは違って任侠路線の本線である東映京都作品となった本作は、その頃『懲役太郎 まむしの兄弟』を撮るなど「アンチ任侠」に傾いていた中島貞夫監督の手により、アナーキーな異色作に仕上がった。

関西最大の暴力団・大阪誠心会は、さらにその勢力を広げるべく、岐阜に鉄砲玉・川島譲次（小池朝雄）を送り出す。金と拳銃を手に夜の街に繰り出しては、地元を仕切る岐阜広道会を挑発する川島に、広道会の小田邦夫（伊吹吾郎）と谷村宏（渡瀬恒彦）はいら立ちを隠せない。遂に広道会は覚悟を決めて、邦夫の兄で現在はかたぎとなった武（菅原）を刺客としたが、川島は武の経営する店のバーテン・信男（荒木一郎）に刺されて殺されてしまった。乗り出してきた誠心会に恐れをなした広道会は、あくまでも誠心会とやりあおうとする邦夫と宏を始末しようとする……。

山口組の地方進出が引き起こした抗争事件を髣髴させるストーリー展開は、まさしくプレ実録路線ともいうべきもの。しかも、菅原演じる武は胃ガンを患い余命半年、さらに女を川島に寝取られるというどん底の男であり、主役であるにもかかわらず、出演場面が極端に少ないという異常事態が発生。

その代わりに気を吐くのが、傍若無人にふるまう川島だ。岐阜を揺さぶる疫病神的キャラを、小池朝雄が怪物的な存在感で嬉々として演じている。そして、川島と並行して描かれるのが宏と信男のコンビの物語だ。若さと自信に溢れた宏を演じる渡瀬と中島監督は、これが初顔合わせ。渡瀬は信男（綽名はモグラ）役・荒木を相当意識し、2人のやり取りの場面はほぼアドリブだった、と「殲滅 中島貞夫の世界」（北冬書房・絶版）のインタビューで語っているが、実際、中島監督も小池と荒木のキャラクターを本作で大事にしたという。大胆に川島を殺したかと思えば、ここぞの殴り込みの時には尻込みして、立ちションをしている間に菅原らに置いてきぼりにされる荒木の存在は、形式的な任侠映画の枠から完全にはみ出しており、しばしば流れる野坂昭如の歌「マリリン・モンロー・ノーリターン」がその冷めたムードをさらに増幅させる。カタルシスを完全に拒否したそのラストは、確かに次世代へとその目線が向いていた。

再び東映東京へと戻ったシリーズ5作目にして最終作『人斬り与太』は、深作欣二監督を迎えて1つのピークを迎える。『血桜三兄弟』のようなスタイルとしてのアンチではなく、菅原文太演じる沖田勇という存在そのものに、権力・組織・法律——人を縛ろうとするあらゆるものに反逆させた。これまでのクールなムードとは一変、菅原は下品で凶暴で刹那に生きる男を野性的に演じる。もはや沖田はヒーローではなく、物語を掻き回すだけのトリックスターだ。

己の正義を貫くため——そんな世間が納得できるような動機を抱くことなく暴れまわる男の生き様にこそ生命のダイナミズムがある、という深作監督の狙いと菅原のキャラクターは、本作の姉妹編となる『人斬り与太 狂犬三兄弟』を経て、『仁義なき戦い』シリーズで結実することとなる。

✹シリーズDATA

『現代やくざ 与太者の掟』
（69年2月1日公開／降旗康男監督／脚本：村尾 昭）

『現代やくざ 与太者仁義』
（69年5月31日公開／降旗康男監督／脚本：村尾 昭・長田紀生）

『現代やくざ 盃返します』
（71年4月3日公開／佐伯 清監督／脚本：大和久守正）

『現代やくざ 血桜三兄弟』
（71年11月19日公開／中島貞夫監督／脚本：野上龍雄）

『現代やくざ 人斬り与太』
（72年5月6日公開／深作欣二監督／脚本：石松愛弘・深作欣二）

『人斬り与太 狂犬三兄弟』
（72年10月25日公開／深作欣二監督／脚本：松田寛夫・神波史男）

VIOLENCE:1

A TRUE GANGSTER NOBORU ANDOH

第1章
「実録俳優」安藤昇の世界

渋谷を縄張りに一時代を築いた伝説の暴力団「安藤組」のトップが引退後、映画界に進出。自身の体験を活かしたバイオレンス・アクションは、東映実録路線の大きな一翼を担った！

『安藤組外伝 人斬り舎弟』

総論

安藤昇さんとお会いした時のこと

文.杉作J太郎

現存したやくざをその本人が演じる。

実録は実録でもこれは再現である。誰よりもそのひとを知る、やくざ本人がやくざを演じる。

夢のような話だが夢でなく現実で、夢が現実になることの画期的な面白さを、私たちは安藤昇さんというスターで体感できた。本当に贅沢なことだと思う。

安藤昇さんには一度お会いしたことがある。

それは知り合いの結婚披露宴だった。

という話を、私はいろんな媒体に何度か書いたことがある。で、また今回、それを書こうとしているわけだが、お会いしたのがその一度だけで、その一度の思い出があまりにも鮮烈で、安藤昇という巨人、傑物を語るのに何よりではないか、と心底思うので、ここに記していきたい。

安藤さんは披露宴会場の最前列、そのほぼ中央に座っておられた。広い会場であったが安藤さんの存在感は凄かった。同じ室内に安藤さんがおられる、ということだけで、私の胸は高鳴った。

すると同じテーブルにいた私の大学の後輩が「安藤昇さんと写真撮ってもらっちゃいましたよー」と喜びながら戻ってきた。訊けば、何人かが記念写真を撮ってもらっていたので、ついでに撮ってもらったという。今行けば間に合いますよ、と言われたが、そんな図々しいことできないよ、と私は辞退した。それは後輩に対する「お前の様な軽薄なファンではないのだ」という訓戒の意思表示でもあったわけだが、時が経つにつれて本当にそれでいいのか、後悔はないのか、という自問自答が激しくなっていった。

「やっぱり撮っていただこう！」

結論が出た時、既に会は進み、安藤さんは自分の席に座ってくつろいでおられるようだった。

意を決して近づいたものの、お声をかけさせていただく資格もまったくない若輩者、やはりやめようかと思ったが、安藤さんのことを素晴らしい男だ、男としての大先輩、大先生だ、と慕い続けた気持ちに一点の曇りも迷いもない、それは事実だ。私は最後の距離を詰めた。

そして目の前に座っておられる安藤さんに、今の様な思いを最低限の文字数、たぶん一言でお伝えして（お耳汚しの時間をとってはいけない）写真を一緒に撮りたいという旨を告げた。何のことはない、そんな輩なのだと思われる、もしかしたら「うせろ、馬鹿野郎」もある。そんなセリフも声も、映画やレコードで何度も何度も聴いていた。

安藤さんは穏やかな表情であった。

そして腰を上げて立ちかけて、座った。

見れば安藤さんの座っていた椅子にちょうど半分、空き地ができていた。

「どうぞ」

安藤さんは笑顔で空いた椅子の空間を示してくれた。

披露宴会場の椅子はそれほど大きいものではない。もともと小さい椅子の、その半分を空けていただいているということは、いま安藤さんは半分しか椅子を使われておられない！　不安定で疲れる状態だ！

恐縮しつつも、最大に急いで写真を撮らせていただいた。

おわかりだろうか。

今までの人生、スターと呼ばれる人、先生と呼ばれる人、いろんなジャンルのいろんな方とお会いさせていただいたが、いわゆる半ケツ（失礼を承知で、この言葉が一番しっくりくるのです）で私を招き、共に椅子に座らせてくれたのは、安藤昇さんただ一人である。

映画で安藤組を率いていた安藤さんは若い者の面倒見が実に良かった。安藤昇本人役ではなかったが、『実録・私設銀座警察』で小林稔侍さんや藤浩子さんに対して見せた優しさ、気配りは、安藤さんの持つ優しさそのものではなかったか。それが、あんなむごい結末に繋がろうとは……。

ともかく、安藤さんは決して兄貴風を吹かせはしなかった。仲間に対するフレンドリーな関係だった。

「あんなにかっこいいもんじゃやなかったよ」と語る安藤さんを何かで拝見したのか、あるいは拝読したのか、どちらでもいいのだが、そうした安藤さんの言葉の一つひとつが、頭の中では安藤さんの低いながらもエッジのはっきりした独特のハスキーで再現される。

魅力的でない人物をいくら再現しても、魅力的にはならない。

安藤さんの魅力が実録路線には溢れている。

あんどう・のぼる／1926年5月24日、東京都生まれ。伏龍特攻隊から復員後、法政大学予科を経て、渋谷を本拠とする東興業（通称・安藤組）を結成。58年、横井英樹襲撃事件で服役し、出所した64年に安藤組を解散。翌年、俳優に転向し、主演第1作『血と掟』が大ヒットを記録、以降も東映のやくざ映画を中心に活動し、看板スターとなった。俳優活動休止後は、作家、映画プロデューサー、実業家、家相研究家として活躍。15年12月16日、肺炎により死去。享年89。

やくざと抗争

✵1972年9月29日公開 ✵93分
✵東映東京撮影所作品
✵カラー・シネスコ
✵併映作品：『恐怖女子高校 女暴力教室』（鈴木則文監督）

STAFF

企画／俊藤浩滋　吉田 達
原作／安藤 昇
「極道一代・やくざと抗争」
（週刊アサヒ芸能連載・
徳間書店刊）
脚本／石松愛弘・佐藤純彌
撮影／稲田喜一
録音／小松忠之
照明／大野忠三郎
美術／北川 弘
音楽／日暮雅信
編集／田中 修
助監督／橋本新一
記録／勝原繁子
擬斗／日尾孝司
スチール／加藤光男
進行主任／東 一盛
装置／根上徳一
装飾／米沢一弘
美粧／入江荘二
美容／宮島孝子
衣裳／福崎精吾
演技事務／和田徹
現像／東映化学
監督／佐藤純彌

CAST

爆弾マッチ／安藤 昇
小光／堀田真三
オートンの勝／渡瀬恒彦
フーテンの政／藤 竜也
お栄／藤 浩子
白木／近藤 宏
お八重／森しげみ
桑木／小林稔侍
やり手婆／武智豊子
宝来屋の楼主／沢 彰謙

共産主義者を検挙するため、マッチに嘘の証言をさせようとリンチを加える特高だが、一本気なマッチは決して考えを曲げない

大木戸組の代貸・梅津(左) とマッチの最初の出会いは、荒っぽい諍いの場であった

娼婦・お栄の足抜けに協力することを約束したマッチ。しかし、これが彼の運命を大きく変えていくことに

大木戸親分／天津 敏
梅津信一／菅原文太
喜久沢／室田日出男
若い衆A／佐藤晟也
〃 **B**／土山登志幸
〃 **C**／伊達 弘
〃 **D**／亀山達也
〃 **E**／清水照夫
〃 **F**／高月 忠
〃 **G**／三島新太郎
中盆／滝島孝二
板野／畑中猛重
吉川／青木卓司
坂本／佐川二郎
Mまたは高橋／渡辺文雄
毛利特高課長／植田灯孝
占部特高警部補／藤山浩二
刑事A／相馬剛三
〃 **B**／花田 達
〃 **C**／山浦 栄
不良学生A／須賀 良
〃 **B**／三浦 忍
〃 **C**／城 春樹
活動弁士／松田春翠
柏原／高野真二
板前／沢田浩二
警官／五野上力
金井／久保 一
留置所の看守A／高野隆志
留置所の房長／三重街恒二
編集長／木川哲也
白木の運動員／山田甲一
花娘／松下麻美子
同房の男／河合絃司
溝口久夫
竹村清女
牧 嗣人
美原亮三

梅津の放免祝いの場へ殴り込みをかけるマッチだが体はボロボロ、あっという間に取り押さえられてしまう

賭場を勝手に開いたことで、梅津に徹底的に痛めつけられたマッチ。命がけで逃げて来たお栄が寄り添っても、痛みと怒りに身が焦がされる

全てを受け入れる梅津の男ぶりに惚れたマッチは、大木戸組に身を預けることに

STORY

昭和初期の東京・新宿で、過激左派党員による銀行強盗事件が発生。この事件は、実は特高のスパイ・高橋が、左派のシンパ「M」を名乗り党員を誘導して起こしたもので、これをきっかけに共産主義者を一斉検挙に持ち込むための策謀であった。

高橋が拳銃を購入した中に、新宿で愚連隊を率いる「爆弾マッチ」がいた。特高はマッチを連行して、拷問を加えて拳銃を購入したのは左派だと語らせようとしたが、高橋の顔を覚えているマッチは首を縦に振らず、徹底的に痛めつけられた。

やっとのことで解放されると、舎弟分の小光、勝、政が地元のやくざ・大木戸組の連中と騒ぎを起こしていた。マッチもこれに加わるが、最終的には大木戸組の代貸・梅津が仲裁に入り、事態は丸く収まることに。その足で女郎屋へ足を運び、馴染みの娼婦・お栄と会うと、マッチはお栄から足抜きの相談をされる。どうしても故郷に帰りたいというお栄の願いをかなえてやりたいマッチだが、足抜けには300円の大金が必要だ。まずは大木戸組の賭場で資金稼ぎに挑んだマッチたちだが、梅津相手のサシの勝負ですっかりオケラに。結局女郎屋からの脱走を図ったが、あっさりと露見して失敗。それでもめげずに勝手に賭場を開いて金儲けを企むも、

大木戸と高橋に政敵・白木（左）の始末を任された梅津。親分の命令を遂行する代わりに、彼もまた自らの死を選んだ

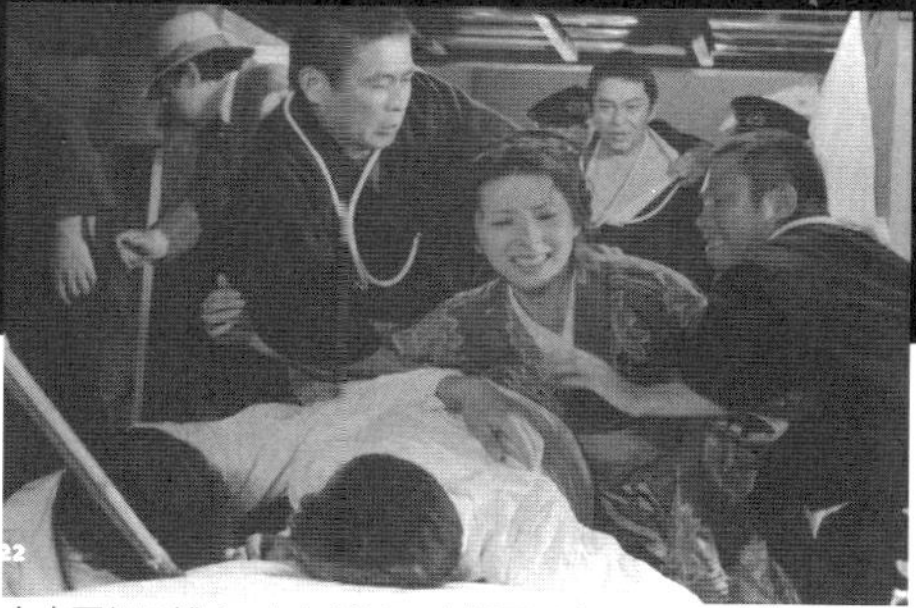

大木戸組に捕まったお栄は、女郎屋へ連れ戻される前に舌を噛み切っての自死を選んだ

怒りが頂点に達したマッチは、ドスを抱えて梅津の葬儀に乗り込み、大木戸・高橋の命を狙う

またまた梅津が現れて賭場は潰され、マッチも梅津に痛めつけられて重傷を負ってしまう。

マッチが入った病院は、偶然にも特高の牢屋で一緒だった共産主義者の医者・白木の家だった。手厚い看病を受けるマッチの元へやってきたのは、自力で足抜けに成功したお栄。梅津につけられた顔の疵は深く大きく、絶望したマッチはお栄や白木らの思いをはねつけ、大木戸・梅津への復讐の炎を心に燃やす。

ある日、梅津が執行猶予で刑務所から出てくるという情報がマッチの元へもたらされた。放免祝いの場へ殴り込んだマッチだが、多勢に無勢、あっという間に取り押さえられてしまったが、マッチの漢気に惚れた梅津は彼の身柄を預かることとなる。しかし、白木の選挙運動を巡ってマッチは改めて大木戸組に反旗を翻すことに——。

やくざと抗争 実録安藤組

✹1973年3月3日公開 ✹94分
✹東映東京撮影所作品
✹カラー・シネスコ
✹併映作品：
『ポルノの女王 にっぽんSEX旅行』
（中島貞夫監督）、
『団地妻㊙研究会』（向井寛監督）

かくて、安藤組は結成した！

STAFF

企画／俊藤浩滋　吉田 達
原作／安藤昇
（週刊アサヒ芸能連載・
徳間書店刊）
脚本／石松愛弘
撮影／仲沢半次郎
録音／内田陽造
照明／川崎保之丞
美術／中村修一郎
編集／長沢嘉樹
音楽／日暮雅信
助監督／深町秀熙
記録／高津省子
擬斗／日尾孝司
スチール／加藤光男
進行主任／入葉一男
装置／石井正男
装飾／佐藤善昭
美粧／住吉久良蔵
美容／花沢久子
衣裳／内山三七子
演技事務／石川通生
現像／東映化学
主題歌／キャニオンレコード
「血と命」
作詞：佐藤純彌
作曲：日暮雅信
唄：安藤 昇
「明日はない」
作詞：日暮雅信
補作：佐藤純彌
作曲：日暮雅信
唄：安藤 昇
監督／佐藤純彌

ケチなスリでは終わらない！　そんな気持ちに掻き立てられた三吉(右から３番目)は刃物を持ち、ドス健を刺殺した

ドス健につけられた顔の疵にショックを受けた矢頭は、そのやるせなさを幼馴染みの早苗にぶつける

渋谷の闇市を練り歩く矢頭と黒木(左)。まだ学生の身分でありながら、その貫禄は十分だ

CAST

【矢頭組】
矢頭／安藤 昇
三崎／袋 正
加納／江守 徹
三吉／佐藤蛾次郎
西原／北川恵一
黒木／安岡力也
野田／小林稔侍
学生／須賀 良
　沢田浩二

【橋場組】
橋場／諸角啓二郎
佐倉／今井健二
若い衆A／堀田真三
〃 B／伊達 弘
〃 C／青木卓司
〃 D／三浦 忍

【十文字一家】
本堂／深江章喜
唐沢／室田日出男
子分A／佐藤晟也
〃 B／花田 達
〃 C／城 春樹

【関東桜会】
榊原／内田朝雄
勇吉／郷 鍈治
蓮見／渡辺文雄
組員A／日尾孝司
〃 B／藤山浩二
〃 C／清水照夫
〃 D／大泉公孝
〃 E／宮地謙吾
児島／丹波哲郎
早苗／藤 浩子
ドス健／山本麟一
岩上／八名信夫

富江／松井康子
児島の女房／
　小林千枝
司法主任／植田灯孝
警官A／久地 明
〃 B／五野上力
医者A／相馬剛三
〃 B／河合絃司
バーテン／木村 修
中盆／滝島孝二
サンドイッチマンA／
　山田甲一
〃 B／
　佐川二郎
山之内修
須永かつ代
横山 繁
工藤 武

会長・榊原の息子である勇吉との縁組で、矢頭たちを抑え込もうとする関東桜会。
その策略を知りながら、この場での矢頭は頭を下げるしかなかった

STORY

昭和24年・渋谷――加納、西原、黒木、野田、そしてスリの三吉といった仲間たちと不良学生グループを結成した大学生・矢頭は、銀座に2500人の子分を持つドス健と橋場組の代貸・佐倉に出くわし、さっそくケンカを売って、ドス健の指を折って追い返した。自分の縄張りである渋谷で大きな顔をされるのが、我慢ならなかったのだ。佐倉は矢頭への報復を企むが、そこに橋場組長の兄弟分で矢頭の面倒を見ている児島が現れ、これを制する。

ある日、ドス健の誘いを受けて銀座へ遊びに来た矢頭と加納は、ドス健とその仲間に襲われ、矢頭は顔をドスで斬りつけられて深く大きな傷を負ってしまう。麻酔無しの傷の縫合を乗り越えた矢頭は、ドス健に復讐すべくその後を付け狙う。音を上げたドス健は、児島を通して矢頭に許しを乞うが、三吉に刺殺されてしまった。

すっかり大所帯になった仲間たちを養うために、矢頭は闇屋の三崎を仲間に引き入れ、橋場組のマーケットへと踏み込んでいく。幼馴染の早苗とも再会し、自分の経営するバーのマダムに迎えて順風満帆になったかと思いきや、佐倉たちが店に押しかけ、店にダイナマイトを投げ込み、早苗は脚に障害を抱えてしまうことに。

猟銃を抱えて単身橋場組に殴り込んだ矢頭は、これ以上仲間に手を出さないことを組長の橋場に約束させた。しかし、虫の治まらない加納らは改めて橋場を拉致、徹底的に痛めつけた。橋場の処理を児島に任せた矢頭は、遂に橋場組の縄張りを手に入れる。

矢頭の勢いを見た関東桜会は、榊原会長の息子・勇吉と矢頭を兄弟分にして、渋谷への進出を目論む。そして、やはり渋谷で台頭する十文字一家が、矢頭に桜会との共闘を持ちかける。どちらについても分が悪いと踏んだ矢頭は、勇吉を利用して桜会と十文字一家両方を手玉に取る策略を練り上げ、十文字一家を壊滅に追い込んだ。

しかし、桜会の報復は終わらない。刑務所を出た三吉とそれを迎えた西原が拉致され、命を奪われた。さらに児島は、十文字一家の縄張りを諦めて桜会と手打ちをしろと進言してきた。それを拒否した矢頭たちは遂に「矢頭組」を名乗ることを決意、桜会の襲撃に備えるのだった。

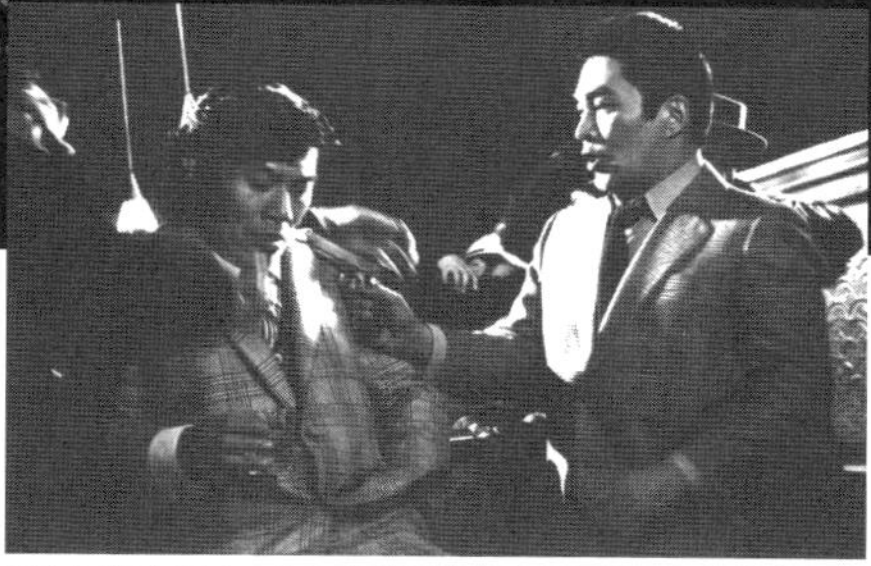

勇吉に銃を向け、十文字会に連行した矢頭。十文字会が勇吉を使った桜会との交渉時に、矢頭らを見捨てようと企むことも既にお見通しだった

何かと矢頭の面倒を見る侠客・児島(右)。彼もまた矢頭に恩を売ることで、渋谷での自分の力を誇示しようとしていた!?

矢頭の子を身籠った早苗(左)。しかし、新しい命と引き換えに、彼女の人生は幕を閉じてしまう

桜会に殺された三吉と西原に、桜会との徹底抗戦を誓った矢頭たち。ここに矢頭組が誕生した!

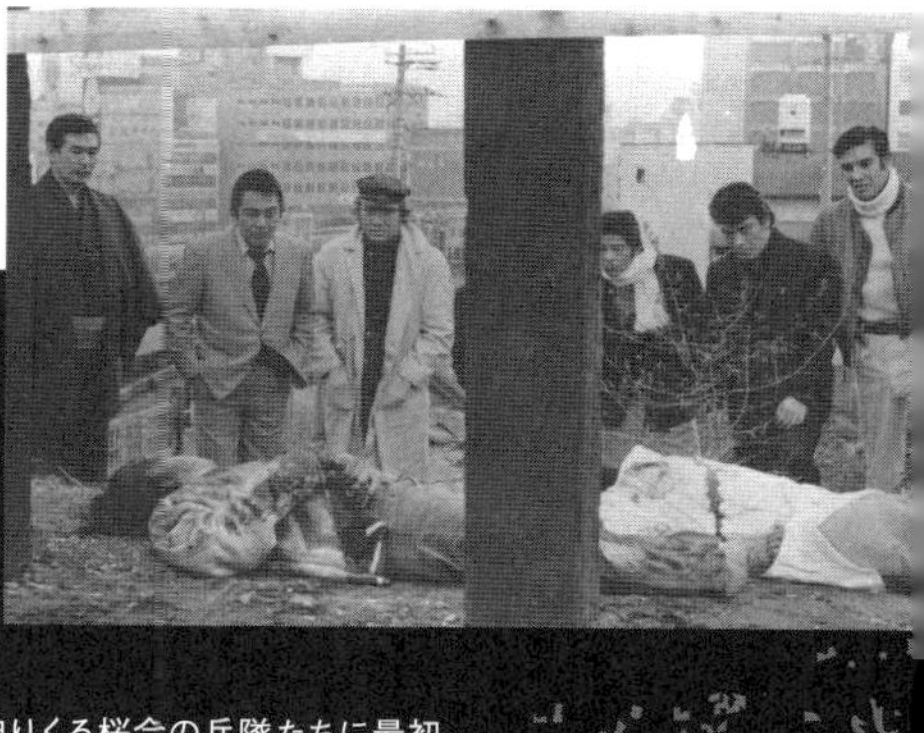

迫りくる桜会の兵隊たちに最初の一撃をぶっ放す矢頭。遂に戦いの幕は切って落とされた!

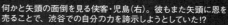

なぜ、襲ったか!?
俺が明かす、15年前の真相!

実録安藤組 襲撃篇

✵1973年12月1日公開 ✵93分
✵東映東京撮影所作品
✵カラー・シネスコ
✵併映作品：
『恐怖女子高校 アニマル同級生』
（志村正浩監督）

STAFF

企画／吉田 達
原作／安藤昇
（週刊アサヒ芸能連載・
徳間書店刊）
脚本／石松愛弘
撮影／仲沢半次郎
録音／井上賢三
照明／川崎保之丞
美術／北川 弘
音楽／日暮雅信
編集／田中 修
助監督／岡本明久
記録／高津省子
擬斗／日尾孝司
スチール／加藤光男
進行主任／志村一治
装置／根上徳一
装飾／田島俊英
美粧／住吉久良蔵
美容／高杉喜美子
衣裳／河合啓一
演技事務／和田 徹
現像／東映化学
監督／佐藤純彌

CAST

【矢頭組】
安藤 昇／安藤 昇
矢崎幹夫／梅宮辰夫
小山雄二／藤山浩二
須山 明／袋 正
水木道夫／安岡力也
平田 武／郷 鍈治
小野田稔／小林稔侍
立花勝男／花田 達
川村 豊／堀田真三

中江産業社長・中江(右)の態度に腹を立てた安藤は、
その日の内の襲撃を決意した

緊急時に備えて、海上で射撃訓練に勤しむ安藤組の面々

兄貴分・児島から、関東盟友会メンバーで中江を追い込む算段であることを聞かされた安藤は、
自分の力でこれを押さえこもうと考えたが……

ジロー／沢田浩二
江本／須賀 良
中江昭麿／中丸忠雄
天野政道／水島道太郎
先山／深江章喜
康子／藤 浩子
文子／中村英子
絹子／光川環世
マダム／真湖道代
圭子／鹿沼エリ
児島の女房／小林千枝
女秘書／佐々木順子
バーテン／畑中猛重
田所／北川恵一
その妻／竹村清女
刑事部長／河合絋司
警視総監／山岡徹也
銀座署々長／近藤 宏
捜査二課長／植田灯孝
小沢警部／八名信夫
杉山刑事／上田忠好
アナウンサー／
木村 修
消防官／山田甲一
監督／佐藤純彌
年配の親分／沢 彰謙
洋服屋／佐川二郎
二世の中盆／
土山登志幸
酔っ払い／伊達 弘
ホステス／宮崎あすか
中盆／滝島孝二
秘書／木川哲也
記者／滝波錦司
三浦 忍
天野のボディガード／
佐藤晟也 日尾孝司
警官／五野上力

刑事／横山 繁
山浦 栄 相馬剛三
安藤興業社員／
高野隆志
宮地謙吾
関東盟友会組員／
高月 忠
藤崎英幸
菊池正孝
長谷川 誉
児島大作／丹波哲郎

安藤組の総意は〝中江襲撃〟で固まった。実行隊長に選ばれたのは、
赤坂支部の矢崎（右）だった

STORY

昭和33年4月、東京湾沖を二艘のモーターボートが疾走する。乗っているのは安藤興業社長・安藤昇とその部下たち。彼らは海上に空の酒ビンを浮かべ、それを標的にした射撃訓練に努めていた。

同年5月25日、安藤興業に株の仲買をしている丸栄商事社長・先山がやって来て、安藤に中江産業社長の借金取り立てを依頼してきた。中江は潤沢な財産を他人名義にしたことで「支払い能力なし」として、活動資金として借り入れた3000万円の返却に応じないというのだ。その場は軽くいなした安藤だったが、同年6月10日、出席した関東盟友会の会合で中江の亜細亜製糖の株買い占め問題が取り上げられたことから、俄然興味が湧きだした。関東の親分連中を敵に回す中江をいち早く押さえれば安藤組の株も一気に上がる、安藤はそう踏んだ。

6月11日午後2時、さっそく安藤は、子分の勝、先山と共に中江産業へと足を運ぶ。しかし、中江に借金を払う気はさらさらなく、安藤に対しても無礼な態度をとった。頭にきた安藤は幹部たちを招集して、中江を襲うことを決断、できるだけ早く実行し、あくまでも殺さず傷を負わせるだけ、と厳命した。

ことの仕切りは安藤興業赤坂支部長・矢崎幹夫が担当、ヒットマンとして同準幹部・平田武を指名、32口径ブローニングを手渡した。同日午後7時、平田は中江産業へ押し入り、3人の男と商談中の中江に発砲。そのまま、夜の銀座の街に姿をくらました。その頃、熱海の賭場で遊んでいた安藤は、遅れてやって来た矢崎から、襲撃の成功を知らされた。翌日の朝刊には、中江は瀕死の重傷であり、警察が安藤に出頭を求めているとの報道が。

6月13日午前10時40分、丸の内警察署を関東盟友会々長・児島大作が訪れ、安藤組に手を出さないなら署長に犯人を自首させる、という申し出を行った。しかし警察の狙いはあくまでも安藤である。同日午後4時20分、安藤興業に警察によるガサ入れが入る。

6月14日午前11時10分、安藤は中江に対する恐喝容疑で自分に逮捕状が出ていることを知る。警察のやり口に腹を立てた安藤は、平田の自首を取りやめ、部下共々とことん逃げまくることに決めた——。

熱海から帰ると、既に警察の包囲網が。安藤、矢崎、立花は安藤の情婦である女優の康子の部屋へと向かう

ヒットマンとして呼び出された平田（右）に手渡された銃は32口径のブローニング。普段扱っている45口径では、中江を殺してしまうからだ

安藤と幹部の水木は、米軍のコスプレで検問を突破。ブロークン英語を使えば、意外にバレないものである

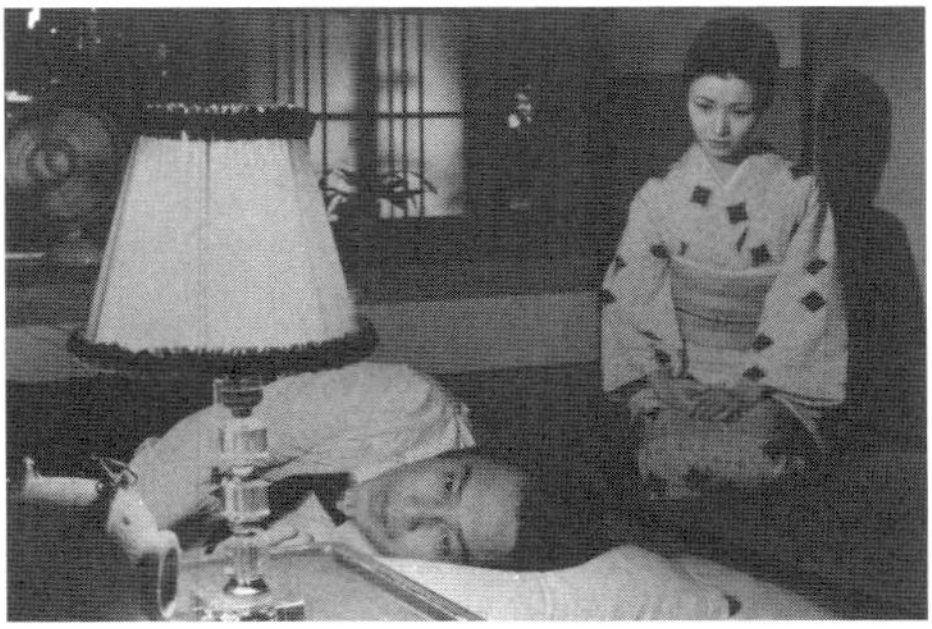

隠れ家で愛人・文子との時間を過ごす安藤。しかし、後に文子は警察に参考人として連行され、遂に安藤の居場所を漏らしてしまう

葉山の隠れ家で将棋を指している安藤と水木を警察が包囲。34日間の逃亡生活に、遂にピリオドが打たれることに

自宅に帰り、妻子としばし安らぎの時間を過ごすも、やがて別れの時がやって来る

この男が死んでから十年、安藤組勢力抗争を語るなら、この傷だらけの幹部を忘れるな！

安藤組外伝 人斬り舎弟

✹1974年11月1日公開 ✹93分
✹東映東京撮影所作品
✹カラー・シネスコ
✹併映作品：
『ザ・カラテ2』（野田幸男監督）

STAFF

企画／安藤 昇　吉田 達
原作／安藤 昇
「極道一代・やくざと抗争」
（徳間書店刊）
脚本／松田寛夫
撮影／仲沢半次郎
録音／内田陽造
照明／大野忠三郎
美術／藤田 博
音楽／広瀬健次郎
編集／田中 修
助監督／福湯通夫
記録／高津省子
擬斗／日尾孝司
スチール／藤井喜男
進行主任／松本可則
装置／井保国夫
装飾／酒井喬二
美粧／住吉久良蔵
美容／石川靖江
衣裳／福崎精吾
演技事務／石原啓二
現像／東映化学
監督／中島貞夫

CAST

安藤 昇／安藤 昇
野田進一／梅宮辰夫
国分安夫／室田日出男
徳重 晃／今井健二
橋本行雄／藤山浩二
滝 昌典／土山登士幸
津吹哲也／渡瀬恒彦
堀口／前田 吟
石戸／花田 達
島野／亀山達也

昭和24年の夏の終わり、渋谷駅前で学生時代の日向と安藤はすれ違っていた

日向と津吹の身元を引き受けた安藤は、
２人と兄弟分の契りを結んだ

例え相手が刑事でも、日向は躊躇いなくそのケンカを買う

谷崎／伊吹二郎
赤井／桐島好夫
畑／畑中猛重
山藤／山本昌平
木谷 孝／郷 鍈治
中田／誠 直也
北川／高月 忠
平岡／須賀 良
阿部／溝口久夫
田波／はやみ竜次
組員A／清水照夫
〃B／城 春樹
〃C／横山 繁
君子／片桐夕子
お蝶／真山知子
政代／森 秋子
桂木夏子／岡田京子
歌手／久光久美子
バーのママ／
谷本小代子
ゲイバーのママ／
マダム・ジョイ
林栄三／名和 宏
南部喜一／小松方正
小沢吾郎／日尾孝司
竹井／沢田浩二
外島／成田三樹夫
人斬りジム／安岡力也
川上／深江章喜
牧野／八名信夫
中尾／大泉公孝
竹内／近藤 宏
小西／伊達 弘
刑事／河合絃司
〃／山田光一
〃／山浦栄
〃／五野上力

看守／佐川二郎
黒人兵／
ウィリー・ドーシー
パチンコ店経営者／
美原亮三
愚連隊A／西本良治郎
〃B／高島志敏
〃C／幸 英二
医者／相馬剛三
小山／宮地謙吾
不良学生／工藤 武
ビヤホールのマネージャー／
佐藤晟也
キャバレーのマネージャー／
木村 修
タクシー運転手／
久地 明
木谷の母／初井言栄
日向 謙／菅原文太

羽振りの良い安藤に因縁をつける渋谷の侠客・林。勿論、安藤の容赦ない焼きが入る

片腕を失った津吹の敵・人斬りジムのところへ乗り込んだ日向。雨の中の激しい死闘の末、ジムは再起不能の重傷を負った

日々酔いつぶれては仲間に金をせびる日向。さしもの安藤組メンバーも持て余し気味だ

STORY

昭和25年、愚連隊の日向謙は弟分の津吹を連れて、とあるビヤホールで安藤らと対面したが、配給ビールの取り分を巡って、津吹が刑事とトラブルを起こし、別件逮捕されてしまう。安藤は2人の身元引受人となり、そのまま2人は安藤の舎弟となった。

ある日、小料理屋で闇物資を隠し持っていることを聞きつけた日向と津吹は、さっそく押しかけて闇物資を奪取して安藤の元へ届けた。小料理屋の女将の愛人・人斬りジムはこれに怒り、雨の繁華街で泥酔した津吹を見つけると、その片腕を切り落としてしまう。日向は小料理屋へ向かい、人斬りジムをビール瓶で刺した上にその眼を潰し、さらに女将にも斬りつけた。日向は、傷害致死の罪で4年の刑を受け、宇都宮刑務所へ服役する。その頃、日向と入れ替わる形で、野田進一が安藤組の新たな舎弟として加わり、破竹の勢いで安藤組の縄張りを増やしていった。

その勢いを恐れる南部組が安藤の経営するバーに殴り込みをかけてきた。すんでのところでそのピンチを救ったのは、出所したばかりの日向だった。昭和29年、安藤興業の事務所が開設され、昭和31年には渋谷に安藤組の敵はもう存在しなかった。

野田が「野田商事」を立ち上げ、番頭格の堀口の手腕で着実に資金

山藤の凶弾に狙われるも、日向の運は強かった。腹に命中した銃弾で内臓は傷つかなかったのだ

逃亡生活の中で日向はかつての愛人・君子と再会し、大胆にも捜査網が広がる東京へと舞い戻ってくる

安藤なき安藤組を支えようとした日向だが、他組織から命を狙われる身に。潜伏先にも、その魔の手は迫り……

を蓄えていく一方、日向は日々子分を引き連れては仲間に金をせびって飲み歩く日々を送っていた。特に野田に対しての当たりは強く、目にした野田の子分に片っ端から暴行を加えていた。この状況に我慢ならない野田は、遂に子分の山藤に日向の射殺を命ずるも、日向は一命をとりとめた。野田と日向は決闘の約束をするも、結局うやむやとなり、2人の関係は修復する。

昭和33年、安藤が南洋郵船社長・中井の襲撃を命じたことで、安藤と幹部らは全国指名手配の身となる。全国に散っての逃亡生活を送るも全員逮捕された。安藤は8年、野田は6年、日向は2年半の刑を受けることに。

いち早く出所した日向は渋谷へ戻ってきたが、安藤組弱体化を見た他の組が、続々と渋谷へとその勢力を伸ばしつつあった——。

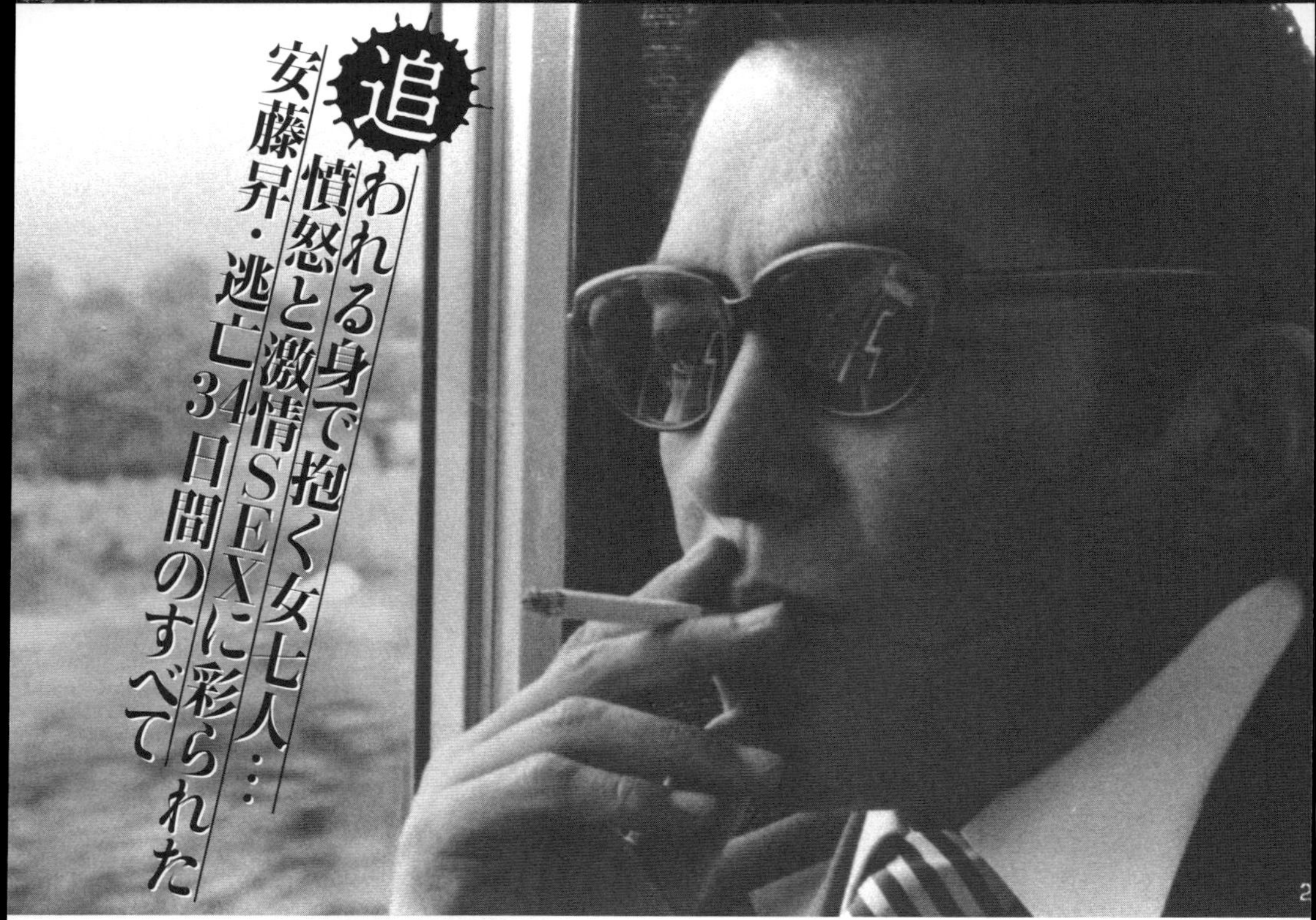

追われる身で抱く女七人……憤怒と激情SEXに彩られた安藤昇・逃亡34日間のすべて

安藤昇の わが逃亡とSEX《セックス》の記録

✵1976年10月1日公開✵84分
✵東映東京撮影所作品
✵カラー・シネスコ
✵併映作品：『バカ政ホラ政トッパ政』（中島貞夫監督）

STAFF

企画／太田浩児　吉田 達
脚本／高田 純
撮影／花沢鎮男
録音／広上益弘
照明／梅谷 茂
美術／北川 弘
音楽／泉谷しげる
編集／戸田健夫
助監督／福湯通夫
記録／勝原繁子
擬斗／日尾孝司
スチール／加藤光男
進行主任／東 一盛
装置／小早川 一
装飾／酒井喬二
美粧／住吉久良蔵
美容／小林成吉
衣裳／河合啓一
演技事務／石川通生
現像／東映化学
監督／田中 登

CAST

安藤 昇／安藤 昇
古山 広／石橋蓮司
進藤英夫／内田勝正
船橋一也／蟹江敬三
星野恵造／中田博久
河原邦彦／滝波錦司
保田新二／花田 達
バーマダム某／絵沢萠子
山辺泰子／萩野まゆみ
山岸旗江／中島 葵
田代文子／ひろみ麻耶
葉山の有閑マダム／小杉じゅん
甲府ドヤ街の女／牧 れいか

泰子は19歳のモデル。日に焼けたしなやかな
肢体で安藤の欲望を受け止める

森や組員と別れた安藤は、
若い愛人の泰子の元へ

トップ屋の森（左から2番目）から情報を聞く安藤。組員の大半が結核持ちと知らされ、森もビックリ

札幌の売春婦／飯田紅子
田所有二／小池朝雄
早川哲司／近藤 宏
極東船舶秘書嬢／岡 久子
森 裕彦／小松方正
高畑スエ／山本 緑
代貸／藤山浩二
警官／山田光一
消防署員A／佐川二郎
〃 B／泉福之助
安藤組組員A／亀山達也
〃 B／宮地謙吾
〃 C／高月 忠
〃 D／畑中猛重
アベックの男／青木 卓
チンピラ／城 春樹
韓国人 葵／三重街恒二
〃 盆／佐藤晟也
アナウンサー／木村 修
刑事／相馬剛三
〃／山浦 栄
〃／五野上力
進 千賀子
大泉公孝
東 力也
清水照夫
高野隆志

子どものいる旗江の家では、短いながらも温かな時間を過ごすことができた

若さゆえの情熱で安藤の逃亡に同行することを願う泰子だが、安藤はそれを冷たく拒否する

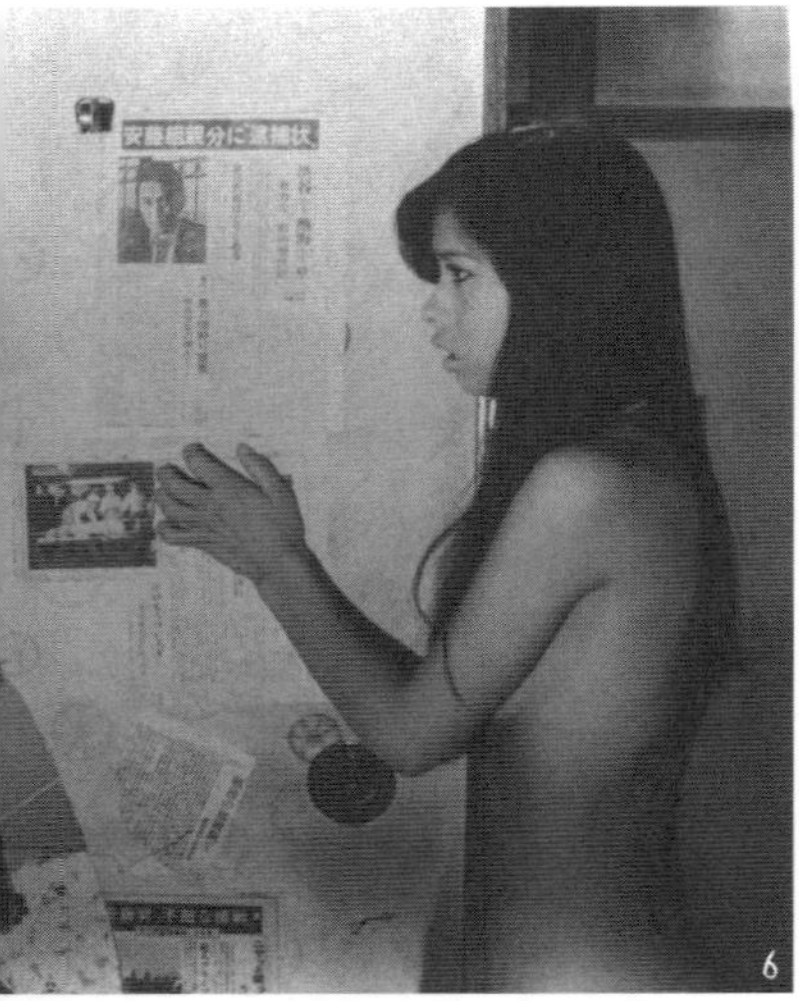

古山と合流できず一人となった安藤が向かったのは賭場。大胆だが、それ故にかえって見つかりにくいという計算もあった

STORY

昭和33年6月11日午後11時、安藤組々長・安藤昇は熱海の菊井旅館で行きずりのバーのマダムとの刹那的なセックスに熱中していた。そこに、安藤組々員の古山、進藤が訪れて、極東船舶社長の早川哲司の襲撃が成功したことを告げた。安藤は、証券取り立ての依頼を受けて早川の元を訪ねたが、交渉が決裂したことから早川を襲う様に指示していたのだ。

翌朝、小田急ロマンスカーで新宿へ戻ってきた安藤は、新聞の早川襲撃事件記事を読み、自分の逮捕状が出ていることを知り、警官の目を潜り抜けて下北沢へと移動した。そこにトップ屋の森を呼び出して、早川がまだ生きていること、そして警察が下山事件以来の捜査網を展開していることを聞き出した安藤は、とことんまで逃げることを森に宣言。まず安藤は、代々木に住む19歳の愛人・泰子の部屋へ向かい、野性的な若い娘の体を貪った。

襲撃の実行犯は船橋だったが、警察は河原だと見込んでいた。ニュースを見てそれを知った安藤は、河原にあくまで逃げ切ること、そして裁判まで犯人と押し通せと命じた。一方、船橋と進藤には山梨へ、星野は都内潜伏とバラバラに指示を出し、警察を攪乱する作戦に打って出た。

泰子の部屋を出た安藤は、刑事の張り込みを上手くかわして、赤坂の妾・旗江の部屋へ向かい、その体を堪能した。次の潜伏先に向かう約束を古山としたものの、約束の時間に来ないため、大胆にも賭場で博奕に明け暮れ、その後、かつての特攻隊仲間である田所の家に身を寄せることになる。

部屋に閉じこもっている内に、安藤の頭に通り過ぎた時代、顔に疵をつけられた時のことがフラッシュバックする。そこへ、田所が気を利かして愛人の文子を連れて来た。その一方で、レイプした女性から居場所が割れて、甲府のドヤ街で進藤と船橋が、次いで星野も警察に逮捕された。久々のセックスを楽しみながらも安藤は、自分がいつか逮捕されるであろうという予感を覚え始めていた。

安藤を他の女のところへ行かせたくない文子は警察に通報、しかし危機一髪、安藤は古山の手配で次の潜伏先である葉山の貸別荘へと向かっていた――。

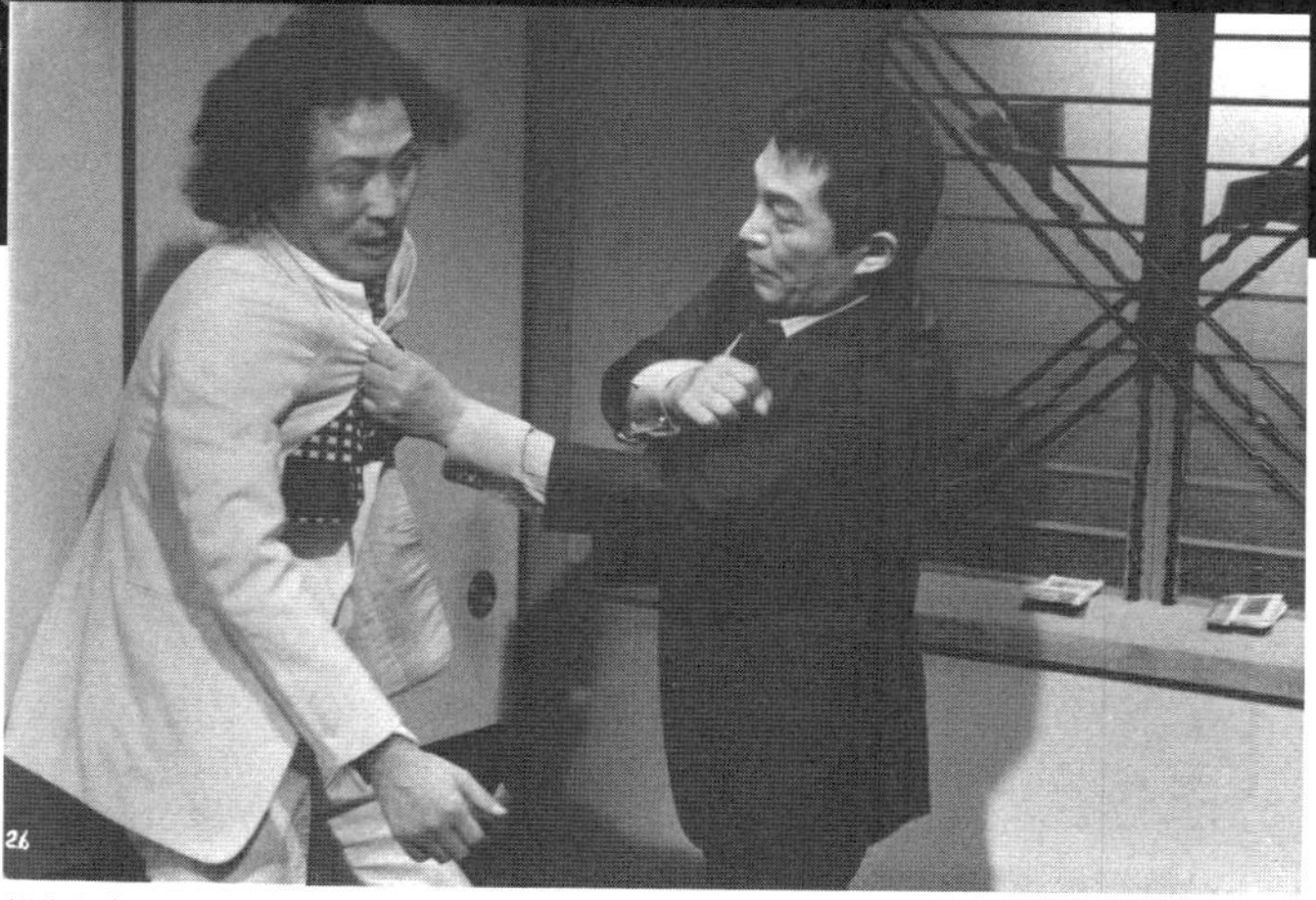

約束を守らなかった古山と合流するや、安藤は猛烈な焼き入れ。
いくら頭を下げても拳とキックをお見舞いする

特攻隊時代の旧友・田所は安藤を自分の家に匿った

激しく求めあった後、ダンサーの文子は安藤の居場所を警察に通報した

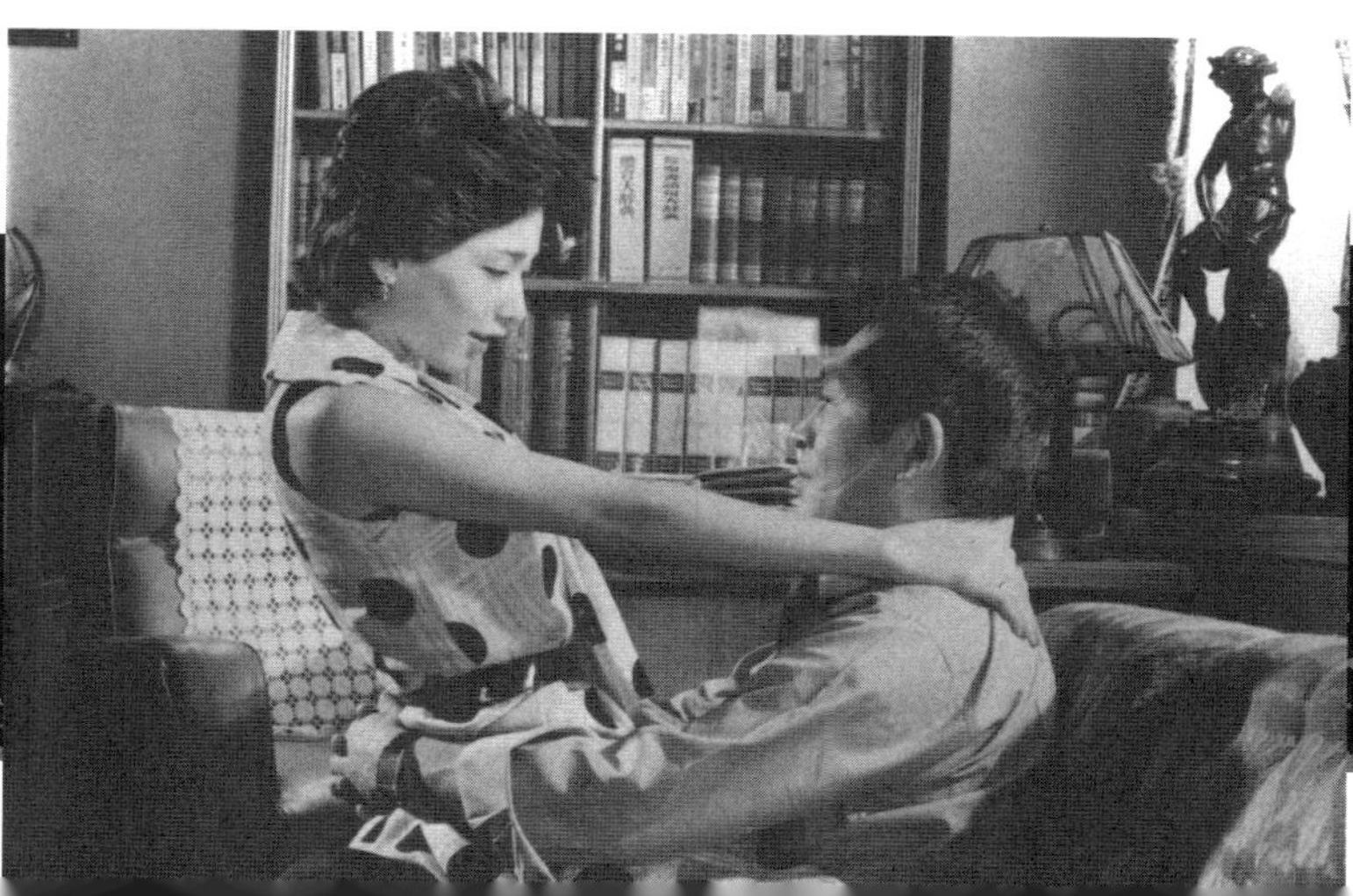

VIOLENCE REPORT 1

安藤組クロニクル 1952-1964

伝説の組織「安藤組」とはいかなる存在であったのか、また東映実録路線で何度も語られた衝撃の事件の真相は!?

世に言う「安藤組」とは、マスコミなどによって付けられた株式会社「東興業」の俗称である。東興業は、法政大学退学後に愚連隊としてその名を売っていた安藤昇が、仲間たちと共に昭和27年（52年）に東京都渋谷区宇田川町に設立。いわゆる暴力団のカテゴリーに入る団体を株式会社として登記したのは、当時としては異例の出来事であったことだろう。

結成当初のメンバーは大学生がメインであり、それは日本をここまでに追い込んだ大人に絶望した若者たちのシラケムードと反抗心が反映されていたに違いない。まさにこれは、戦後アウトローの新しい息吹を感じさせる出来事であったのだ。

東興業の業務内容は、不動産売買と興行、また警備、用心棒などをメインとした。今後訪れるであろう土地ブーム、そして娯楽のない時代だからこそのショービジネスを狙ってのものであったが、最終的には500を超えることになる社員を食べさせるまでには至らず、後に賭博も取り仕切ることになる。

安藤組は、それまでのやくざとは決定的に違った部分が多数あった。まず、徹底的にスタイリッシュであったこと。安藤自身オーダーメイドのスーツに身を包み、準幹部以上のメンバーにも揃いでグレーのスーツに黒のネクタイを身に着けさせる。事務所には当時としては珍しいスチール製の机を導入するなど、徹底的に都会的でモダンなムードを取り入れた。また安藤が求めるスマートなアウトロー像は、スタイルだけにとどまらなかった。安藤は部下に指詰めや薬物の使用を禁止、刺青を入れることにも難色を示した。

賭場のムードも一新させた。客筋は、社会的地位のある、金回りの良い客に限定。また花札メインであった遊びにポーカー、ルーレットを取り入れるなど徹底的に洋風テイストをアピール。まだまだ海外に行くことが当たり前ではない時代、そんな海外のカジノの様なイメージはさぞ眩しく見えたことだろう。街中でオープンカーを颯爽と乗り回す安藤たちの姿を、人々は憧れの目で追いかけた。「誰からもカッコいいと認められる男（＝やくざ）」、安藤が提示したスピリッツとイメージは大衆に圧倒的な支持を受けたはずである。

しかし、それ以上に安藤組という組織の存在を世間に強くアピールしたのは、やはり昭和33年（58年）に起こった「横井英樹襲撃事件」だろう。

老舗百貨店「白木屋」の乗っ取りを画策した実業家・横井英樹は、元侯爵の蜂須賀正に頼み込んで3000万円の融資を受けた。しかし横井は返済期日になっても返済は滞り、元金はおろか利息すら払わない始末。蜂須賀が急死した後、妻の智恵子は訴訟を起こし、最高裁は横井に2000万円の支払いを命じるが、横井は返そうとはしなかった。当時の横井の財産価値は数十億円にも上るものだったが、その名義は実弟など他人のものに書き換えており、実際に裁判所が差し押さえたのは郵便貯金の3万9000円だけであった。智恵子は、三栄物産代表取締役の元山富雄に相談、さらに元山は安藤の元を訪ねて取り立ての協力を仰いだ。

6月11日午後3時、安藤は元山富雄と共に東洋郵船本社を訪れて横井と交渉。しかし横井は支払いを拒否。元山と安藤は一旦会社を後にするが、金を踏み倒しておきながらの横井の尊大な態度に腹を立てた安藤は、その時既に横井襲撃の絵図を頭に描いていた。部下に指示を入れ、安藤は前より約束のあった熱海の賭場へと向かった。

同日午後7時10分、安藤組赤坂支部・千葉一弘（後の住吉会系石井会相談役）が東洋郵船本社の社長室に押し入り、横井にFNブローニングM1910で1発の銃弾

『実録安藤組 襲撃篇』で描かれた、襲撃事件後の逮捕場面。『わが逃亡とSEXの記録』では、成人映画らしいサービスが満載の展開に

『安藤組外伝 人斬り舎弟』

を撃ち込んだ。銃弾は横井の右腕から左肺、肝臓を貫通し右脇腹に達した。千葉はそのまま逃走し、同日午後11時、安藤は熱海で襲撃成功の報を受け取った。ところが、横井は意識不明の重体に陥ったものの、一命は取り留めた。警視庁は横井に対する恐喝容疑で、安藤昇と幹部たちを全国指名手配、安藤は幹部たちに徹底的に逃げることを指示し、警察権力への挑戦の意思を鮮明した。

しかし、7月15日に安藤昇と安藤組大幹部・島田宏が神奈川県葉山町の別荘で、7月22日には千葉一弘と東興業専務・志賀日出也が山梨県内でそれぞれ逮捕された。7月23日、安藤組・小田原郁夫が自首。北海道旭川市内で、安藤組大幹部・花田瑛一も逮捕された。

12月25日、東京地裁にて安藤昇は懲役8年、志賀日出也は懲役7年、千葉一弘は懲役6年、島田宏は懲役2年、花形敬は懲役1年6か月、花田瑛一は懲役1年6か月、小田原郁夫は懲役1年の実刑判決を受けた。

昭和39年(64年)9月15日、安藤組長は、6年2ヵ月の服役を経て、仮釈放で前橋刑務所を出所。同年11月、対立組織との抗争で配下の西原健吾が殺されたことをきっかけにして、12年の歴史を持つ安藤組の解散を決意。同年12月9日に、千駄ヶ谷区民講堂で「安藤組解散式」を行った。これは、暴力団による初めての"自主解散"でもあり、安藤組はその幕切れまでもが革新的であったのだ。

その後、安藤は映画俳優に転身するが、「横井英樹襲撃事件」とその逃亡劇は、自身の主演作『血と掟』(65年/湯浅浪男監督)、『実録安藤組 襲撃篇』『安藤組外伝 人斬り舎弟』『安藤昇のわが逃亡とSEXの記録』と、何度も映像化されることになる。犯人本人が自分の起こした傷害事件を再現するというのは、テロ事件を防いだ実在の人物たちを俳優として起用したクリント・イーストウッド監督の『15時17分、パリ行き』より40年以上早く、かつ野心的であると言えるだろう。

また、安藤組を語る際にどうしても避けて通れないのが、前科7犯、22回の逮捕歴を持つ安藤組幹部・花形敬だ。昭和25年に石井福造の仲介で安藤の舎弟となった花形は、白のスーツに身を包んで武器を使わない「素手喧嘩(ステゴロ)」主義で喧嘩に明け暮れたという生き様は、残された記録の少なさもあってか今や伝説の人物に。板垣恵介『グラップラー刃牙』の花山薫、橋本以蔵・たなか亜希夫『軍鶏』の早乙女薫など、コミックで彼をモデルにしたキャラクターも登場するほどの影響力を持っている。

映画では『安藤組外伝 人斬り舎弟』で菅原文太が演じた日向謙として描かれた他、モデルとして何度も登場しているが、花形本人のキャラクターとしてスクリーンに登場したのは、本田靖春『疵 花形敬とその時代』を映画化した『疵』(88年/梶間俊一監督/主演：陣内孝則)が初めてであった。

『実録安藤組 襲撃篇』では、幹部たちは事実に基づいたグレーのジャケットと黒ネクタイを着用。『人斬り舎弟』では縦ストライプのスーツに変更されている

安藤昇が手掛けた
ダーク・ドキュメント

『やくざ残酷秘録 片腕切断』

やくざ映画に〝リアル〟を持ち込んだ安藤昇が手掛けた異色ドキュメント、これもまた東映実録路線のひとつの発展形と言えるのではないだろうか？　文.伴ジャクソン

「この映画を製作するに当たり諸先輩及び諸団体の　勇気ある御協力を戴き　深く感謝致します　安藤昇」

ドンと打ち出されるこの巻頭文からして、ひしひしと伝わる只事ではないムード。『やくざ残酷秘録　片腕切断』は、安藤昇が企画・構成・ナレーションを務めた、日本でもあまり類を見ることのない暗黒ドキュメンタリーである。

本作の公開年である１９７６年は、「ライオンが人間を喰い人間が人間を狩る！　あまりの衝撃に世界中が身震いした恐るべきドキュメント！」のキャッチコピーと共に公開され、観光客がライオンに襲われる様子を大々的に喧伝したことで世界的な大ヒットを記録した『グレートハンティング　地上最後の残酷』（75年イタリア・アントリオ・クリマーティ＆マリオ・モッラ監督／日本公開：76年3月13日）、そして殺人カルト集団の行状を描いた平凡なスプラッター映画でありながら「実際の殺人を撮影したフィルムが使用された」という噂が流れたことからスマッシュヒットとなった『スナッフ／ＳＮＵＦＦ』（76年アメリカ＆アルゼンチン・マイケル＆ロベルタ・フィンドレイ監督／日本公開76年6月19日）など、〝本物の残酷〟を強く押し出した映画の当たり年となっていた。得体のしれない恐怖を描いたオカルト映画ブームから一歩進み、観客はより直接的な刺激と衝撃を求める様になっていたのだ。

そんな大ブームを東映が見逃すはずもなく、「牛裂き刑で和製『スナッフ／ＳＮＵＦＦ』を作れ」という岡田茂社長（当時）の号令の下、牧口雄二監督が『徳川女刑罰絵巻　牛裂きの刑』を撮り上げた。その一方で、東映版『グレートハンティング』の位置づけとなったのが、やはりドキュメンタリーとして製作された『片腕切断』なのである。

企画は安藤サイドからの持ち込みであり、製作は株式会社安藤企画が担当、低予算製作のため、撮影は基本16ミリのモノクロフィルムで行われた。安藤自身が作品の主導権を握るとなると、その内容が自ずとやくざ社会にズームインしていくであろうことは、誰もが想像すること。その期待に応えるべく、本作は悪趣味たっぷりにやくざの生態を切り取っていく。

刑務所からの出所、麻薬、賭博、テキ屋、ヒモといった要素をドキュメント風味に紹介しながら、松葉会々長・菊地徳勝氏、東京安田連合会々長・阿久津義光氏、義人党々首・高橋信義氏、東京盛代星一家大塚二代目・庄子喬氏、奥州西海家横田四代目藤川分家代行・長尾照治氏（以上登場順、公開当時の肩書）という方々の生コメントがインサートされていく構成だが、映し出される映像のあれこれが、これまた実に刺激的。プレスシートにも、〈「二、三人のスタッフと、情報を集めてはその都度記録してきた。すべてホンモノで、隠しカメラも多用した」と安藤昇は語る。〉と書かれている。

中でも飛び切りの衝撃映像は、ノミを使ったやくざの指詰めシーンだろう。まずチンチロリンをしながら男たちが覚せい剤を摂取している場面が映し出される。タバコの箱を皿代わりにして水に溶かし、注射器を腕に刺す。イメージとしてはよく見るものだが、モノクロの隠し撮り映像ということも

✹作品データ

1976年10月1日公開／65分／パートカラー・シネスコ／同時公開『蛇と女奴隷』（向井寛監督）、『猟奇・残虐の大陸』（G・ヤコペッティ監督）

【STAFF】

製作／株式会社安藤企画、須崎 清、阿部久一　撮影／椎塚 彰、大村日出男　録音／太田克巳　編集／菅野順吉　選曲／村田好次　製作主任／安藤 豊　製作事務／藤原建十郎　記録／杉本英幸　照明効果／土田 勇　製作協力／映広音響、大晃商会、入江美粧、コスモプロダクション　現像／東映化学　企画・構成（・ナレーション）／安藤 昇

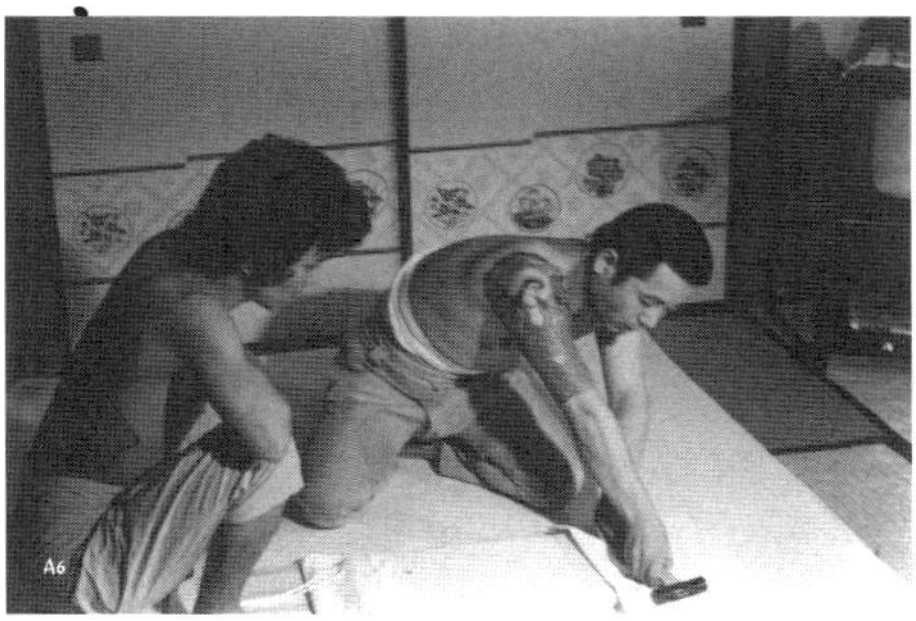

あり、より生々しさを感じさせる。だが直後、男は兄貴分に猛烈に絞られる。麻薬に手を出すことは、やはりやくざの世界でも固く禁じられていることなのだ。

すると、いきなり場面がパッと明るくなる。ここで映像がカラーになるのだ。ガランとした部屋に置かれた、白いシーツに包まれたマナ板。そこに、上半身裸で腹にサラシを巻いた男が小指を載せる。横にいる男が小指の上にノミの刃を置くと、金槌でノミを一撃！　斬られた小指はもの凄い勢いで前へと飛んでいき、小指を失くした男は騒ぐことなく白い布で手をグルグルっと巻いていく。そして、マナ板の白い布には、全てが事実であったことを示す生々しい血痕が残る――。

先のモノクロ映像との繋がりはさておき、1カットで一気に見せつけるこのカラー映像は、紛れもなく本物だ。インタビュー集「映画俳優 安藤昇」（ワイズ出版）で、安藤自身が以下の様に語っている。

（実際に指を詰める人をどうやって探したのか、という問いに）

安藤　探したわけではなく、知り合いのヤクザに「この映画で小指を落とすシーンがあるのだけれど、誰か小指を落としたい奴はいないか」と言ったら、一本三〇万円で引き受ける奴が出てきた。

それ、思いっ切り探しているのでは？　という野暮なツッコミはさておき、そんな無茶なオファーにしっかり手を挙げてくれる業界の方をすぐ調達できるのは、さすがとしか言い様がない。

勿論、全てがリアルかと言えばそうでもなく、アヴァンタイトルの駐車場の様な場所で男がチンピラの集団に腹を刺される場面や、タイトルにもある片腕切断場面は明らかにフェイク。斬られた腕がピクピクと動く様は、当時の技術で考えてみてもかなりリアルで衝撃的だが、トリックは実に簡単、穴を開けた畳を立てて、そこから腕を出して撮影したのだという（その腕を演じたのは安藤自身）。

途中、道行く人たちに「暴力団についてどう思うか？」と路上インタビューを敢行、「絶対に入りたくない」などという否定的な意見をインサートすることで、「では、なぜ現代に〝やくざ〟は存在しているのか？」という疑問を逆に浮き彫りにしていくという、にくい演出も。さらには競輪、競艇、競馬を「国が胴元の博奕」と一刀両断、やくざの賭場と何が違うと、クールに斬って捨てる辺りも実に痛快である。

指詰め以外のカラーフィルムは、色鮮やかな刺青紹介の場面に充てられた。当時「聖五郎」名義の彫師であった凡天太郎氏が、若い女性の身体にガシガシ墨を入れながら、「国会議事堂で議員さんは上半身裸でやればいいんですよ。半分以上刺青入ってるでしょ、地方出の代議士とか」「女性は先天的にマゾなんですよ。（身体に刺青を入れても）痛くないんですよ、気持ちいいんですよ」などと、本物の方々以上に物騒な発言をかますのだから、たまらない。

ラストを締めるのは、帝銀事件、吉展ちゃん誘拐殺人事件などを手掛けた、元警視庁刑事部捜査一課、警視庁警視・平塚八兵衛氏。「やくざはなくなるか？」の問いに、こう笑顔で答える。

「石川五右衛門の言葉（〝世に盗人の種はつきまじ〟）をね、信じられるように思いますね。私は何か、つきないと思いますよ」

そして、最後の最後にこんな言葉がドカンと映し出される。

「本映画は暗黒街の実態をリアルに画いたもので、十八才未満の方々の入場を固くお断りいたします　製作者　安藤 昇」

す、少し告知が遅過ぎた様な気がします……。

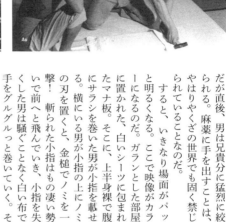

俳優以外にも、多方面でその才能の花を咲かせ続けた安藤昇。その膨大な仕事の一端をここに紹介しよう。

異能の男 安藤 昇

時代と遊び続けた稀代のトリックスター

文.伴ジャクソン

安藤昇にとって、生きることが「遊び」だった。極論かもしれないが、そう考えると、全ては合点がいく。

そもそも、安藤が映画俳優になったのは、自身の体験を書いた回想記「激動」の映画化『血と掟』(65年)に、自ら主演をしたことがきっかけである。自らが引き起こした犯罪を改めて演じるという、この大胆さ。ギャランティに加えて「暇だった」ということから出演を決めたそうだが、この映画が大ヒットを記録し、安藤は一躍松竹の看板スターとして売り出され、東映移籍後は実録路線を支える存在になるのだから、話としても出来過ぎている。

その後も、安藤は様々なジャンルに顔を出していく。歌手、作家、書、家相。ファッション、インテリア、食にもうるさく、豊富な女性体験もあっけらかんと語った。これは、「元やくざ」という肩書だけで、そして仕事という意識でこなせることではない。まさしく、「安藤昇」という個性そのものが成しえた偉業であろう。

その活動が多岐に渡りすぎているため、このわずかなページ数では、到底全てを網羅することはできない。しかし、その異能ぶりだけは感じてもらうことはできるはずだ。

COMIC

劇画版の『実録安藤組』シリーズは、作画を『御用牙』の神田たけ志が担当。内容は映画とほぼ同じだが、少年時代の武勇伝など映画では描かれていなかったエピソードも読むことができるのがポイント高し。外伝的なポジションの『花形敬』編は作画を影丸穣也が担当しており、その重厚なタッチは同氏の代表作『ワル』を彷彿とさせてくれる。ちなみに、花形敬の物語は『栄光なき天才たち』(原作・伊藤智義／作画・森田信吾)にも登場するが、諸事情により単行本未収録となっている。

「実録安藤組 花形敬 ステゴロ最強伝説」(原作／安藤昇、脚本／天龍寺弦、作画／影丸穣也 TOKUMA FAVORITE COMICS) ※品切

「餓狼の系譜」(原作／安藤昇、脚本／向谷匡史、作画／神田たけ志・バンブーコミックス) ※絶版

❶「はぐれ町／男がひとりでうたう歌」(CA-13・キャニオン) ❷「盛り場二十年／由紀」(A-170・キャニオン) ❸「黒犬／夢は俺の回り燈籠」(C-5・キャニオン) ❹「男が死んで行く時に／ふうこ」(CA-34・キャニオン) ❺「港祭り／地獄門」(C-60・キャニオン) ❻「白蓮の花／北の慕情」(A-277・キャニオン)　※以上、廃盤

1

2

3

【EP】

4

5

6

昔の映画スターは歌を歌うのが義務、ということで、安藤は65年に、映画「やさぐれの掟」挿入歌「新宿無情／夜の花」でビクターよりレコードデビュー。後にキャニオンに移籍し、数多くのシングル・LPをリリースした。見事に歌えているだけでなく、その楽曲の多くに語りのパートが挿入され、独特の世界観が確立されている。その中でも群を抜くのは、やくざの死ぬ直前の独白を歌った「男が死んで行く時に」。安藤の迫力の演技に、聴く者の心も曲の終了と共にあの世へ持っていかれる。

RECORD

【LP】

❶「さすらい彼岸花」(C-1040・キャニオン) ❷「男の哀歌」(CAL-1008・キャニオン) ❸「安藤昇の世界 盛り場二十年」(C-3025・キャニオン) ❹「男のひとりごと」(AF-6019・キャニオン) ❺「軍歌で綴る太平洋戦史」(AF - 6006・キャニオン)　※以上、廃盤

2

3

1

4

5

BOOK

安藤組時代の思い出を書いた「血塗られた半生 激動」出版をきっかけに、安藤は本格的に執筆活動を開始。「やくざと抗争」を始めとした極道ドキュメンタリーにとどまらず、女性体験、男の生き様、家相までと、手掛けたジャンルは実に幅広く、改めてその才能の深さに驚かされる。

「男讃歌」（14年・木耳社）こちらは、書の作品集

「映画俳優 安藤昇」（安藤昇・述 山口猛・著・15年・ワイズ出版文庫）安藤自身が出演映画について語った貴重なインタビュー集

元秘書が安藤の言葉と思い出をまとめた「安藤昇 90歳の遺言」（向谷匡史著・17年・徳間文庫）

❶「血塗られた半生 激動」（68年・双葉社）❷「安藤昇極道一代 やくざと抗争 餓狼編」（72年・徳間書店）❸「やくざの譜〈風雲編〉」（73年・徳間書店）❹「ドキュメント北海の博徒たち 領土強奪」（78年・徳間書店）※以上、絶版

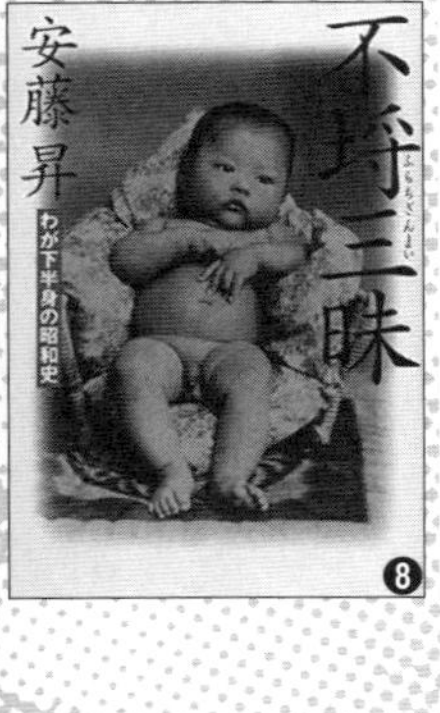

❺「女にモテたきゃ男を磨け 俺の男修業・女修業・人生修業」（88年・ゴマブックス）❻「九門女相術 アソコで見抜く、ツキを呼ぶ女、奪う女」（93年・ゴマブックス）❼「あげまん入門 こんな女とは、すぐ別れろ！」（90年・ポケットブック社）❽「不埒三昧 わが下半身の昭和史」（01年・祥伝社）※以上、絶版

VIOLENCE COLUMN

安藤昇先生と九門家相術

文．掟ポルシェ

「人生のツキを呼ぶ九門家相術の極意」
（14年・青志社）

安藤昇先生といえば、家相研究の本を何冊も上梓されているその道の大家である。というわけで、本項では安藤昇先生と九門家相術ついてザックリ考察。

占いはオカルトであると思われるが実は統計学であり、そのすべてには裏付けとなる自然の根拠があるのだと安藤先生はこれまでの著書で何度も書いてきた。事例の積み重ねで家相研究は統計学として精度を増していくのであり、故に２０１４年発刊の『人生のツキを呼ぶ九門家相術の極意』に極まれりと見る。

安藤先生の九門家相術は実にシンプル。「東・西・南・北と鬼門（東北）、裏鬼門（南西）さえ気にすればよい」とある。一般的な方位学では東西南北を30°、その間の東北、北西、南西、東南を60°と細かく区分し鑑定することが多いが、何故敢えて簡略化しているかといえば、安藤先生を支持する層にとって響きやすい「事例」に依拠するからである。「麻雀のツキ場」だ。

「麻雀のツキというやつは『場』についている。その日によって違うが、『勝つ席』というのがあって、そこに座るやつがツキまくる。反対にツイてない『場』に座るとせっかく稼いだ点数を、あっという間に吐き出すことになる（中略）麻雀にツキ場所があるなら、人生にあっても不思議じゃない。そしてその真逆もあるはず」と実感したことが、安藤先生自身が家相を研究し始めるキッカケになったのだという。麻雀や博打が人生に不可欠なものである層が安藤先生の周りに多いからこそ強く響く理由であり、麻雀の場である東西南北に則って考えてもらった方がよりわかりいいという心遣いがそこにはある。

安藤先生は、これまで良かれと思い凶相の家を建てようという御仁にやめるよう忠告してきたが、真剣に聞いてもらえず結果不幸を招いてしまったことが多かったのだそう。事態を憂いた先生は、「ツキ場」の発想だけでなく、安藤昇の男気に惚れ込み集う男たちになんとしても響くよう、他の家相本と一線を画する表現を繰り出す。

九門家相術最大のオリジナリティは、東を「セックス運の方位」としたことである！　男なら誰でも「これだけは良くなりたい！」と思うはず！

他著者の家相本では「東は仕事のやる気などを表す方位」とボンヤリ書かれていることが多いが、そこを安藤先生はどストレートに表現。

「東の張り出し（木生門・凸型）は、ペニスに精力があふれて、ピンと立った形だと思っていただければいいだろう。生命力が旺盛で、セックス運が充実」「特に東南の凸の場合は、セックス運、家族運の両方が吉ということで千客万来、人材や友人、あるいは異性の愛に恵まれる家相」とあり、いいセックスが出来ているということ即ち仕事のやる気につながると言っているわけだ。なに、ペニスがカチカチとな⁉

ということで東南に凸型の家を今すぐにでも建ててしまいたくなるところだが、命の切った張ったで気の休まることのなかった旧安藤邸は、逆に東が凹型（木殺門）で欠けていたという。

「この家に住んでいる当時、私は女から女へ渡り歩く毎日で家に落ち着くヒマもなかった」「私の場合、木殺門の影響はインポテンツや腎虚には出なかったが、逆の日、すなわち淫蕩に出たのである」とあり、『安藤昇の我が逃亡とSEXの記録』を観て安藤先生のバイオレンスとSEX三昧の日々に憧れた身としては、うっかりそっちも捨てがたい！　と思ってしまいそうになるが、本著をよく読めばどっちに従うべきかは自明なのである。家相って大事！

暗黒マークの男たち
～世界の極道スター名鑑～

華々しい世界で名を馳せる一方で、暗黒社会にも精通したスターたち。闇が深ければ深いほど、その光は眩しく強く輝くのだ!

文.植地 毅

「ヤクザと役者は一文字違い」とは、誰が最初に言ったか定かでないが、とかく反社会勢力とされる方々と縁の深い映画界・芸能界の本質を的確に表した言葉だと感心する。マイノリティー出身者が成功を手にするために己の才覚だけで勝負してのし上がるには、差別に関係なく実力主義のスポーツ界か芸能界か、はたまた極道渡世ぐらいしかないことは、昭和だろうが21世紀だろうが変わりないのが現実だ。

とはいえ、ヤクザが興行を仕切り、俳優や歌手は興行への出演や協力をするという両者の協力関係の間にはボーダーラインが存在し、多くのマスメディアでは一種のタブーとして取り扱われているために一般的に可視化されているわけではない。だが、ごく稀に2つの稼業をクロスオーバーしてしまった特殊な事例がある。その最も代表的な例は、本書でも数多くの主演作品を取り上げている安藤昇御大だろう。名実共に〝昭和の暗黒スター〟と呼ぶに相応しく、一文字違いの稼業を股にかけた生き様は、もう二度と現れない不世出の人物であると断言できるが、海外の映画界にも同様の活躍ぶりを魅せる人物は少なからず存在する。本稿では、そんな〝世界の暗黒スター〟たちをピックアップして五十音順にて紹介。実録バイオレンス作品の魅力を楽しむ手助けになれば幸いだ。ちなみに「罪を犯した芸能人」ではなく「芸能デビュー以前から裏社会に関わりがあった」ところが選考の基準である。

ジミー・ウォング
(香港／台湾)

トップバッターを飾るのは、香港・台湾映画界の超大物ジミー・ウォングこと王羽御大。元々は上海出身で、若かりし頃に水泳選手として活躍するも試合中に乱闘騒ぎを起こして選手資格を剥奪されたあたりから、すでにドス黒いサムシングが見え隠れしていたジミーさん。スポーツマンとしての未来を諦めてブラブラしていたところで、香港の大手映画会社だったショウ・ブラザースのオーディションに応募して合格。64年に銀幕デビューを果たし、隻腕の剣士を演じた『片腕必殺剣』(67年)により、勝新の座頭市と並ぶアジアを代表するハンディキャップ系ヒーローとして人気爆発。さらに主演作『咆えろ!ドラゴン 起て!ジャガー』(70年)で香港でカンフー映画の大ブームが勃発。後のブルース・リー人気の下地を築くこととなる。その勢いに乗って古巣のショウ・ブラザースから、当時は新興映画会社だったゴールデン・ハーベストに移籍するが、この頃から既にジミーさんは黒社会と深い関係を築いており、契約問題で悩む他の俳優たちから〝凄みが効く相談役〟として慕われるようになる。

香港映画界はライバル会社同士による引き抜き行為が日常茶飯事。二重契約した俳優が黒社会の刺客に襲撃され、ナマス斬りにされてビクトリア・ハーバーの波間に浮かぶような事件が後を絶たなかったため、ジミーさんのようなパイプ役が必要となる。だが、それは同時に映画業界と黒社会の癒着でもあるため、ジミーさんもスキャンダラスな存在として次第に香港で煙たがれるようになり、活動拠点を台湾にシフトさせるが、その大物ぶりは衰えることはなかった。

ジミーさん絡みの有名な逸話と

ジミー・ウォング主演『片腕ドラゴン』公開時のチラシ

『暗黒街の顔役』（32年）のアメリカ版ロビーカードより。右から2番目がジョージ・ラフト

しては、ジャッキー・チェンが移籍問題でジミーさんに仲裁を願い出て事態は収束するも、以降頭が上がらなくなり、『ドラゴン特攻隊』（82年）のようなB級台湾映画に出演する羽目になったことが挙げられる。20年ほど前に来日した際には、「週刊SPA!」のインタビューに登場し、自分が香港／台湾で暗躍するマフィアグループの幹部であることをアッサリ認めるあたり、良くも悪くも開けっぴろげな人柄が伝わってくる。現在は俳優業よりも実業家として成功しているが、度重なる病により療養中。2013年の『失魂』への主演以来、銀幕から久しく遠のいているのは残念な限り。

香港映画界には、前述の通り特殊な環境のためかジミーさん以外にも暗黒スターが活躍……もとい暗躍しており、刺青ドラゴン役者にして新藤恵美と恋仲だったと噂もあったチャーリー・チャンは、悪名高き香港マフィア〝14K〟の構成員だとか、俳優兼プロデューサーのチャールズ・ヒョンは現役でマフィアの幹部だとか、業界の暗黒っぷりは今も健在の模様だ。

ジョージ・ラフト（アメリカ合衆国）

公式にその経歴が認められた暗黒スター第1号は、ジョージ・ラフトだろう。ニューヨークのスラム街〝ヘルズキッチン〟にて、シチリア系とユダヤ系の移民の子として生まれたラフトは、幼少のみぎりから裏街道まっしぐら。ショウビズの殿堂として名高いコットンクラブのオーナー、オーニー・マッデンの舎弟となり禁酒法時代には密造酒の運び屋として活躍。同時に地元の不良仲間だったラッキー・ルチアーノやフランク・コステロ、ベンジャミン・シーゲルといった後のシチリアマフィアの大物たちとの交流を深めていく。イケメンだったラフトは、ギャング活動もさることながらジゴロとしても名を馳せ、ダンサーとしてブロードウェイのステージに立った経験もあるだけに、ギャング稼業の傍らで社交界の女たちと浮き名を流す。しかし、ボスの女に手を出して東海岸から所払いを喰らい、ハリウッドに拠点を移すことに。

ラフトのハリウッドデビューは、西海岸ショウビズ界への進出を狙うシチリア系マフィアが、その行く手を拒むジェイムズ・キャグニィ（当時は映画俳優協会の会長だった）の暗殺計画を立てたところをラフトの仲裁で阻止、その返礼としてキャグニィの主演作『タクシー』（32年）で大役を与えられたところからスタートする。続いてハワード・ヒューズ監督の『暗黒街の顔役』（32年）にて、素性を地で行くような役を演じ、ギャング映画ブームを代表する俳優となった。その後、ベンジャミン・シーゲルのハリウッド進出を手助けしたが、シーゲルは俳優を目指す志半ばで、ラスベガスのカジノホテル経営に乗り出すも横領の疑いで暗殺。ラフトもまた、カジノ経営など俳優業以外のビジネスを手がけるものの失敗。役者人気も衰えはじめ、マリリン・モンローの『お熱いのがお好き』（59年）ではセルフパロディのようなギャングのボス役で出演。起死回生を賭けて自らの半生を描いた主演作『ギャング紳士録』（61年）を送り出すも不振に終わってしまい、以降も端役やカメオ出演で様々な作品に出演するが、1980年に白血病で死去。暗黒スターらしい波乱万

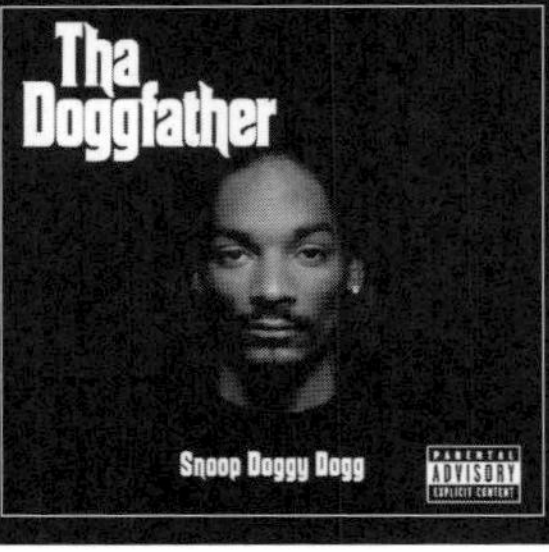

スヌープ・ドッグの2ndアルバム「The Doggfather」(96年)

ダニー・トレホ66歳にして初主演の映画『マチェーテ』(10年)アメリカ版ポスター

丈な人生を閉じた。

スヌープ・ドッグ
（アメリカ合衆国）

カルフォルニア州ロサンゼルスの下町、ロングビーチ出身のスヌープ・ドッグは、ラッパーとして成功を手にして俳優業にも進出。今もコンサートのみならず映画やドラマへの出演やドキュメンタリー番組のホストなどで精力的に活動中だが、その犯罪歴の多さは折り紙付き。まさしく名実共に〝ギャングスター〟街道まっしぐらな現在進行形の暗黒スターである。ロスの下町で黒人として生まれたからには、カタギの仕事で成功するにはボクシングか音楽か、さもなくば麻薬の売人にでも手を染めるしかなかったが、スヌープはその両方をやった。

90年、〝ロングビーチ・クリップス〟と呼ばれる〝赤ギャング・青ギャング〟の二大カラーギャング組織の青サイドに所属していたスヌープは、既に音楽活動を始めていたが、コカイン密売容疑で逮捕され有罪に。92年には、地元の先輩にして先駆けて音楽的成功を果たしたドクター・ドレのプロデュースにより本格的にソロデビュー。〝Gファンク〟と呼ばれる西海岸独特のメロウなスタイルで大人気となるも、翌93年には拳銃を使用した殺人事件に教唆で関わったとして逮捕される。この殺人教唆の嫌疑では辛くも無罪を勝ち取るが、その後もキナ臭い事件は定期的に続き、06年にはサンフランシスコ空港にて凶器不法所持で逮捕。その際の家宅捜索でマリファナと拳銃が発見され再逮捕。懲役3年、執行猶予5年並びに800時間以上の社会奉仕活動を義務付けられた。07年にはツアー先のスウェーデンでも薬物不法所持容疑で逮捕（尿検査の結果不起訴）されるなど、薬物と拳銃絡みでの逮捕が突出して多いのがスヌープの特徴であり、グラミー賞受賞者でこれほど逮捕歴があるアーティストも珍しい。

俳優業にも独特の方向性があり、70年代のブラックスプロイテーション作品に関する造詣が深く、自らのプロモビデオにも当時の黒人俳優を大勢カメオ出演させるなどボンクラ指数が高い。ホラー映画も大好物で、主演作『ボーンズ』（01年）ではパム・グリアとも共演。我々が東映作品を愛するように、スヌープにも同じ熱いソウルが感じられる。

ダニー・トレホ
（メキシコ／アメリカ合衆国）

悪役をやらせれば天下一品。実に多数の出演歴を誇るダニー・トレホは、ロスのメキシコ人街の出身。建設作業員の父を持つ札付きのワルとして、若くしてチカーノ・ギャングの構成員となり麻薬密売に従事。このあたりはスヌープと似ているが、トレホは現在73歳なのでギャングとしてはずっと古株。トレードマークである全身に施術された刺青は全てギャング時代か、その時に逮捕されて投獄された際に刑務所内で入れたもの。刑務所とシャバの往復で青春を過ごしていたため、当初の目標だったプロボクサーへの道は閉ざされてしまったが、格闘技の才能は本物で、悪名高きサン・クェンティン刑務所収監時には、所内のボクシング大会でチャンピオンとなっている。

30代半ばにして何度目かの出所をすると、ギャング稼業から足

フランク・シナトラのシングル「Songs From The Films "The Joker Is Wild" And "A Hole In The Head"」(66年・イギリス盤)

を洗うべく麻薬中毒患者の更生施設に入所。そこで映画界への人材派遣を行う保護士に出会ったことで人生が一変。エキストラとしてデビューすると、その独特すぎる面持ちとキャラクター性が認められ、以降悪役を中心に引っ張りだことなる。

90年代より、同じメキシコ系の盟友ロバート・ロドリゲスと出会い、ロドリゲス作品の常連俳優となって一般認知度も急上昇。10年には初主演作『マチェーテ』を送り出し、その存在感を不動のものとする。俳優業の傍らでギャング構成員だった若者たちの更生活動も積極的に行っており、自らの経験を元に「人生は、やり直せる」と説い続けている。

フランク・シナトラ
（アメリカ合衆国）

名曲「マイ・ウェイ」で知られる歌手にして俳優のフランク・シナトラは「20世紀を代表する偉大なシンガー」として知られる一方で、マフィアと深い関わりがあるという意味でも有名だ。ニュージャージー州出身のシナトラは、イタリア系移民だった母親が禁酒法時代に酒の密売に関わっていたことから、若い身空で裏社会に出入りしていた。シナトラはイタリア系の出自を活かし、マフィア界の超大物ラッキー・ルチアーノを中心に、ベンジャミン・シーゲル、カルロ・ガンビーノ、ジミー・フラチアーノといったFBIから〝パブリック・エネミー〟と名指しされる人物たちとツーカーの仲となり、自らも〝シナトラ一家〟を結成。一家の構成員にはピーター・ローフォード、ディーン・マーティン、サミー・ディビスJr.など名だたるメンツが顔を揃えていた。歌手として成功を収めるとマフィアたちとの了解を取り付けてラスベガスで劇場付きホテル経営に乗り出し、強盗団がベガスのカジノを襲撃する娯楽大作映画『オーシャンと11人の仲間』(60年)が実現する。しかし、その黒い関係は合衆国を揺るがす大事件に波及する。「JFK暗殺事件」である。

詳細は省くが、次期大統領選に出馬したケネディが、シナトラを仲介にマフィアたちに票集めを依頼したのは、ほぼ事実とされている。しかし当選後にケネディ側が、黒い交際関係が発覚することを恐れ、マフィア弾圧に政策転換したために暗殺されたというのが通説だ。事実は未だ解明されていない(ことになっている)が、名だたる暗黒スターたちの中で、ここまでの大事件に関係したのはシナトラだけだ。スケールが違いすぎる。また『ゴッドファーザー』に登場する落ち目の歌手ジョニーは、シナトラがモデルとされているが実際はフィクションである。

暗黒スターたちの活躍も、世界に目を向けるとスケールが壮大になる。そして同時に芸能界の懐の深さもハンパではない。芸能界と裏社会は、メビウスの輪のように表裏一体であり、その関係性は今も変わらずに続いている。だからこそ、実録バイオレンス映画の面白さ、そのリアルさにも繋がる。そんな虚構と現実の隙間に空いたブラックホールこそ、暗黒スターが生まれる源なのかもしれない。

VIOLENCE：2

BLOW UP JITSUROKU VIOLENCE!

第2章

拡大する東映実録映画の世界

大ヒットを記録した『仁義なき戦い』の前後から、続々と製作されていく東映実録路線の作品群。松方弘樹、渡瀬恒彦、菅原文太ら新たなスターの躍動がハードな世界を構築する！

『実録・私設銀座警察』

『沖縄やくざ戦争』

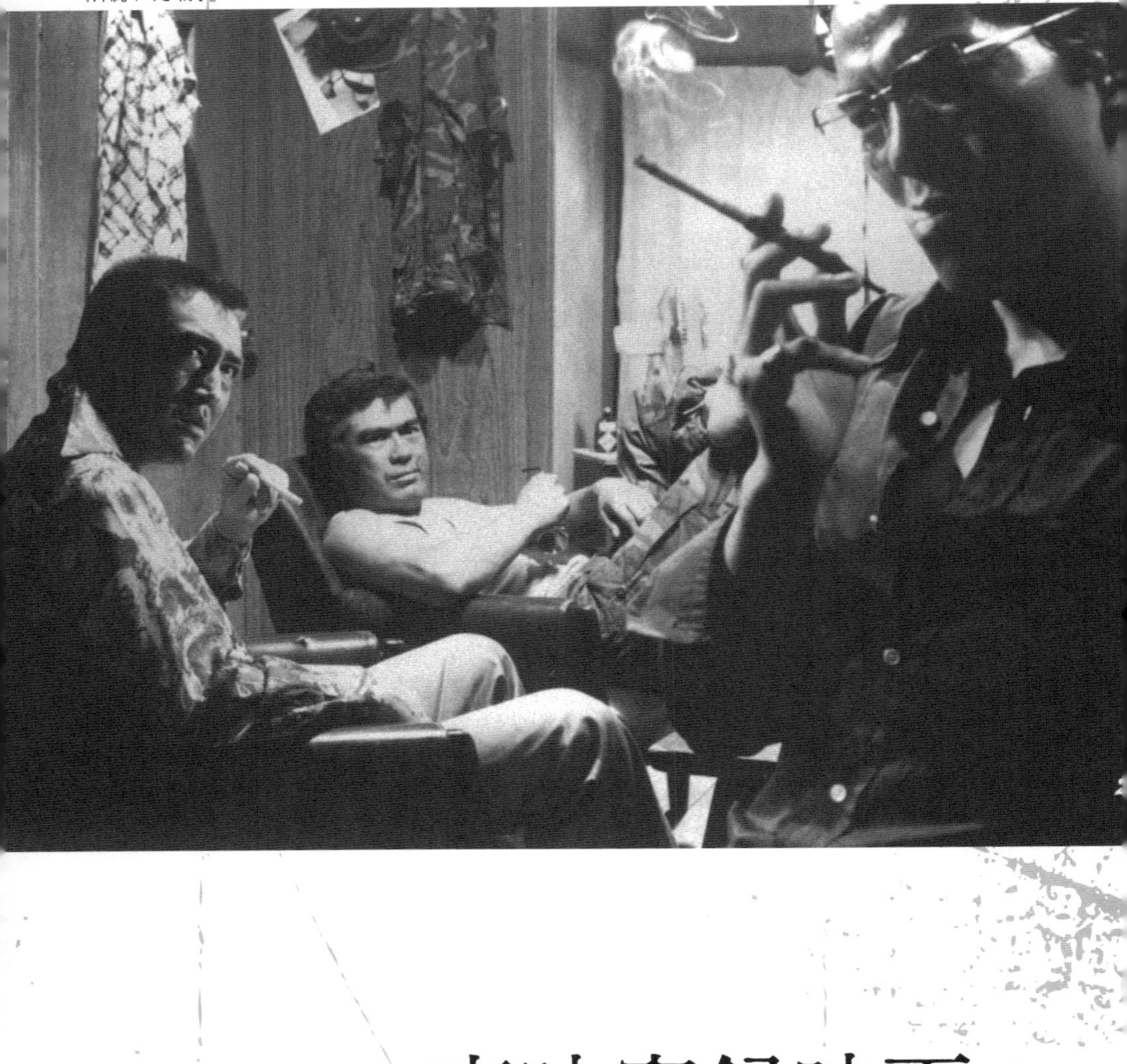

東映実録映画の最高傑作は『沖縄やくざ戦争』だと思う

文．坪内祐三

東映の実録物について知っているようで、では正確には？と問われたら、実は曖昧だ。

ここで東映映画史の復習をしたい。

チャンバラ映画が時代遅れとなり、しかもマンネリ化した時、それに代わって登場したのが、やくざ映画だった。

東映やくざ映画の始まりについては2つの説があって、『人生劇場 飛車角』であるとするならば昭和38年3月、『日本侠客伝』とするならば昭和39年8月ということになる（一方その間、昭和39年7月に小沢茂弘監督による『博徒』シリーズが始まっている）。

いずれにせよ、それから1970年代初め（正確には1972年）までが、東映やくざ（任侠）映画の黄金時代だ。

1972年3月4日、藤純子引退記念の超オールスター映画『関東緋桜一家』が公開される。マキノ雅弘監督の中でもワースト1、2を争う愚作で、併映された内藤誠監督のB級作品『夜のならず者』が傑作であるのと対照的だった。

そして問題の年、昭和48年（1973年）がやって来る。『仁義なき戦い』がこの時の正月映画だと言われているが、それは違う。

昭和47年12月30日公開の『昭和残侠伝 破れ傘』と『女囚さそり 第41雑居房』だ。やくざ映画の終焉が見えて来た頃、東映は色々な仕掛けを考え、実録物もその1つだったが、『女囚さそり』シリーズの様な劇画原作ものもあった（その最高傑作が、野田幸男監督の『0課の女 赤い手錠《ワッパ》』）。

そして昭和48年1月13日に『仁義なき戦い』が公開されるのだ（併映は、鈴木則文監督の『女番長〈スケバン〉』）。

ここから実録路線が始まるわけだが、注目したいのは『仁義なき戦い』シリーズ第2弾『広島死闘篇』（4月28日公開）と、第3弾『代理戦争』（9月29日公開）の間に公開された佐藤純彌監督の『実録・私設銀座警察』と山下耕作監督の『山口組三代目』だ。

実は佐藤監督と山下監督は、深作欣二監督の影に隠れているが、東映実録物の「裏のエース」と言える存在で、この後『実録安藤組 襲撃篇』や『山口組外伝 九州進攻作戦』や『ルバング島の奇跡 陸軍中野学校』といった実録物を発表している（『ルバング島の奇跡』はビデオにもDVDにもなっていないが私の大好きな作品で、一連の市川雷蔵の『陸軍中野学校』シリーズよりも、この作品の方がまさに実録物として上だと思う）。

実録路線の最高傑作として、多くの人が石川力夫をモデルとした深作欣二監督の『仁義の墓場』を挙げる。やくざ映画の極北と言って良い作品だ。

しかし、私は同様の事を描きながら、もっと極北感の強い『実録・私設銀座警察』を上に置く。さらにヒリヒリしているから、つまり渡哲也より渡瀬恒彦を私は選ぶ。

一般に、東映実録路線のツートップと言えば、深作欣二監督と中島貞夫監督だ。

しかし、中島監督は実録物に対して微妙である。インタビュー集『遊撃の美学 映画監督中島貞夫』（ワイズ出版）で、インタビュアーの河野眞吾の「初めての実録映画ということで、その路線から距離を置いていた監督としては、どんな心境の変化があったんですか」という質問（「初めての実録映画」とは『安藤組外伝 人斬り舎弟』のこと─引用者注）に対して、中島監督はこう答えている。

「特にこうだというのはありませんでしたね。ただ安藤組大幹部の花形敬という男の生き方、生き様は非常に興味がありました。文ちゃんが演じて、日向謙という名にしていますが、徹底的に花形敬を追い求めた。だから『安藤組外伝 人斬り舎弟』って、安藤さんではなく花形敬ですよ。安藤さんは自分が主役と信じていたけど、立てるところをちゃんとすればそれなりに話が分かる方だった人で」

中島監督の実録路線で良く知られているのは、『脱獄広島殺人囚』（昭和49年）と、それに続く『暴動島根刑務所』（昭和50年）だ。

しかし、この2つの脱獄物は実録というより東映が得意とするパクリ、すなわち洋画のヒット作や話題作のパクリなのだ。

シドニー・ポワチエが黒人初のアカデミー賞男優賞を受賞した『手錠のままの脱獄』（もう一人の主演はトニー・カーチス）をパクった『網走番外地』やロジャー・コーマン製作・監督、ピーター・フォンダ主演のバイク映画『ワイルド・エンジエル』にインスパイアされた『不良番長』を作ったように、これらの脱獄物はスティーヴ・マックイーン主演、ダスティン・ホフマン共演で当時大ヒットしていた脱獄映画『パピヨン』を真似たものなのだ。

中島貞夫監督の実録路線でこの1本、と言われれば、私は『沖縄やくざ戦争』（昭和51年）を挙げたい。

映画青年であったものの、私は東映映画を殆ど観ていなかった。だから、『仁義なき戦い』以外の東映実録路線をまったく知らなかった。

そんな私に変化が起き、東映オヤジになってしまったのは、2006年のことだ。

その年の初めに、私は浅草名画座を発見した。

浅草名画座は邦画の3本立で、その内2本（時には3本）は1960〜1970年代の東映作品だった。

閉館した2012年10月末まで毎週の様に通ったから700本以上の東映の旧作を観たことになる（勿論2度3度観たものも含まれる）。

しかし、実は『沖縄やくざ戦争』はそれ以前、2003年秋に観ている。

2年に一度、山形で開かれる「山形国際ドキュメンタリー映画祭」に毎回通っていたことがある。この映画祭はいつも幾つかのテーマを持ち、この時のテーマの1つが「沖縄」で、基本的に固いドキュメンタリー作品が中心の中、この作品が上映されたのだ。

この映画祭の特徴は、映画の上映後に関係者のトークコーナーがあり、沖縄で〝1フィート運動〟を続けていた柴田昌平

さんが
「この作品で描かれていることはまったく正確だ」
と述べた。

正確過ぎたから、この実録映画は沖縄で上映禁止、どころか撮影することもできなかった。「第4次沖縄抗争」を描いたこの作品は、まだその抗争が続く中で作られたのだ。同じ実録路線であっても、『仁義なき戦い』シリーズや『山口組三代目』、あるいは『安藤組』シリーズは事件が起きて大分経ってからの製作だった。ところが、『沖縄やくざ戦争』はリアルタイムの実録路線だったのだ（沖縄でロケができなかったので、最後のシーンは明らかに沖縄の海ではなく、たぶん三浦半島の海だ）。

実録路線で面白いのは、モデルとなった人物を演じる役者が作品ごとに違うことだ。

「ボンノ」こと菅谷政雄という山口組系の親分がいた。彼は小柄だったから『三代目襲名』の安藤昇が一番ふさわしい。『制覇』では若山富三郎、『総長の首』では鶴田浩二、そして『その後の仁義なき戦い』では、何と金子信雄が演じていたのだ。

しかし、一番似つかわしくなかったのは、180センチを超えるあの人が演じたあの作品だが、それについては稿を改める。

『沖縄やくざ戦争』

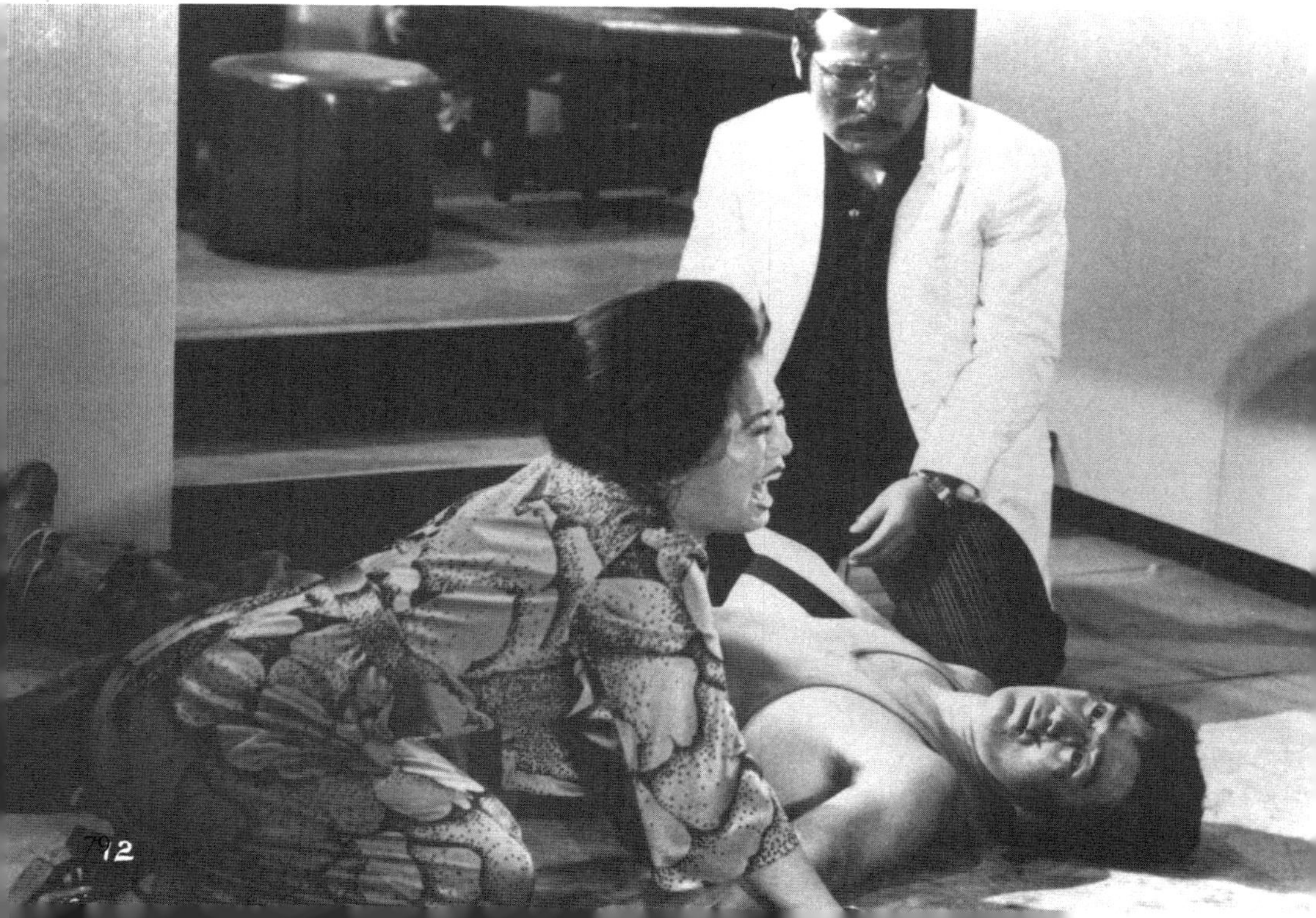

実録・私設銀座警察

✷1973年7月4日公開 ✷94分
✷東映東京撮影所作品
✷カラー・シネスコ
✷併映作品：『温泉おさな芸者』（鷹森立一監督）

STAFF

企画／吉田 達
脚本／神波史男 松田寛夫
撮影／仲沢半次郎
録音／井上賢三
照明／川崎保之丞
美術／北川 弘
音楽／日暮雅信
編集／長沢嘉樹
助監督／福湯通夫
記録／勝原繁子
スチール／遠藤 努
進行主任／志村一治
擬斗／日尾孝司
演技事務／石原啓二
装置／小早川一
装飾／米沢一弘
美粧／入江荘二
衣裳／河合啓一
美容／宮島孝子
現像／東映化学
写真提供／毎日新聞社
監督／佐藤純彌

CAST

池谷三郎／安藤昇
樋口 勝／梅宮辰夫
宇佐美義一／葉山良二
岩下敏之／室田日出男
渡会菊夫／渡瀬恒彦
倉田陽吉／日尾孝司
春日昭造／北川恵一
小野徳次／花岡 達
関 博／小林稔侍
藤井 猛／中田博久
小寺安夫／佐藤晟也
馬場勇作／須賀 良

在日韓国人グループへの復讐のため、岩下の手榴弾を手にした池谷

宇佐美が放った渡会の急襲を逃れた池谷とその子分たちは、逆に宇佐美のアジトのバーに押し入った

カオスと化した新橋の闇市で、池谷は暴力で生きる道を見出していく

波島健助／沢田浩二
岡村文吾／堀田真三
橋本典男／宮地健吾
黒木俊太郎／団 巌
斉藤実／田口 計
福山／内田朝雄
三好／近藤 宏
木島敏也／三上真一郎
山根 譲／待田京介
山根 順／郷 鍈治
パンパンC／渡辺やよい
篠 悦子／森 秋子
木島の母
木島の妹
二条華子／碧川ジュン
金子善江／中村英子
京子／藤 浩子
長谷川ミツ／森 みつる
芸者A／小林千枝
刑事／相馬剛三 山浦 栄
五野上力
在日韓国人／久地 明
高月 忠、伊達 弘
池谷の子分／
清水照夫 太古八郎
松井康子
滝波錦司
植田灯孝
木川哲也
佐川二郎
溝口久夫
東 竜子
谷本小代子
三上深雪
亀井和子
滝島孝二
桐島好夫
高野恵子
宮崎あかね
竹村清女
岡田奈津子
ウィリー／
ウィリー・ドーシー
外人兵／
オスマン・ユセフ
フレッド・ボサード
バート・ヨハンセン
ナポレオン・ホンセカー、
ストロング・イリマティー
チャールズ・スミス
シロムス・デェビッド
ダビド・アントン
ジョニー・エスリジ

宇佐美に薬漬けにされ、鉄砲玉として使われる渡会。彼もまた、戦争によって人生をゆがめられた犠牲者の1人であった

自分を支える子分には厚い愛情を注ぐ池谷。関（左）とその彼女・京子との結婚式をしきり、自身が仲人を務めると宣言

中国人の闇屋・福山が汚職の金で豊かになっていることを察知した池谷は、起業資金500万円をゆすり取った

STORY

昭和21年、在日中国人・韓国人が幅を利かせる新橋の闇市で4人の男たちが出会う。場末の酒屋の片隅で博徒・宇佐美義一が開いた小さな賭場で復員兵・岩下敬之が博奕に熱中していた。洋品店から盗んだ金も使い果たした岩下は、抵当代わりに手榴弾を差し出す。

その手榴弾を買い取ろう、と声をかけたのが、元伏竜特攻隊員・池谷三郎。自分に因縁をつけた在日中国人・韓国人への復讐に使おうというのだ。そんな池谷の景気のいい話に宇佐美、岩下、そして同じ店で飲んでいた予科練帰りの樋口勝も合流、ド派手なケンカの果てに男たちの結束は固まった。

数カ月後、4人は銀座を狙っていた。銀座を我が物にしようとチャンスを狙っていた。そのためには、今銀座を牛耳っている山根兄弟率いる愚連隊を倒さなければならない。まず宇佐美たちは、愚連隊のメンバー・木島を無理やり仲間に引き入れた。続いて、女たらしの樋口が山根兄の情婦を犯し、嫉妬に狂った山根兄が犯人を殺そうと走っているところを、突如凶弾が襲う。これはアメリカ兵相手の売春婦となっていた許嫁とその子供を殺害後、ヒロポンで宇佐美の鉄砲玉に仕立て上げられた学徒兵・渡会の仕業だった。続いて山根弟も、木島を囮にして始末することに成功。遂に銀座の覇権は4人のものとなり、各自独立してそれぞれの

関の結婚式に現れた渡会に、眉間を一撃で打ち抜かれた池谷。関、京子らも、その凶弾に倒れる

池谷同様、汚職金をせしめようと福山を締め上げる宇佐美、樋口、木島。しかし、汚職の事実が露見したことで、彼らにも終わりの時が近づいていた

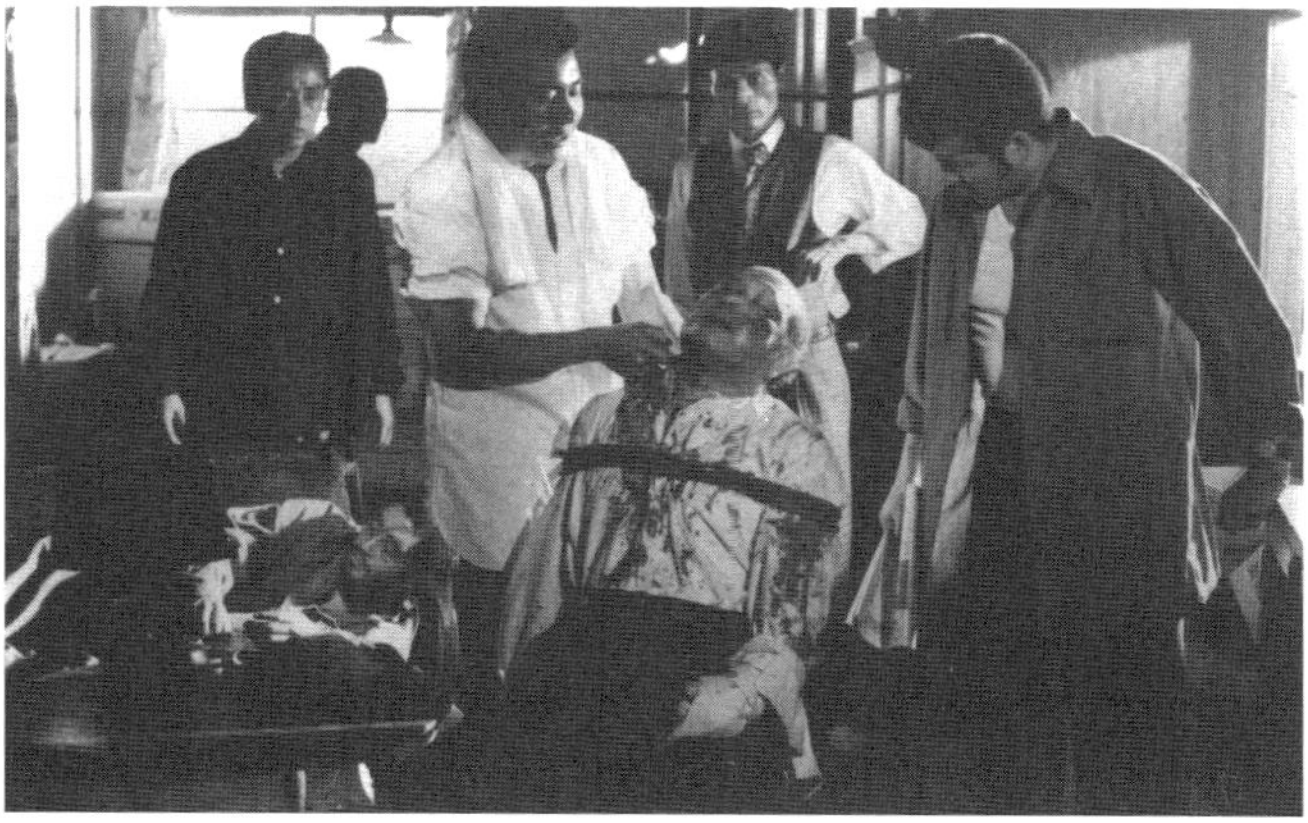

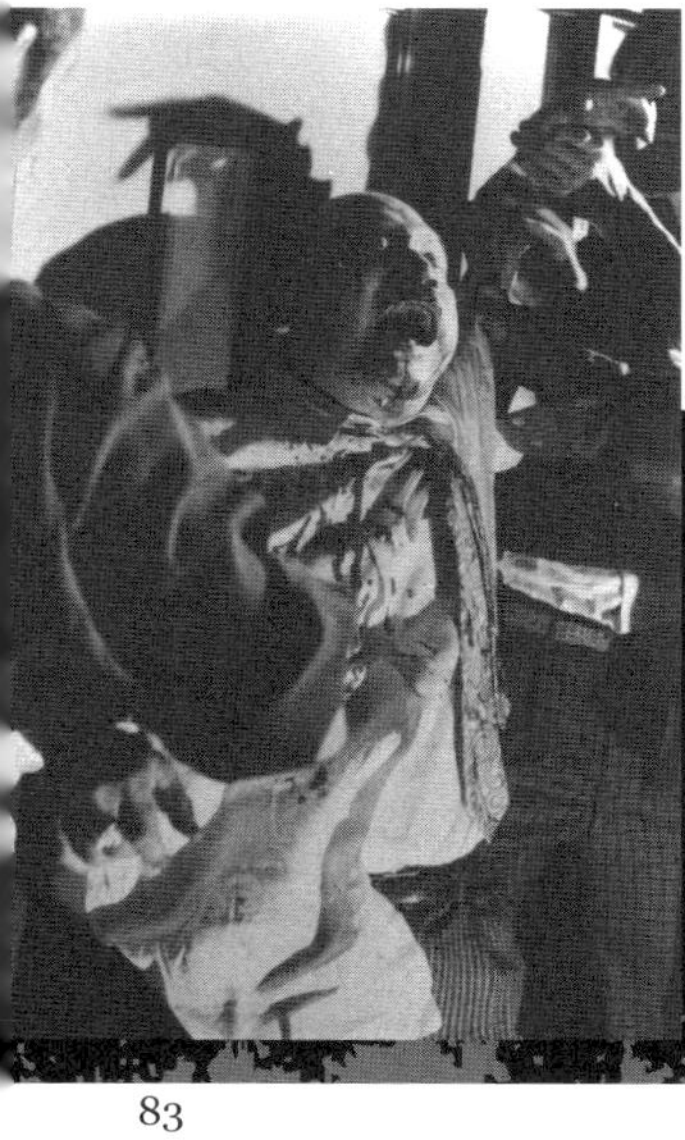

道を歩み始める。

ある日、宇佐美の元へ木島から情報が届けられた。中国人闇屋・福山がキャバレーを開店するなど、ずいぶんと羽振りが良いというのだ。さっそく宇佐美は福山の元を訪れるが、金であっさりと懐柔され、店の用心棒となることを約束した。

ところがこの情報は、宇佐美の子分である岡村によって、池谷の元へと届けられていた。闇屋ではなく、真っ当な企業を立ち上げたいと考えていた池谷は、福山と鉄工品貿易公団職員・斉藤が公金を横領していることを突き止め、口止め料として500万をもぎ取ることに成功した。メンツを潰された宇佐美は、池谷を殺すことを決意、渡会を差し向けるが、逆に池谷はこれを返り討ち、銀座の覇権を我が物にしてしまった。

だが、子分の関の結婚式という晴れの日、仲人を務める池谷を、死んだと思われた渡会の銃口が狙う……。

バカ政ホラ政トッパ政

✷1976年10月1日公開 ✷90分
✷東映京都撮影所作品
✷カラー・シネスコ
✷併映作品：
『安藤昇のわが逃亡とSEXの記録』（田中登監督）

久しぶり！ エース文太うってつけの現代ヤクザ！

STAFF

企画／俊藤浩滋　日下部五朗
今川行雄
脚本／笠原和夫　鳥居元宏
中島貞夫
撮影／塚越堅二
照明／若木得二
録音／荒川輝彦
音楽／広瀬健次郎
編集／市田 勇
助監督／藤原敏之
美術／井川徳道
記録／石田 照
装置／吉岡茂一
装飾／西田忠男
背景／西村和比古
美粧／田中利男
結髪／白鳥里子
スチール／都筑輝孝
衣裳／豊中 健
演技事務／西秋節生
擬斗／菅原俊夫
進行主任／伊藤彰将
主題歌／「ある女の詩」
（コロムビアレコード）
作詞：藤田まさと
作曲：井上かつお
編曲：青木 望　唄：美空ひばり
演奏：新室内楽協会
ロールスロイス提供／東原利夫
協力／和泉株式会社ニュークラウン
監督／中島貞夫

CAST

バカ政（橋本政人）／菅原文太
トッパ政（笠井政之助）／ケーシー高峰
ホラ政（上原政夫）／中山 仁

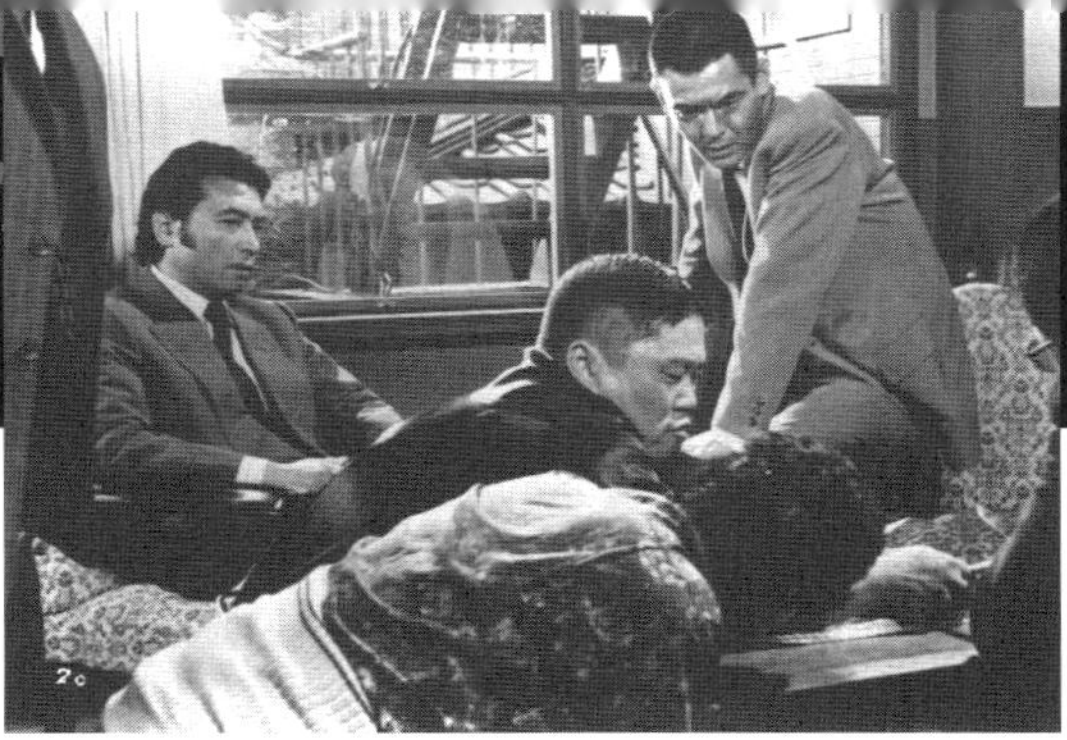

ガセネタを掴ませたトッパ政もまた犠牲者であったことを知ったバカ政は、彼の身柄を預かることに

一見ヤサ男のホラ政だが、その腕っぷしはバカ政とタメを張れるほど。言うことがいちいちデカすぎるのが、通称の由来である

奇妙な縁で結ばれた3人は盃を交わし、銀座でのし上がることを誓い合う

恵子／倍賞美津子
小夜子／橘 麻紀
ジョージ／奈辺 悟
メリケン明／峰岸 徹
インディアン竹／
福本清三
ピス達／松本泰郎
四郎／志茂山高也
野口信年／中丸忠雄
テツ／衣竜快次
朝鮮敏／広瀬義宣
チャメ金／司 裕介
大場／汐路 章
志田／川浪公次郎
田所英毅／成田三樹夫
中井／岩尾正隆
山根／白井孝史
杉町民男／林彰太郎
藤井／志賀 勝
富田／秋山勝俊
福島／小田部通麿
大河原宏／宮城幸生
学者／伴淳三郎
吉村隆作／遠藤太津朗
大倉欣吾／佐伯泰輔
ルミ子／清島智子
次郎／細川ひろし
義一／幸 英二
真弓／真鍋美保
堀越／唐沢民賢
裁判長／中村錦司
楽士／小坂和之
警官／鳥巣哲生
支配人／大木晤郎
チーフ／五十嵐義弘
屋台のおやじ／鳴海剣吾
カミさん／丸平峰子
番頭／蓑和田良太

組員／桐島好夫
バンマス／丘路 千
大倉の秘書／青木 卓
刑事／野口貴史 川谷拓三
平沢 彰
城政会理事A／国一太郎
〃 B／高並 功
藤井／志賀 勝
江東義友会組員／成瀬 正
おふじ／松井康子
ラメールのママ／中原早苗
副社長／神田 隆
副社長秘書／川合伸旺
田中政美
城山由布子（銀座）
古川潤子（銀座クラブ〝蝶〟）
ナンシー（銀座クラブ〝花〟）
夏紀（銀座クラブ〝姫〟）
バンド／ばっくすばにい
ナレーター／諸口あきら
ダウン・タウン・ブギ・ウギ・バンド（友情出演）
美輪明宏（友情出演）
プチ・シャトー・ローラ（友情出演）

寝こみを襲われたホラ政と小夜子は江東義友会に拉致された。それを追ったバカ政、トッパ政も捕まり、手痛い扱いを受けることに

兄貴分・野口(右)には頭が上がらないバカ政。それを知る野口は強硬な手段で太陽カンパニーへの妨害を行い、頭にきたホラ政・トッパ政は独自で行動を開始する

バカ政の愛人・恵子(右)は、バカ政の身を案じ続けることにすっかり疲れていた。そのことを知る老ホームレス〝学者〟は、バカ政にたびたび忠告する

STORY

昭和36年、関東城政会傘下の銀座興業の幹部・橋本政人——通称・バカ政が3年の刑を終えて、再び銀座へと戻ってきた。銀座興業の社長で兄貴分の野口は、バカ政の働きのおかげで成功を収めていたが、バカ政は、かつての愛人で銀座の蝶・恵子が行方不明になっていたことに寂しさを感じる。

そんな頃、野口と本家の理事・田所が、トッパ政と呼ばれる男にヤクのガセネタを掴まされたことを知り、バカ政はさっそくトッパ政を捕まえて焼きを入れるが、トッパ政自身も学生のバンドマンにガセネタをつかまされたことを知ったバカ政は、自分の刑務所慰礼金を野口への慰謝料に充てて、トッパ政の身柄を預かることにした。

トッパ政は名古屋出身の元バンドブローカーで、女にはめっぽう弱い。さっそくバカ政と行った店のホステス・小夜子にメロメロになり、彼女の声かけで2人は学生主催のダンスパーティーに足を運ぶ。するとそこに、トッパ政にガセネタを掴ませたバンドマンを発見、たちまちパーティー会場は大騒ぎとなる。

そこへ現れたのが、パーティーの主催を務める学ラン姿の男・上原政夫——通称・ホラ政。バカ政とホラ政の一騎打ちが始まり、激しい死闘の末バカ政が勝利するも、相手の根性にバカ政もすっかり感心。すっかり意気投合した3名は兄弟の

総会屋吉村(右から２番目)から、丸菱商事株主総会のカラクリを聞いた３人。ならば、田所の裏をかこうと企むが……

野口との争いの仲介に現れた幹部・田所(中央)。しかし、彼もまた自らの野望のためにバカ政たちを利用しようとしていたのだ

危険を知りながら田所の葬儀に足を運ぶ〝三政〟たち。命を惜しむより、最後までツッパリ続けることを選んだのだ

契りを結び、ここに銀座の〝三政〟が誕生する。

子分たちと共に銀座での勢力を広げていく3人、江東義友会との縄張り争いなどを経て昭和37年、遂に「太陽カンパニー」という興行会社を立ち上げ、ロールスロイスを乗り回すにまでのし上がったバカ政たちだが、ダウン・タウン・ブギ・ウギ・バンドの興行を巡って兄貴分である野口と対立することとなり、その仲裁役として田所が介入してきたが、その見返りとしてバカ政たちに自分が幹事を務めている丸菱商事の株主総会で総会屋相手に暴れることを要求してきた。

さっそく総会屋・吉村を拘束したバカ政たち。しかし吉村から田所の目的が現社長・大倉の座を守ることによって銀座ファッションビルの権利を奪う算段であることを知り、3人はその裏をかいて大倉を脅迫、退陣に追い込むが、恐喝罪で逮捕されてしまう。そして、遂にファッションビルの権利を奪った田所は、野口と組んで、3人を銀座から追放しようと企む――。

VIOLENCE REPORT 2

大阪を揺るがせた〝人間狩り〟「明友会事件」

電光石火の早業で山口組が行った関西やくざ殲滅作戦——その圧倒的な力を全国に示した衝撃の事件は、『大阪電撃作戦』ほか東映実録路線に大きな影響を与えたのだ！

田岡一雄三代目を擁した山口組は、その勢力を全国へと拡大していく過程でいくつもの抗争事件を引き起こした。その中でも、特に強烈なインパクトを残したのが、昭和35年（60年）8月9日から同年8月23日までに起こった「明友会事件」である。

◆

明友会は、1953年頃、大阪府大阪市の鶴橋駅付近のブラックマーケットを根城とした在日韓国・朝鮮人の不良や愚連隊の連合組織が発展して結成された。50年代後半には600名を超える構成員を擁したといわれ、メンバーの中には数多く胸に髑髏や幽霊などの禍々しい刺青を施した者がいたという。

そんなイケイケムードの明友会と山口組の因縁は、60年7月に大阪ミナミで双方の組員が小競り合いを起こし、明友会側が猟銃を持って車に乗り込み、神戸市の山口組事務所前で示威行動をとったことに端を発する。

そして8月9日、田岡一雄組長は山口組富士会・田中禄春会長が開店したマンモスキャバレー「キング」へ田端義夫を連れてお祝いに駆け付けた。田端の歌で場を盛り上げた後、田岡は田端を労うため、田中と中川組・中川猪三郎組長（ボディガード役）を連れて、ミナミのサパークラブ「青い城」に向かった。

その頃「青い城」では、明友会幹部の宋福泰・韓博英の保釈祝いが、明友会会員4人と共に行われていた。田岡らがテーブルに着くと、宋と韓は田端の存在に気づき、田端に「この場で歌ってほしい」と絡んだ。中川は「田端はここに客として来店している」と説明し、2人の依頼を拒否した。更に田中は山口組三代目が同席していることも告げたが、明友会会員の一人が中川をビール瓶で殴打。そこへ運転手を務めていた織田組・織田譲二組長も駆けつけ、明友会会員との大立ち回りに発展。宋や韓ら明友会メンバーは、「いつでも来い。相手になってやる！」と捨て台詞を吐いてその場を立ち去った。田岡は明友会との全面戦争を決意すると、その総指揮官として若頭・地道行雄を任命、地道は即座に山口組各団体に動員令を発した。

翌10日、山口組は大阪市東淀川区十三西之町の旅館を対明友会戦争の作戦本部と定め、田中、中川、さらに若頭補佐・山本広が集まって作戦会議を開く。その最中に西宮市の諏訪組・諏訪建次組長から電話がかかってくる。「青い城」での経緯の報告を受けた明友会・姜昌興会長が、諏訪に山口組との仲介を依頼したのだ。しかし、山本広はこの申し出を拒否する。

同日夕方には桂木正夫、中川組組員・市川芳正、安原会会員・佐野晴義、地道組組員・福田留吉、石井組組員・平尾国人など50人が拳銃を所持して、前線本部に指定された旅館に集結、明友会壊滅を目的とした人間狩りの幕が上がった。

12日午前8時、大阪市西成区西荻町のアパート「清美荘」に隠れていた明友会幹部・李猛を山口組の部隊が部屋ごと包囲。李は自室の

『実録外伝 大阪電撃作戦』より。小林旭演じる山地武雄は、地道行雄をモデルにしている

ドアにバリケードを築いて立てこもったが、中川組幹部・正路正雄が窓越しに李を銃撃し、腹部に重傷を負わせることに成功する。

明友会も19日夜、宋・韓ら6人が大阪市南区河原町で加茂田組組員・前川弘美ら3人を拉致、布施市足代のアパート「有楽荘」に連行してリンチを加えた。これを知った姜は拉致した3人の解放を指示したが、この事態を受けて、加茂田組・加茂田重政組長は組員と武器を集めると、西成警察署の包囲もすり抜けて、20日午前6時に加茂田と加茂田組組員15人で「有楽荘」を襲撃。明友会組員・山岸襄を射殺、李義雄の肩を切って重傷を負わせた。

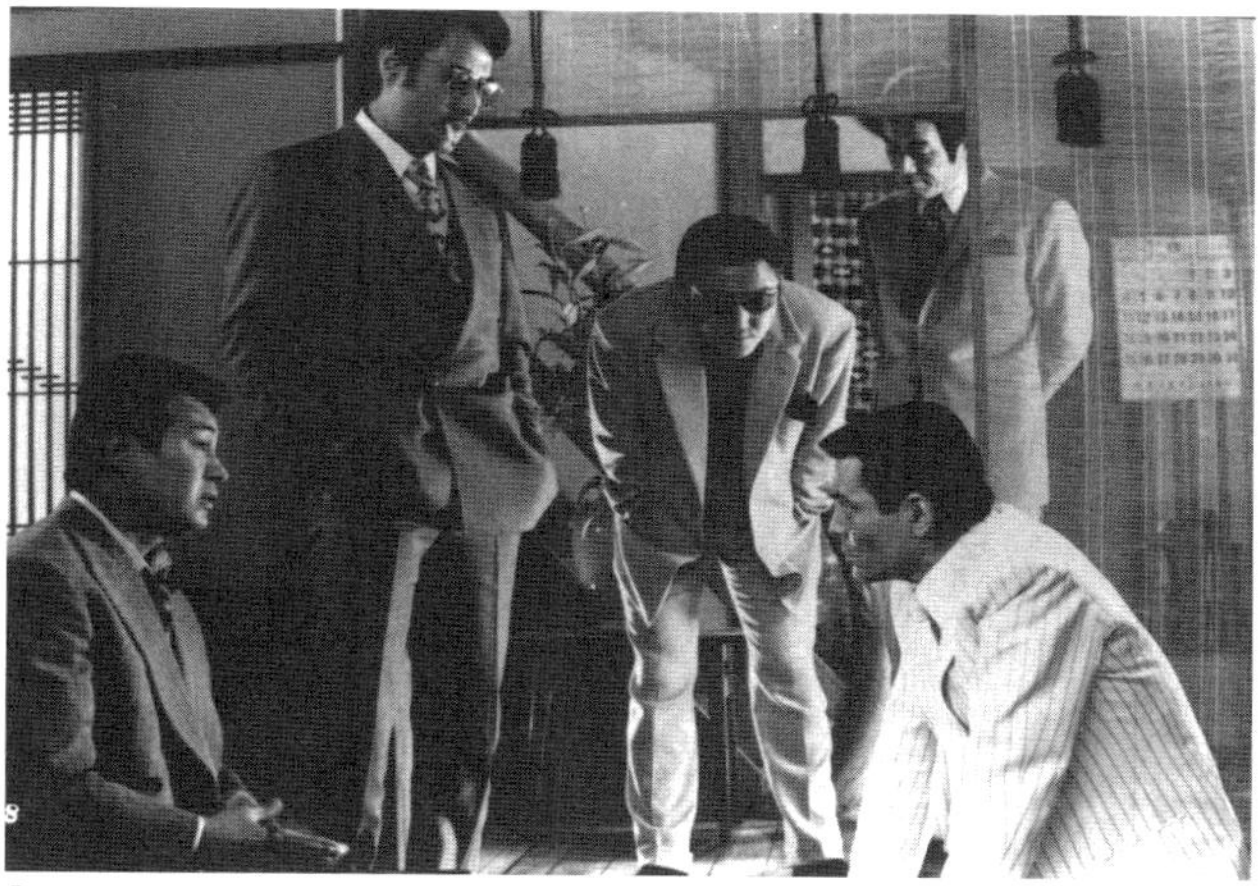
『山口組外伝 九州進攻作戦』より。双竜会捜索メンバーに名乗りを挙げた夜桜銀次の破天荒な暴れっぷりに、周囲はすっかりドン引き

21日、遂に姜会長以下明友会幹部15人が指を詰め、8月23日に箕面市の「箕面観光ホテル」で山口組と明友会の手打ち式が行われた。山口組は中川、田中、柳川組・柳川次郎組長が、明友会は姜と南一家許万根組長が出席。仲裁人は別府市の石井組・石井一郎組長が務めた。名目的には「手打ち」であったが、これは実質的に明友会側の全面降伏を意味していた。

◆

明友会事件で山口組が見せた見事に統制された指揮系統と圧倒的な機動力に、地元の在阪暴力団組織は大いに危機感を煽られることとなり、一気に近代的な系列化を進めることとなる。

また、この抗争で大きな注目を浴びることになったのが、柳川次郎率いる愚連隊系暴力団・柳川組の存在だ。前年、その暴れぶりが地道の目に留まり、柳川と地道は盃を交わしており、柳川組は明友会攻撃部隊の主力として破竹の勢いを見せつけた。大阪府警は、山口組側56人を殺人と殺人未遂で検挙、最終的には組員84人を検挙したが、この内24人が柳川組組員だった。この抗争での柳川組の活躍が山口組内部で認められ、柳川は山口組直系の昇格が決定する。

抗争終了後、大阪では明友会に代わって田岡一雄の舎弟・藤村唯夫が率いる南道会勢力が躍進、さらに神戸の溝橋組など、山口組傘下団体が大阪に続々と進出。また明友会からは幹部・小田組の小田秀臣組長が、地道の舎弟となった。

◆

中島貞夫監督はこの事件を基にした『殲滅』というシナリオを執筆したが、任侠映画全盛の当時、ヒーロー不在の物語を描く企画は通らず、そのまま没に。しかし、『仁義なき戦い』大ヒットにより実録路線が確立した後、同テーマは『実録外伝 大阪電撃作戦』(76年)で遂に描かれることとなった。

『大阪電撃作戦』は事件を明友会側から描いた作品だが、逆に山口組視点で追いかけたのが『山口組外伝 九州進攻作戦』(74年)と『日本暴力列島 京阪神殺しの軍団』(75年)。『九州～』では、夜桜銀次が明友会ならぬ双竜会捜索作戦で派手に暴れる様が描かれ、『京阪神～』では柳川組をモデルにした花木組が打ったアイドル歌手の興行にちょっかいをかけた桜会を殲滅。桜会組長は病院の窓から身を投げて死亡するという、事実より荒っぽい展開に変更されている。

拳銃《チャカ》で通れば、拳銃《チャカ》で散る
こいつの名は、たしか夜桜銀次――
だが、山口組にとっては
しょせん一匹の野犬――

山口組外伝
九州進攻作戦

✷1974年4月27日公開 ✷106分
✷東映京都撮影所作品
✷カラー・シネスコ
✷併映作品：
『殺人拳2』（小沢茂弘監督）

STAFF

企画／日下部五朗　田岡 満
今川行雄　橋本慶一
脚本／高田宏治
撮影／山岸長樹
照明／中山治雄
録音／野津裕男
美術／富田治郎
音楽／八木正生
編集／市田 勇
助監督／俵坂昭康
記録／森村幸子
装置／温井弘司
装飾／松原邦四郎
背景／西村和比古
美粧結髪／東和美粧
演技事務／西秋節生
衣裳／松田 孝
スチール／中山健司
擬斗／三好郁夫
進行主任／野口忠志
監督／山下耕作

CAST

夜桜銀次（平尾国人）／菅原文太
古田憲一／渡瀬恒彦
安藤ふさ子／渚まゆみ
山地幸雄／佐藤 慶
佐良政道／中村錦司
関本貫一／伊吹吾郎
吉村 弘／津川雅彦
友綱 豪／大木晤郎
酒井 均／誠 直也
大東武司／室田日出男
徳田連太郎／汐路 章
金本陽一／蓑和田良太
雀 甲春／鈴木康弘

坂口組とのトラブルから、博覧会々場建設地で石野の命が狙われた。これが、すべての始まりであった。

博多の覇権を握る、それが石野と銀次の野望だった。
しかし、２人の歩む道はいつしか別のものへ

パチンコ屋で大暴れする憲一に自分と同じものを感じた銀次は、彼を自宅へと招く

椹木隆司／林彰太郎
桑田康政／山田良樹
郡司正一／松方弘樹
川上芳夫／船橋竜次
猪川義一郎／小田部通磨
玉木伸介／丘路千
新庄平吾／遠藤太津朗
吉崎喜一／有川正治
戸島進二／久田雅臣
安本達也／楠本健二
竜村多三郎／那須伸太朗
海津健三／渡辺文雄
沢木守／唐沢民賢
石野一郎／梅宮辰夫
遠山清／川谷拓三
栗原信夫／志賀勝
笠滝夫／野口貴史
木田順二／笹木俊志
元達文／天津敏
徐甲竜／今井健二
金源昌／曽根晴美
白竜国／秋山勝俊
坂口勇作／北村英三
木原保／成瀬正孝
隅田達夫／国一太郎
鹿谷弥助／戸浦六宏
高須有三／葉山良二
皆川千吉／阿波地大輔
米田徳松／島田秀雄
斉田文吉／岩尾正隆
竹内力夫／福本清三
河島元哉／山本麟一
大浦武吉／志村喬
雪村徹／川浪公次郎
鳴坂巌／平沢彰
岩井／高並功
昌子／堀越陽子
杉山富太郎／内田朝雄

絹代／三島ゆり子
陽子／橘麻紀
ホステス／高木亜紀
栗はるみ　白川みどり
ネンネコの女／司京子
取り調べ官／穂高稔
老婆／日高綾子
新庄の子分／片桐竜次
大東組組員／木谷邦臣
藤本秀夫
バットを持ったチンピラ／
鳥巣哲生
バーのチンピラ／
奈辺悟　青木卓司
北川俊夫
パチンコ店のボーイ／
松本泰郎
バーテン／司裕介
丸平峰子
富永佳代子
美松艶子
古閑達則
志茂山高也
藤長照夫
土橋勇
宮城幸生
小峰一男
山下義明
和田昌也
疋田泰盛
松田利夫
大月正太郎
波多野博
森源太郎
池田謙治
ナレーター／藤崎照彦

兵藤組の幹部となった石野との再会の時間は短かった。イラつく銀次は、優しい言葉をかける桑田組幹部・郡司にも冷たい態度をとる

新庄組へ憲一の身柄を引き取りに行った銀次だが、恩着せがましい兵藤組の配慮と新庄の態度が腹立たしく感じられ、とんでもない行動に出る

約1年半ぶりにふさ子の前に姿を見せた銀次。その身体にはびっしりと刺青が入り、身にまとうオーラもすっかり変わっていた

STORY

昭和32年3月、別府市で開催される博覧会の施設の利権を巡って、新興の石野組と旧勢力・坂口組との間で抗争が勃発。石野組々長・石野一郎が狙撃されたことを受け、愚連隊時代からの兄弟分・夜桜銀次こと平尾国人は、坂口組事務所を襲撃。坂口組長は逃したが幹部・隅田を殺害したため、銀次は指名手配を受けてしまった。石野の言葉もあり、密かに大阪へと向かった銀次は、同郷の大東組々長・大東武司の元へと身を寄せることに。

同年10月、大阪・十三で、銀次は内縁の妻・ふさ子が勤めるパチンコ店で奔放な若者・憲一と出会い、ヘロイン製造所を襲っては金を強奪する日々を送っていた。そんな銀次の元へ、久々に石野から連絡が届いた。関西最大の組織・神戸兵藤組三代目の盃を受けて、若衆の1人となったのだ。祝いの席に呼ばれた銀次は、石野との再会に胸を躍らせていたが、若衆の山地・関本・吉村らに囲まれ談笑する石野に距離感を覚える。石野に、もはや暴力ではなくビジネスで勢力を広げる時代だと諭されるも、銀次は納得できなかった。

とある夜、憲一が兵藤組系新庄組のチンピラとトラブルを起こした事件を境に、銀次の消息はプツリと切れて、1年半ほど行方が分からなくなる。昭和35年8月、再びふさ子の前に現れた銀次の身体には、全身夜桜の刺青が施されていた。ちょうどその頃、大阪では歌手を連れてサパークラブに遊びに来た兵藤組々長に双竜会が因縁をつける事態が発生、兵藤会の精鋭部隊が続々と大阪に集結し、双竜会狩りを進めていた。銀次もそこに合流、桑田組幹部・郡司と南風会幹部・槌木とトリオを組んでの捜索に取り組むも、スタンドプレーが過ぎて、仲間からも忌み嫌われる存在になってしまう。

吉村の計らいで、銀次は博多の兵藤組若衆・海津に引き取られることとなり、昭和35年10月、久々に懐かしの博多に降り立った。しかし銀次の暴れっぷりは、さらに勢いを増していく。炭鉱経営者・杉山を脅迫し、鹿谷組々長・鹿谷の愛人を横取りするなど、やりたい放題。銀次は兵藤組の鉄砲玉と見られており、周りも腫れ物を触るように扱った。

しかし、銀次に恥をかかされた鹿谷が、血の気の多い兄貴分の河島を呼んだことから事態は急変。杉山が米田組に依頼したチンピラの手によって銀次が射殺され、これをきっかけに兵藤組の九州進攻作戦の火ぶたが切られることとなる……。

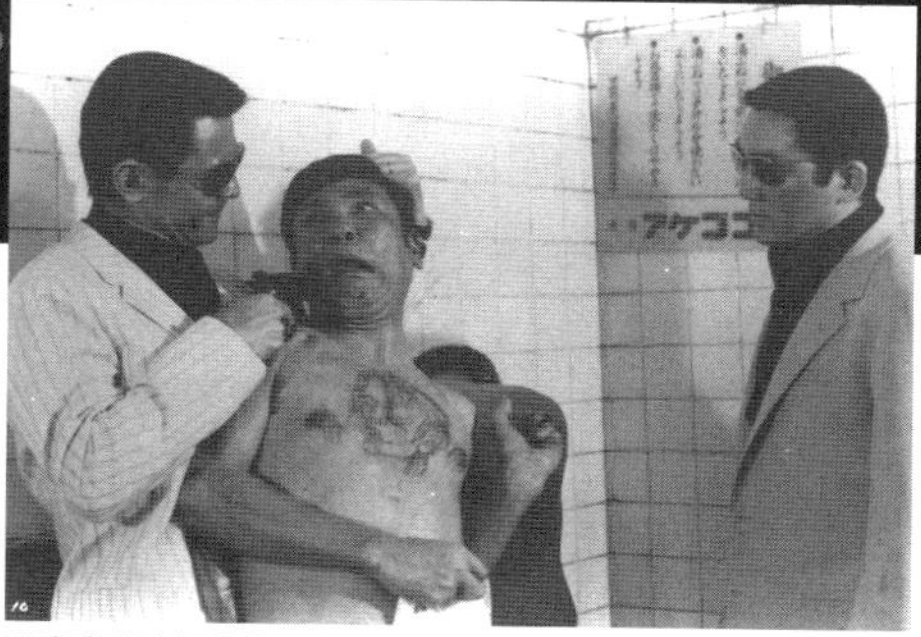

双竜会を追う兵藤組陣営に加わった銀次は、桑田組幹部・郡司と南風会幹部・椹木と大阪中を探索する

愛人・陽子と旅行をする約束をした銀次。しかし、その平穏なひと時を狙う銃口が……

銀次の死をきっかけに、九州やくざと兵藤組の間に緊張が走った。仲裁に立った大親分・大浦の言葉も、石野の耳には届かない

日本暴力列島 京阪神殺しの軍団

✷1975年5月24日公開 ✷93分
✷東映京都撮影所作品
✷カラー・シネスコ
✷併映作品：『喜劇 特出しヒモ天国』（森崎東監督）

STAFF

企画／日下部五朗 今川行雄
脚本／松本功 野波静雄
撮影／山岸長樹
照明／増田悦章
録音／中山茂二
美術／富田治郎
音楽／八木正生
編集／市田勇
助監督／俵坂昭康
記録／森村幸子
装置／和泉隆幸
背景／宮内省吾
装飾／柴田澄臣
美粧結髪／東和美粧
スチール／諸角良男
衣裳／松田孝
演技事務／上田義一
擬斗／菅原俊夫
進行主任／長岡功
監督／山下耕作

CAST

花木勇／小林旭
金光幸司／梅宮辰夫
西田恭三／伊吹吾郎
照井明／根岸一正
谷良一／西田良
徐徳元／岩尾正隆
野中一／氷室浩二
竹村時彦／鳥井敏彦
石沢ケイコ／小泉洋子
有田順子／中島ゆたか
上村昌代／衣麻遼子
大槻正道／遠藤太津朗
大門隆志／鈴木康弘
北元治／木谷邦臣

己の邪魔になる全てを力で排除していく花木とその仲間たち。その凄まじき行動力で、瞬く間にその名を日本中に轟かせることに

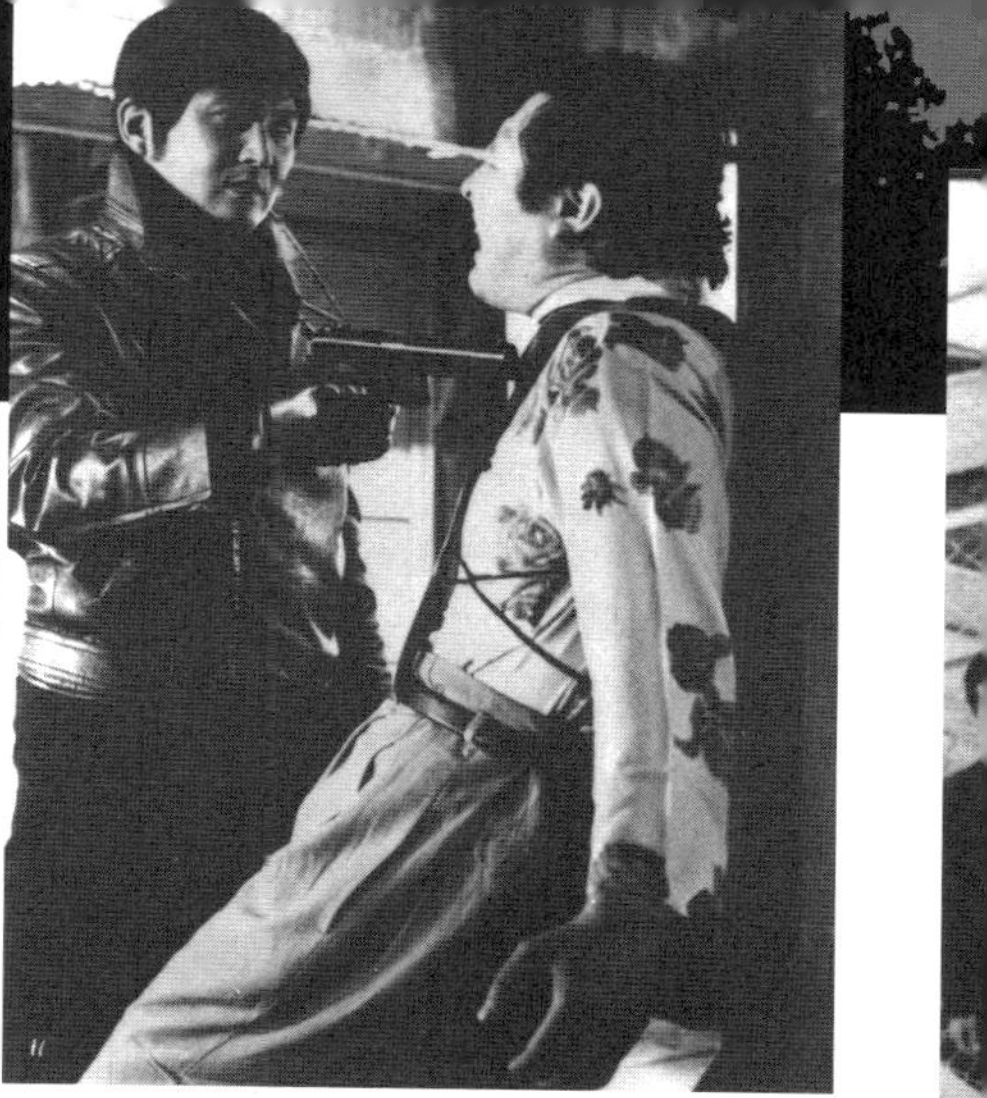

敵同士で出会いながら、同じ在日韓国人という出自もあって
その絆を深めていく花木と金光(右)

そこは、社会の兇暴な底辺！

森本／毛利清二
国友利三郎／金子信雄
風間栄造／安部 徹
畠山克敏／今井健二
村木 登／高並 功
柴田英次／宮城幸生
沢井義三／鳥巣哲生
仁田勝己／小松方正
佐々卓郎／沢 美鶴
伊東国市／五十嵐義弘
柿田 隆／藤長照男
庄司鶴吉／室田日出男
関口一夫／阿波地大輔
林 安雄／野口貴史
三田 栄／北村英三
船田 忠／大木晤郎
崎山義也／片桐竜次
小岩達吉／藤本秀夫
堺 又次／松本泰郎
中本初太郎／天津 敏
山村鉄和／秋山勝俊
相良八郎／名和 宏
田中勝次／志賀 勝
吉富信一／藤沢徹夫
坪内仁造／久田雅臣
井上 俊／若宮浩二
宮地敬三／松田利夫
中島昌吉／新居芳行
中井刑事／三上真一郎
崔／蓑和田良太
李／汐路 章
ミッチー／小林千枝
玉江／和田かつら
初風かおり／星野みどり
美加／星野美恵子
ゆり／丘 夏子
絹代／堀 めぐみ
看護師／富永佳代子
ゲームコーナーの店主／島田秀雄
見張りの老婆／山田光子
女中／丸平峰子
殺し屋A／笹木俊志
殺し屋B／福本清三
殺し屋C／志茂山高也
島 米八
城 恵美
丘路 千
井上 昭
内村レナ
佐々木リエ
松原哲男／成田三樹夫
ナレーター／酒井 哲

抗争の中、花木は喫茶店のウエイトレス・石沢ケイコと結ばれる。時にケイコは花木の身を守り、銃弾に倒れることも

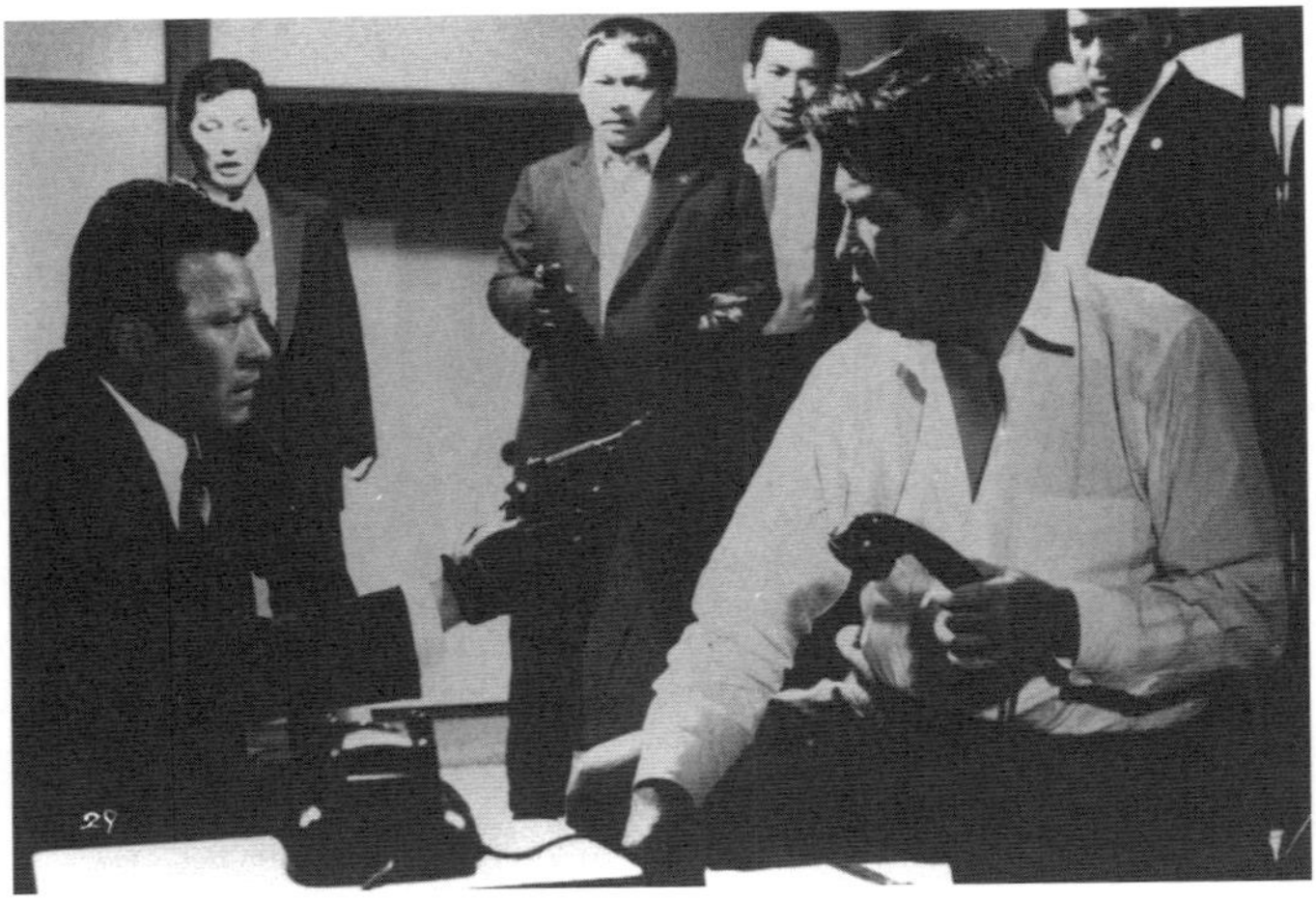

岐阜柳ケ瀬に自分の拠点を作ろうと、花木は地元を仕切る風間会と激突。不在時に事務所を襲われた花木は、金光を派遣して風間会長を直接押さえることで事態を収束させたが、この一件が思わぬ事態を招くことに

STORY

昭和27年、大阪阿倍野の売春暴力団・庄司組の客分である花木勇は、西田ら子分を連れて在日韓国人の阿片密造所を急襲し、阿片を奪略した。復讐のため、花木らの住むアパートへ夜討ちをかけた金光幸司だが、逆に返り討ちにあい、重傷を負った。花木は金光を病院に運び、輸血用に自分の血を提供した。そこで金光は、花木も自分と同じ在日韓国人であることを知り、仲間に加わることとなる。

当時の大阪は日新連合会が幅を利かせており、花木が日新連合会系の仁田組とイザコザを起こしたことをきっかけにして、庄司組に加盟を迫ってきた。庄司組長は了承するが、花木はこれを拒否。仲間と一緒に花木組を立ち上げると直後に庄司組を襲い、庄司組長を射殺。花木はその後自首して服役するが、花木組の名は一躍全国に知られることとなる。

3年後、出所した花木を待ち受けていたのは金光らと、関西最大の暴力団・天誠会系の大槻組々長・大槻だった。留守を預かった金光の采配と大槻のサポートで、徐々にその勢力を拡大してきた花木組だが、その縄張りを巡って愚連隊からのし上がった仁田組系の桜会とのトラブルも頻繁に起こっていた。この年の5月、花木と大槻は盃を交わし、花木組は天誠会の傘下に入った。花木組の戦闘集団としての能

大槻組、風間会、日新連合会のトップ会談の末、天誠会の岐阜からの撤退が決定した。結果を報告する松原(左)に、花木と金光は不満を爆発させる

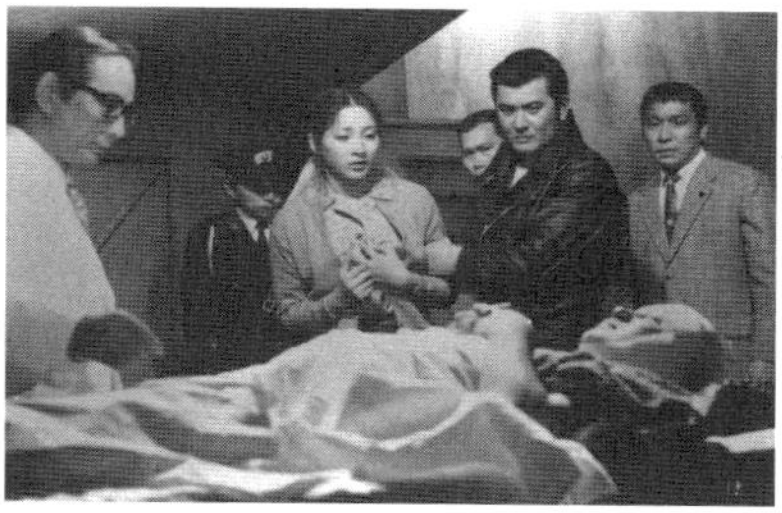

金光の死に涙する妻・順子。彼女の前での金光は、料理にうるさい愛すべき夫でしかなかった

危険人物とみなされた金光は、松原により殺されてしまう

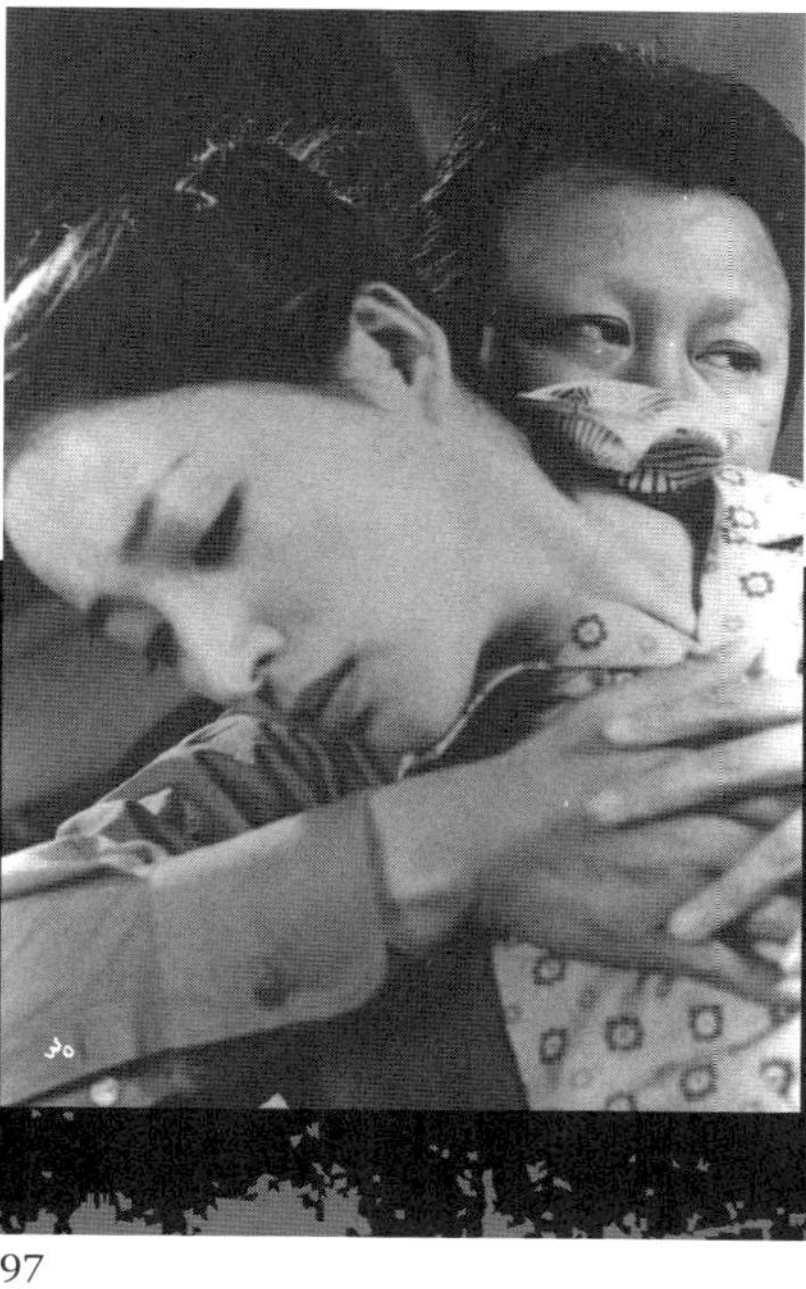

力を買った大槻、さらなる勢力拡大を狙う花木の利害関係はこの時、完全に一致していた。

ある日、花木組が打った「初風かおり歌謡ショー」が桜会に妨害された。仁田は騒動を起こした組員の小指を持参して大槻に詫びを入れたが、大槻はこれを拒否、花木に若頭補佐・松原を与えて桜会襲撃を命じた。本格的な関西進出へのチャンスを、大槻は見逃さなかったのだ。花木たちの徹底的な追い上げで桜会組員は次々と殺され、病院に身を隠していた桜会々長・相良は窓から身を投げ絶命。この功によって、花木は天誠会々長から直々の盃を受けて直系の若衆となり、全国制覇の狙う天誠会の戦闘集団として各地に派遣されることとなる――。

✹1976年1月31日公開✹96分
✹東映京都撮影所作品
✹カラー・シネスコ
✹併映作品：
『必殺女拳士』（小平 裕監督）

戦後最大の《人海銃弾》
暴力事件・
大阪進攻作戦に群がる
傷だらけの男たち！

実録外伝
大阪電撃作戦

STAFF

企画／日下部五朗　田岡 満
　橋本慶一　奈村 協
脚本／高田宏治
撮影／増田敏雄
照明／北口光三郎
録音／荒川輝彦
美術／佐野義和
音楽／津島利章
監督補佐／牧口雄二
編集／堀池幸三
記録／石田 照
装飾／柴田澄臣
背景／西村三郎
装置／温井弘司
助監督／萩原将司
擬斗／上野隆三
美粧／田中利男
結髪／明田多美枝
スチール／中山健司
衣裳／高安彦司
演技事務／森村英次
進行主任／俵坂孝宏
監督／中島貞夫

CAST

安田寿行／松方弘樹
宮武平吉／梅宮辰夫
高山 敬／渡瀬恒彦
金崎 徹／目黒祐樹
小山淑子／片桐夕子
南原正幸／織本順吉
真田一郎／三上 寛
石村貞助／小松方正
井川千恵／中原早苗
趙宗泰／室田日出男
丁在元／川谷拓三

闇ボクシング会場で南原組と双竜会が大乱闘

組に見放された高山に安田は手を差し伸べる

大東の要求に、血の気の多い高山は牙を剝く

平岡銀次／郷 鍈治
大岩 弘／石橋蓮司
杉谷勝造／名和 宏
若木鉄男／林彰太郎
金元基／志賀 勝
前田茂／野口貴史
津田／成瀬 正
松井／島 米八
陽子／堀 めぐみ
子分／曽根晴美
吉岡弁治／国一太郎
前川鶴吉／中村錦司
友田宇一郎／有川正治
崔浩哲／大前均
朴源昌／岩尾正隆
大東の部下／福本清三
古川順次／根岸一正
ホステス／内村レナ
京子／奈三恭子
マシンガン・ジョー／松本泰郎
村田／片桐竜次
岩井政道／西田 良
鈴木成夫／宮城幸生
レフェリー／沢美鶴
根津義男／阿波地大輔
岡真吉／笹木俊志
旅館の仲居／星野美恵子
李 善鐘／大木晤郎
森村幸吉／唐沢民賢
伊藤秀夫／白井孝史
久保元／司 裕介
ナレーター／酒井哲
掛田貫一／伊吹吾郎
大東武司／成田三樹夫
川田利明／丹波哲郎
山地武雄／小林 旭

高並功
丘路千
五城影二
藤沢徹夫
志茂山高也
原田君事
秋山勝俊
衣竜快次
疋田泰盛
舟橋竜次
酒井哲
白川浩二郎
富永佳代子
眞和田良太
五十嵐義弘
木谷邦臣
寺内文夫
奈辺悟
大矢敬典
氷室浩二
山田良樹
平河正雄
北川俊夫
勝野賢三
島井敏彦
新居芳行
三島康正

安田が狙う標的は、川田組幹部・山地（左）

荒れる高山に、安田は妻・淑子を抱かせた

拷問を受ける高山を見つめる宮武の心境は

STORY

昭和35年秋——大阪の中心部・ミナミの盛り場一帯は石村組と南原組が勢力を二分していたが、その一方で愚連隊系の大阪双竜連合会が勢力を広げ、連日派手な争いを繰り返していた。

ある日、南原組が闇ボクシングのために契約しているビルに、先日刑務所から出所したばかりの大東組々長・大東次郎が突如現れ、南原組の幹部・宮武にビルを買い取ったと告げた。また、双竜会のチンピラを傷めつけて報復を恐れる石村組に、突如掛川組が応援に駆けつける。

大東のビル買取の資金援助、そして掛川組の手配——これは、大阪侵攻を企てる神戸最大の暴力団である川田組の幹部・山地の手配によるものだった。怯える大阪ヤクザたちの中、宮武は山地暗殺を企て、部下の高山に命じて双竜会と合流、幹部の安田を頭とした〈暗殺隊〉を編成し、さっそく行動を開始。

だが、間一髪のところで暗殺は失敗。南原は大東組の圧力に負けて、双竜会との縁切り、山地の盃を受けて全面協力を約束してしまう。一方、川田組の報復に怯える双竜会では、安田が山地の暗殺にさらなる執念を燃やし、宮武に所払いを言い渡され荒れていた高山を見つけ出し、再び山地を狙おうと誘いをかける。安田と共に、あるクラブに行った高山は、その店の歌

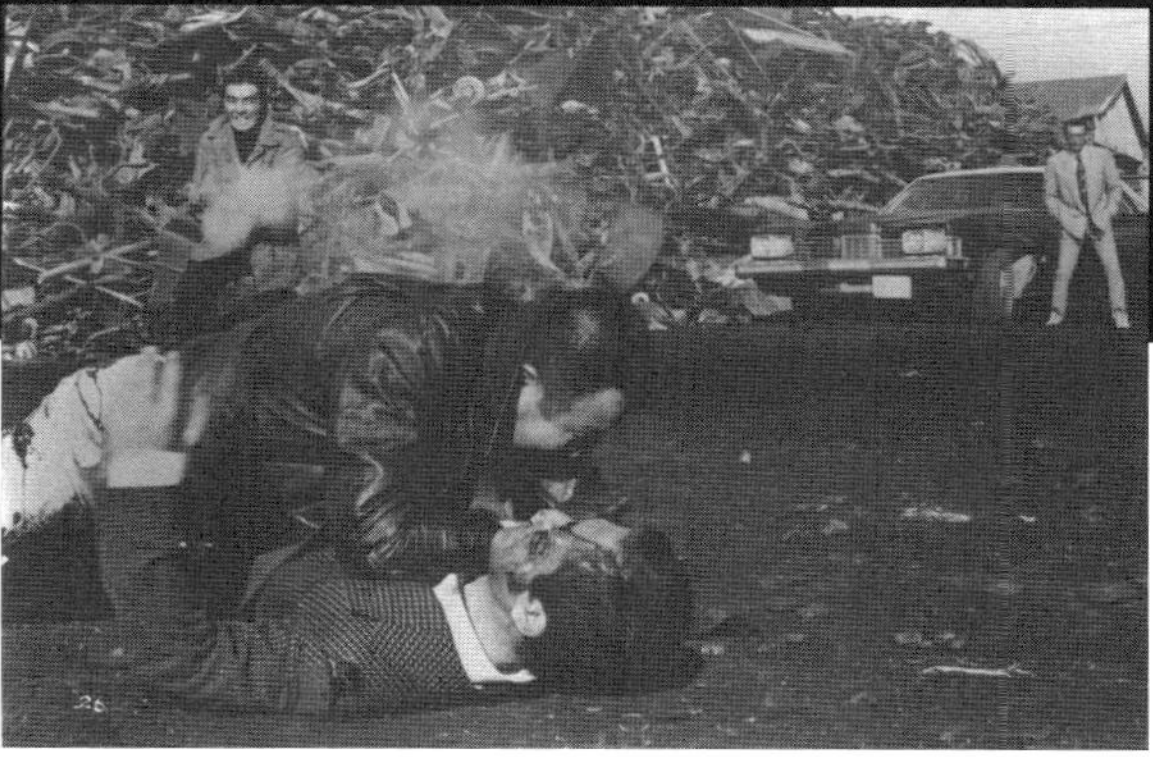

捕われの高山を救う人質交換の時に悲劇が起こる

手打ち式に臨む山地を無邪気に盛り立てる南原組長

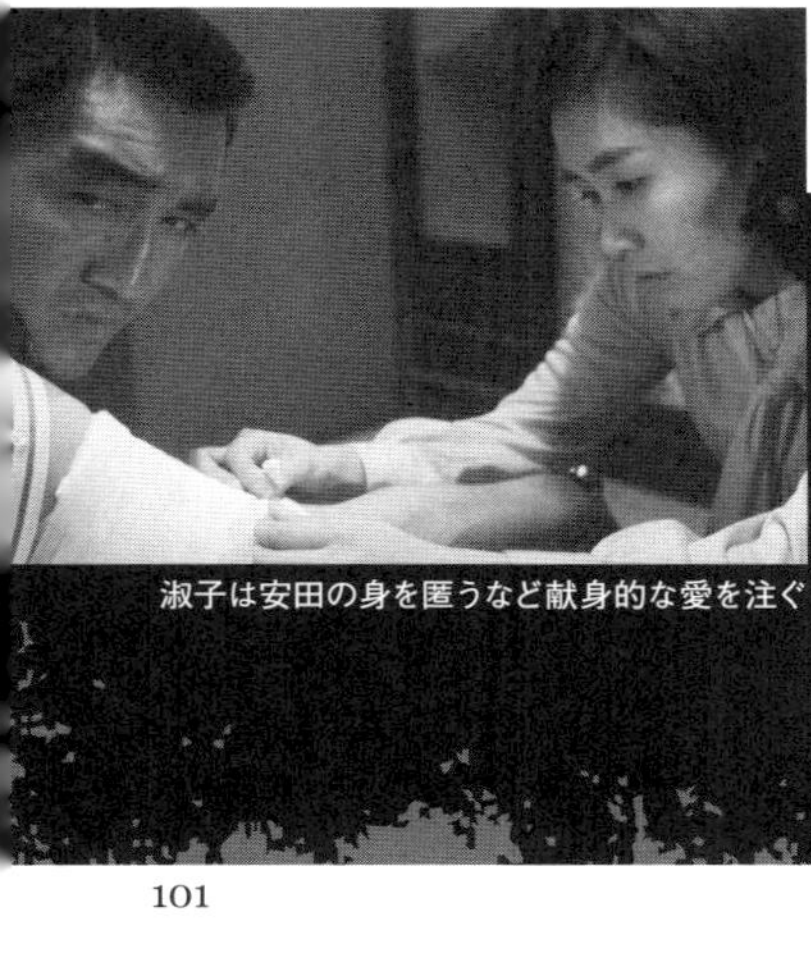

淑子は安田の身を匿うなど献身的な愛を注ぐ

手を抱かせろ、と安田に要求した。その夜、高山は彼女を抱いたが、実はその歌手は安田の内縁の妻であった。自分の女を抱かせた安田に、高山の心は大きく揺すぶられる。

数日後、サパークラブ「銀の城」で盛り上がる安田たち。そこへ来店した客の中に、川田組の舎弟分である友田組々長を見つけた安田らは因縁をつけて大暴れ。しかし、友田が一緒に連れていたのが、川田組々長であったことから、事態は一気に拡大することに。

この事を知った高山は、逮捕された安田をつけ狙っている友田組の裏をかき、安田を無事に警察署から連れ出した。事態を収拾しようとする双竜会々長の趙は、大東や南原を通じて山地への謝罪を申し出ようとするが、山地はこれを拒否、安田、高山らをターゲットにした大掛かりな〝人間狩り〟が開始されることになる！

VIOLENCE REPORT 3

本土やくざ VS 沖縄やくざの本格的な激突「第４次沖縄抗争」

本土やくざの侵入を許すな！荒々しい現地やくざの内部抗争に山口組が介入し、沖縄はまたしても戦火にまみれることに！

「第４次沖縄抗争」とは、昭和48〜56年（73〜81年）の間に起こった、沖縄連合旭琉会と三代目山口組の抗争事件である。

　そもそも、沖縄における暴力団とはいわゆる伝統的なやくざを指すものではなく、終戦後の混乱期から復興の兆しが現れ始めた頃に生まれた土着の不良・アウトロー集団から発展していったものである。それらの代表的な存在である、那覇市を拠点とした「那覇派」、そして後の沖縄市域を拠点とした「コザ派」（山原派）は幾度となく対立抗争を繰り返していたが、沖縄の本土復帰を目前に控えて、本土の暴力団の島内進出を阻む意図から、この2派は大同団結を図り、70年の暮れに「沖縄連合旭琉会」を結成した。それは昭和43年（68年）、沖縄から本土に渡った神里恵男は山口組系小西一家・小西音松総長の舎弟となり、尼崎市で「親琉会」を結成。その翌年に親琉会沖縄支部・国琉会を作り、ここを足掛かりに本格進出を図ったが、間も無く琉球警察の手入れが入り、解散に追い込まれるという経緯が既にあったからだ。

　沖縄が本土復帰を果たした昭和48年（73年）、山口組若頭補佐・小田秀臣と山口組織田組・織田譲二組長は東亜友愛事業組合と交渉、東亜友愛事業組合沖縄支部を山口組直系として、沖縄への再進出を果たした。その一方で旭琉会では、理事・上原勇吉が謹慎処分を受ける事態が起こる。これまでの抗争での活躍に見合う評価が得られないこと、さらにコザ派の首領・新城喜史との関係が悪化したことで、会に対して不満を募らせ、理事会にも顔を出さなくなったことに対する処置であった。

　昭和49年（74年）9月、旭琉会幹部は那覇市のバーで上原勇吉の実弟と出くわすが、上原の実弟が挨拶をしなかったことに腹を立て、小競り合いとなる。その翌日、旭琉会側が上原組組員7人を拉致、激しい暴行を加えた。これに報復する形で、10月24日、上原組組員・日島稔ら2人が、宜野湾市のクラブ「ユートピア」で新城を射殺。12月9日には、旭琉会組員が上原組幹部・山城長栄を刺殺し、遺体を崖から投げ落とした。

　昭和50年（75年）2月、旭琉会組員・友寄倉茂ら7名が上原組組員・仲宗根隆、嘉陽宗和、前川朝春を拉致。友寄らは3人を国頭村の山中に連行し、その場で3人に人が入れる深さの穴を掘らせ、そのまま彼らを穴の中に入れると拳銃で射殺した。嘉陽は何とか穴から這い出したが、短刀で何度も刺された挙句に、こめかみを拳銃で撃たれて絶命した。

　このリンチに対する報復として12月9日、上原組は仲宗根の実弟を含む配下の組員に指示して、犬の散歩中であった旭琉会理事長・又吉世喜を拳銃で射殺した。

　血で血を洗う沖縄の内部抗争に機を見つけた山口組は、いよいよ沖縄進出に本腰を入れることに。昭和51年（76年）、山口組若頭補佐・大平一雄は、東亜友愛事業組合の仲本正弘・正秀兄弟を大平組内古川組・古川雅章の舎弟として、古川は沖縄県で「琉真会」を発足。12

『沖縄やくざ戦争』より。本土最大の暴力団・旭会と沖縄やくざたちの死闘を描く

『沖縄10年戦争』より。沖縄やくざは武器を米軍から調達することが多く、手榴弾や自動小銃などでド派手な抗争が展開することに

月には、上原勇吉の実弟・上原秀吉が大平一雄の舎弟となったことで、上原組と琉真会＝山口組のタッグが完成する。

　昭和52年（77年）の新春、琉真会の組員が旭琉会組員を捕らえて暴行を加えると5月13日に旭琉会は仲本正弘のボディガード2人を拳銃で銃撃。同月15日には旭琉会組員が上原秀吉の乗った車を銃撃、同月18日には上原組組員2人を拳銃で銃撃し1人が即死、1人に重傷を負わせるという報復行動に打って出た。

　本土・山口組をも巻き込む事態を重く見た沖縄県警は、同年3月に「旭琉会対上原組・琉真会対立抗争事件取締本部」を設置、事態に対応するが、8月11日には琉真会アジトが入っているビルを旭琉会組員が襲撃、警戒中の機動隊員1人を射殺し、アジトに手榴弾を投げ込み逃走するという事件が発生。

　同年9月、当時の警察庁長官である浅沼清太郎が山口組壊滅作戦を指示。警察が全国的に展開したこの暴力団絶滅の動きに加え、旭琉会も仲本善忠会長が国頭村での殺人死体遺棄事件で逮捕・無期懲役となり、抗争は沈静化。昭和56年（81年）7月、山口組二代目吉川組・野上哲男組長、二代目旭琉会・多和田真山、澄田組二代目藤井組・橋本実組長の三者が盃を交わしたことで、沖縄第4次抗争はその幕を閉じた。

◆

　この抗争をモデルに製作されたのが、『沖縄やくざ戦争』（76年）、『沖縄10年戦争』（78年）の2作である。まずはその公開年をよく見てもらいたい。そう、これらの作品は抗争が最高潮を迎えているタイミングで製作されているのだ。

　よく言えばビビッドな素材だが、実際問題としては目の前で燃え盛る火事であり、かなり危険なテーマである。しかし、実録路線を推し進める中で映画になりうる事件が枯渇していったこと、南国を舞台にした舞台の珍しさなどの要因を含め、現在進行形の刺激的な事件が選ばれたのだろう。

　まず、笠原和夫が沖縄取材を経て、75年に中島貞夫監督作品として「沖縄進撃作戦」というシナリオを執筆するも、関係者の沖縄の東映映画館主がモデルとして登場するため、企画そのものに一度ストップがかかった。しかし、企画は再び浮上、『沖縄やくざ戦争』として結実する。その時、笠原には別の仕事が入っていたため、新たに神波史男・高田宏治が脚本を担当することとなった。抗争のど真ん中にある沖縄でのロケーションは叶わず、本編のほとんどは京都で撮影されることとなった。そして『沖縄10年戦争』では、75～76年に開催された沖縄国際海洋博覧会に絡んだ利権争いなど、本土やくざに沖縄が食い物にされる様がより具体的に描かれていくことに。

　沖縄抗争は91～92年の第6次抗争で、一応のピリオドは打たれたが、2作に深く刻まれた本土と沖縄の関係、そして民族問題は、今なお観る者に疑問を投げかけ続けている。

✹1976年9月4日公開 ✹95分
✹東映京都撮影所作品
✹カラー・シネスコ
✹併映作品：『徳川女刑罰絵巻 牛裂きの刑』（牧口雄二監督）

本土《ヤマトンチュウ》の残飯は喰らうな！
たとえ沖縄が
再び戦火に
まみれても！

沖縄やくざ戦争

STAFF

企画／日下部五朗　橋本慶一
奈村協
脚本／高田宏治　神波史男
撮影／赤塚滋
美術／井川徳道
照明／北口光三郎
録音／溝口正義
音楽／広瀬健次郎
編集／堀池幸三
助監督／藤原敏之
記録／森村幸子
装置／吉岡茂一
装飾／白石義明
背景／西村三郎
琉歌指導／竹中労　知名定男
スチール／中山健司
衣裳／高安彦司
美粧／田中利男
結髪／明田多美枝
演技事務／西秋節生
擬斗／上野隆三
進行主任／野口忠志
監督／中島貞夫

CAST

【中里派】
中里英雄／松方弘樹
嘉手刈宏／渡瀬恒彦
儀間二郎／尾藤イサオ
具志川照邦／室田日出男
知花鉄男／矢吹二朗
金武昇／三上寛
国吉悟／片桐竜次
赤嶺保／成瀬正
金城久／大辻慎吾
稲福／志茂山高也

兄貴分の国頭(手前)のために体を張ってきた中里だが、その見返りはあまりにも小さかった

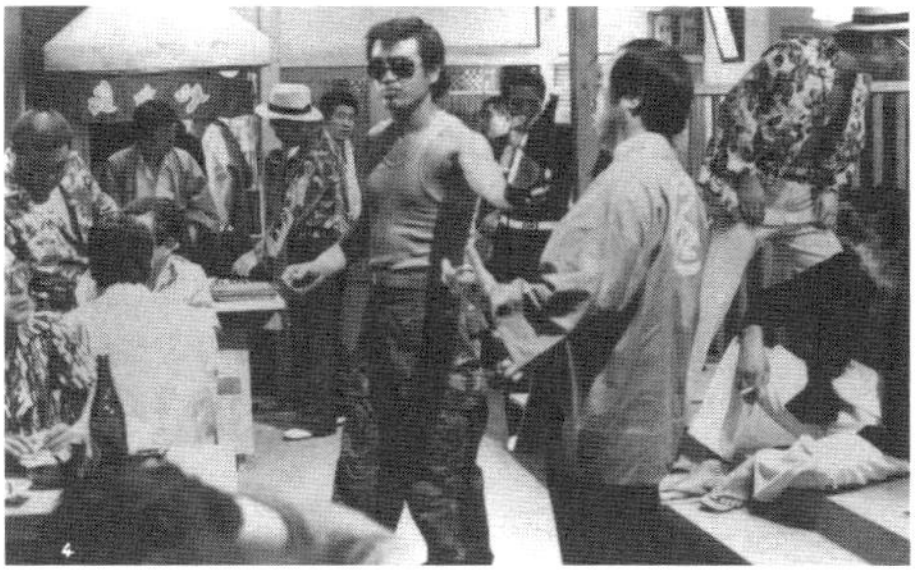

沖縄第一主義の国頭は本土が大嫌い、東京の居酒屋チェーン店も気に食わなくて大暴れ

国頭派の理事・石川(中央)は、自分が国頭を盛り立ててきた自負を持ち、中里へのライバル心を隠さない

チンピラA／司 裕介
チンピラB／鳥井敏彦
知花誠治／五十嵐義弘
中里の子分／福本清三
矢部義章
【国頭派】
国頭正剛／千葉真一
石川隆信／地井武男
恩納健吉／志賀 勝
桃原勇／笹木俊志
名嘉間長栄／広瀬義宣
稲嶺仲作／松本泰郎
伊波／畠山 麦
石川の子分／森谷 譲
【大城派】
大城朝光／織本順吉
翁長信康／成田三樹夫
玉城亀吉／南 道郎
島袋芳典／岩尾正隆
大阪のボディガードA／白井孝史
大阪のボディガードA／友金敏雄
徳田池信／川浪公次郎
【関西旭会】
海津義明／梅宮辰夫
工藤／曽根将之
猪木 明／阿波地大輔
堀田／平沢 彰
木村／新居芳行
杉山 元／丘路 千
○
中里照美／新藤恵美
比嘉信子／ひろみ麻耶
玉城スミ子／宮前ゆかり
石川悦子／奈三恭子
靖子／中島 葵
平良／野口貴史

知花鉄男の母／岡嶋艶子
女占師／大江 光
巡査／蓑和田良太
智念／白川浩二郎
チンピラ／鳥井敏彦
呼び込み／勝野賢三
女秘書／岡田雅美
今村／壬生新太郎
芸者／風間 純
ホステス／森村由加
署内の警官／小坂和之
黒人兵／
ウィリー・ドーシー
アメリカ娘／
イレーン・マキネン
ナレーター／諸口あきら

国頭の縄張りを犯した具志川は、石川に連行され、下半身に手痛い制裁を加えられる

中里の子分・二郎（左）が、地元の幼馴染・宏（左から二番目）を中里の元へ連れて来た

日本最大の暴力団・旭会の幹部である海津に詰め寄られ、琉盛会理事・翁長もタジタジ

STORY

沖縄では、長年に亘りコザ（現在の沖縄市）の利権を巡って3つの派閥が争われてきたが、昭和43年に国頭正剛の派閥が他の勢力を潰してコザを制圧した。国頭の弟分・中里英雄はすべての罪を被り、7年の刑で服役したが、沖縄の本土復帰の恩赦で、昭和46年の夏に出所した。

また時を同じくして、本土系暴力団が沖縄への進出を開始。コザの国頭派と那覇の大城派は手を組んで「沖縄連合琉盛会」を結成、本土からの防衛に備えることとなった。

服役前にはコザの利権の半分を貰う約束だったが、いざ出てくると話はまるで違っていた。30人もの子分を抱え、さらに新たな子分・嘉手刈宏も加わった中里は、狭い縄張りの中で国頭の色よい返事を待つしか術はなかった。そして、食うに困った中里の子分・具志川は国頭の縄張りで商売をしたことがバレて、国頭に逸物を切断される。それでもなお中里への信頼が厚い国頭に対して、理事の石川は進言する。中里は国頭派にとって邪魔な存在になる、その内に消してしまおう、と。

ある夜、ホテルのクラブで本土系暴力団・関西旭会の幹部・工藤が騒いでいるのに腹を立てた国頭はこれを挑発、遂には部下に車で轢かせるという事態が発生する。

本土きっての大組織との戦争が起

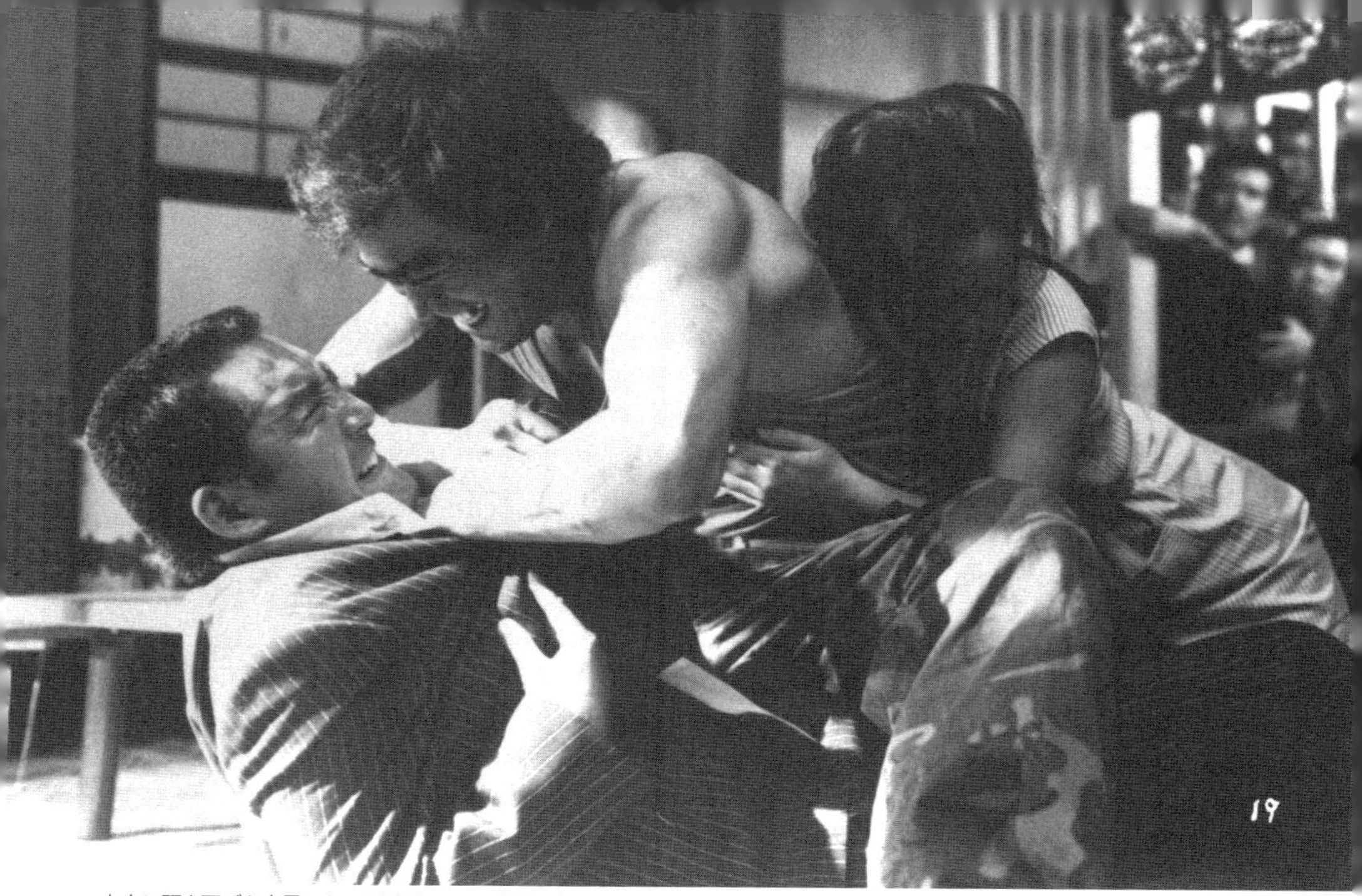

本土に頭を下げた中里にキレた国頭は、24時間以内にコザから出ろ、と激高

石川に追い詰められる中里派。若者たちは
次々と犠牲になった

ヒットマンとなった二郎と宏が、いい塩梅で
「PWの唄」を歌っていた国頭を射殺

遂に石川を倒した中里と宏は、海津と翁長にもその銃口を向ける！

きるかもしれない。青くなる琉盛会理事たちの中で、やる気満々なのは国頭だけ。理事の翁長と中里は、旭会の幹部・海津へ詫びに向かったが、海津の返事は「国頭の首を差し出して、流盛会が旭会沖縄支部になるか、戦争をするか」どちらかの選択であった。

沖縄へ戻ると、本土に頭を下げたことに怒り心頭の国頭が、中里を待っていた。国頭の殺害を決意した中里は、翁長たちに国頭の葬式への欠席、並びに石川の琉盛会除名を約束させて、宏たちに国頭を射殺させた。

しかし全ての約束は反故にされ、中里派は警察、そして石川率いる国頭派に追われる身となってしまった。追い詰められた中里は海津から資金援助を得て、石川への反撃を決意する！

沖縄10年戦争

- 1978年6月3日公開
- 102分
- 東映京都撮影所作品
- カラー・シネスコ
- 併映作品：『生贄の女たち』（山本晋也監督）

日本の警察が初めて《射殺命令》を出した
沖縄やくざ戦争！

STAFF

企画／日下部五朗　本田達男
脚本／松本 功　大津一郎
　志村正浩
撮影／赤塚 滋
照明／増田悦章
美術／佐野義和
音楽／鏑木 創
録音／中山茂二
編集／堀池幸三
助監督／依田智臣
記録／海津泰子
装置／三浦公久
装飾／山田久司
背景／西村和比古
スチール／中山健司
擬斗／上野隆三
衣裳／豊中 健
美粧／田中利男
結髪／白鳥里子
宣伝担当／佐々木嗣郎　丸国 艦
演技事務／森村英次
進行主任／野口忠志
協力／東映俳優センター
　長崎鼻パーキングガーデン
方言指導／比嘉康博
舞踊／沖縄舞踊団
監督／松尾昭典

CAST

金城友行／松方弘樹
宮国清武／深江章喜
桃原真喜／川合伸旺
石浦 昇／矢吹二朗
浜里 哲／曽根晴美
平良盛義／成瀬 正
天久照元／勝野賢三

宮国亡き後、琉栄会々長の２代目を継いだ金城だが、本土やくざの進出と沖縄やくざの内紛に翻弄されていく

桜木組の招待を巡り紛糾する、琉栄会幹部の会合。会長の宮国は、沖縄やくざの心意気を見せようと、威勢よく大阪へ乗り込むが……

大阪で恥をかかされた宮国の怒りの矛先は朝市に向けられた。那覇空港内での壮絶な焼き入れに朝勇はまったく納得できない

西那 豪／笹木俊志
渡久地／岩尾正隆
苗村／有川正治
島袋／国一太郎
与儀政典／織田あきら
伊波朝勇／千葉真一
伊波朝市／佐藤 允
来間昭次／林彰太郎
阿南利一／五十嵐義弘
川満 弘／渡辺篤史
知念 保／
にしきのあきら
喜屋武勝（ガラサー）／
山田隆夫
亀谷吉信／市川好郎
下地行男／沖田駿一
瀬長良安／志茂山高也
糸数 正／大矢敬典
中原宗久／藤田まこと
桜木憲三／小池朝雄
東 龍也／今井健二
小林／秋山勝俊
新垣康助／汐路 章
高木／菅貫太郎
当間／梅津 栄
水納／峰蘭太郎
与儀昌美／野川由美子
大城恵子／栗田ひろみ
伊波国子／沢野火子
伊波秀男／瀬賀敏之
伊波朝栄／加藤 嘉
知花ミミ／渡辺やよい
洋子／橋爪真知子
明美／西田治子
ジョニー・ジャクソン／
ウィリー・ドーシー
大久保／中村錦司
喜屋武ハツ／三戸部スエ
喜屋武利夫／平塚義弘
少年時代の金城／松本正樹
〃　朝勇／蓮 浩二
〃　朝市／風吹錠二
日本兵A／友金敏雄
〃　B／小峰隆司
本土観光客A／森源太郎
〃　B／平河正雄
新聞記者／波多野博
警官／藤沢徹夫
阿波地大輔　宮城幸生
白井滋郎
中年の警官／袁利田良大
面会室の警官／池田謙治
辻本／木谷邦臣
前川／司 裕介
渡久地組員／細川ひろし
金城の母親／九平峰子
祈る老婆／岡嶋艶子
念仏の長老／浪花五郎
医師／疋田泰盛
渡久地の子分／福本清三
城 春樹
吉澤高明
司千四郎
小国由紀
ナレーター／三村敬三

幼馴染みでありながら、敵対関係となった金城と朝勇。共に沖縄を愛する2人だが、その想いは重なることなく……

「このままじゃ会は割れます」腹心の桃原の言葉に、金城の心は揺れる

宮国を射殺した伊波組最大の暴れん坊・川満(左)と知念。元ボクサーの知念は目を悪くして、肝心な時にいつも調子が悪くなる

STORY

本土やくざの進出に備え、沖縄やくざ（アシバー）は集結して沖縄総連琉栄会を結成、会長には首里派代表の宮国清武、理事長には胡座派代表の伊波朝市が収まったが、元々利害の異なるグループの寄せ集めであるため、会のバランスは当初から危ういものがあった。

本土復帰から2年後の昭和49年、関西最大の暴力団・大日本錦連合の桜木組からの招待を受けて琉栄会内部は紛糾、勝ち気で「シーサー」の異名を持つ宮国は、朝市と友人関係にある桜木組幹部・中原を間に立てて大阪へと向かうが、現地で田舎者扱いされたことに立腹、場を繋いだ朝市を殴り飛ばした。

それが面白くない朝市の弟・朝勇が、ちょっかいを出してきた首里派幹部・浜里に暴行を加えたことから、その争いは下部の組員にまで波及、遂に伊波組々員・川満が宮国を射殺。首里派は伊波組を琉栄会から破門、そして警察はさらなる抗争を避けるべく、朝市を逮捕して大阪へと護送していく。

宮国の跡を継ぎ、二代目会長の座に就いた首里派・金城友行は、朝市・朝勇の兄弟と幼馴染みの関係であった。金城は朝勇に故郷の島へ帰るよう勧告するが、朝勇は聞く耳を持たなかった。琉栄会が手を回したため建築業のほとんどの仕事を失った伊波組は困窮する。

そんな折り、沖縄に来たる海洋

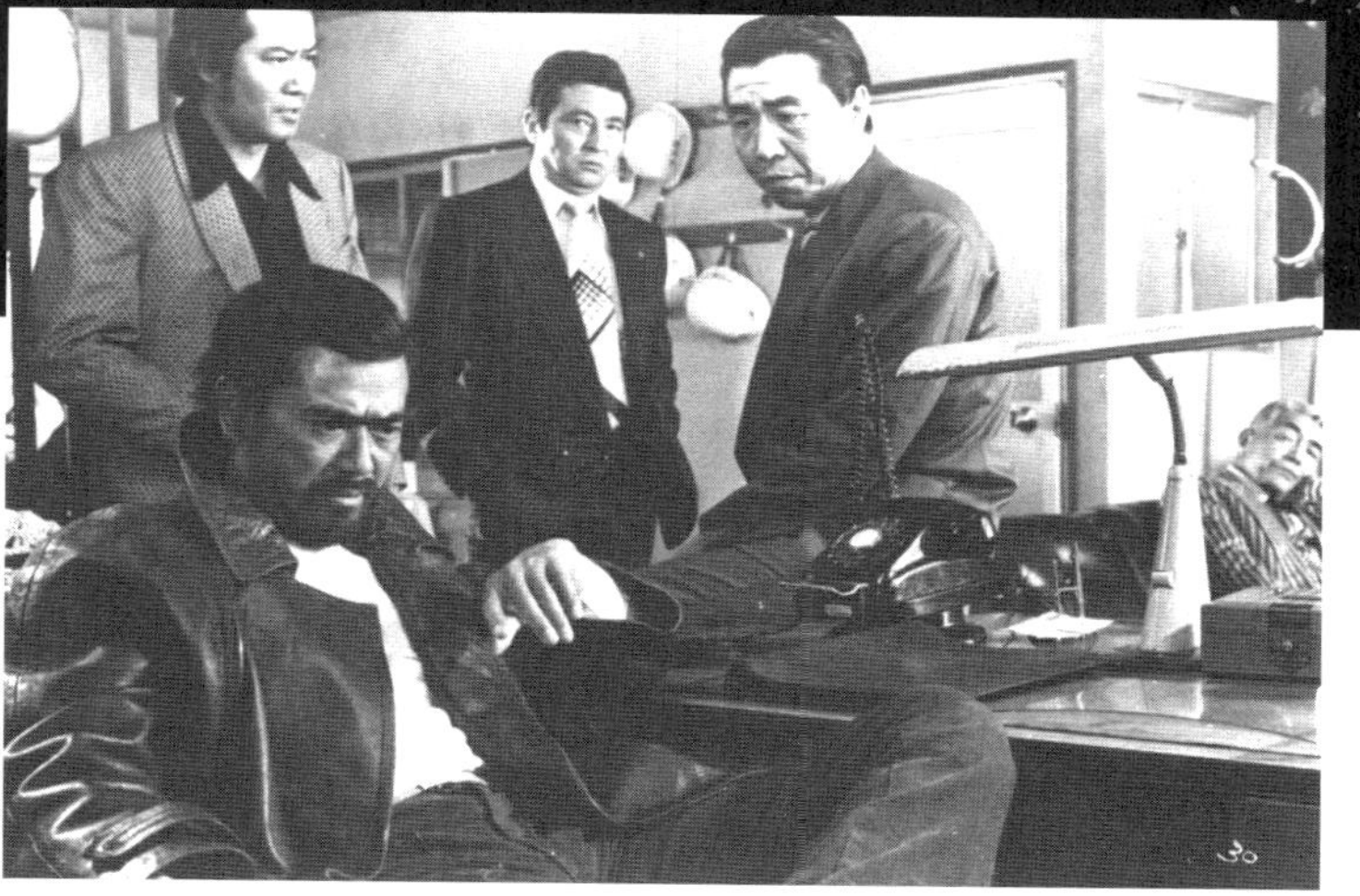

伊波組を大日本錦連合の沖縄支部にしようと企む、桜木組々長・桜木(右)。その力を利用するつもりだった朝勇も、いつしか巨大組織の歯車として取り込まれていく

桜木組幹部・中原は、香典代わりの行動資金を朝勇の元へと届ける。朝市が心を許す唯一の内地の人間がもたらした訃報に、朝勇は驚きを隠せない

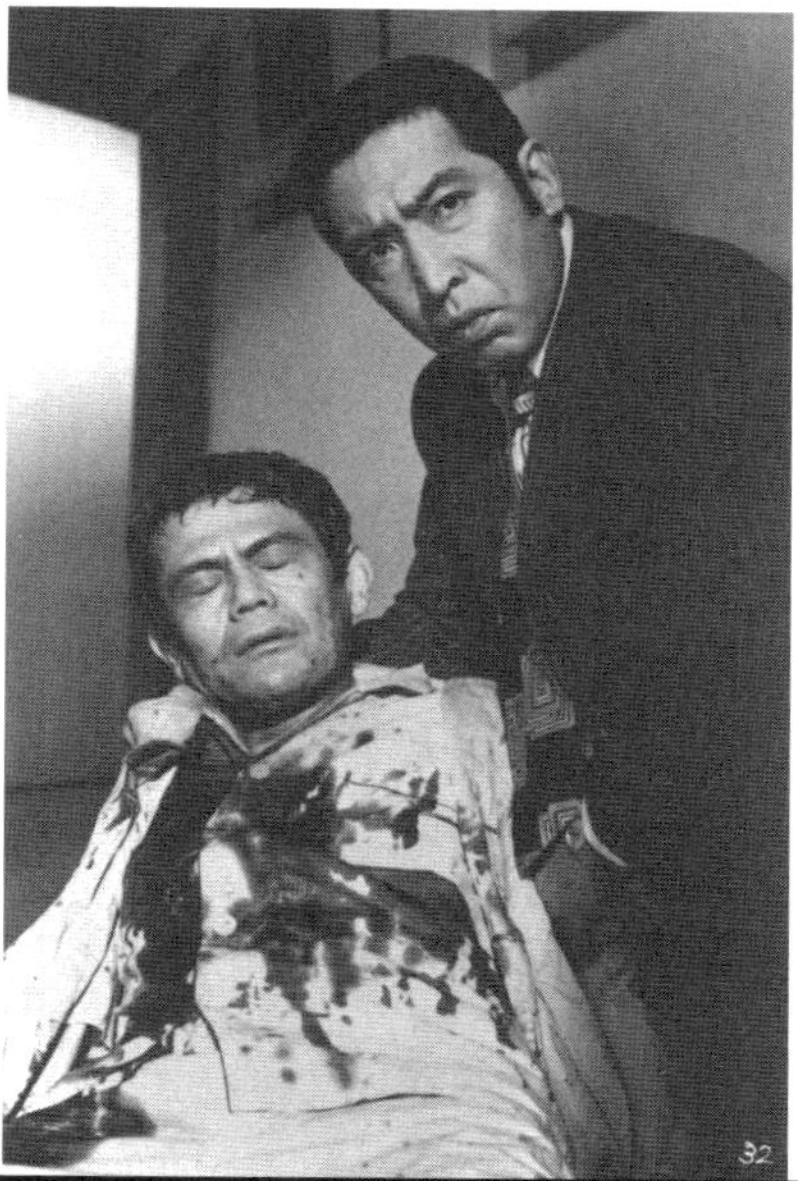

大きな遺恨を抱えたまま、本土式で行われた金城と朝勇の手打ち式。新たな抗争の種は既に芽吹いていた

大日本錦連合が伊波組を見捨てることを知った朝市は桜木に襲いかかったが、反撃を受けて命を落とす

博に向けての建設ラッシュが押し寄せた。これを機に沖縄進出を企む桜木組は、アシバー上がりの事業家・新垣を介して琉栄会に協力を求めて来た。金城はこれを固辞するが、朝勇は子分たちの貧しさと中原から渡された朝市からの添書に心を動かされ、この仕事を引き受ける。

海洋博景気で瞬く間に勢いを取り戻した朝勇に焦りを感じる金城。その姿を見て、金城の愛人でクラブ〝舞姫〟のママを務める昌美の弟・政典が朝勇の幹部・来間を刺し殺した。桜木組を後ろ盾にした伊波組の姿勢は強硬で、琉栄会内部も海洋博の利権の考え方で内紛が勃発、金城は遂に政典の首を差し出すことで手打ちをすることに決める。しかし、この一件は、金城と朝勇の間に新たな遺恨を残すこととなった。

海洋博終了後、沖縄県警は暴力団取り締まりを強化。射殺も辞さぬ厳しい取り締まりが続く中、桜木組は朝勇たちから手を引き、新垣と組んで新たな支部設立を企んだ。巻き返しを図って朝勇たちは故郷の島へと戻り、それを知った金城もその後を追う――。

別ルートで辿る「大阪」「沖縄」への旅
―幻の2大未映画脚本を読む―

中島貞夫監督の実録路線の2大傑作
『実録外伝 大阪電撃作戦』と『沖縄やくざ戦争』には、
その雛形となった脚本が存在した!

文.伴ジャクソン

60年に勃発した山口組と明友会の抗争は、東映の実録路線で度々モデルとして取り扱われたが、その代表格ともいえるのが『実録外伝 大阪電撃作戦』。神戸川田組に徹底的に追い詰められながらも、最後まで抵抗を続ける双竜会・安田のタフな生き様に観る者全てが元気を貰えるサプリメント映画だ。

この作品より早く、中島監督自身が明友会事件をテーマに執筆したのが、脚本「暴力団抗争 殲滅」だ。69年、『日本暗殺秘録』撮影後に次は徹底的な暴力をテーマに描こうとした中島監督は、以前より注目していたこの抗争事件を下敷きに、滅びるチンピラたちのドラマを描き出した。

物語は大阪・朱地組の2人の若いチンピラ、金光荘次、染谷三郎、五十嵐明、明石俊夫らがキャバレーで、偶然にも関東最大の暴力団・白崎組二代目に絡んでしまうところから始まる。白崎は、即座に幹部・花原に朱地組殲滅を指令する。金光たちがそれぞれの夜を過ごす中、花原は襲撃部隊を大阪に呼び寄せ、次の日の午前中には朱地組を包囲していた。

金光、染谷の小指で事を収めようとした朱地組だったが、花原が受けた命令はあくまで「殲滅」であり、この交渉はあっさりと決裂。以後、白崎組の容赦ない追撃で、朱地組の幹部・構成員が次々と犠牲になっていく様が淡々と描かれていく。花原を狙った特攻部隊は全滅、朱地組長も殺された。金光は、白崎の首を獲るため東京を目指そうとするが、部屋に踏み込んできた警察に射殺される。残された金光の情婦・ミッチーは、やり場のない怒りと悲しみを胸にりんごを齧り続けた――。

物語のタイムラインの中で、人が死ぬたびに死亡時刻のタイトルがインサートされる指示が入っており、これはもう完全に実録路線テイスト。物語も、人の変化や成長を追いかけるドラマではなく、わずか24時間の間に起こった「事件」を切り取ってそのまま提示するというスタイルが実にクール。追手に追われた金光が喫茶店のトイレに隠れてどう逃げるか慌てふためくところや、車で逃げたものの泥濘にはまって動けなくなる描写など、ブラックユーモアとサスペンスが適度に混ざる展開も手に汗を握らせる。

しかし、この脚本を読んだ岡田茂は「こんなもん、映画になるか!」とあっさり企画を却下したという。ヒーロー不在、男らしい場面ゼロ、ましてや、ただ名もなきチンピラがゴミ屑のように死んでいくだけの物語は、任侠映画全盛の東映では、到底受け入れがたいものがあったのだ。しかし、実録路線の定着と共に再び企画にスポットが当たり、高田宏治の手により『大阪電撃作戦』として再生することになる。

『大阪電撃作戦』の素晴らしさは勿論なのだが、この『殲滅』がこの内容のまま当時映画化されていたなら、どの様な評価を受けていたであろうか。本作は実録路線誕生に向けて東映に蒔かれた種であり、その意味でも重要な1作と言えるだろう。

『沖縄やくざ戦争』もまた、その前身となる脚本が存在する。それが、75年に執筆された笠原和夫の「沖縄進撃作戦」だ。

「沖縄やくざ戦争」が山口組が沖縄へ進出を図った第4次沖縄抗争をメインに描いているのに対し、本作では沖縄やくざがいかなる経緯で生まれ、現在(公開時の75年)まで繰り広げられている抗争の流れを追うクロニクルとして進行していく。

『沖縄やくざ戦争』の国頭正剛(千葉真一)・中里英雄(松方弘樹)の

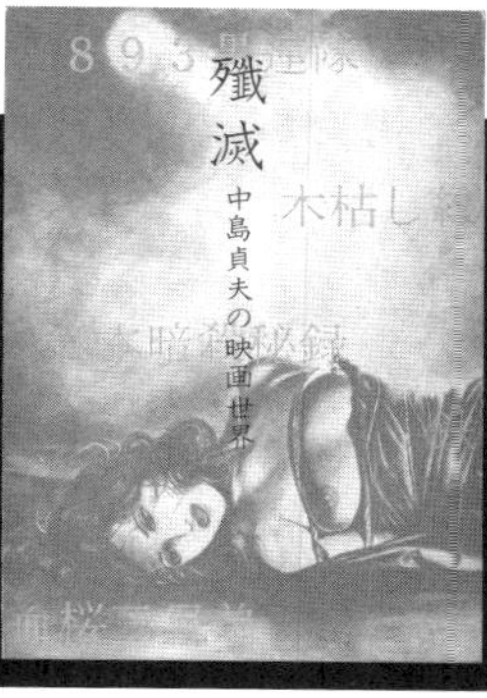

「殲滅」シナリオを収録した書籍「殲滅 中島貞夫の映画世界」（74年・北冬書房）

「沖縄進撃作戦」シナリオを掲載した、笠原和夫「映画はやくざなり」（03年・新潮社）

コンビは、本作で国上英雄・石川健吉として登場。終戦直後、米軍奉仕のため物資を載せたトラックを運転していた石川は、自分の前を行くトラックが目的地とは別の方向へ向かっているのに気づく。そのトラックに乗っていたのが国上で、石川は国上のバイタリティとカリスマ性に圧倒され、兄弟（チョウデー）の契りを結ぶ。

2人はMPの物資を盗んでは、それを売り飛ばし、稼ぎにしていた。ある日、石川は小波本信永という空手道場主と出会った。小波本は本土の愛国同盟と強いパイプを持つ人物であり、石川のことを高く評価する。一方、国上は沖縄の本土復帰が近づく中、沖縄での利権を求めてやってくる本土のやくざ達と、それに協力する者たちを一斉排除する姿勢を固め、那覇の大里派に続いて、本土やくざとパイプを持つ同じコザ派の前原にまで牙を剥いた。この抗争で、石川と前原は刑務所行きとなった。

1年後、出所した石川を待っていたのは、本土やくざの進出を防ぐため、沖縄やくざを一同にまとめる「沖縄連合琉栄会」結成の動きであった。しかし、国上は小波本が結成した愛国同盟沖縄支部と繋がりのある当間派が気に食わず、これを潰しにかかった。先の前原との抗争で当間が力を貸してくれたことに恩義を感じていただけに、石川はその流れに違和感を覚えていたが、さらに国上は関西侠友会系白川組々長も襲撃。

本土最大の組織に喧嘩を売ったことに琉栄会幹部たちは震えあがるが、小波本の采配でこの難を何とか乗り切ることに成功。このタイミングで、石川は小波本から愛国同盟・伊波との盃を要求され、無下に断れずこの要求を受けてしまった。しかし、それを耳にした国上は激怒、「二度と〝兄弟〟と呼ぶな」と石川に吐き捨てる——。

『沖縄やくざ戦争』同様、本作も国上という強烈なキャラクターが物語を牽引していく。徹底的な沖縄ナショナリズムを胸に抱き、琉球空手と荒っぽい手口で、次々と敵を倒していく。アメリカも本土も「エネミー（敵）」であり、それに与するウチナンチューもまた「エネミー」であるという考えと行動は、沖縄＝琉球王国という〝国家〟の問題を、クリアに体現していくこととなる。本作は、そんな国上が射殺されるところでクライマックスを迎え、そこから繋がる第4次沖縄抗争の終わらない現在を匂わせる形で幕を閉じる。

斧と空手と米軍の武器が乱れ飛ぶ『仁義なき戦い』以上に荒っぽいテイストの抗争描写も含め、非常に魅力的な内容だったが、抗争が現在進行形であったこと、また小波本のモデルが東映に近しい関係者であったことから岡田茂はこの企画を通さず、企画は頓挫。このタイミングで、笠原は実録路線から手を引くこととなる。

翌年改めて企画が立ち上がり、完成した『沖縄やくざ戦争』では、小波本のキャラクターは描かれなかったが、国上もとい国頭のキャラクターは、千葉の景気の良い演技と相まって、強烈なインパクトを残した。『沖縄進撃作戦』の脚本を、千葉&松方コンビのイメージで脳内再生しながら読めば、幻の〝沖縄暴力史〟を楽しめるはずだ。

東映実録バイオレンス音楽アルバム

実録路線を耳から盛り上げる、一度聴いたら忘れられないあのBGM。これまでにリリースされたコンピレーションアルバムを柱にして、その魅力に迫る！

文.高島幹雄

東映実録映画が公開された70年代はごく一部の主題歌、挿入歌以外に、インストゥルメンタルのタイトルバック曲や劇中の音楽（オリジナルBGM）だけが聴けるサントラ盤が発売されることは、残念ながら殆どありませんでした。

筆者はレコード会社・バップに在籍時の92年から、日本の映画やテレビ番組の音楽集的なサントラ盤が未発売作品の音楽テープを発掘、諸々の権利処理をしながら企画、制作したCDシリーズ「ミュージックファイルシリーズ」を始めて2年経った頃、当時の販促担当やこの種のものに興味を持っている同僚から、「『仁義なき戦い』や、東映のアクション映画のCDなんかどうですかね?」といった意見が出てきました。

当時は、クエンティン・タランティーノ監督の『パルプ・フィクション』がヒット。それに合わせて1作品前の『レザボア・ドッグス』も再評価されており、タランティーノが愛好する日本映画、中でも東映アクション映画が話題にされていた時代。そこで1995年下半期に発売するこのシリーズのラインナップに「東映アクション映画音楽列伝」というカテゴリーを設定、10月に『仁義なき戦い サウンドトラックコレクション』、11月に『女必殺拳シリーズ サウンドトラックコレクション』、そして12月に『東映実録映画シリーズ サウンドトラックコレクション』をリリースしたのです。

『東映実録映画シリーズ サウンドトラックコレクション』

作品選択、選曲と解説原稿はライターの小林淳さんが是非やりたいとのことだったのでお願いしました。CDの内容は単なるタイトルバックなどのテーマ集ではなく、ポイントとなる場面の音楽など、各作品ともある程度の曲数は収録したいという考え方。他にも収録したい映画はありましたが、90年代当時の諸般の事情や音楽テープが現存するか否かで絞られた結果が、このCDの収録内容です。

CD全体の構成は前半を作曲家・津島利章の音楽作品を一部公開順不同でまとめ、後半をその他の作曲家の映画を公開順に収録。もう1つ、決めごとを設けました。それは可能な限り、映画冒頭の東映マークが出る部分、そしてラストシーンの音楽は収録するということでした。このアルバムに収録した作品を作曲家ごとに紹介していきます。

津島利章

東映と津島利章でまず思い浮かぶのが『仁義なき戦い』(73年)でしょう。メインテーマのメロディーが様々な形にアレンジされた劇中音楽も鮮烈です。

その後の東映実録映画において、『仁義なき戦い』のような曲が欲しい、という発注がされたのでは、という想像に容易なほど、「仁義系」楽曲がこのアルバムでも聴けます。特に、『県警対組織暴力』、『やくざの墓場 くちなしの花』、『北陸代理戦争』に含まれています(地を這いつくばるようなギターやベースによるフレーズのリフレイン、男の熱情が爆発するブラス・セクションの咆哮といったプレイが聴けるBGMを、勝手に「仁義系」楽曲と呼ばせて頂いています)。

一方で、筆者が感じるのは津島利章の多面性。例えば、同じ東映の菅原文太主演でも、人気シリーズ中の唯1作だけ手がけた『トラック野郎 男一匹桃次郎』(77年)は、「仁義系」の音楽を期待しながら観ると肩すかし。軽快な、あるいはメロウなバンド・サウンドを響かせています。また東映以外の作品は東宝のSF『惑星大戦争』(77年)で壮大なシンフォニーを聴かせる他、TVでもSF活劇『猿の軍団』(74年)、『恐竜大戦争アイゼンボーグ』(77年)、長寿時代劇『銭形平次』(66年 ※製作は東映)、『鬼平犯科帳』(89年)など多数の作品に、それぞれの内容に合わせた音楽を提供しています(『猿の軍団』には「仁義系」楽曲も少々あります)。

例えば実録映画と同時代に東映の映画、TVが多作だった菊池俊輔の音楽が「菊地節」と呼ばれるように、作曲家独自の色が作品の音世界を支配していたことに対して、津島利章は作品が求めるサウンドにアジャストさせるタイプに感じられます。そういった見方で考えると、主演の渡哲也のヒット曲「くちなしの花」を盛り込んだ『やくざの墓場 くちなしの花』は、演歌的なアレンジの楽曲もあり、そこは内容にアジャストした面ではないでしょうか。

このＣＤに収録された津島利章作品の曲数は、『仁義の墓場』（3曲）、『県警対組織暴力』（7曲）、『やくざの墓場 くちなしの花』（8曲）、『北陸代理戦争』（7曲）、『暴力金脈』（3曲）。『仁義の墓場』は映画で未使用の1曲が入ったテープしか見つかりませんでしたが、未使用曲とはいえ、この機会を逃すと永遠に聴くことは出来ないので収録。東映マークに付けられた短い曲とタイトルバックは映像から収録したのです。また『暴力金脈』は今回の東映実録映画の枠から外れますが、スタッフ、キャスト共にその流れを汲む作品ということで収録しました。曲調にコミカルな面もあるので、聴感上の流れも考えて公開順の中に含めず、津島利章パートの最後に収録しました。

ミュージックファイルシリーズ
東映アクション映画音楽列伝
「東映実録映画シリーズ
サウンドトラックコレクション」
（VAP／VPCD-81123）

Hotwax trax
「鉄砲玉の美学 中島貞夫の世界」
（ウルトラ・ヴァイヴ／CDSOL-1123）

広瀬健次郎

ＴＶではアニメ『オバケのＱ太郎』（65年／主題歌作曲のみ）、『ど根性ガエル』（72年）の音楽、映画では60年代に東宝の加山雄三主演『若大将シリーズ』や『駅前』シリーズなどで、コメディ、青春といった明朗な作品の音楽が多い作曲家。東映では『まむしの兄弟』シリーズの3作目『まむしの兄弟 懲役十三回』（72年）以降、最終作の『まむしと青大将』（75年）までを手がけています。

そのややコメディタッチなメインテーマのメロディーラインは、このＣＤの収録作品では『脱獄 広島殺人囚』のタイトルバックなどにも共通しています（この系統の楽曲は『ど根性ガエル』の音楽にも有ります）。『まむしの兄弟』シリーズの初期2作を手がけた菊池俊輔とは、学生時代からの親友関係です。

このＣＤに収録の広瀬健次郎作品の曲数は『脱獄広島殺人囚』（5曲）、『沖縄やくざ戦争』（3曲）。

八木正生

サザンオールスターズの名曲「ラッパとおじさん」の歌詞にも登場するジャズメンでもあります。東映では『恋と太陽とギャング』（62年）、『網走番外地』（65年）や『徳川女系図』（68年）など石井輝男監督作品をはじめ、『不良番長』シリーズ（68～72年）など多数の作品で活躍。ビッグバンドなどジャズを基調にした楽曲をスクリーンに提供しました。

このＣＤでは『日本暴力列島 京阪神殺しの軍団』から6曲だけの収録ですが、他の2人とはまた違ったサウンドが堪能できます。

『鉄砲玉の美学 中島貞夫の世界』

最後に筆者は制作に関わっていませんが、東映実録映画も収録したＣＤ『鉄砲玉の美学 中島貞夫の世界』も紹介しましょう（発売元のウルトラ・ヴァイヴ側に東映への紹介を求められ、お引き合わせしたのがきっかけでできたものではありますが…）。

収録の10作品中、ピンキー・バイオレンス成分が多め。タイトルに付された『鉄砲玉の美学』は既成楽曲の他は1曲のみ。津島利章による『実録外伝 大阪電撃作戦』のテーマ曲や、タイトルバックではなく劇中のオイシイ1曲だけですが、山下毅雄の『現代やくざ 血桜三兄弟』の楽曲も聴けます。

ＣＤ不況の時代と言われていますが、東映チャンネルやＤＶＤなどで容易に東映実録映画群を手中に収めることが出来るようになった今だからこそ、より多くの楽曲が聴けるＣＤが今後新たにリリースされていくことを期待していきたいものです。

『暴動島根刑務所』

実録映画俳優論 1

松方弘樹
渡瀬恒彦
千葉真一

文.杉作J太郎

『沖縄やくざ戦争』

『唐獅子警察』

実録路線で若者は、大抵貧乏くじを引く役回りである。というか、そもそも若者の夢は叶わないから美しい。清貧という言葉があるが、かつて、貧しい者の方が美しかったのである。

昭和50年ぐらいまでであろうか。「金、金、金」という思想は醜いものとされた。

それは支配者階級がのさばるために産み出したインチキな理論だろうか。その可能性もありはするがそうではないと思う。少なくとも昭和36年生まれの私が見てきた世界で「金、金、金」と言う生き物がもしもいたら、それは醜かった。成功したことをひけらかす人間は愚かに見えたし、若くして貯蓄したりしている人間はちんけに見えた。

つまらない人生がいくら長く続いても意味はないと思ったし、真剣に生きれば人生の長短は関係ないと思っていた。

実録やくざ映画は、ぎりぎりその価値観の時代の映画である。

だから若者は無一文で堂々と死ぬ。

老獪な大人たちに良い様に使われて、騙されて。だがその姿が美しかった。老獪な大人は生き延びても醜かった。若者を犠牲にして生き延びたと思ってるかもしれないが、最初から死んでいる様なものに見えた。そう見える様に作ってあった。

若者の命は安かった。

笠原和夫脚本『仁義なき戦い 代理戦争』では「戦いが始まる時、まず失われるのは若者の命である」と語られた。

ま、実際の戦争を睨んでの言葉であるのは明白だが、実際の戦争では「まず」どころか「終盤になっても」失われるのは若者の命であった。

それは単純な話で、作戦を作成して命令を下す司令部は戦いの最前線にあるわけがないからである。仕方のない話ではあって、司令部が最前線でいちいち壊滅したりしていたのでは、どうにもならない。したがって戦闘の及ばぬ安全な場所に設置することは、理に適っている。

で、そこに渡瀬恒彦、松方弘樹、そして千葉真一がいるわけがないのである。

さらには川谷拓三、志賀勝、成瀬正孝、片桐竜次がいるわけがないのである。

尾藤イサオも、火野正平も、渡辺篤史も、いるわけがないのだ。

彼らは前線にいる。

最前線にいる。火薬庫にいるのだ。

彼らは捨て駒である。

捨て石である。

存在自体が悲惨である。

だが、渡瀬恒彦、松方弘樹、そして千葉真一。この3人の若者は同じ捨て石でも気持ちの持ち方がまったく異なる。

渡瀬恒彦が演じる若者(以下、演じる若者は省略)は悲しみを感じることがもはや、ない。無痛人間に近いだろうか。『機動戦士ガンダムSEED DESTINY』で言えば、戦いに特化した「エクステンデッド」に近い。「エクステンデッド」には薬物が投与されることが多いが、渡瀬恒彦の場合は覚醒剤である。誤解を招きそうなので省略せずに記そう。渡瀬恒彦が演じる若者の場合は覚醒剤である。情緒性にも欠けた面があり、ある意味、新人類である。大きく捉えるならば、存在そのものが悲しい。

松方弘樹が演じる若者は、その捨て石システムの中でなんとか生き延びようとする。システムにも裏や抜け道はあるのではないか、とチャレンジする。ただ、長生きしたいか、金持ちになりたいか、というと、それとも違う。もっと単純である。貧乏くじを引いてたまるか、という反骨心がある。だから敗北は悲しい。

千葉真一の場合は最前線の申し子である。『沖縄やくざ戦争』の「戦争だーい好き!」という無邪気に言い放つ堂々のセリフは、千葉真一以外ではさまにならない。実録やくざ映画といえども、せっかくだからアクションシーンを見せてほしい、というスタッフ、観客の要望を叶えるためにも、戦いの最前線にいなければならないのである。そういう意味では、力尽きれば死、敗北であるから千葉ちゃん(あえてここはそう記したい)的にはやり切った感がある。悲しみはあっても「お疲れ様でした!」といったところか。

『組織暴力』のラストで、千葉ちゃんは絶命するべく撃たれた身体でクルクルと、激しくも美しく宙を舞い回転し倒立したが、実に見事であった。『ゴッドファーザー』のジェームズ・カーンが千葉ちゃんぐらいウルトラ悶絶していたら、映画の歴史はまた変わっていたのではないか。

若者は、死ぬ時も元気なのである。

VIOLENCE COLUMN

『神戸国際ギャング』の高倉健のセックスシーンは素晴らしい

文．坪内祐三

山口組系暴力団の組長だった〝ボンノ〟こと菅谷政雄は様々な実録物に登場する。

菅谷は小柄だったから、彼を演じた俳優で一番適格だったのは安藤昇（『三代目襲名』）だろう。

そして、一番不適格だったのは『神戸国際ギャング』（76年）だ。

何しろ菅谷を演じたのが身長180センチを超える高倉健だったのだから。

原稿依頼状によると、この原稿の内容は『実録路線』の菅原文太・高倉健の魅力」だが、これが意外と難しい。

つまり、任侠（やくざ）映画がドル箱だった東映が『仁義なき戦い』シリーズの大ヒットにより、実録路線に変わっていった。高倉健の時代から菅原文太の時代へと。だから、2人が共演する実録物は少ない。『山口組三代目』（73年）と『神戸国際ギャング』の2本のみだ。

作品の質としては『山口組三代目』の方が上だ。健さんと文太のバランスも良いし、不出来な兄貴分・遠藤辰雄をかばった文太を健さんが死闘の末に殺してしまうラストも素晴らしい。

『神戸国際ギャング』について、映画ライターの梅林敏彦は「シネマドランカー　荒野を走る監督たち」（北栄社）でこう述べている。

正直に言ってこの作品は僕にとっては全く印象に薄い映画だった。今、必死に思い出そうとしてみても、わずかに石橋蓮司が船の屋根に寝っ転がって語るシーンと、ラストの廃墟での銃撃シーンしか思い浮かばない。健さん文太という二大看板スターを起用しているにもかかわらず、である。

実はこの本は、映画監督へのインタビュー本で、『神戸国際ギャング』の監督・田中登は、「いわゆる東映の義理人情のパターンや、クソリアルな風景とは絶対違う映画にしようって感覚だった人ですね」と語っている。

田中登は日活の所属で、デビューはロマンポルノだが、『神戸国際ギャング』はその冒頭から舞台やライティングなど日活的モダニズム、つまりバタくささにあふれている。まず音楽がシブい。「セントルイス・ブ

ルース」だ。つまり、菅谷政雄が好きだった曲だ。東映的リアリズムとは違う、もっとひねったリアリズムだ。

高倉健の演技と菅原文太の演技が水と油、すなわち菅原文太が実録的にガチャガチャと動くのに対して、高倉健は任侠的だ。この映画を観ると、高倉健は実録物にまったく向いていない。

その「向いていない」高倉健の見所の一つが、絵沢萠子とのセックスシーンだ。

私の知る限り、これは高倉健の唯一のセックスシーンだ。この映画と同じ年、昭和51年に公開された『君よ憤怒の河を渉れ』(ジョン・ウーによるリメイクは最悪だった)でも高倉健と中野良子のセックスシーンはあるが、それは、いわゆるボディ・ダブル(吹き替え)だった。

しかも、絵沢萠子とのセックスシーンが笑えるのだ。絵沢萠子とセックスしながら、健さんは週刊誌を読んでいる。これは田中監督のアイデアなのだろうか。いずれにせよ、こんなセックスあるか? これは本当に実録なんだろうか(菅谷政雄はそういう癖《へき》があったのか)。

プロデューサーの俊藤浩滋に、このシーンはカットして下さい、と高倉健は主張した。

しかし、その主張は認められず、彼は東映を去った。

そういう高倉健と東映の「実録《アングル》」を知ってこの映画を見直せば、一層楽しめるだろう。

そうそう、この映画で私の大好きなキャスティングは、大滝秀治扮する中国人だ。

ところで、これは実録物ではないが、健さんと文太の共演作で一番優れていると思うのは、マキノ雅弘監督の現代劇『ごろつき』(68年)だ。

実録・飛車角
狼どもの仁義

✸1974年10月5日公開
✸93分
✸東映京都撮影所作品
✸カラー・シネスコ
✸併映作品：『任侠花一輪』
（三堀 篤監督）

STAFF

企画／橋本慶一
原作／飯干晃一
（週刊現代連載　講談社刊）
脚本／佐治 乾
撮影／赤塚 滋
照明／金子凱美
録音／溝口正義
美術／鈴木孝俊
音楽／小杉太一郎
編集／神田忠男
助監督／土橋 亨
記録／梅津泰子
装置／吉岡茂一
装飾／西田忠男
背景／平松敬一郎
美粧結髪／東和美粧
スチール／諸角良男
演技事務／森村英次
衣裳／岩逧 保
擬斗／上野隆三
進行主任／伊藤彰将
監督／村山新治

CAST

石黒彦市／菅原文太
おきみ／中川梨絵
赤坂トッピン／渡瀬恒彦
ぽっかりの春／待田京介
誘拐清水／石橋蓮司
つね安／曽根晴美
仙石万吉／楠本健二
村山隆造／大滝秀治
浅井／野口貴史
バカ鉄／大前 均
伊藤鉄火／田中 浩
神保 寓／南 道郎

鉄血社のため、邪魔になる神保を単独で刺した村岡。
怖い者なしの暴れっぷりは誰も止めることはできない

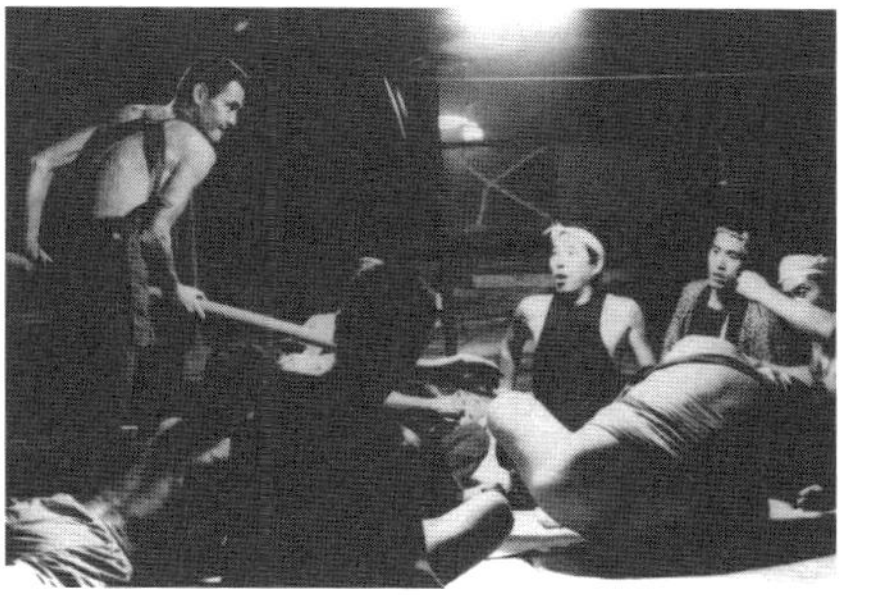

自分の金を奪ったバカ鉄に容赦ない報復を行った彦市。刑務所行きかと思いきや、村岡の親分の粋な計らいで放免される

震災後に跋扈した無法者を取り締まるべく警備についていた彦市は、仲間の目印の鉢巻きを外したために、賊と勘違いした赤坂ヽッピンに一撃をくらわされて気絶

凶暴＜文太＞冷たい逆上!

その妾／司 京子
岩田竜堂／内田良平
カルメンお雪／橘 真紀
盲蛇の三吉／岩尾正隆
松尾猪一郎／室田日出男
江島／沢 美鶴
尾形／有川正治
佐竹／林 彰太郎
嶋津／舟橋竜次
住谷／成瀬正孝
三吉／川谷拓三
不良／司 裕介　氷室浩二
臼井亀吉／汐路 章
梅田／高並 功
馬丁／阿波地大輔
平沢 彰
谷口／西田 良
津曲／志賀 勝
久原 保／浪花五郎
小滝／大木晤郎
女衒／宮城幸生
脱走囚人／松田利夫
犯される女／楠 三千代
誘拐された女／堀めぐみ
やりて婆さん／日高綾子
女郎／星野美恵子
ボーイ／北川俊夫
大津屋主人／蓑和田良太
街頭賭博の胴元／秋山勝俊
鉄血社の男／鳥巣哲生
久田雅臣
トッピンの女／奈三恭子
ゴンゾウ部屋の男／藤長照夫
片桐竜次　壬生新太郎
峰蘭太郎　藤本秀夫
街頭賭博の客／畑中怜一
平河正雄　佐川秀雄
福本清三

署長／那須伸太朗
巡査／藤沢徹夫
バーの客／疋田泰盛
ボーイ／細川純一
賭場の客／矢部義章
賭場の子分／白井孝史
松本泰郎
林 三恵
丸平峰子
小田真士
木谷邦臣
小峰一男
奈辺 悟
大矢敬典
ナレーター／小松方正
村岡健次／小林 旭

娼婦・おきみに惚れた彦市は、彼女を足抜けさせて所帯を持った。だが、幸せな日々はあまりにも短かった

STORY

本作は、尾崎士郎の名作『人生劇場』の登場人物の一人・飛車角のモデルとなった石黒彦市の生き様を描いた作品だ。

大正11年、新潟から横浜へとやって来た石黒彦市は荷役人夫として働いていたが、博奕でのもつれから、賭場に君臨していたバカ鉄を天秤棒で殴り殺してしまった。その男っぷりに港の人足をまとめる村山組の親分が惚れ込み、以後一目置かれる存在となった。

ある日、彦市は路上賭場で荒らしをしていた遊び人・ぽっかりの春と意気投合。大正12年9月1日に発生した関東大震災の後、彦市と春は2人で熱心に賭場荒らしに励み、まもなく〝ぶったくりの彦〟という通り名で知られるようになり、彼を慕う若者・赤坂トッピンや、女衒の誘拐清水が新たな舎弟となった。「いい女を抱きたい」という彦市に、清水が推薦したのが本牧の「キヨホテル」。そこで彦市は、娼婦・おきみに一目惚れ、おきみもまた強烈な彦市の存在感に惹かれていく。

彦市の不在時に、やくざ・村岡健次が春の顔に疵を負わせる事件が発生、復讐に向かうも、既に村岡は政治結社〝鉄血社〟のために右翼の大物を殺して収監される身であった。これが、彦市と村岡の因縁の始まりであった。

彦市は清水の助けを得て、おきみの足抜きを決行。東京洲崎に逃げ落ちた2人は村山親分の兄弟分である秋原一家の世話になり、しばし幸せな時を過ごすが、彦市が喧嘩相手の白井一家の子分を斬りつけて隠れている間に何故か「彦市が死んだ」という噂が流れる。それを聞きつけた清水は、賞金欲しさに、おきみをキヨホテルに連れ戻す。清水を見つけた彦市はこれを刺殺、懲役7年の刑を受けることになった。

先に出所した村岡は、偶然身売りされ、大陸へと送られるおきみを見かける。村岡は彦市に会うことを勧めるが、彦市を裏切った自分を許せない彼女はこれを拒否、「おきみは死んだと伝えてくれ」と村岡に伝言。村岡はこの言葉を獄中の彦市に届け、敵同士のはずだった2人の関係に変化が現れる。昭和8年3月、遂に出所した彦市は、東京八丁堀に一家を構えたが、同じ町のやくざ・松尾一家とトラブルを起こす。組長の松尾は村岡と同じ右翼団体〝大化会〟に属しているため、村岡の心中は穏やかではない。そんな中、赤坂トッピンが松尾を襲撃、その報復に春が刺殺されるという事件が連続で発生する——。

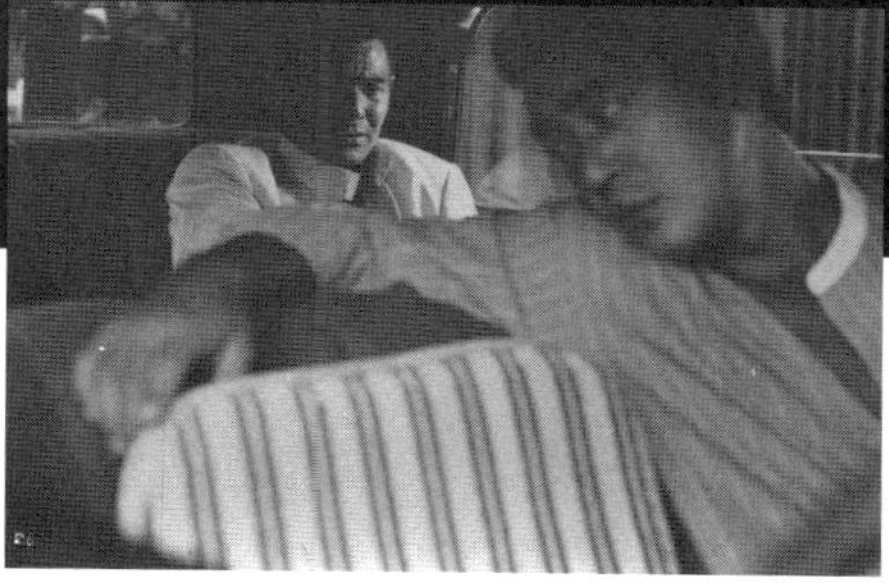

春の疵のお返しをしようと村岡の命を狙った彦市だが、出頭前の村岡の周りは警察が固めていたため、未遂に終わった

大陸に渡ろうとするおきみと偶然出会った、村岡。彦市に会うことをすすめるが、彦市との約束を守れなかった自分に会う資格はない、とこれを拒絶

昭和17年、彦市は村岡の子分に射殺される

奇妙な絆で結ばれた彦市と村岡。敵、味方、そしてまた敵と、2人の関係はめまぐるしく変わっていく。

✹1974年6月11日公開✹90分
✹東映京都撮影所作品
✹カラー・シネスコ
✹併映作品：
『色情トルコ日記』（山口和彦監督）

唐獅子警察

STAFF
企画／日下部五朗　松平乗道
田岡満
原案／かわぐちかいじ　滝沢解
（「週刊漫画ＴＩＭＥＳ」連載
芳文社刊）
脚本／野上龍雄
撮影／赤塚滋
照明／北口光三郎
録音／荒川輝彦
美術／鈴木孝俊
音楽／広瀬健次郎
編集／宮本信太郎
助監督／藤原敏之
記録／田中美佐江
装置／近藤幸一
装飾／西田忠男
背景／平松敬一郎
美粧結髪／東和美粧
スチール／杉本昭三
衣裳／山崎武
演技事務／伊駒実麿
擬斗／上野隆三
進行主任／伊藤彰将
監督／中島貞夫

CAST
片岡直人／小林旭
松井拓／渡瀬恒彦
福田キヨ／賀川雪絵
島田晶子／藤浩子
久留島清作／志村喬
上田信吉／渡辺文雄
増沢利雄／有川正治
高取幸雄／内田勝正
成松隆夫／誠直也
須田茂／藤沢徹夫

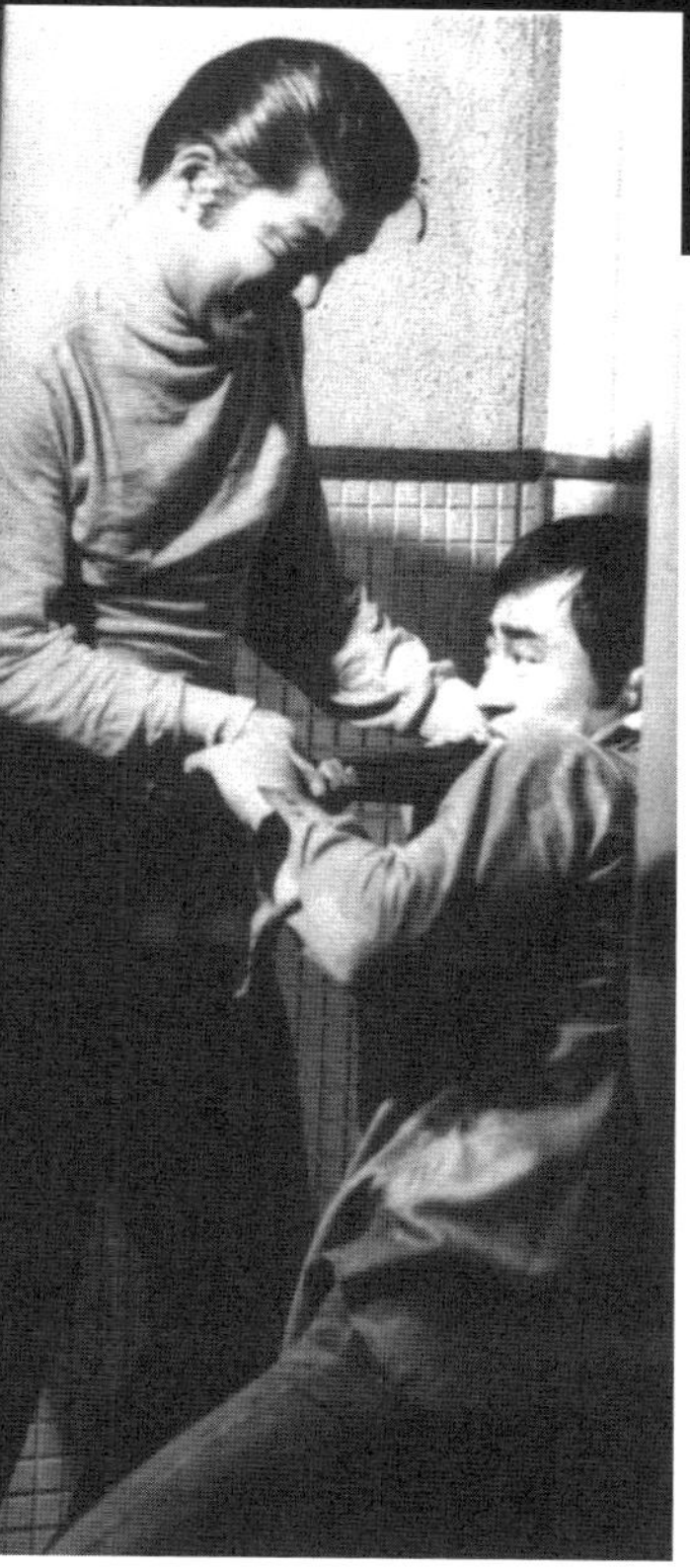

親分の敵である片岡の命を刑務所でも狙っていた男は、舞鶴までその足取りを追っていたが、拓に殺されてしまう

東京でやくざとして成功した片岡。その根っこには、故郷・舞鶴で受けた村人からの差別への対抗心があった

石沢明夫／志賀 勝
五味勇吉／川谷拓三
狩野正夫／松本泰郎
三条 宏／成瀬正孝
市場幸次／奈辺 悟
益子 徹／森谷 譲
杉山栄一／沢 美鶴
矢島 昭／西田 良
扇田慶十郎／河津清三郎
岩藤 貢／北村英三
津田芳夫／前川良三
〃美代／高木亜紀
亮子／橘 真紀
ストリッパー／アンジー・ストーム
朝倉友幸／室田日出男
英美／白川みどり
顔に傷のある男／曽根晴美
あばた面の男／笹木俊志
スナック杏のママ／星野美恵子
賭場の客／宮城幸生
刑事／森源太郎
片岡徳松／佐川秀雄
〃敏江／丸平峰子
松井たみ／岸本康子
直人の少年時代／松田賢一
拓の少年時代／出張秀治
栗原の若衆／木谷邦臣
司会者／平河正雄
片岡の子分／福本清三
松井の子分／鳥井敏彦
新屋英子
栗原友雄／安藤 昇

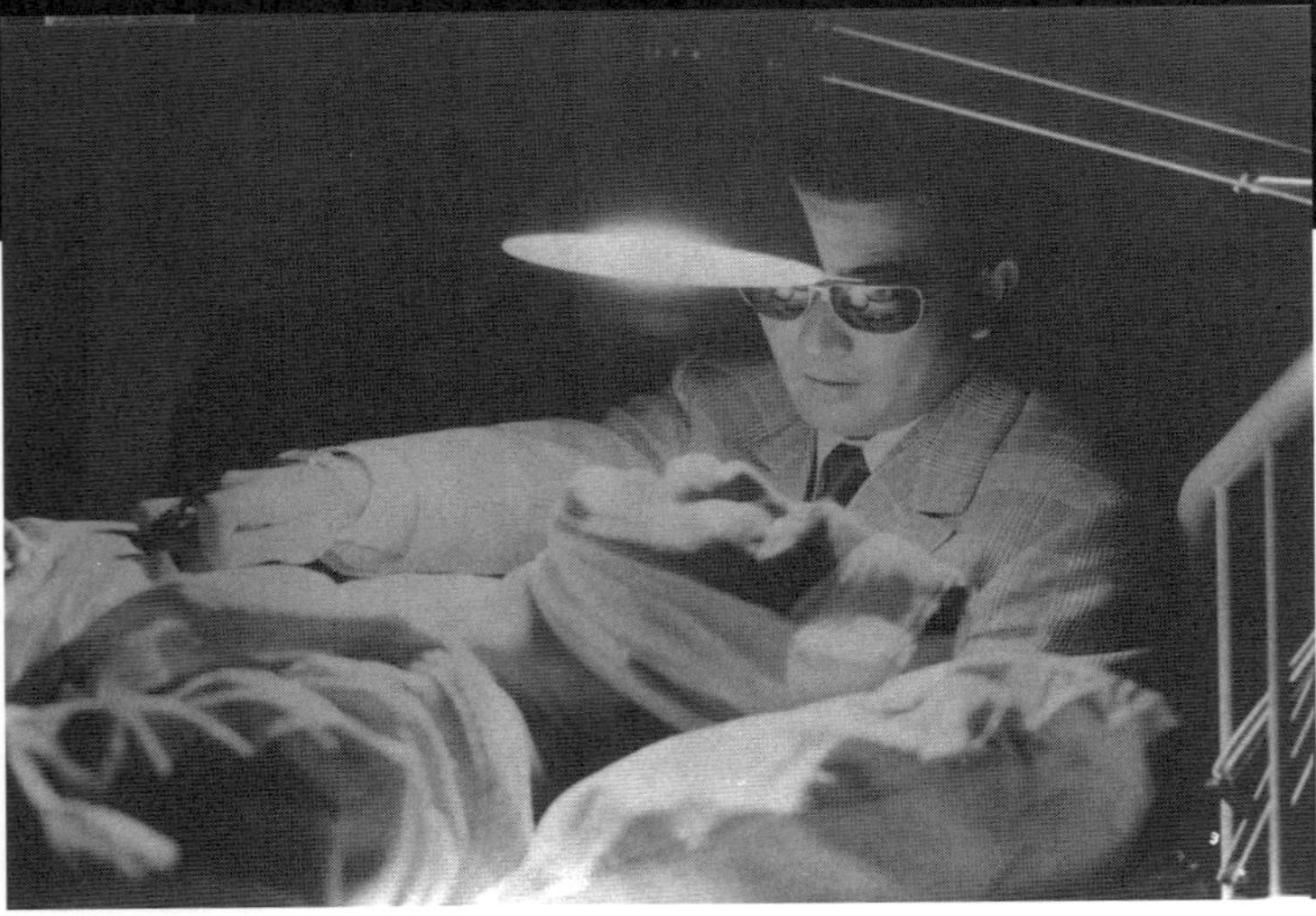

拓に痛めつけられた拳銃の密売人・朝倉を問い詰める片岡

大成会々長・久留島(中)と幹部・上田(右)は松井組の暴れ振りに激怒、片岡にけじめをつけさせようとするが……

全てを失った拓は舞鶴へと戻って来た、そして片岡も――。故郷で繰り広げられる銃撃戦、どちらかが死ぬまで終わりは来ない！

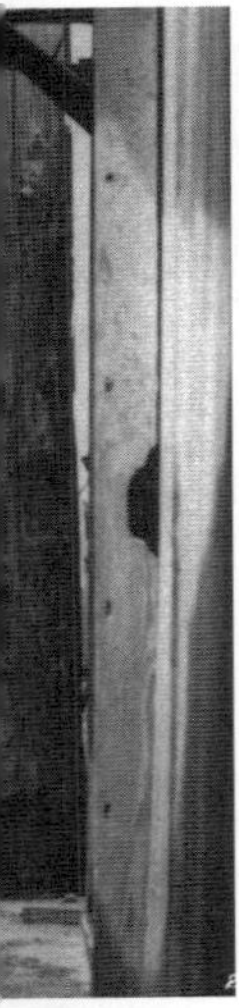

STORY

日本海を臨む舞鶴市の外れにある漁師町をブラリと訪れた男、片岡直人は、東京に縄張りを持つ大成会幹部にして、片岡組々長だ。腹違いの弟・松井拓と久々に会った片岡は2人で町の小料理屋に向かうが、そこへ片岡の命を狙う男が現れた。拓の気転でその男は倒され、片岡と拓は海にその遺体を沈めた。

「お前に1つ借りができたな」

その頃、大成会は東京進出を狙う関西の暴力団・三友会との対立を深めており、代議士の扇田は、片岡と三友会幹部・栗原を呼び出し、手打ちに持ち込もうとしたが失敗に終わった。このタイミングで、舞鶴から拓が上京してきた。借りを返そうと片岡は拓を歓迎、片岡の部下らも丁重にもてなすが、当の拓は片岡の贅沢な環境にジェラシーを感じ、さらには扇田の愛人のホステス・亮子にまで手を出そうとする始末。片岡の部下に袋叩きにされ、さらに片岡の説教を受けた拓は逆恨みをして、自分もやくざになることを決意する。

舞鶴の幼馴染み・福田キヨのアパートを根城にした拓は、次々と愚連隊の若者を子分にして「松井組」を結成。さらに拳銃の密売人・朝倉を締め上げ、片岡組に渡すはずの拳銃10丁を横取りしてしまった。片岡は拓に大成会に入る様に進言するが、拓はこれを拒否。片岡と

拓は三友会の栗原（左）と接触、その力をバックに大成会と徹底抗戦の姿勢を見せるが、結局トップの手打ちによって切り捨てられてしまう

かつて父親が野垂れ死にした場所で拓は倒れ、片岡もまた致命傷を負う。悲しき兄弟の絆は、血を流すことでしか確認できなかった

タメを張るために、ライバルの三友会入りを画策していたのだ。

勢いづいた松井組は、大成会傘下の上田組の縄張りでも大暴れ。組長の上田は、会長の久留島を引き連れて片岡のところへやって来た。事の次第を聞いた片岡は拓に電話をするが、拓は既に栗原と盃を交わして三友会入りを果たしていた。

「戦争だよ、戦争！」

拓の言葉通り、それから松井組の襲撃が始まった。片岡組もこれに対抗、松井組事務所に殴り込みをかけるが、最終的には扇田代議士の仲介で大成会と三友会の手打ちが行われることに。騒動の中心となった拓は片岡の預かりとなり、拓が死に物狂いで広げた縄張りは栗原によって取り仕切られることとなった。納得のいかない拓は親睦の場で談笑する栗原と上田を射殺して故郷の舞鶴へと逃亡、片岡もその後を追う――。

神戸国際ギャング

✷1975年10月4日公開 ✷98分
✷東映京都撮影所作品
✷カラー・シネスコ
✷併映作品：『好色元禄㊙物語』（関本郁夫監督）

明日に命を持ち越すな！
彼奴らはダンディに正装して
ギャング戦争の口火を切った！

STAFF
企画／俊藤浩滋　三村敬三
橋本慶一
脚本／松本 功・山本英明
撮影／赤塚 滋
照明／増田悦章
録音／溝口正義
音楽／青山八郎
美術／井川徳道
編集／市田 勇
助監督／皆川隆之
装置／稲田源兵衛
装飾／西田忠男
記録／梅津泰子
美粧／池内 豊
結髪／明田多美枝
背景／宮内省吾
スチール／木村武司
演技事務／上田義一
衣裳／森 護
擬斗／上野隆三
進行主任／真沢洋士
監督／田中 登

CAST
団 正人／高倉 健
大滝健三／菅原文太
中尾 豊／夏八木勲
田島マキ／真木洋子
谷川五郎／伊藤敏孝
ポチ／石橋蓮司
ノウガキ／ガッツ石松
丸山照夫／田中邦衛
前原 保／和田浩治
小岩 勝／皆川明男
楊 徳元／大滝秀治
洪 哲文／今井健二

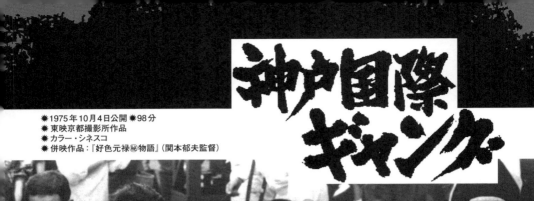

絶妙のバランスで若き無法者たちをけん引する団と大滝。そのコンビは鉄壁と思われていたのだが……

九竜同盟との和解が済んだにも関わらず、幹部の洪を痛めつけた五郎に、団たちの制裁が加えられる

闇市で出会った美佐子(右)に一目ぼれした団は、せっせと彼女の家に闇物資を届けたり、食事を御馳走したりと大ハッスル。団にホの字のマキ(左から2番目)はヤキモキしっぱなし

周／高並功
陳／古川清孝
朴林成／丹波哲郎
李根植／林彰太郎
安／矢野忠秀
徐／奈辺悟
米兵／ユスフ・オスマン
リチャード大尉／マイク・ダニーン
警察署々長／河合絃司
西村刑事／戸浦六宏
坂口美佐子／磯野洋子
坂口ふさ／東竜子
洋子／奈三恭子
谷川千代／菅井きん
里子／絵沢萠子
ハッピー／泉ピン子
初江／中島葵
白人兵／西田良
老石工／岩田直二
古着屋／蓑和田良太
医師／大木晤郎
朴林成の情婦／白川みどり
木村という酒屋／野口貴史
新聞記者／鳥巣哲生
懲役囚A／秋山勝俊
病囚／笹木俊志　青木卓司
五城影二
楊の部下／松本泰郎　司裕介
大矢敬典、幸英二
九竜同盟／友金敏雄　寺内文夫
森谷譲
朴の部下／片桐竜次　山下義明
小峰一男
楠本健二　原田君事　舞砂里
堀めぐみ　池田謙治　波多野博
鳥井敏彦　田中憲明

朴のグループの襲撃でケガを負った大滝。病院に入院するも、情婦のハッピーとのセックスが激しすぎて、傷がなかなか塞がらない

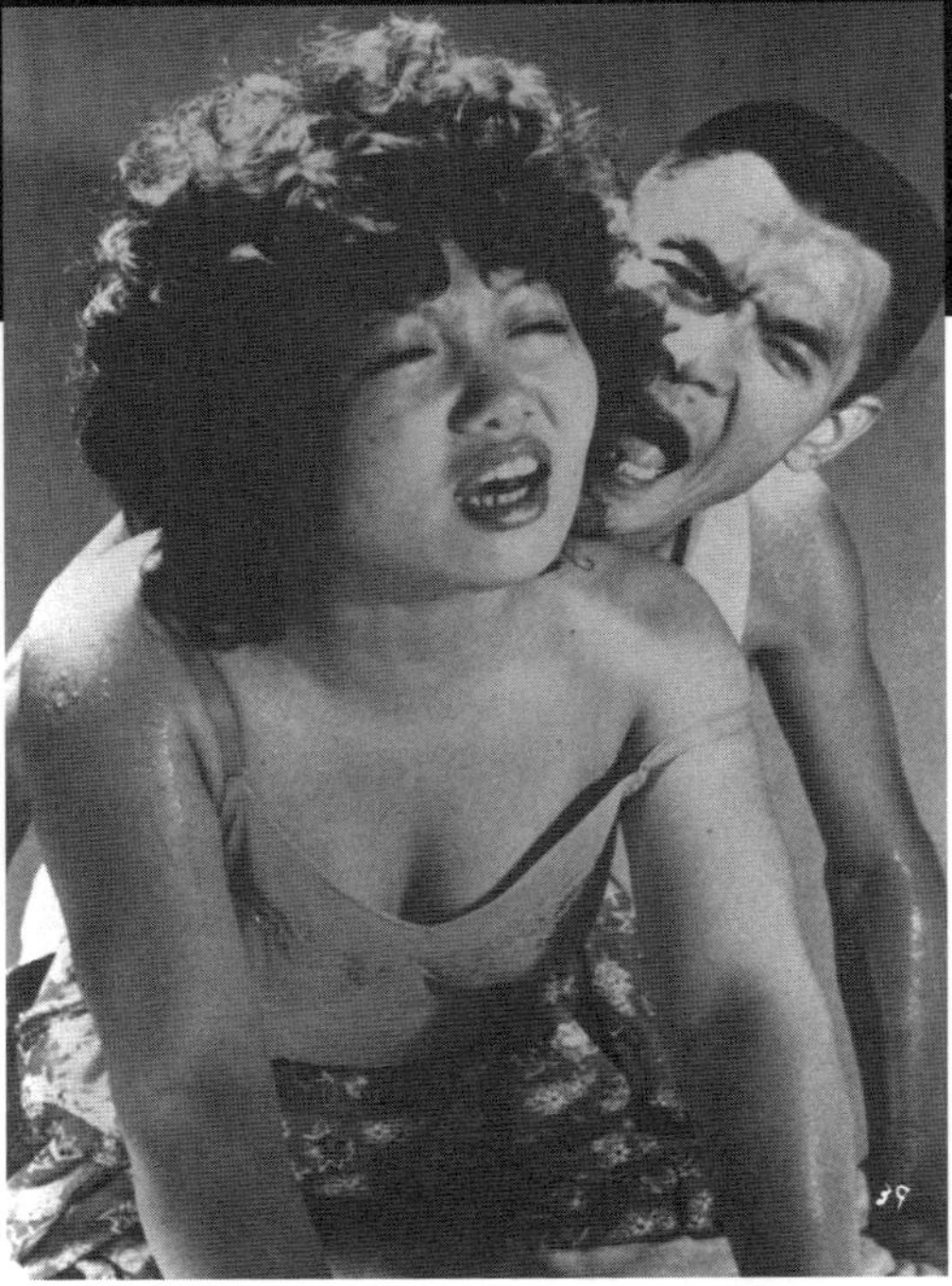

朴を射殺する際に、偶然現場に居合わせた酒屋を営む木村(右)。口外しなければ助ける、という団の言葉を無視して、大滝は口封じのために射殺した

警察の呼びかけで集まった、九竜同盟の楊(左から2番目)と朴(右)、そして沖田。しかし、交渉はあっさりと決裂した

STORY

昭和22年の神戸で暴れる若きギャング団——気性は荒いが人情に弱いリーダーの団、猪突猛進の攻撃隊長を務めるサブリーダー・大滝、復員兵あがりの中尾、五郎、ポチ、ノウガキ、保、紅一点のマキらで構成された、この血気にはやった無法者グループは、隠匿物資の強奪などでシノギを稼いでいた。

盗品は、楊会長がまとめる九竜同盟がさばいていたが、この九竜同盟が闇市から場銭を徴収している事実を知った団は激怒、同盟本部へと殴り込みをかけた。怯えた楊は、グループを顧問として迎え入れた。

一方で、団は闇市で見初めた女性・美佐子に夢中になり、あれこれと世話を焼き始めた。密かに団に恋心を抱くマキは、そのやり取りに一人胸を痛める。

ある日、九竜同盟の幹部・洪が、勢力を増してきた韓国人の実力者・朴林成のグループに拉致される事件が発生。事態の収拾を頼まれた団は、朴の事務所に乗り込み、むりやり洪を救出したが、そこから団と朴の関係も悪化していく。警察は三者を呼び立てて仲裁を促すが交渉は決裂する。

激化する襲撃に、団は朴の始末を決意。朴の隠れ家を突き止めると、仲間たちと一気に殴り込みをかけて射殺することに成功。しかし、偶然現場にいた酒屋を営む木村を容赦なく口封じした大滝に団

散髪中に囲まれて、身柄を確保された団。朴殺しの容疑で一人罪を被り、18年の刑を受けることに

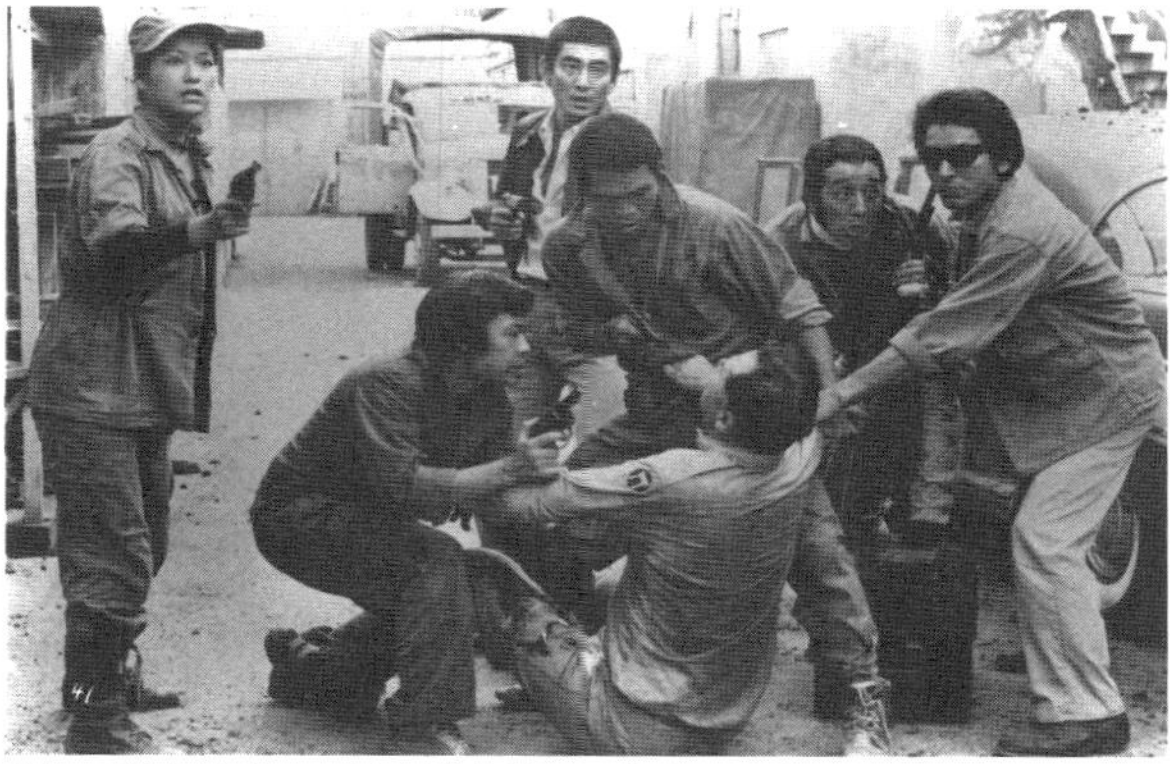

大滝の居場所を吐かせようと拷問を加える中尾。サングラスの下には、戦争で受けた疵が醜く刻まれている

接収ダイヤをいち早く奪い取った団たち。遂に、大滝との決着をつける時が来た！

は激怒、２人の関係に険悪なムードが漂うことに。

朴殺しの容疑で逮捕された団は単独犯行を主張、18年の刑を受けて加古川刑務所に服役した。しかし、刑務所に潜り込んだポチから自分を警察に売ったのは大滝だ、という情報を得た団は、嵐の夜に脱走を決行。その際、ポチは脚に銃弾を受けてしまった。ポチを介抱しようと美佐子の家を訪れた団たちだが、逆に美佐子は警察に通報。団の想いは、彼女に届いてはいなかったのだ。

実は団を警察に売ったのは、大滝の腹心を務める保だった。だが、大滝は目の前の運命を受け入れることを決めた。一方、悪徳刑事・西村とMPが組んでの接収ダイヤ強奪計画に噛むことになった大滝の動きを察知した団は、ダイヤと大滝の命、その両方を手に入れるべく、行動を開始した！

広島仁義 人質奪回作戦

✵1976年12月4日公開 ✵90分
✵東映京都撮影所作品
✵カラー・シネスコ
✵併映作品：
『処女の刺青』（荒井美三雄監督）

激烈な《企業戦争》の渦に
巻きこまれて……

STAFF

企画／日下部五朗　杉本直幸
　上阪久和
脚本／松本 功　大津一郎
撮影／赤塚 滋
照明／北口光三郎
録音／溝口正義
音楽／渡辺岳夫
編集／市田 勇
美術／富田治郎
助監督／俵坂昭康
記録／森村幸子
装置／三浦公久
装飾／柴田澄臣
背景／平松敬一郎
美粧／田中利男
結髪／明田多美枝
スチール／中山健司
衣裳／豊中 健
演技事務／葛原隆康
擬斗／上野隆三
進行主任／野口忠志
監督／牧口雄二

CAST

神野弘志／松方弘樹
神野涼子／中島ゆたか
北条佐代／佐藤友美
【大西組】
坂本 稔／三上真一郎
千田 守／西田 良
高井五郎／片桐竜次
木下伸也／友金敏雄
小谷定雄／奈辺 悟
【新和連合会】
柴田 栄／今井健二
竹森有三／夏八木勲

やくざを引退し、総会屋として暴れる道を選んだ神野。
当初はこのまま上手くいくと思っていたのだが……

広島所払いにしたはずの柏木を問い詰める北条。
しかし、後に北条は柏木の身を預かる立場に

関東同志会に殴り込みをかける神野、沖本、北条。この頃、3人の絆は確かに1つであった

石垣正武／沖 美鶴
幹部A／国一太郎
吉永照久／川谷拓三
末広八郎／氷室浩二
古川／阿波地大輔
丸山／司 裕介
中野 勝／勝野賢三
田上利男／藤沢徹夫
沖本常幸／室田日出男
柏木 保／地井武男
井川周吉／岩尾正隆
高安友春／遠藤太津朗
坂本君江／奈三恭二
美紀／山下恵子
いく子／内村レナ
小谷英雄／秋山勝俊
小原／森源太郎
ヨセヤ主人／丸平峰子
遠藤／小田正作
砂田／南 道郎
松村／中村錦司
歌手／砂丘姉妹（コロムビア）
刑事／笹木俊志
警官／小坂和之
北条明彦／田中政美
総会屋／小峰一男
女性事務員／稲垣陽子
三好／宮城幸生
看護師／星野美恵子
女性秘書／岡田政美
新和連合会組員／細川ひろし
松本泰郎 白井孝史
三島泰正 福本清三
柏木の妻／真鍋美保
ナレーター／酒井 哲
北条明光／小林 旭

組織を守るためなら、仲間でも容赦なく始末する。そんな北条の鉄の意思は、さらなる殺戮を招くことに

STORY

昭和43年春、関東同志会の広島進出を阻むため、津島組、酒木組、大西組などの有力暴力団は連合してこれを撃退した。この事件の後、大西組幹部・神野弘志は殺人の罪で懲役8年の刑に服した。その後間もなく、津島組を中心とする勢力と酒木組との間に内部抗争が起こり、打撃を受けた酒木組は解散に追い込まれ組長は引退、残る沖本常幸ら数人は広島所払いとなった。翌年、県下の暴力団は津島組を中心に大同団結、新和連合会として統一され、初代会長に津島組々長が収まった。昭和48年、二代目会長として幹部の北条明光が就任した。

昭和51年、遂に神野が出所した。神野は北条の妹・涼子を妻にしていて、2人は義兄弟の関係であったため、北条は理事長の席を用意して待っていたが、何と神野はやくざの引退を決意していた。そんな折り、神野は東京で総会屋・旭グループを展開する沖本に誘われ、沖本の部下である柏木と共に総会屋として新しいスタートを切ることになった。

調子よく仕事をこなしていた神野だが、新たな標的の「東邦汽船」に揺さぶりをかけたところ、その後ろ盾となる関東同志会の高安が現れ、東邦汽船から手を引くように忠告してきた。しかし、神野は納得がいかず、これにたてついたため、怒った高安は柏木の車に時限爆弾を仕掛けて威嚇。すっかり怯えた柏木は、新和連合会へと助けを求めに走った。

柏木から東邦汽船の話を聞いた北条は、柏木を囲い込んだ。沖本は、神野の顔を立てて柏木を連れ戻しに来たのだが、新和連合会幹部・竹森に射殺される。これは、沖本、神野と五分の兄弟分である北条の冷徹な指示であった。その事実を知った神野は、再びやくざに戻ることを決意、連合に与することなく大西組を再編し、総会やくざとなることを北条に宣言するのだった。

旭グループは新和連合会をバックにして躍進、広洋工業の新工場建設用地を巡っての汚職に目を付けた柏木らは、社内専務派と手を結んで現社長を退陣へと追い込むべく作戦を練る。一方、神野は地元総会屋と手を組み、社長派に加担、柏木を拉致監禁し、総会を欠席させようとするが、新和連合会が遂にこれを発見、壮絶な奪回戦が展開する——。

神野の顔を潰すまいと、北条に泣きついた柏木を連れ戻そうとした沖本だが、竹森に射殺されてしまう

東邦汽船への揺さぶりに口を挟んできた関東同志会の高安(右)。納得のいかない神野は高安に噛みつくが、柏木はすっかり逃げ腰

容赦のない新和連合会の追撃に、神野の子分は次々と命を落としていく

北条と決着をつけるべく、銃を手に取った神野。その戦いの果てに、どんな結末が待ち受けるのか!?

沖本の死をきっかけに、神野はやくざ稼業への復帰を宣言し、北条と袂を分かつ

仁義と抗争

✸1977年8月27日公開 ✸90分
✸東映京都撮影所作品
✸カラー・シネスコ
✸併映作品：『らしゃめん』（牧口雄二監督）

すべてこいつ次第！
北関東のちっぽけな町が
いつ東西戦争の発火点になるか……!?

STAFF

企画／日下部五朗　松平乗道
脚本／高田宏治　松田寛夫
撮影／中島徹
照明／増田悦章
美術／佐野義和
音楽／玉木宏樹
録音／溝口正義
編集／堀池幸三
助監督／鈴木秀雄
記録／石田照
装置／稲田源兵衛
装飾／柴田澄臣
背景／西村三郎
スチール／中山健司
擬斗／上野隆三
衣裳／豊中健
美粧／長友初生
結髪／白鳥里子
宣伝担当／佐々木嗣郎　丸国艦
演技事務／西秋節生
進行主任／野口忠志
協力／瀧竜二
監督／松尾昭典

CAST

海野伝吉（ばば伝）／松方弘樹
海野節子／松本留美
はるみ／あき竹城
木野徳治／桜木健一
杉山市蔵／近藤宏
若松和男／志賀勝
伴野邦男／成瀬正
松原／笹木俊志
清水／平河正雄
勝又／志茂山高也
中尾／鳥巣哲生

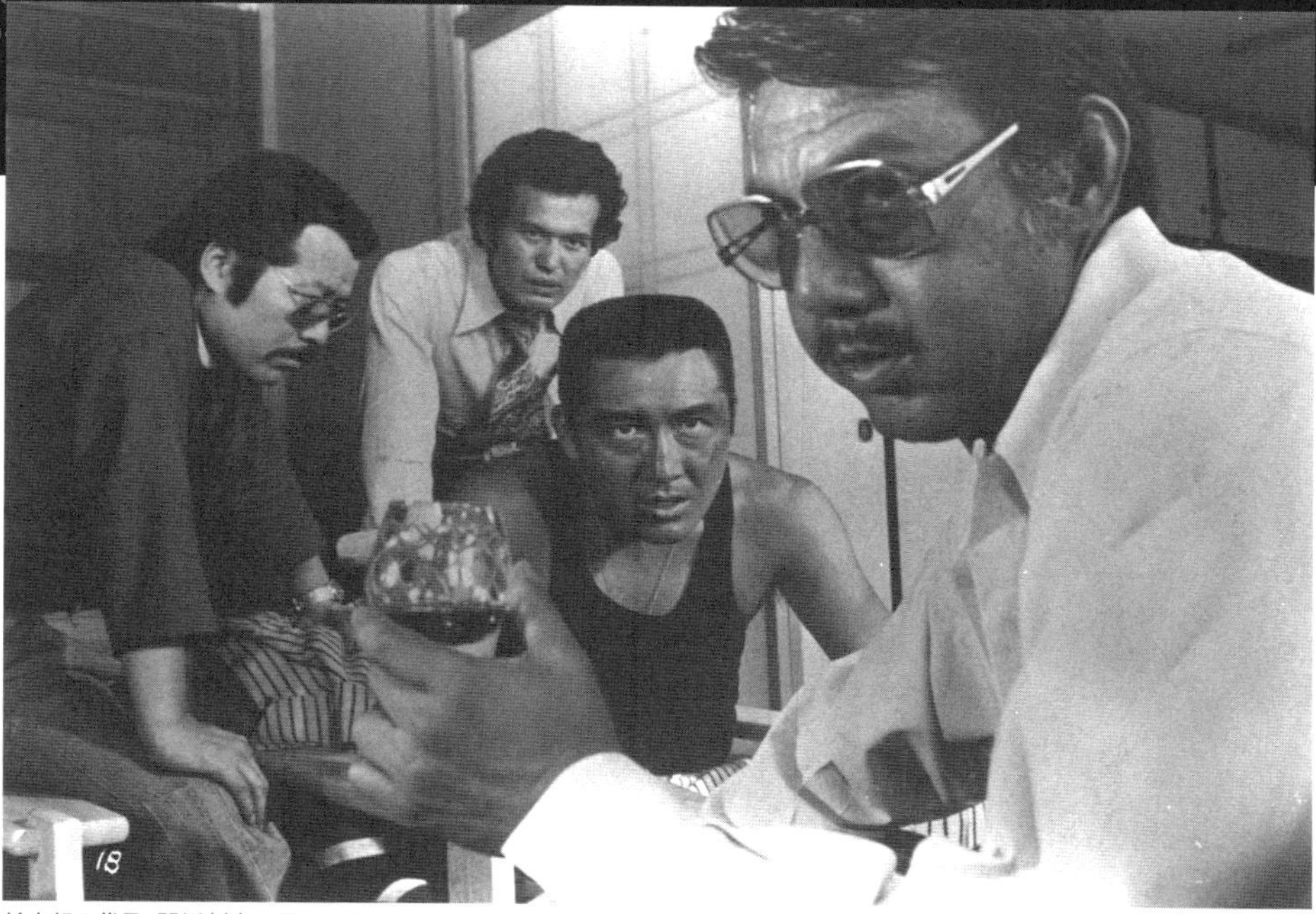

杉山組２代目・関川（右）の元へと連行されたばば伝は、地元やくざを相手に鉄砲玉として飯倉で暴れてくるように命じられる

山房組の組長・金野（左）は、小笹組の用心棒・銀三さえ消えれば、小笹組と事を構えると、ばば伝に語る

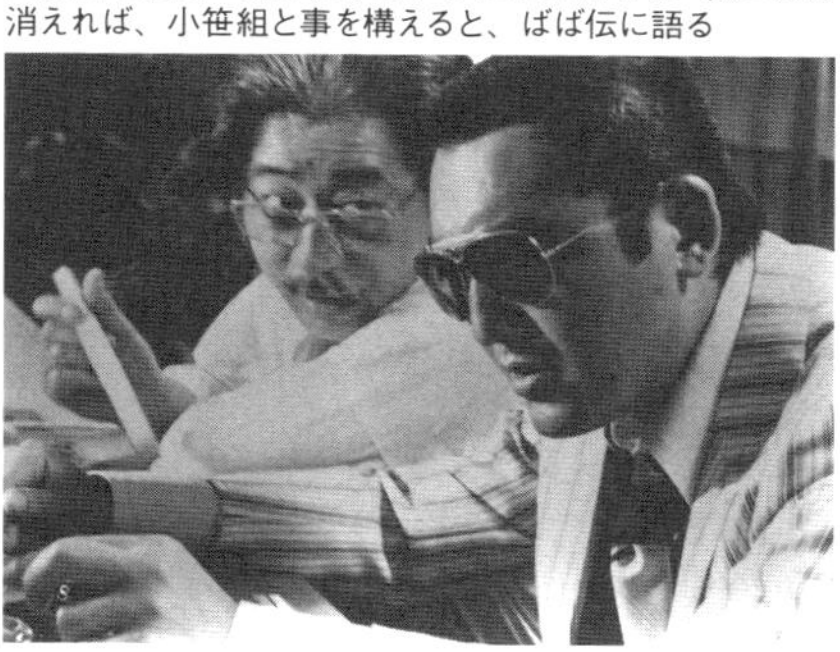

節子の間男を発見！　と、ばば伝が胸倉を掴んだのは将棋の内藤国雄九段。自身のヒット曲「おゆき」で自慢の喉も披露

土屋／峰蘭太郎
桜井／藤沢徹夫
金野房次郎／長門裕之
金野富子／十勝花子
武田巌／西田良
横内徹／松本泰郎
沢村貫一／司裕介
笹本義一／伊藤敏孝
白石孝雄／阿波地大輔
宮下／木谷邦臣
中西／勝野賢三
森口参次／深江章喜
永峰明夫／川浪公次郎
平田正数／林彰太郎
晶子／沢野火子
静香／ひろみ麻耶
寿々江／本田エミ
マリ子／鰐石鈴子
形原登／土橋貴美
田島／高並功
井尻／白川浩二郎
堂本／伊達三郎
津川／秋山勝俊
大石保／中村錦司
柴田平助／丘路千
工場主／鈴木康弘
滝乃屋番頭／蓑和田良太
形山組子分Ａ／友金敏雄
〃　Ｂ／寺内文夫
林三恵
星野美恵子
畑中怜一
浜加代子
笹本吉松／小池朝雄
関川勝也／宍戸錠
内藤国雄九段／内藤国雄
形原銀三／中村敦夫

息子を愚弄されて、ばば伝に襲いかかった小笹組々長・笹本(右)。当初は敵対する関係だったが、銀三の殴り込みの一件から、2人の関係に変化が

すっかり山房組の組員たちも、ばば伝になついている。いつしか飯倉は、ばば伝にとって大切な場所になっていた

「杉山組飯倉支部」として家を購入、しかもその代金を強請られてカンカンの金野。その後、伝説通りに彼もまた命を落とすことに

STORY

一匹狼の殺し屋・海野伝吉は、彼を雇った親分衆が必ず早死にすることから疫病神〝ばば伝〟の異名を持っている。ある日、ばば伝は大阪・森口組幹部の平田から、対抗組織である杉山組々長暗殺を依頼された。内々に森口組と杉山組は手打ちをすることが決まっていたが、これを認めず徹底抗戦を主張する平田の独断で決められたものだった。

久々に女房の節子が営むホルモン焼き屋に顔を出したばば伝は、そこで働く徳治から何度も女性から電話がかかってきていると教えられた。地方の浮気相手である女子レスラー・はるみが大阪までやって来て慌てるばば伝だが、殺しの腕はさすがの手際、見事杉山組長の暗殺に成功。しかし、直後に平田は森口組によって殺され、ばば伝の伝説がまた証明される結果に。

杉山組の二代目を継いだ若頭・関川勝也はばば伝を拘束し、先代を殺したけじめをつける代わりに自分のために働けと命令する。ちょうど関東進出を企んでいた杉山組は、関東の温泉地・飯倉を拠点として考えていた。関川は、ばば伝を鉄砲玉として送り込むことで、抗争の起爆剤にしようとしたのだ。

飯倉では、古くから小笹組と山房組の2大組織がしのぎを削っていた。ばば伝はさっそく山房組々長・金野を取り込んだ。小笹組を押さ

杉山組に拉致された笹本の息子・義一を救うため、
銀三は命を捨てて戦う

ピンチのばば伝を助けたのは、笹本と銀三。これは
小笹組と杉山組との全面対決を意味していた

自分が築き上げた領地をあっさりと取り上げようとする
関川に怒りがこみ上げるばば伝

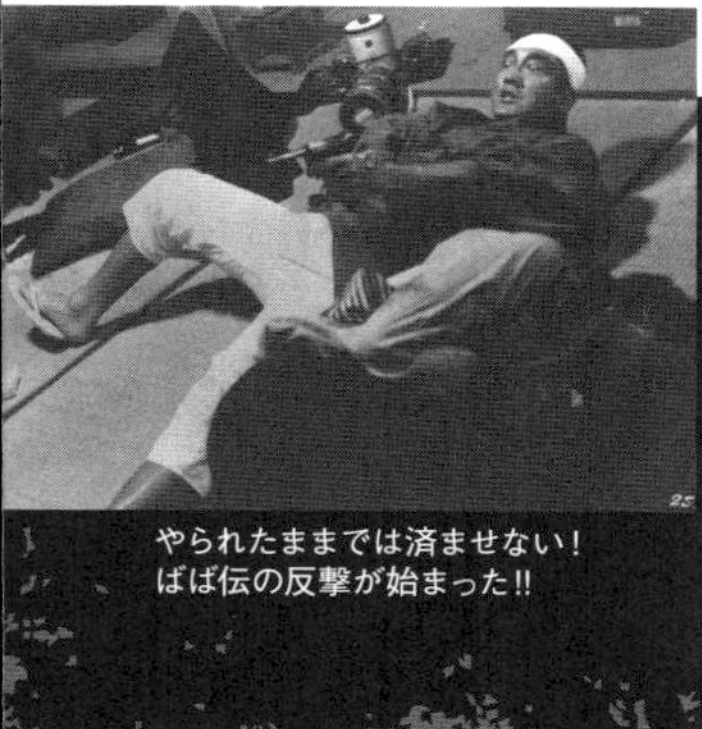

やられたままでは済ませない！
ばば伝の反撃が始まった!!

えるには、その娘婿の用心棒・形原銀三を始末する必要がある、と告げられたばば伝は、さっそく拳銃を持って銀三の命を狙うが、子供と一緒にいる姿を目撃してしまい、その場ではどうしても引き金が引けなかった。

そんなばば伝の元へ、店を閉めた節子が押しかけて来た。結婚した徳治とはるみも呼び寄せたばば伝は、新たに家を買って、「杉山組飯倉支部」の看板を掲げた。それに我慢のならない飯倉の親分衆の意を受ける形で、銀三がばば伝の命を狙うが、ばば伝を守ろうとする節子の姿に心打たれ、自らが指を詰めることでばば伝を飯倉にいることを組長の笹本に認めさせるのだった。

すっかり飯倉に根を下ろしたばば伝の元へ、関川ら杉山組の面々が訪れた。関川は、ばば伝に飯倉を去り、次は新潟で暴れろと冷たく命令する。飯倉を離れたくないばば伝は、それを拒否するが――。

INTERVIEW

中島貞夫【監督】

SADAO NAKAJIMA ／ DIRECTER

なかじま さだお／1934年千葉県生まれ。59年に東映入社、64年、『くノ一忍法』で監督デビュー。1987年には大阪芸術大学教授、97年には大学院教授に就任。代表作は『893愚連隊』（66年）、『あゝ同期の桜』（67年）、『日本暗殺秘録』（69年）、『鉄砲玉の美学』（73年）、『脱獄広島死刑囚』（74年）、『序の舞』（84年）ほか多数。

取材／杉作J太郎　構成／編集部

――中島監督は、今回の書籍で扱う「実録路線」というジャンルを、ご自身の中で意識されたことはあったんですか？

中島　「実録路線」という形では考えてなかったけど、任侠から逃げ出して、というとおかしいけど「アンチ任侠」という形ではありましたね。なので、俊藤（浩滋　※1）プロデューサーから「お前、これやったらできるやろ？」と言われて始めたのが『まむしの兄弟』。あれこそ、ある意味「アンチ任侠」でしょう。そこから『現代やくざ』シリーズ、『血桜三兄弟』をやったりね。

――では、僕たちが「実録路線」というものを考えた時、『まむしの兄弟』や『（現代やくざ）血桜三兄弟』みたいな作品を加えてもいい訳ですね？

中島　ええ、『まむしの兄弟』と『現代やくざ』、この2つのシリーズは、そこへ移行する一番大きなものだったんです。

――ちょっとハッピーエンドにはならない作品群。悲しい終わり方なども含めて、その頃のアメリカン・ニューシネマと重なるようなひとつの流れがあったんでしょうか。

中島　あったでしょうね。やっぱりベトナム戦争が大きいんですよ。厭戦気分のちょっと投げやりな気分があって、特に日本の場合はその突出した部分が若い連中に広がって……唐（十郎　※2）なんかもその頃からテントの芝居を始めたしね。

――僕は実録路線の時、ちょうど中学生でしたから、「これこそが映画だ」と。だから、僕の中で実録路線というのは、すごく前衛的で何でもあり、それでいてインテリジェンスのちょっと高そうな作品群、というイメージでした。

中島　任侠をやってると、ああいうの、やりたくなりますわ。自分自身でも「任侠、あかんな」と思ってたから。

――あ、監督の肌に合わなかった？

中島　撮ってないことはないんですけど、そもそも任侠映画をあんまりやりたくなかった。

――任侠映画の何が嫌だったんですか？

中島　やっぱりクライマックス、男同士のドラマが……どうしても縦構造になるでしょう。

――結末が決まっている、ということですか。

中島　そうそう。

――中島監督は、結末がはっきり決まっているものはあまりお好きではない？

中島　いやいや、そんなことはないんだけど。「任侠映画は死なな任侠映画になりまへんで」とか余計な事を言っていたわけ。

※1　しゅんどう・こうじ／プロデューサー。1916年兵庫県生まれ。64年から鶴田浩二、高倉健、若山富三郎らが主演を務めた、いわゆる「東映任侠映画路線」の製作を一手に担った。娘は、『緋牡丹博徒』シリーズで人気を集めた女優の藤純子（富司純子）。

※2　から・じゅうろう／劇作家・作家・演出家・俳優。63年に劇団「シチュエーションの会」を旗揚げし、活動を開始。劇団は後に「状況劇場」と改名、紅テントで『腰巻お仙　義理人情いろはにほへと篇』などといった話題作を次々と上演、アングラ演劇の旗手として注目を浴びる。83年には小説「佐川君からの手紙」で芥川賞を受賞。現在も劇団「唐組」で作・出演・演出を務めている。

※3　尾崎士郎原作の自伝的大河小説から＜青春篇＞＜愛欲篇＞＜残侠篇＞を基にして映画化したオールスター文芸大作。出演は永島敏行、松坂慶子、松方弘樹、若山富三郎、三船敏郎ほか。（83年1月29日公開／深作欣二監督・佐藤純彌監督・中島貞夫監督）

※4　たかいわ・たん／プロデューサー。71年より東映京都撮影所所長となり、75年「東映太秦映画村」の一般公開で大きな話題を集める。93年に代表取締役社長、02年には代表取締役会長に就任、12年に東映を退社。

※5　のがみ・たつお／脚本家。1928年東京都生まれ。東映では主に時代劇・やくざ映画を、テレビでは「鬼平犯科帳」「剣客商売」「必殺！」シリーズなど数多くの作品を手がけた。13年没。

——フォーマットが細かく決まっている、と。

中島　そうそう。もうドラマツルギーというのが決まっている。

——なるほど、だから実録やくざ映画に入ってから、ものすごく物語が自由になったと。

中島　だって、どう扱ってもいい訳でね。その頃ね、一本書いていたんですよ。「殲滅」っていう脚本。明友会事件で決定的にやられる側を描こうと。そしたらそれは（当時の東映では）「ノー」だった。

——確かに任侠映画ではおかしいですよね、その話は。でも当時、世界的な流れではそういう映画もありました。

中島　ありましたけどね、主人公が逃げ回るから、どこかみっともないんですよ。だから（会社には）嫌われる訳だけど。

——でも、それが後に『実録外伝　大阪電撃作戦』になるんですよね。

中島　同じ題材だけど脚本は違う。高田（宏治）なんかはそれを読んでて、「あれ、やろうや」って。実は、親分にちょっかい出してやられてしまうっていう話、いろんな形で何度もやっているんですけどね。

——明友会事件は、やはり監督の中にインパクトを与えた事件なんですか。

中島　うん。これは映画になると思いましたよ、襲う側ではなくてやられる側から描いていくとね。今はそういう目線から描いていこうとするもの、やっぱりないよね。

——良かったですよね、逃亡先のホテルで室田（日出男）さんファミリーがじりじり追い詰められていくのを俯瞰で見せるのが、もうヒッチコックの映画みたいで（一同笑）。あらゆる要素がぶち込める路線だからこそ、大島（渚）さん達も合流しかけたんでしょうね。

中島　そうそう。

——こないだ目黒祐樹さんにお話を伺ったんですけど、「最初は普通だったのに、監督に言われて、どんどん顔が変わった」って仰ってました。

中島　ハハハハ！　いや、そりゃその時の、そんなに深い感覚があった訳じゃなくて、やってる内にどんどん載せていく、みたいなのはありますよね。初めっからあんなの、計算してませんわ（一同笑）。

——登場人物がものすごく多い、というのもありますしね。

中島　東映の場合は、要するにキャラクターを明確にしていかないと埋没する訳ですよ、必ずね。だから、最初からいい個性を持ってる人ってのは、結果として目立っていくというのはあったんじゃないですか、これは僕だけじゃなくね。

——『大阪電撃作戦』で、「監督補佐」という形で、牧口雄二さんの名前が入っていますね。

中島　牧口はいくつかの作品で、何カ所か撮ってもらってるんです。海外に行った時も撮り切れなくなって、「あれ、撮ってくれ」とかお願いしてね。

——それは映画界によくあることなんですか。

中島　いや、東映が一番多いですよ（一同笑）。一番ひどかったのは、作さん（深作欣二監督）がやるはずだった『人生劇場』（※3）。暮れになってから（佐藤）純彌ちゃんと俺が呼び出されて、作さん自分が言うのがかっこ悪いもんで、（京都撮影所所長の）高岩淡（※4）に言わせるの。「これ、3人でやるから」って（笑）。で、「どうやってやんの？」と訊くと、そこから作さんがグッと乗り出してきて「中島、お前、やくざ担当。ほんで、純ちゃんは学園闘争」。

——ハハハハハ！

中島　だって、まだ脚本もないんだから。始めに作ってたのは野上（龍雄　※5）さんが匙投げてる訳だから。だから、自分の（撮影する）ところは自分で書く。で、自分のところに出す役者は自分で探す、と。

——うわー、過酷過ぎますね！　しかし、東映って、そういう部分も含めて、いろんな実験をしてきているんですよね。その新しさに僕なんか魅せられたような気がするんですよ。

中島　でも一番しんどいのはこっちだよ（笑）。

——僕が思うに、実録路線は、ちょっとした映画運動だったような気がするんですが。

中島　実録路線は、ある程度ドラマを作ってきて、どうしようもならなくなってきた時に、実際にあった事件をボンボンぶつけてできたものです。で、ぶつけりゃぶつける程、今度はどんどんドラマ性がいらなくなってきて、言葉で言えばロマンなんてものが全部吹っ飛んじゃって、どっかへ消えていってしまった。最後が『北陸代理戦争』というのも実に象徴的でね、実際に人が死んじゃったわけだから。

——大島渚さんも、結局はやらないままになってしまいましたけど。

中島　大島は多分、やくざ映画はできなかったと思う。彼の中にある論理性が邪魔をするから。

——かなり実録映画ってのは難しいジャンルなんですね。繊細な部分と大雑把な部分が必要というか。

中島　難しいですね。でも、やっぱり、どっかで割り切らなきゃいかんところがある訳ですよ。割り切るためには、自分の中でそれなりの論理性を作っておかないかんから。

――**それは岡田さんや俊藤さんが、「この監督は合う、合わない」みたいな割り振りを考えていたんでしょうか。**

中島　いや、あったでしょうね。

――**多分、大島さんが『日本の黒幕』を撮っていたら、かなり政治色が強いものに。**

中島　企画当初はすごく政治的だったけど、それから彼は離れようとしてたよね。でも、離れきれないところがね……2、3度その話をしたことがあって、大島は「図式的にしたくない」とは言ってました。ところが、この手の作品というのは図式性からは逃れられないものねえ。で、結局放っちゃったのかな。

――**唐十郎さんの『任侠外伝　玄界灘』（※6）なんかも、難しいですよね。**

中島　唐は独特な論理性なもんで、理解できない時があるんだよね。

――**監督の作品も『総長の首』なんかは、『鉄砲玉の美学』よりもATG（※7）みたいな部分もありましたですね。すごく前衛的な映画だと思いましたけど。**

中島　あれはね、しょうがなくあの時代に持ってったのがあってね。

――**当時大感動して、観た映画がわかんなくなるので点をつけてたんですけど、満点つけた覚えがありますね。**

中島　『総長の首』は要するに、ドン（田岡一雄）襲撃事件（※8）ですからね（笑）。当時そのままやると問題になるので、大正時代に（笑）。

――**タイムスリップして「別の話ですよ」と（笑）。**

中島　「大正浪漫に放り込みます」って。

――**ああ、それで夏純子さんの語りから。**

中島　あれはもう、参ったなあ。岡田さんから「何だお前、これ！」って。期待していたものと違ったらしくて（苦笑）

――**そうですか、ものすごく新しくて、面白い映画だと思ったんですが。松方（弘樹）さんの刑務所ものなんかは、どうなんですか。**

中島　弘樹とは『893（愚連隊）』からの縁もあるんだけど、あの時はテレビの「勝海舟」に送り込んだ時、「何か（シリーズを）用意しとくからな」って約束しちゃったからさ。東映がちょうど、脱獄ものみたいなのをやる、と言ってるし、『パピヨン』（※9）みたいな脱獄ものだったら何でもいいんだろう、と。ただ、錦ちゃん（萬屋錦之介）や鶴さん（鶴田浩二）に憧れてる奴に、あんな薄汚ない役をさせるのは相当なイメージチェンジをさせないといけないからね。

――**となると、「実録」より「脱獄」がメインだった？**

中島　でも「実録的な脱獄はないか？」と。要するに、脱獄を実際にやった変な奴がいないかと思っていたら、あの美能幸三さんが探してきた。まあ、「実録」って言ったら何でも通る時代だったからね（笑）。

――**確かに実録作品の中では異色作ですよね。やくざ映画度が薄くて。**

中島　そうそう。でもあのモデル、最後なんで脱獄やめたのかなってたら、刑務所の中で恋人が出来ちゃったんだよね（一同笑）。それ、そのままやると、あの作品としてはね……。

――**ワハハハハ！　ハッピーエンドじゃないですか！**

中島　「それはそれで、おもろいな」って言ったんだけどねェ。

京都を知り尽くすからできた〝見立て〟の撮影

――**中島監督の場合、やられていく者達に対する視点がクールですよね。例えばこれが深作さんとかだと、やられていく側に愛情を持って、メロドラマというか、哀愁を感じさ**

※6　玄界灘を縄張りにする、やくざたちの抗争と性を描いた異色作。出演は安藤昇、宍戸錠、李礼仙ほか。（76年5月29日公開／唐十郎監督）

※7　日本アート・シアター・ギルド（ATG）。61年～92年にかけて、日本国内外を問わず強い作家性に富んだ芸術映画を配給・上映した映画会社。

※8　78年7月11日午後9時半ごろ、京都市東山区のナイトクラブ「ベラミ」で、部下4人とショーを楽しんでいた山口組・田岡一雄組長が、敵対する松田組系「大日本正義団」組員・鳴海清に突然狙撃された事件。同年8～10月にかけて山口組は松田組系の7人を射殺、逃走した鳴海も9月に六甲山中で他殺体として発見された。

※9　仲間の裏切りにあい終身刑を言い渡された、胸に蝶の刺青を入れた金庫破り〝パピヨン〟（スティーヴ・マックイーン）が自由を求めて脱獄を繰り返す、実話を基にしたヒューマン・ドラマ（74年3月16日日本公開／フランクリン・J・シャフナー監督）

※10　ぴとう・いさお／歌手・俳優。1943年11月東京都生まれ。64年、アニマルズのカヴァー「悲しき願い」が大ヒット、他にもアニメ「あしたのジョー」の主題歌などを手がける一方、数多くのドラマ・映画にも出演。実録路線では、『沖縄やくざ戦争』『新仁義なき戦い 組長最後の日』（以上、76年）『やくざ戦争 日本の首領』（77年）『日本の黒幕』（79年）に出演した。

せる描き方になると思うんですよ。

中島　やくざ映画の面白さはやっぱり悲劇で、成功するやくざ映画は面白くない。そりゃ当たり前のことだよね。要するに、我々がやくざ映画を作っていた頃には、戦後の飢えてた世代、飢えを知ってる世代達が何とかのし上がろうとするひとつの方法として暴力がある。そういうものを描くやくざ映画が面白いんだ、というムードがあったわけです。

――でも、任侠映画が大事にしていた男同士の結びつきみたいなものが、実録映画で失われた訳ではないですよね？

中島　その人と人の結びつきが任侠で結びつくのか、それとも飢えや上昇志向で結びついていくのか。その辺で、やくざ映画っていうのは分かれちゃうと思うんですよね。だから実録路線は、要するにそういう飢えた連中がのし上がろうとする話ですからね。

――ああ、確かに。だから、上へ駆け上がっていこうとする青春映画みたいなテイストがあるんですね。

中島　そう、そうなんですよ。だから（キャストは）皆若くないといかん。

――友情を持っている者同士が割れていったり、みたいな。例えば『沖縄やくざ戦争』なんかはそうですよね。

中島　あれなんか典型的だね。（登場人物の）ほとんどが捕虜収容所にいた連中なんですよ。沖縄戦は中学生くらいでも参加していて、終戦後は皆捕虜になっちゃった。その連中がアメリカの武器をかっぱらって、ガタガタの沖縄の中でのし上がっていくわけだから、それはもう荒っぽいです。殺し方でも戦い方でも荒っぽいですよね。

――だから「戦争だーい好き！」とか言えちゃうんですね（一同笑）。物語的にも、今までの任侠映画とは全く違う感じでした。

中島　本土のものとは違いますよ。ちなみに、ごく最近まで「沖縄やくざ戦争」、沖縄では上映禁止でした。

――ええーっ！

中島　5年前くらいからやっと上映できるようになったんですよ。まだ（事件の）関係者が生きていましたから。

――そんな危ない題材だったんですか。

中島　あれも初めは笠原（和夫）さんとやろうと思っていたら、結局笠原さんのスケジュールがなくなったので、改めて神波（史男）、高田（宏治）と沖縄へ（シナリオ取材に）行ったんですわ。で、こっちの手づるが琉球映画貿易という、ドキュメンタリーの時に世話になったところ。ほんで、そこの番頭はんに「実はこういうことを取材したいんだ」とお願いして、僕らはいっぺんホテルに帰った。すると、番頭はんがお酒持って追っかけるようにして、「すまんけど、これ持って帰ってくれんか。で、この映画やめにしてほしい。沖縄ロケなんてもってのほかだ」と。それを聞いて「あ、社長が関係してるな」とピンと来たんだけど。ちょっとコレ（と顔に指を走らせる）だったからね。でも、やめる訳にいかんから。

――「やめる訳にはいかない」（笑）。

中島　で、沖縄タイムスに、嘉手納空港を盗み撮りする執念を燃やした記者がいたんですよ。そいつと酒飲みながら、「何かいい方法ないかな？」と訊いたら、そしたら「（当時の抗争は）結構記事になってるよ」って言うんだ。ジャーナリストの見方にはなるけど、流れは全部分かるということで、参考にさせてもらった。ほとんど沖縄タイムスで取材したようなものです。あと、やっぱり脚本作る時、この人物のモデルがこの人だとわかったりしたら大変なことになる（笑）。

――いや、すごい話ですね。

中島　旭琉会上がりの松方が演じている役のモデル、あの時には生きてるか、死んでるかわかんなかったんですよ。本土に来ているっていう説もあったしね。だから、かなりやばかった（笑）。

――映画の中でもあんな感じですものね、ラストは。生き延びるのか、それとも死んでしまうのか、みたいな。

中島　当時の沖縄県立博物館の館長さんから「観ましたよ。あれじゃあ沖縄独立論じゃないですか」と、スパッと言われましたね。今はもう、基地問題くらいしか語られないけど、もう色んな要素が入ってましたよね。

――やくざ映画の形を借りて、そういう問題提起をしているわけですよね。沖縄の実録ものということで、演出もいつもより変えてやってみようとか、そんな意識がありましたか。例えば、尾藤イサオさん（※10）の死に方とか凄いなと思ったんですが。

中島　沖縄はリアルに戦争を体験してる連中が主だから、どうしても日本の本土のやくざよりはハイなんですよね。

――そのハイな感じが尾藤さんに合いましたよね。

中島　尾藤君、好きでしたからね。

――よく中島監督の作品に出てらっしゃいましたよね。で、大抵殺されて。

中島　ハハハ、その運命なんだよ（一同笑)。

―『沖縄やくざ戦争』は向こうでのロケが不可能になったとなると、もしやこの辺り(京都)で撮ったんですか?

中島　ほとんどね。

―尾藤さんが撃たれて死ぬところも。

中島　ほとんどこっちですよ。あれは琵琶湖のほとりだった。

―琵琶湖! さすがですねー、見事に南国の光を再現されている。

中島　大体ね、京都には時代劇の伝統があるでしょう。時代劇ってたいてい江戸の話なんですけれど、撮影しているのは京都なんです。

―確かに。

中島　奇しくも蓮實重彦(※11)が「京都の映画人ていうのは見立てはうまいよね」って言う訳。だって(『仁義なき戦い』も)広島ほとんど行ってないでしょ、沖縄も行ってないでしょと。全部見立て。だからフレームの中にだけ、それが存在すればいいんだというね。京都の連中はちゃんとそれを切り取っちゃう。これは長い伝統があるからこそ、できることだよね。

―京都を知り尽くしているからこそできる話ですね。あの場面も、生えてる植物が何となく南国っぽくなってて。

中島　そうそう、ああいうのは一番簡単。目立たせるとばれちゃうから、さりげなくね。

―じゃあ、渡瀬さんが車から転がり出るカーチェイスも京都で?

中島　そうです。あれも、琵琶湖のほとりのどっか。

―琵琶湖すごいですね(爆笑)。どこにでもなるんですね。渡瀬さん、危なくなかったんですか?

中島　そうですかね、それ、ちょっとしたやつだよ。

―走行中の車からコロンと落ちて走ってますよね、ワンカットで。

中島　それやってる内にだんだんエスカレートしちゃってね……。

―「狂った野獣」に至ると。

中島　「恒さん、もうアクションやめよう」って言ったんだよ。これはやばいと思ってね。

―ああ、ここまでいくと……。

中島　そう、どっか怪我する。ある日、真夜中に作さんから電話がかかってきて、「やっぱり」っていう感じでしたね。

―『北陸代理戦争』の事故ですね。

中島　「恒さんのところを全部入れ替えなしょうがない」ということになって、作さんが「お前、残ってる(カット)の撮れ」っていうからさ。撮れって言われても、ホンも読んでないんだよ。でも、封切りに間に合わないということで、1週間くらい参加しましたね。撮ったのはちょっと時間のかかるアクションシーンとかね。脚本では車が日本海に落ちることになってるんだけど、雪で行けないんですよ。それ言っても、向こうは「何か考えろよ!」って(笑)。

―ハハハ、助けを頼んだ側が強気に。

中島　「どうでもいいけど、ちゃんと殺しといてくれ」っていうから、雪で動けなくなるからショベルカーでやっちゃえって。

―ああ、あのあたりが中島班なんですね。

中島　そうです。手の込んでいるところが何カ所かあるはずです。

―時間のない時に時間のかかるところを(笑)。しかし、中島監督のクレジットはないですよね。

中島　これは手伝ってるだけだから「(クレジットは)ちょっと勘弁して」って。例えば「赤穂城断絶」なんかは、初めから「撮りきれないから、B班やってくれ」と依頼があった。「それはいいけど、錦ちゃんのところは一切撮らないよ」と約束してね。錦之介と俺がやったら、錦之介が楽になっちゃって、作さんと喧嘩する機会がなくなるから。

―いやー、いい話ですねー!(一同爆笑)

『鉄砲玉〜』の渡瀬と川谷のケンカは本物!

―東映的には、実録路線の悲劇性というのは許されていたんですか?

中島　うん。実録路線の一番いいのは(モデルが)実際に死んでいる訳ですよね。だから悲劇性をぶっ飛ばす程のアクションだとか言葉遣いだとか、そういうものをぶっ飛ばす程の力があったということでしょう。

―それは、観客にも支持されたんですよね。

中島　観客が変わってくれないと駄目でしたよね。だから70年安保の敗北なんかの影響が一気に……。

―関係してるんですかね。

中島　あれは影響していると思います、デスペレートになった連中に対してね。

※11　はすみ・しげひこ/フランス文学者・文芸評論家・映画評論家。1936年東京都生まれ。現在は東京大学名誉教授。16年には小説「伯爵夫人」が三島由紀夫賞を受賞。

――「負けてもいいから考えを変えない」っていうところに、当時の観客は共感していったんでしょうか。岡田さんの実録路線に対する評価はどうだったんですか。

中島　岡田さんは最初「何じゃ、こりゃ」ってもんだったでしょうね。とはいえ、何か文句言っても、それを整理できる能力は上の人にあんまりなかったんじゃないかな（笑）。

――整理と言いますと？

中島　例えば笠原和夫が『仁義なき戦い』を書いた時に、あれだけ（登場人物が）入り乱れると、誰が主人公かわかんなくなってくるし、誰が生きて誰が死んでOKなのか、というのを判断できないですよ。だから、初めは「主人公は死なすな」っていうのがあったんですけど。

――それは東映として？

中島　東映としてですね。『広島』も『沖縄』も、現実的にそうなってる訳でしょう。実録で売ってる以上、事実を拾わないといけないから。ただね、ああいう作品をやってる時、松方とか渡瀬だとか、東映にイキのいい連中がいたということですよね。

――ピチピチしていましたよね。まさに取れたての感じで（笑）。

中島　そうそう（笑）。弘樹は任侠路線、もうひとつなんだよね。あいつの体質は『893（愚連隊）』の方だから。（菅原）文（太）ちゃんなんかも、初めからそういうの、持ってますよね。

――実録のセンス、みたいなものですか。

中島　うん、彼は新東宝で活躍して、そこが潰れて松竹へ移籍してからの何年間は本当に仕事がなくて皆に阻害されてね。で、俊藤さんを頼って東映に来て、若山さんの子分の一番下みたいな感じでくっついてたけど、その頃鈴木則文に、文ちゃんに会わされたわけ。話してみると、もう目がギラギラしてる。飢えてるんですよね、仕事に。「これはいけるね」ということで、『まむし』の時に文ちゃんに声をかけるんです。

――『まむしの兄弟』も、モデルがいたりするんですか？

中島　俊藤さんが「刑務所を行ったり来たりしている〝懲役太郎〟というのがいる。それをやろうや」と。だから一作目だけがタイトルは『懲役太郎 まむしの兄弟』。シリーズになっちゃった時にわかりにくいということで「まむしの兄弟」になったけど、最初は『懲役太郎』がシリーズ名だった。

――後の『刑務所』シリーズみたいなものですね。

中島　そうですね。そういう奴は確かにいるらしいですよ。だけど、でっかい事をやった奴は実際にはなかなか（刑務所から）出て来られないからね（笑）。まあ、文ちゃんが飢えていたんですよ。それが全ての原因だと僕は思ってる。恒さんを弟分役に推薦した時は、俊藤さんに「喜劇性がない」って怒られたんだけどね。

――確かに川地民夫さんの方がのんびりしていますからね。

中島　でも恒さんだったら、もうちょっと凄まじい「まむし」に……。

――ギラギラした感じに。

中島　恒さんは、あらゆるスターに対して反抗的なのよ。文ちゃんとか弘樹ちゃんとかに対しては反抗意識が凄かった。

――その辺りがピラニア軍団の人たちと共鳴していく感じなんですね。渡瀬さんも実録ムードがすごく強いですよね、『鉄砲玉の美学』を観てても。

中島　やっぱりあの辺まで（の役者）は「飢え」を知ってるんですよね。本当に飯も食えない飢えもあるし、色んな欲望の意味でもあるけど、僕はやっぱり飢えがなくなってから日本映画が収まりのいいものになってきたと思うんですよね。

――あと、この頃『鉄砲玉の美学』を東映ではなくATGで撮ったのは何故ですか。

中島　実際に企画は出さなかったけど、東映では「あかん」って言うに決まってるからね。あと、東映にいると自分で映画のタイトルをつけられない訳ですよ（笑）。

――確かに『鉄砲玉の美学』っていう題はあり得ませんよね、東映では。

中島　絶対ダメ。だから「自分でつけたいよ」って（笑）。東映っていうのは、もう岡田茂との戦いなんですよ。それはそれで、結構面白いんですよ。岡田茂の目をどう誤魔化して企画を通すか。それは大事なことなんでね。

――『トムとジェリー』みたいな感じですね（笑）。ところで、最初は渡瀬さんを主人公として考えていなかったんですよね。

中島　あれをできる奴は、若いならいっぱいいるだろう、と思っていたんだけど、恒さんが一番しつこかった（笑）。で、よく考えると、恒さんはあの頃、自分のもの、色がない訳ね。僕もあの男が色んな意味で好きだったし、「じゃあ、やろうや」ってことになって。だって彼、あれやっても一銭にもなってない訳だからさ（笑）。

――ああー、ロハの出演なんですよね。実録映画のこういうドキュメントタッチ、悲劇的な物語のキャスティングは、基本的に合う人を選

んでいるんですか？

中島　実録路線の時はある程度、誰でも「その時使いたい奴を使え」みたいな感じになってましたよ。あれは、九州の都城近くの旅館で寝泊りしてね。ところが、旅館だから大部屋ひとつで、スタッフも恒さんもみんなそこで雑魚寝。

――ええっ、杉本（美樹）さんとかも？

中島　そうそう、大部屋だから仕切れるところあったけど、それでも金ねえもんだから。殺陣師も何も連れてけないから、金がないからね。ほいで、恒さんと（川谷）拓三に「2人で適当にやってくれ」って言って。そしたら本気になってね（笑）。

――結構ガチな感じで、怖くなるような感じでしたけど、まさか……。

中島　こっちもちょっと怖くなって。

――あれ、怪我してたんでしょうかね、川谷さん。

中島　してたでしょうね、どっか。2人ともバーッてなっちゃう方だから。で、地元の警察がパトカー貸してくれて撮影を進めていたら、終わり頃になって警察が来て、「パトカーから民間に貸しちゃいけないんです。すみませんけど（フィルムを）使わないで下さい」って言う訳よ。警察からお酒もらったの、初めてだった（一同笑）。しかたがないから、京都でパトカーに「宮崎県警」って入れたけど。

――撮り直したんですか。

中島　撮影の時にはね、向こうも知らんから「どうぞ、どうぞ」って感じだったんだけどェ。

"飢え"がなくなってやくざ映画は終わった

――監督の作品は常に悲劇なんですけど、どこかユーモラスな部分が出てきますね。その方が、やはり悲劇は際立つんですか。

中島　そうねえ、やっぱり人間っておかしいもんね。いつも言ってるけど、人間ってちゃんとやろうとすると、必ずどこかでおかしいんだよ。喜劇をやってもらう訳じゃなく、図らずも出てくる人間のおかしさみたいなものが一番いいんだけど。

――織本順吉さんとかは、そういう部分で大活躍されますよね。こちらの期待値の倍ぐらいの裏切り方をしますから（一同笑）。

中島　人間ってのは、かっこよくしようとすると必ずおかしいからね。

――そういう意味で、実録路線というのは人生経験の少ない人には撮れないジャンルですね。ある程度人間を見てきた人でないと……。

中島　そうですね。あと、役者の特性をどう利用するかということでしょうね。役者との付き合い方とかもあるしね。

――なるほど、東映の一時期の京都撮影所でしか撮れなかった理由がわかりました。

中島　それはありますよね。例えば、小池（朝雄）や成田（三樹夫）だとか、ああいう連中が京都に来ると、暇があると「飲もうか」ってうちに来たりしてましたけど、映画の話なんか全然してないもん。

――何の話が出るんですか？

中島　小池なんか、「野外劇場をどう作ろうか?」なんて話ばっかり。

――痺れますねェ！

中島　成田さんなんか、古代史のことばっかり話す。（西村）晃さんも映画の話したことないな。高尚な話をしてましたよ。

――高尚な話（笑）。素晴らしいですね。わかってきましたよ、実録路線は人間の集大成ですね。やっぱり監督がそんな風に入念にお付き合いされてるから（笑）。

中島　近頃は役者との付き合いがないもんで、誰が面白くてどうなってるのか、よくわかんないんだけど。

――以前、田村英里子さん（※12）と一緒に仕事した時に、「京撮の仕事が辛くて、もう東京に帰ろうかと思っていたら、中島監督のお家へ呼んで頂いてご馳走になって、それで頑張ろうと思いました」って言っていましたよ（笑）。たぶん『首領を殺った男』（※13）だと思うんですが、そういうお付き合いがすごく大事なんですかね。

中島　ありますね。ピラニアの連中なんか、年中うちに来て酒飲んでるから、現場で思いついたことをパッと言ってもすぐ対応できる。

――さっきの尾藤さんもそうなんですが、監督の映画は、よく歌手の方を連れてきている印象があるのですが。

中島　それは、あんまり意識してなかったけど、あの時代の歌手っていうのは非常に個性的でしたよね。下手に演技の勉強している奴よりも、いいかもしれんね。

――そういう人たちのキャスティングは、どういう風に決められるんですか。

中島　何となく付き合っていて、ふと「彼でいこうよ」という感じになることが結構ありますね。

――それはやっぱり感覚的なものですか。

中島　そうですね。監督になる頃、割と面白がって来てくれるのが西村晃とか小沢昭一だとか、そういう連中ばっかりだったから。

——火野正平さんが『日本の首領』で入ってきますよね。あれも監督さんがキャスティングされたんですか。

中島　正平なんかはもう、ほら、あいつ女の尻ばっかり追っかけてるから（笑）。

——作品の中でもそんな感じでしたけど。個人的な名前は言わなくていいんですが、実際に撮影して作品に合わなかった人っているんですかね？

中島　そりゃいますわね。そういう時はもうどうにもならんですよね、はっきり言って。でも何とかしようと思って、（画面の奥）2、3歩後ろに持っていったりして。

——えー、配置でわかるんですか。えらいことになりました！　では、画面で目立ってる人は合ってるんですね。

中島　ピラニア（軍団）の連中は、まさにそのために存在していた、みたいな（笑）。

——ハハハ、そうですね。ただの狩る側と狩られる側なのに、片桐（竜次）さんや成瀬（正孝）さんは印象強いですよね（笑）。

中島　あいつら、必要性がなくても前に出てくる。

——必要性がなくても前に出てくるギラギラしたものが、作品性に合ってる訳ですか。

中島　そう、だからそういう連中はほっといてもいいから。楽は楽ですね。

——ということは、ピラニア軍団の人たち、普段仕事から干されがちな人たち、ギラギラした人達が、実録路線にものすごく合うということなんですね。

中島　良かったんですよ。つまり個性が、個性的でお芝居が上手い、下手っていうんじゃなくてね。つまりピラニアの連中ってのは上手い奴がほとんどいないけど。

——任侠映画がずっと続いたらピラニア軍団は出てきたのかなって思うことがよくあります。

中島　そもそもピラニア軍団は、役者連中、大部屋に嫌われた連中なんですよ。特に総じて酒癖は悪いですな。で、ある時、野口（孝史）と拓三が来たのかな、ほんで、こういうの作るんだけど「村長やってくれ」って。ある年の忘年会で、どこのグループからも蹴飛ばされた連中が、しょうがなく固まったのがピラニアの原点なんでね。で、そいつらが、こちらを一番与しやすいと思ったんだろうね（笑）、で、俺ん家でどんどん酒飲むようになっちゃった訳。丁度その頃恒さんが東映に来て、他のスターみたいにそいつらの素性も何もわかんないから、いつの間にか取り込まれてしまった。ところがその後、取り込むつもりが逆に恒さんに引っ張り回されてさ（笑）。

——それが最もよくわかるのが『狂った野獣』ですね（笑）。

中島　ある時、酒を飲みながら、「お前らの中からスターが一人出たら（このグループは）全部ぶっ飛ぶぞ」「お前ら、嫉妬心の塊やろ」と話したんだけど、その後たまたま倉本（聰　※9）が俺ん家に遊びに来て、「こん中で使えそうな奴、テレビの中で使ってやってくれよ」と頼んで、あれが選んだのが室田と拓三だった。

——ああ、それで『前略おふくろ様』（※14）に。

中島　それで2人は、グーッと出ていったでしょ？　そしたら周りは分解どころか、「このままいけば、俺も出られる時があるんじゃないか？」と思っちゃった訳。

——ハハハ！　その逞しさが素晴らしいですね。

中島　そう、めげないっていうね。年齢的にもある程度いってて、キャリアの差も理解していたから。

——実録やくざ映画は、そういった鬱屈したエネルギーを持った若い役者達が、水を得た魚みたいに元気になったと思うんですが、その一方で、こういう状況を良く思わない昔のスターもいたんでしょうかね。

※12　たむら・えりこ／歌手・女優。1973年茨城県生まれ。89年、シングル「ロコモーションドリーム」でアイドル歌手としてデビュー。タイアップのTVアニメ「アイドル伝説えり子」も製作されるなど、大きな話題を呼んだ。一方で女優としての活動にも力を入れ、00年以降はハリウッドでの活動が中心となっている。

※13　18年の刑に服していた筋金入りの極道・宝来（松方弘樹）と、彼を亡き者にしようとするかつての兄弟分であり巨大組織「朋友連合」の首領・大木戸（夏八木勲）との確執を描く。田村英里子は、ヒロインのブルース歌手・ジェーンを演じ、主題歌「悲しみでは終わらない」も担当。（94年5月14日公開／中島貞夫監督）

※14　75～77年に日本テレビ系で放送された、倉本聰脚本のテレビドラマ。照れ屋な板前の青年・片島三郎（萩原健一）と、彼を取り巻く人々との触れ合いを描く。三郎が憧れる元やくざの板前・村井秀次を梅宮辰夫、深川の鳶・半田妻吉を室田日出男、利夫を川谷拓三が演じて、大きな話題を呼んだ。

中島　(重鎮の俳優たちは)あんまり快くは思っていなかったでしょうね。実録路線はトップと言っても文ちゃんや弘樹ちゃんだったから、裏で「何だ、文太の野郎」みたいに言われてる訳だからさ。

——役者さん達の元の魅力って、実録映画になると出やすいんでしょうか?

中島　ええ。

——佐分利(信)さんなんか、他の映画と『日本の首領』だと、全然違う役者さんかと思うくらい違うと思うんですよ。他の作品では、あいうちょっと柔らかい、軽妙でユーモラスな雰囲気が、あまり出なかったですね。

中島　佐分利さんとは、いつも揉めていましたからね。あの人は自分で監督やってるし、(カメラに)背中向けるのが嫌いだしね。「いいですよ」とは言うんだけど、カメラを回すと振り向いちゃって(笑)。恒さんと一緒に芝居させると、「自分(の見せ方)はこうしたいんだ」とアピールするし、鶴田浩二は鶴田浩二で……(一同笑)。

——三船(敏郎)さんは大丈夫だったんですか。

中島　三船さんはね、本当に見事に首領《ドン》な人ですわ。

——おお、やはり貫禄があったということですか。

中島　もう、あの人は何やったって〝三船敏郎〟でやってる訳だから、それを撮っていくしかない。だけど、あのくらい「映画を作りたい」という思いの強い人はいなかったですね。三船さんとの出会いっていうのは、「三船プロで映画をやるから監督やってくれ」って言われたことなんですよ。

——『犬笛』(※15)ですよね、あれが出会いだったんですか。

中島　三船さんは、会社(三船プロダクション)の社長でオーナーでプロデューサー、さらに出演もしますからね。その時に俊藤浩滋に言われて、「東映のシャシンにも出てもらう様にお前、言って来いよ」って。

——凄いですね。出かけていって、お土産をもらって帰ってこいっていう(爆笑)。三船さんが出られた「日本の首領」って、創造社(※16)の佐藤慶さんや渡辺文雄さんみたいな、インテリ度の強い新宿の飲み屋客みたいな人が関東やくざ役で集まっているんですが(笑)、あれは監督の中での色分けなんですか?

中島　フフフ、一番簡単にできることですわ(一同爆笑)。

——あれは素晴らしいですね、はっきりと違う組織に見えますから。ああいう俳優の配置って、他の映画ではやってないと思うんですけど。

中島　2人ともインテリだけど、割り切ってやってくれるしね。

——宣伝スチールで、メインキャスト集合の中に市川好郎さんと小林稔侍さんが一緒に映っているものがありましたが、あの2人も監督がお好きだったんですか?

中島　好郎は好きも嫌いも、仲人やらされた訳よ。あいつは子役上がりで、その後仕事はなかったんだけど、テレビではまだ通用してたね。で、テレビで結婚式やるとタダなんだって。

——あ、テレビ中継の結婚式の仲人をやられたんですか。

中島　そうそう。接点なんて、ほとんどない。稔侍はピラニア(軍団)の中にいたんだけど、一番おとなしい奴でね。だから皆に騙されたり、何かコケにされたり……。

——どういうことですか、それ!

中島　例えば、『瀬降り物語』(※17)で四万十川に行ったでしょう。あれは、ピラニアの奴らをちょこちょこ出したりなんかしてる訳。

——稔侍さんは兵隊役でしたね。

中島　そしたら、室田らが「当時の兵隊は髪の毛が伸びてたらおかしいじゃないの?」「このままやったら失礼だよ」って言ってさ。あいつはもう真面目だから、真剣な顔して来て、「どうしても刈るんだったら、刈ります」って言うわけよ。こっちは初めから帽子被らせる予定

※15　西村寿行原作のハードボイルド小説を、三船プロダクションが映画化。娘を誘拐された男・秋津(菅原文太)は、娘の吹く犬笛の音をたよりに、愛犬・鉄と共に救出と復讐の旅に出る。(78年4月1日公開/中島貞夫監督)

※16　61年、『日本の夜と霧』上映打ち切りをきっかけに松竹を退社した大島渚が、妻の小山明子、脚本家の田村孟、石堂淑朗、俳優の戸浦六宏、小松方正と共に結成した映画製作会社(後に、渡辺文雄も参加)。

※17　一般社会とは距離を置き、山野を漂泊して暮らす山の民たちの愛憎のドラマを描いた作品。出演は萩原健一、藤田弓子、内藤剛志、早乙女愛ほか。(85年5月11日公開/中島貞夫監督)

だから「お前、からかわれてるんだよ」と。

――ハハハハハ！

中島　ピラニアのレコード作った時も、あいつは音痴だから、一番時間がかかる訳。だから、あらゆる意味で鈍なんだけど、それが良かったんだよね、あいつは上り詰めて、スターになっちゃった。

――おっとりしてたところが良かったんですかね。

中島　人に騙される、そして泰然としている奴がスターになるね。三上寛は、ピラニアを面白いって言ってくれて、ある時「連中のLP出したい。自分で全部作曲とプロデュースするから」と言ってくれてLPを出したんだけど、ほら、室田の覚醒剤所持の問題で廃盤になった訳よ。

――監督の作品にもよく出られてますよね、三上さん。

中島　そうそう、ボクシングなんかやったりしてね。最初は『狂った野獣』の途中でいっぺんライブで出して、ラストに歌を流した。あいつの歌はさ、田舎っぺでいいんだよね。凄い田舎っぺの歌で。

――でも、実はインテリジェンスの強い方ですよね。

中島　そうそう。田舎っぺなんだけど、肝はちゃんと押さえてるからね。彼もピラニア好きで、よく合流してたけど、多分仲間が欲しかったんだよね。

――最後に、実録やくざ路線以降の実録ものについて、監督はどうお考えですか。

中島　ビデオなんかで弘樹がそういうことをやりだした時、弘樹に一度だけ言ったことがあるんだよ。「今、やくざやってもな、内面的に飢えもないし、要するに金が欲しいとな、いい車に乗りたいっていうのはドラマになんねえんだよな」って。

――いい車を買いたい実録映画はあまり観たくないですね。それだったら、ヤクザ映画じゃないですけれど、監督の「ジーンズブルース」の梶芽衣子さんみたいな、何かはっきりしないんだけど満たされない気分の方が共感できるというか。

中島　まあ、どうしても豊かな時代になってきてね。アメリカ映画でも、マフィアたちが税金問題とかそんなんをやったって、面白くもおかしくもない訳で。

――悲劇の物語を観た後に得られるものと、ハッピーエンドから得られるものって全然違うと思うんですけど。

中島　やくざ映画っていうのは、やっぱりその時代で終わりだったんだよね。

――それは、その時代の人達の生き方ということですよね。

中島　そう。だから『極妻（極道の妻たち）』（※18）なんかやる時、〝現代歌舞伎〟って言ってやってたから。

――そういう意味では、やはり『極妻』も実録路線とは一線を画していますね。

中島　「やくざ映画ってのは、飢えがなくなるともう仕舞いやなあ」って言ってました。

――飢えてる人達だからこそ、悲劇が似合う部分もありますからね。

中島　そうなんだよね。

――監督の描く悲劇がまた絶望的な感じもありまして。『沖縄やくざ～』の新藤恵美さんがソープに行って作ったお金を、地井武男さんにスッと取られるところとか、『ジーンズブルース』でせっかく盗んだお金を一般市民にかっさらわれてしまう話とか、やっぱりああいうのを観ていると、僕なんか、自分は〝悲劇の似合う男〟でいたいなって思うんです。

中島　いいセリフですねえ。

――いえ、それは監督の作品から戴いているんですよ。監督はすごく優しい視点で、当時の飢えた、満たされない気持ちを撮られてたんじゃないかと思うんです。

※18　家田荘子のルポルタージュを原作にして、女性目線で極道の世界を描いた岩下志麻主演・五社英雄監督の大ヒット作（86年）。人気シリーズとなり、中島監督は第5作『新極道の妻たち』（91年）、第9作『極道の妻たち 危険な賭け』（96年）、第10作『極道の妻たち 決着（けじめ）』（98年）を手がけた。

INTERVIEW

三上寛【フォークシンガー・俳優】

KAN MIKAMI／FOLK SINGER, ACTOR

みかみ・かん／1950年青森県生まれ。67年から同郷の詩人・寺山修司などの影響を受けて現代詩を書き始める。69年にフォークシンガーとしてライブ活動を開始、71年、「三上寛の世界」でレコードデビュー。タブーな性言語、日本の呪われた風習を題材にした「怨歌」を歌うなど独自のスタイルを確立した。俳優として映画・ドラマにも多数出演。出演作は『行く行くマイトガイ 性春の悶々』(75年)、『狂った野獣』(76年)、『戦場のメリークリスマス』(83年)、『226』(89年)など。　取材／杉作J太郎　構成／編集部

——すみません、ライブ会場まで押しかけてしまって。

三上　いやいや、何でも訊いてよ。

——まず、実録路線出演のきっかけはどんなことから？

三上　73～74年くらいに「話の特集」の矢崎泰久さん(※1)と、ばばこういちさんっていうジャーナリストが「日本ジャーナリストクラブ」っていうのを作った訳さ。大島渚、五木寛之……あの当時のいわゆる〝文化人〟たちが集まって、発足会を新宿コマ劇場でやったんだけど、それに呼ばれて舞台で何曲か歌ったんですよ。で楽屋に戻ったら、そこに深作(欣二)さんがいて、「君、ちょっとやくざ映画に出る気はないかね？」って訊かれたので、「そりゃもう!!」みたいな。

——ハハハハ、即答！

三上　子供の頃の時代劇から、(東映の映画は)全部観ていましたからね。で、『新仁義なき戦い　組長の首』は、ゲスト扱いで非常にいい思いをさせてもらったんだ。京都に行く前は、作家の長部日出雄(※2)なんか、「寛ちゃん、気をつけろよ。あんなところへ行ったら、上からライト落とされたりするから」とか、色々脅す訳よ。そんなこと聞いちゃったから俺も「やばいのかな？」と覚悟して行ったらね、皆が「どうも、どうも」って俺にペコペコしてくるのよ。全然話が違うじゃない。そしたらあとで知ったんだけど、当時、ロケ地でやくざ者を取り締まる地廻りの方で三上さんという方がいたらしくて、しかも俺に顔がそっくりだったらしい。それで、「深作が、三上さんのところの倅を連れてきた」って誤解してたらしいんだ(一同爆笑)。フォークなんて聴かないですから、東映の連中は。でも、そのままだと困るんで、寝泊りしていた東映の寮の隣の部屋が(小林)稔侍さんでしたから、「実は歌を歌ってるんだよ」って、わざわざ俺の載ってる雑誌を持っていったりしてね。

——そんな感じで、京都撮影所の皆さんとは、すぐ仲良くなったんですか？

三上　そうなんですよ。やりやすかったのは、稔侍さんと俺が、(菅原)文太さんの舎弟役だったから、出番も同じだし、あの人は酒も飲まないし、他のピラニア(軍団)とは違う感じだったので、馴染みやすかったですね。そして渡瀬の恒(彦)さんが入ってきた！　あの人も京都では外様でしょう、東京撮影所ですからね。まあ、よそ者ですわな。

——三上さんは青森、渡瀬さんは淡路島の出身で、お互い都会的なムードもなくて。

※1　やざき・やすひさ／ジャーナリスト。1933年生まれ。65～95年にかけて出版された、反権威・反権力を掲げたミニコミ誌「話の特集」の編集長を務めた。

※2　おさべ・ひでお／作家・評論家。1934年青森県生まれ。津軽に関しての小説・エッセイを多数手がける。代表作は、「津軽じょんから節」(73年)「鬼が来た！-棟方志功伝」(79年)、「見知らぬ戦場」(86年)ほか。津軽三味線をテーマにした映画『夢の祭り』(89年)では、原作・脚本・監督を務めた。

※3　よしだ・よしお／俳優。1911年京都府生まれ。52年頃から東映作品の悪役として数多くの作品に出演、中でも水木しげる原作のテレビ特撮ドラマ『悪魔くん』では、主人公の少年を守る悪魔メフィスト役で人気を博した。86年没。

※4　なわ・ひろし／俳優。1932年熊本県生まれ。東映作品の悪役・色敵として数多くの作品に出演。

※5　「鯨の目　成田三樹夫遺稿句集」(無明舎出版)

※6　69～71年に岐阜県中津川市で行われた日本初の野外音楽フェスティバル。三上が出演した第3回は、2日目の夜に観客の暴動が起きたことからステージが混乱、そのままイベントそのものが中止となった。

三上　そうですね。後で聞いたら、渡瀬さん、元々松江の人なんです。そこから淡路島に引っ越ししてきて、異文化に出会って……そういうところも、ちょっと俺に似てるんだよね。俺は逆に海から山へ行ったんだけど、渡瀬さんとは、妙に馬が合いました、お酒も強いしね。だから、初めてなのに（京都撮影所が）〝古巣〟みたいな、「ここだったら何でもありなんだな」って思って、非常に羽目を外していましたね（笑）。

――三上さんを全く包み込んでくれるような雰囲気が京都にあった訳ですか。

三上　勿論それもあるし、何て言うかな、お互いの〝温度〟が同じなんですよ。周りの顔つきも、まるで親戚のおじさんみたいなね。深作組の撮影で、俺が5時間くらい遅れて、「もう駄目だ！」と思ったら、撮影主任の人が俺の衣装着て、立ってた（笑）。あと、みんなインテリなんですよね。

――おおーっ、それは意外な感じですね。顔は強面でも、色んな人生を歩んできた方がいらっしゃるから。

三上　古い人だと、吉田義夫さん（※3）なんかは美術の先生だし、名和（宏）さん（※4）は物静かな絵描きでね……それがまた、気に入っちゃったんだな、もう最高。金子信雄さんなんか、凄いインテリでしたよ。

杉　出ている映画では、そういう感じは……。

三上　いや、インテリだからああいう芝居ができると思うんだよね。成田（三樹夫）さんなんか俳人ですからね。

――亡くなった後、句集が出ましたからね（※5）。確かに、中島貞夫監督もそんな話をしていました。「皆、難しい話をしていた」と（笑）。

三上　梅宮（辰夫）さんなんてとぼけてるけど、あの人、高校の頃は図書委員ですからね（一同笑）。これ、黙っててよ？　内藤誠監督から聞いたんだけど。

――いや、それは世間に伝えておいた方がいいですよ！

三上　目黒祐樹さんもインテリでさ。そういえば、こんなこともあったよ。『大阪電撃作戦』の撮影の時、モノホンの現役の連中が応援に来る訳。そしたら目黒さんが、「この間、ニュースで足の指が6本ある人がいて、邪魔だから小指を一本切っちゃったら、かえって歩けなくなったらしい」なんて平気で喋ってんだ。そしたら周りにいた人達、全員手の小指がなかったっていうね（笑）。

俺が映画に目覚めたのが、『組長の首』で殴り込みに行くシーン。現場に文太が来るってことで、狭い祇園に3000人くらい来ちゃってさ。

――情報を聞きつけた野次馬が。

三上　そう、あの当時は皆来たもんですよ。

――インターネットもない時代に、凄いですね。宣伝しているわけでもないのに。

三上　邪魔になるから、むしろ来てほしくないのに、街中がうわーっとなっちゃって。その時、「これ、中津川（フォークジャンボリー　※6）だな」って思っちゃった（一同爆笑）。それもあって、演技は歌うようにやればいいよな、っていう（笑）。自分で言うのも何だけど、あそこは名シーンですよね。ワンテイクですよ、あれ。室田（日出男）さんの受けが、またね。

――凄かったです。

三上　室田さん、死ぬ前にVシネでも一緒になってね、俺がちょうど撃たれて倒れてる時に（現場に）入ってきたのよ。俺を見て喜ぶんだよな、「相変わらず、やってるな！」みたいな感じでね。それで、親分役の室田さんが誰かに撃たれるんですよ、室田さんがね。その時、ガンでもう歩くのもやっと位のはずで、監督も「室田さん、撃たれたら〝うっ〟っていう位のリアクションでいいですから」って言うんだけど、ダーンと撃たれたら（昔の様に）派手にやるのよ。いや、あれは凄い役者魂というかね、強烈に覚えていますよ。

――三上さんは、ピラニア軍団の人とも仲良くされていましたよね。

三上　全員、仲良かったですよね。

――ということは、ピラニア軍団の方達もインテリなんですか？

三上　いや、インテリじゃないね（一同笑）。でも、野口（貴史）さんは勉強家だし、それから拓ぼん、川谷（拓三）さんもこと映画に関しては凄いから。だって、デ・ニーロの『タクシードライバー』（※7）100回観たって言うんだから。

――それは凄い。当時、ビデオなんかもないですものね。

三上　もうオタク、映画の虫だね。「あそこのシーンとあそこのシーンは、デ・ニーロ、ヅラだよ」とか、俺達が気づかない様なことが全部わかってる。

――松本（泰郎）さんとかはどうだったんですか？

※7　76年公開のロバート・デ・ニーロ主演、マーティン・スコセッシ監督作品。ベトナム帰りのタクシー運転手が腐敗した社会への怒りから過激な行動へと走っていく姿を描き、第29回カンヌ映画祭グランプリを受賞。

三上　松ちゃんはね、これまた不思議な縁でね、俺の仲人さん、いわきにいる高校の先生なんですが、その人と同級生なんですよ。あの中だと、一番やばそうな顔してるけど（笑）。

――失礼ですけど、一番インテリじゃなさそうな顔していますよね（笑）。

三上　これが、福島で一番いい高校出てるの。

――えぇーっ！

三上　不思議ですよ。他は別にインテリとかじゃない。志賀（勝）さんなんかをインテリって言うのは、ちょっと無理があるよね。

――ハハハハ！

三上　あの人はあのまんまですから。とんでもない恰好して、現場に来るんだよね。

――『大阪電撃作戦』の頃なんか、まさにそんな感じですよね。

三上　そうそう。『沖縄やくざ戦争』の時、俺が自分の掘った穴に入って殺される場面で、志賀さんがスコップで俺に土をかけるんだけど、ここ（と額を指す）にスコップが当たったのよ、まだ傷がありますけど。

――まだ跡が残ってるんですか。

三上　そう、これは志賀ちゃんがつけた傷。血がだらだら流れて、俺も頭にきて「何だよ！」って怒鳴ったら、「いや、三上ちゃん、（リアル）でいいわーっ」って。

――いやー、甘くないですねー。しかし、そんな付き合いが続く中で、最終的にピラニア軍団のLPレコードが出る訳ですけど、これはどういう風な経緯から？

三上　外様の役者として（京都撮影所に）入ったけど、結果として「寛ちゃん、寛ちゃん」と、とてもよく可愛がってもらって、仲良くしてもらって、嬉しくなったんですよね。で何かお礼がしたいのと、「こんな人たちがいるんだよ」と世間に伝えたくて、アルバムを作ったんだよね。

――じゃあ、三上さん自身の企画だったんですか。

三上　企画から。皆、録音スタジオへ行くとなるとビビっちゃうから、東京からわざわざ撮影所に機材を運んで。

――あー、京都撮影所での録音だったんですね。

三上　そう。あの当時のキングの小池（康之）さんは、大したもんですよ。他ではこの企画、断られ続けたんですが、小池さんだけが「やりましょう」と言ってくれた。それでデモテープを送ったら、（ピラニアのメンバーは）歌をメロディで覚えるんじゃなくて、セリフ回しで頭に入れてくるんですよ。それも、俺の節回しから息遣いまで完璧に。もうビックリしました。あれは感動しましたね。

――坂本龍一さん（※8）が参加されていますけど、これも三上さんが誘った？

三上　勿論、勿論。まだそこまで有名ではなかったけど、話には聞いてたからね。その頃、俺が富岡多恵子さん（※9）っていう詩人と一緒に渋谷のジァンジァンでコンサートをやったのよ。その時、誰の紹介だか忘れたけど、ピアニストで来たのが坂本だったりしてね。

――その後、『戦場のメリークリスマス』にまで繋がるという。

三上　ですね。坂本とは、多少の縁がありました。

――三上さんはミュージシャンと役者さん、両方やられていますけど、やっぱり違う部分が多いですか？

三上　違いますねえ。僕らはこういうライブやる時、モニターで自分が今どういう音を出してるかチェックしている訳。ところが役者がカメラ向けられていても、自分がどの顔で映ってるかわかんない訳。「三上ちゃん、これ、アップになるんだよ」とか教えてはくれるんだけど、セリフ覚えたり芝居するのに一生懸命で、どう映ればいいのか、まったくわからない。そういえば、一回松方（弘樹）さんにえらく睨まれたことがありましたよ。

――お、それは興味深いですね。

※8　さかもと・りゅういち／音楽家。学生時代からスタジオ・ミュージシャンとして活躍。78年にメンバーとして参加した「イエロー・マジック・オーケストラ（YMO）」で世界的な名声を博すことに。バンド散開後はソロとして活動、映画音楽も手がけ「ラスト・エンペラー」（87年）でアカデミー賞作曲賞を受賞。

※9　とみおか・たえこ／詩人・小説家。1935年大阪府生まれ。主な詩集に「返礼」（58年）「カリスマのカシの木」（59年）「女友達」（64年）、小説に「植物祭」（73年）など。映画『心中天網島』（69年・篠田正浩監督）の脚本も担当、関西芸能への造詣も深い。

※10　戦前～戦後にかけて、映画・テレビで活躍した時代劇スター・近衛十四郎（14年～77年）。

※11　主人公・橘真一（高倉健）が長崎で出会うハーフの少女・エミーは、米兵と街娼の間に出来た子供であった。

※12　85年に公開された〝ラーメンウエスタン〟と称された、伊丹十三監督作品。山崎は、潰れかけたラーメン屋を立て直すタンクローリー運転手ゴローを演じた。

※13　ふくもと・せいぞう／俳優。1943年兵庫県生まれ。15歳で東映京都撮影所に入社、以後、大部屋俳優として数多くの作品で「斬られ役」「殺られ役」を演じてきた。ハリウッド映画『ラストサムライ』（03年）に出演したことから一気に注目が高まり、14年には初の主演映画『太秦ライムライト』が公開、第18回ファンタジア国際映画祭で主演男優賞を受賞。

三上　冬の撮影所でストーブにあたりながら、松方さん、我々ピラニアが立って世間話をしてた時、あの当時、松方さんは性豪で知られてね、「千人斬り」「きつい一発」なんてイメージがあったけど、優しくて気を遣う人だからね、「三上君、君はエルザと一緒の事務所なんだってね」って私に話を振ってくれたんですよ。モデルや歌手をやってた娘で、たまたま同じ事務所に半年くらいいたことがあるの。

――ああ、エルザ、いましたね。

三上　適当に話を合わせてりゃいいのに、俺もバカだからさ、「作戦、立ててるんですか？」って言っちゃって。

――ハハハ！「きつい一発」の作戦！

三上　そこで松方さんが「何だ、手前は？」みたいなね（笑）。それが唯一、悔いが残る。「なかなかいい子ですよ」とか言っとけば、「今度紹介してよ」で済む話なんだから。身の程知らずだよね。

――パブリックイメージを刷り込まれ過ぎていたのが災いしましたね（一同笑）。

三上　そういう意味では、梅宮さんも相当変わっててね。あの人、漬物が好きじゃないですか。撮影所行くと周りのスタッフが、「梅宮さんはひどい。撮影中でも、雨が降ってくると、『干している大根を家に入れなきゃ』って、途中で家に帰っちゃうっていうんだ（笑）。

――ハハハハ、映画より大根を優先！

三上　私も一本貰って帰ったけどね、それだけ手をかけてるだけあって、もう物凄く深い味。半端じゃない。あの人は本物のグルメですね。

――皆さん、生活を大事にされてたんですね。

三上　破滅型の人は、あんまりいなかったな。勿論、皆さん女性も好きで、松方さんが女性を連れてホテルに入ったら、フロントの人に「お父様（※10）もいらっしゃいますよ」って言われたので、「じゃあ、（部屋代は親父に）つけといて」って（一同笑）。そういうのが平気な、風流な時代でしたよ。だって志賀ちゃんなんか、撮影所が休みだと、「三上ちゃん、今日空いてる？」なんて訊いてくるから、「大丈夫ですよ」って返すと、衣装部へ行ってえらい派手な衣装を借りてきて、ホストクラブのアルバイトに行くの。

――ええーっ!?

三上　あの面だけど、それがまた変わってて良いって、モテテるのよ。で、俺も舎弟みたいな扱いで女性と踊ったりして、1万円くらい貰ったかな。

――そういう凄い話もありつつ、多分中島監督や深作監督も、何か時代に伝えたいテーマ、何か世の中をひっくり返したいものがあって、この実録路線を作っていたと思うんですよ。

三上　それはありますよね。

――そこは三上さんとかは完全に共鳴されていた部分なんですか。

三上　勿論そう。共鳴したというか、やってる内に「なるほど、この人達は」って理解していく様な思いですよね。何でそういうことが出来るかっていうと、要するに東映っていうのは、エロと暴力さえ出しさえすれば、どんなメッセージを発信してもいい訳。高倉健の『網走番外地 望郷編』なんか、黒人差別の問題を入れてるでしょう（※11）。あと、鶴田浩二さんの「手前ら、全員ぶっ殺すぞ！」っていうのは、まさに全共闘とか左翼の代弁ですよね。

――当時の学生達が東映の映画館に押しかけた、というのは、そういう動きを感じたんですね。

三上　ですね、伝わってる訳ですよ。

――これは僕の印象なんですけれど、実録映画になると音楽がちょっとパンクっぽくなるんですよね。もう全ての権威を認めない、俺はやりたいことやるんだっていう、作品のテーマを代弁している感じで。

三上　それは確かにそうだ、思想もへったくれもないっていうね。室田さんの葬式の時に深作さんとたまたま一緒になったら、「俺、もう一回作品観直してるんだよ」って言うんですよ。で、やっぱり作さんがやりたかったことは、『仁義』で全部やったと。あとは、やくざ者の故郷や家庭、親子関係みたいなものをやりたかったみたいだね。

――丁度パンクが流行り始めたタイミングで、東映の実録映画が反権威を歌っていた。世界の流れにピントが合ってたのは、東映だけだったと思うんですよ。そこに三上さんも合流してきているから、そのムードはさらに際立ちますよね。

三上　『組長の首』にあの人も出てるでしょう、『タンポポ』（※12）とかにも出ていた……。

――山﨑努さん。

三上　そういう人たちも入れることで、ドンパチだけじゃなくて、アウトロー達の心情を生々しく表現したかったんじゃないですかね。何と言うか、皆が狂気に満ち溢れた人達というか、もう一人たりともまともな奴はいなかったです（一同笑）。だって福本（清三）さん（※13）なんて御一緒したことはないけど、あの人だって斬られ続けて、最後には世界に注目されちゃう訳だから。とんでもない話ですよ。

――『大阪電撃作戦』の時はボクサ

ー役でしたけど、練習はされたんですか?

三上　しましたよー。中島さんも結構悪いというか、まあそれが監督なんだろうけど、相手役の松ちゃん(松本泰郎)に吹くわけさ。「あの三上寛っていうのは、新宿で一番ケンカが強いらしいぞ」って(一同爆笑)。そしたら向こうも「この野郎!」みたいになってさ、1〜2日ちゃんとジムに行って合わせたんだけど、いざ本番になったら本気の喧嘩になった(一同爆笑)。まあ、そんな感じでしたよ。

――でも、それが良い方に出てますもんね。

三上　迫真のボクシングシーンと言われてもね、本気なんだもん、あれ(笑)。

――あの地下ボクシングの場面、素晴らしいですよ。別々のところにいるメインクラスの人物が、最終的にリング上にわーっと集まって来るじゃないですか。

三上　それは杉作さんの素晴らしい見方だけど、俺はそこまで考えてないよ、やり遂げた達成感だけだね。

――公開当時の反応はどうだったんですか?

三上　ああ、当時「ムービー・マガジン」とかでインタビューとかやってた高平哲郎(※14)が『組長の首』を観て、「寛ちゃんしか見てなかったよ」って言ってくれた。最高の誉め言葉でした。それはよく覚えています。

――観客を鷲掴みにするキャラクターですもんね。リアルな雰囲気がありましたよ。

三上　『組長の首』の衣装合わせに行った時、稔侍さんが入ってきて俺に「おはようございます!」って丁寧に挨拶する訳よ。「あれ?」って思って後で訊いたら、俺のことを本物のやくざと思ってたんだって(笑)。「よくぞこんな奴を見つけてきたな、さすが深作監督だ」と。

――ハハハハ! 役作りもいらないと。

三上　その後、稔侍さんと別の番組で会った時に、「実は『組長の首』の2人組は、松田優作(※15)と寛ちゃんという設定だったらしいんだ」と教えてもらったんですよ。だけど、深作さんが「もう一度稔侍にチャンスをやってくれ」って、推してくれたと。

――良い話じゃないですか。

三上　ところがね、これがまた不思議な話で、作さんにその話について訊いてみたんだ。そしたら「いや、俺、そんなこと言った覚えねえぞ」って(一同笑)。

――どういうことですか、それ!

三上　稔侍さんの作りが入ってる可能性もあるんだよなァ。まあ、それぐらいの小芝居できないと、あそこまで偉くはなれないよな。

――いや、最後に稔侍さんが何故ピラニア軍団にいた理由がわかったような気がします(一同爆笑)。

※14　たかひら・てつお/放送作家・評論家・劇作家。雑誌「ムービー・マガジン」で俳優のロングインタビュー「今月のゲストスター」を担当。

※15　まつだ・ゆうさく/俳優、歌手。49年山口県生まれ。テレビドラマ『太陽にほえろ!』ジーパン刑事役で人気を博し、『最も危険な遊戯』からの「遊戯」シリーズ3部作(78〜79年)、テレビドラマ『探偵物語』(79〜80年)などで強烈な印象を残した。リドリー・スコット監督『ブラック・レイン』(89年)でハリウッドに本格進出するも、公開直後に膀胱がんで逝去。

VIOLENCE COLUMN

東映実録路線「外伝」としての『鉄砲玉の美学』

中島貞夫監督がATGのフィールドで挑んだ異色の〝実録やくざ映画〟とは!?

文.伴ジャクソン

「東映作品」という括りには嵌らないかも知れないが、中島貞夫監督の73年作品『鉄砲玉の美学』は、東映実録路線の延長線上にある作品として見逃すわけにはいかない。

非商業主義的な芸術系作品を製作していた日本アート・シアター・ギルド（以下、ATG）が「やくざ映画をとってほしい」と中島監督に依頼したことから、企画はスタート。当時「1000万円映画」と呼ばれていたATG映画の枠内で東映作品のような作り方はまず不可能だが、自分でタイトルがつけられ、企画内容にとやかく言われないという〝自由〟が、中島監督の大きなモチベーションとなったという。キャストは主演の渡瀬恒彦（撮影に自分の車も提供）をはじめ、東映のスタッフ・キャストがほぼボランティアで参加、さらに音楽を荒木一郎が担当するなど、結果として一見東映作品にしか思えない不思議なATG作品が完成した。

23歳のチンピラ・小池清（渡瀬恒彦）は、兎の路上販売とソープ嬢・よし子（森みつる）の稼ぎで細々と生活していた。そんなある日、清は所属する天佑会の九州進出のきっかけを作るための鉄砲玉として選ばれた。拳銃一丁と100万の現金を渡されてご機嫌になった清は、さっそく宮崎へと飛ぶ。

天佑会が鉄砲玉を放ったという情報は、既に九州に届いていた。浮かれてやりたい放題にふるまう清に対して、事を荒立てたくない地元のやくざ・南九会の杉町（小池朝雄）は様子見の姿勢で臨む。ある日、杉町の子分・芳夫（川谷拓三）が迷惑をかけた詫びとして、杉町の愛人・潤子（杉本美樹）が、清の元へと送られてきた。金と力、女にすっかり酔ってしまい、自分を失ってしまった清だが、関西連合会が宮崎やくざの後ろ盾となり、天佑会が九州進出を白紙に戻したことから、事態は一気に急変する……。

本作は、後の東映実録路線同様、暴力組織に翻弄される若者の青春を活写した内容となっており、実際問題、この作品の骨子は、中島監督の『現代やくざ 血桜三兄弟』で小池朝雄が演じた鉄砲玉・川島のキャラクターとエピソードをブロウアップしたものである。しかし、東映の枷を外した本作品では、あえて派手なアクションや銃撃戦、膝詰め談合などの〝お約束〟場面を徹底排除。緊張感のあるストーリーよりも、刹那の絶頂と欲望に身を委ねる清の有様をこそ、強く印象付ける内容にまとめあげている。頭脳警察の名曲「ふざけるんじゃねえよ」が流れる中で現代の飽食と欲望をイメージさせる映像がコラージュされるタイトルバックから明らかに娯楽主義から一歩引いた作品の物言いが伝わってくるだろうし、これといった活躍をすることなく観光バスの中でこと切れる清の姿にアメリカン・ニューシネマの傑作『真夜中のカウボーイ』のラストシーンが重なるに違いない。

東映作品としては不完全燃焼、ATG作品としては商業的過ぎる、と当時はやや辛口な批評が集中したようだが、『仁義なき戦い』とほぼ並走する形で公開された本作の価値と先見性は、現在こそ再評価されるべきだろう。

✺作品データ
1973年2月10日公開／白揚社・ATG提携作品／カラー・ワイド／97分
【STAFF】
企画／天尾完次　脚本／野上龍雄　撮影／増田敏雄　照明／金子凱美　音楽／荒木一郎・頭脳警察　助監督／依田智臣
【CAST】
小池清／渡瀬恒彦　潤子／杉本美樹　よし子／森みつる　律子／碧川ジュン　杉町／小池朝雄　ゆき／松井康子　五郎／荒木一郎　修／大木正司　安夫／広瀬義宣　芳夫／川谷拓三

VIOLENCE:3

KINJI FUKASAKU'S JITSUROKU & "JAIL" MOVIES

第3章
深作欣二の実録映画&『刑務所』シリーズの魅力

『仁義なき戦い』を生み出した深作欣二が手掛けた作品群、
そして刑務所と脱獄囚のリアルを追求した新シリーズ――
ここで実録路線は1つのピリオドを迎えることになる!

『仁義の墓場』

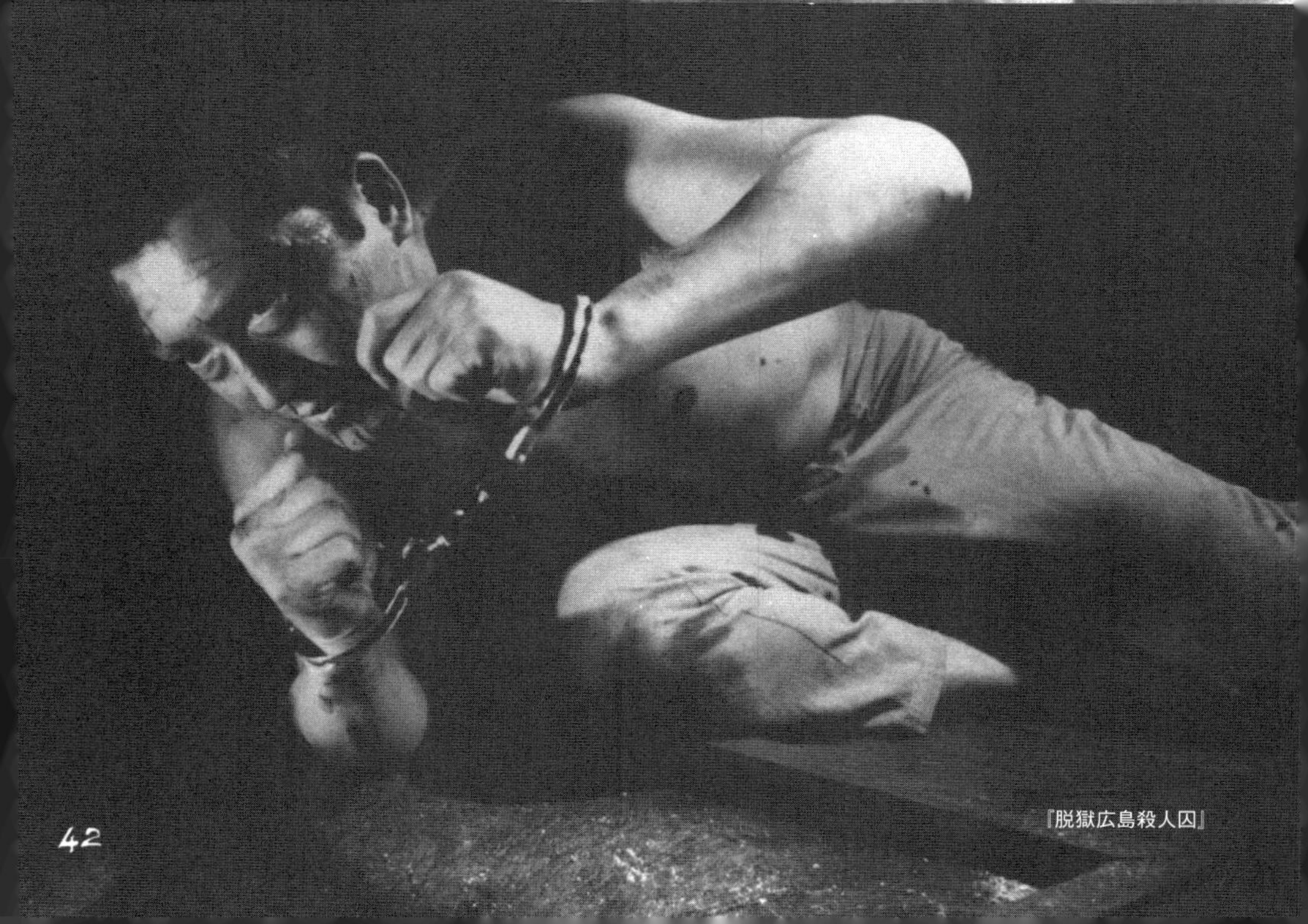

『脱獄広島殺人囚』

総論

深作欣二の「実録映画」はロマンである

文.杉作J太郎

『仁義の墓場』

深作欣二監督の実録映画は基本、スタイルである。

物語そのものは、「実録」というより「ロマンチック」である。

胸が締め付けられるようなロマンチックな物語を、徹底した実録タッチで撮りあげていく。

だから「こんなことがあるんだ！」と観客は酔いしれていく。

「こんなことがあったんだから、俺達も頑張らなきゃいけない！」

観客は大抵、そんな気持ちになる。私もなった。やる気が湧くのである。心が浄化されると言ってもいい。

昔。1980年代終盤。私が「平凡パンチ」の編集部にいた頃、ちょうど実録映画のビデオが次々リリースされるようになり、それまでは映画館でしか観られなかった実録やくざ映画をどこでも観られるようになった。

その夜、帰宅しそびれた連中が編集部に3人ぐらいいた。いずれも独身者である。わざわざタクシーで帰宅する意味がないのだ。

その時、私が持っていたのが『県警対組織暴力』のVHSである。東映ビデオの知り合いを通して購入したのだ。「平凡パンチ」編集部は東銀座歌舞伎座の裏手にあり、東映ビデオもご近所であった。

深夜2時ぐらいから観始めた。隣に「週刊平凡」の編集部があり、そのひとつ向こうが「POPEYE」の編集部だった。それまでに何度か、両方の編集部から「夜中に大きな音でビデオを観るな」という怒りの伝達を直接いただいていた。だが、その夜は「週刊平凡」にも「POPEYE」にも人が見当たらなかったので、我々は割と大きめの音量で『県警対組織暴力』を観始めた。

この作品は冒頭がいかしている。セピア色の倉島市（という実在しない市、おそらくモデルは倉敷か広島か呉）の実景にニュース写真タッチのモノクロ写真が挟み込まれ、そこに被る津島利章の音楽が、ファズの効いたギターサウンドが最高にかっこいい。たちまち大型テレビは大音量となった。

観始めて少しした時、「週刊平凡」の某が「平凡パンチ」編集部に無言で入ってきた。以前、「うるさい、静かにしろ！」と怒鳴った人物だ。私は覚悟した。某は黙ったまましばらくテレビ画面を眺めていたが、やがて椅子を探してきて私たちの側に置き、座った。

テレビ以外の明かりは消して鑑賞していたので某の表情はわからない。某は私よりひとまわり年上で、年齢的には実録やくざ映画全盛時に20代中盤。任俠映画全盛時には中学高校時代。東映やくざ映画の直下世代であるから、もしかしたらこうした映画が好きなのかもしれなかった。が、最後まで観た後、きっと怒るのではないかと思っていた。

映画が終わった。この日、『県警対組織暴力』を初めて観る同世代の同僚がいた。終盤に差し掛かる頃から、彼が鼻をすする音が聞こえていた。私はもちろん初見ではなかったが、当時、私はこの映画を観る度に泣いていたと思う。その時も涙が頰を流れていた。

菅原文太と松方弘樹。室田日出男と山城新伍。この2組の親友たちの末路が悲しすぎる。いつまでも仲良く歩んでいくことができないのが人生ということだとしても、悲しすぎる。そして、その悲しい物語を表現するのに、人間味たっぷりの東映の役者さんたちは、申し分なさすぎる。

明かりを点けると、某はもう部屋を出ていくところだったが、振り返って「やっぱり菅原文太は良いな」と笑った。いつも真っ黒なサングラスをしているので目は見えなかったが確かに笑って言った。

後に、某と私は親しくなる。

某は東映ピラニア軍団の取材を何度かしており、深作作品『暴走パニック 大激突』にも警官役でエキストラ出演していた。余談である。

深作欣二監督の実録映画は、コマンチックである。

仲間を裏切れない。女を棄てられない。

たとえ行き着くところはどん詰まりでも、それでいいじゃないか。

現代。21世紀、2018年の現実は「結局、カネが欲しいと言って何が悪い?」である。テレビやラジオから流れる文化人や芸能人の化鳥のような黄色い声が、私にはそう聞こえる。それが現代の実録ならば、深作欣二の実録はロマンであった。もしかしたら理想である。夢物語である。それをドキュメントタッチの画面構成と展開で見せた。魅せた。

ただ『仁義の墓場』だけは、それとも違う。

あれは何だったのか。

何だったのか、という作品が実録路線には何本もある。突然変異のような、バグのような映画である。

深作欣二の場合、それは粉々に砕けてしまったロマンの残骸、と言えるように思う。だから拾い集めて愛おしみたくなる。甘みと言えば甘みで、甘いと言えば甘いのだが、そこが大変美味なのである。

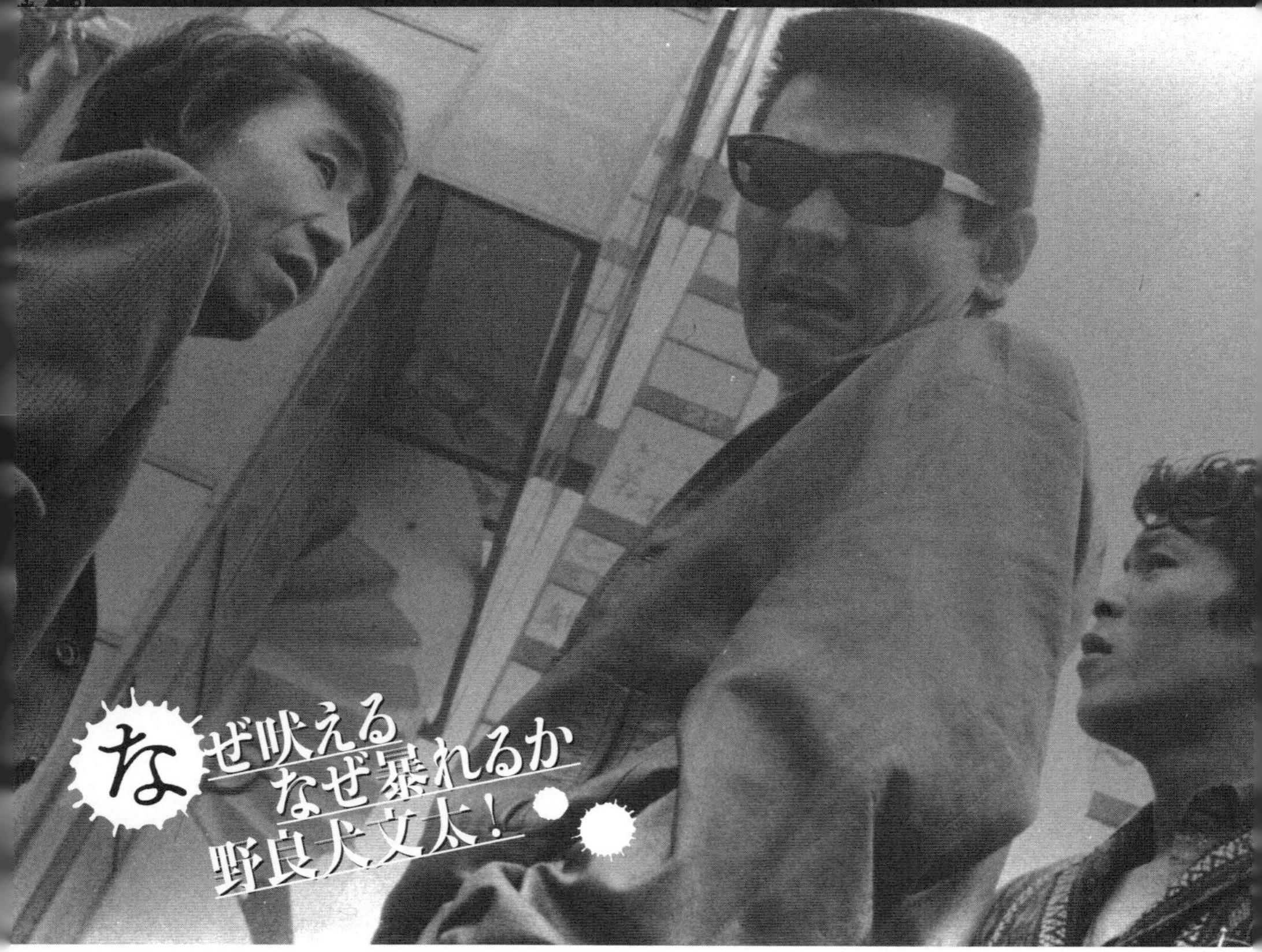

なぜ吠える
なぜ暴れるか
野良犬文太！

現代やくざ 人斬り与太

✷1972年5月6日公開
✷88分
✷東映東京撮影作品
✷カラー・シネスコ
✷併映作品：
『ポルノギャンブル喜劇
大穴中穴へその穴』（渡辺祐介監督）

STAFF

企画／俊藤浩滋　吉田 達
高村賢治
脚本／石松愛弘　深作欣二
撮影／仲沢半次郎
録音／小松忠之
照明／元持秀雄
美術／中村修一郎
音楽／津島利章
編集／田中 修
助監督／橋本新一
記録／勝原繁子
擬斗／日尾孝司
スチール／遠藤 努
進行主任／東 一盛
装置／根上徳一
装飾／米沢一弘
美粧／住吉久良蔵
美容／花沢久子
衣裳／河合啓一
演技事務／和田 徹
現像／東映化学
監督／深作欣二

CAST

沖田 勇／菅原文太
矢頭俊介／安藤昇
君代／渚まゆみ
木崎／小池朝雄
谷口／三谷 昇
谷口かつ子／藤里まゆみ
勇の母／谷本小代子
鉄男／小林稔侍
安夫／地井武男
サブ／大浜詩郎
まさる／村山辰昭
次郎／城 春樹

木崎（右）の言葉に乗って暴れまくる沖田と安夫は
滝川組の追跡をかわし、川崎中を走り回る

刑務所の垢をさっそくソープランドで落とす沖田。お遊び中に乱入してきた安夫らと意気投合し、徒党を組むことに

逃走中に偶然出会った矢頭（右から２番目）に救われた沖田。矢頭のクールで現代的な佇まいが、沖田の肌には合わない

宮原／室田日出男
風間／土山登志幸
滝川／諸角啓二郎
唐沢／八名信夫
川辺／伊達弘
滝川組子分／亀山達也
沢田浩二　須賀良
大和田英作／内田朝雄
郡司猛夫／待田京介
ユカリ／潤まり子
かおる／小林千枝
牢名主／藤山浩二
医者／河合弦司
配下／滝島孝二
ホステス／城恵美
サイエイ会組員／木川哲也　花田達
畑中猛重　高月忠　五野上力
滝川組銀バッジ／久保一　清水照夫
チンピラ／太古八郎　溝口久夫
矢頭組組員／三浦忍
矢頭組組員／鈴木健之
おでん屋の客／大泉公孝
少年時代の勇／梅地徳彦
囚人／日尾浩司
ボーイ／木村修
組員／泉福之助　横山繁　幸英二
山本緑
山田甲一
小林重忠
飛世賛治

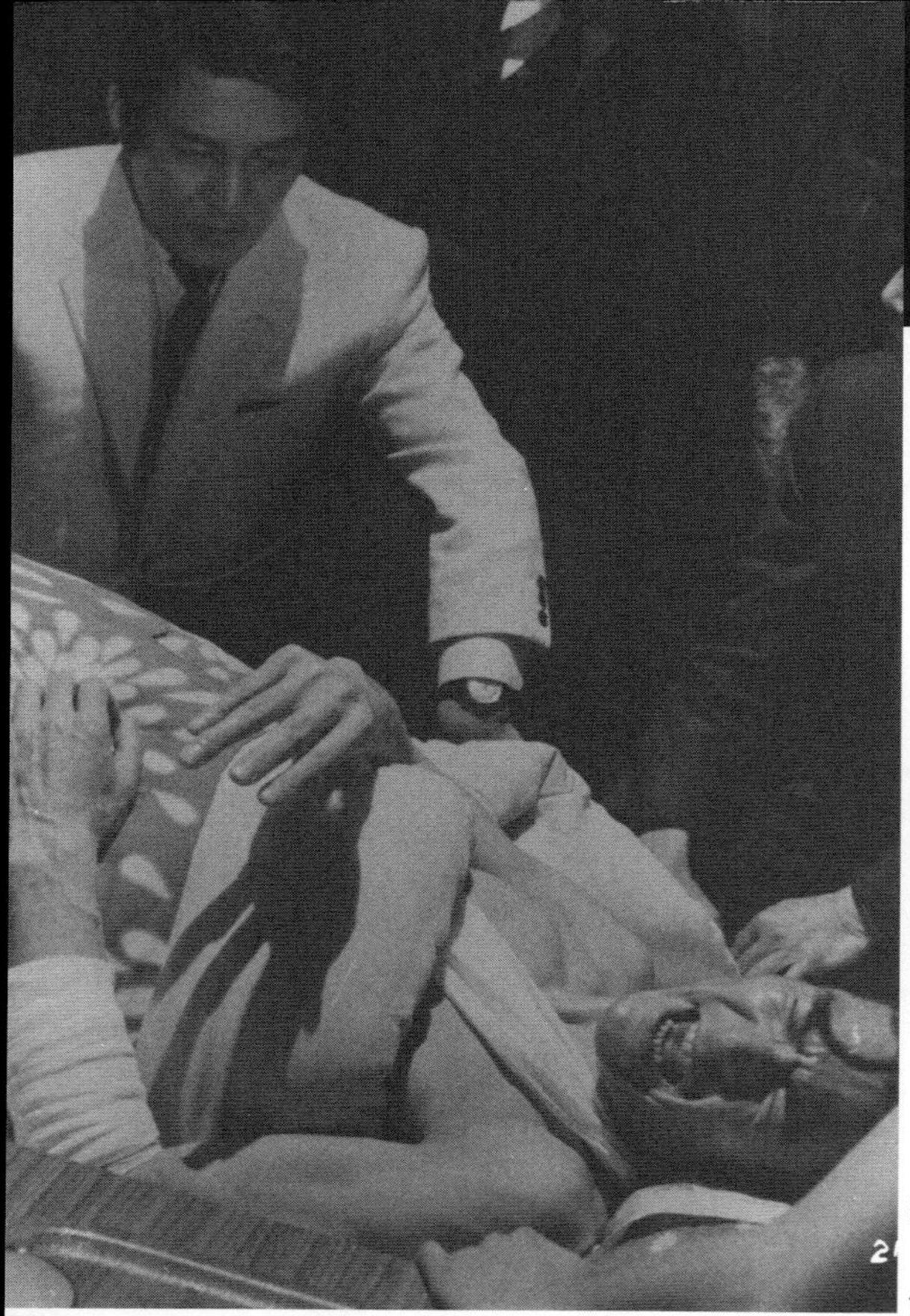

逃げ場を失った沖田と愚連隊を救うため、矢頭組との縁組を図った木崎。まったく納得がいかない沖田だが、重傷のため身体が言うことをきかない

鉄火肌の売春婦・君代は、自身の人生をめちゃくちゃにした沖田から何故か離れられずにいた

関西最大の暴力団・サイエイ会々長の大和田と、その行動隊長・郡司(右)。矢頭の大胆な行動力に感嘆し、沖田の命を保証する

STORY

終戦の日、昭和20年8月15日に生を受けた沖田勇。川崎で元売春婦の母に育てられていた沖田は、母の事故死をきっかけに愚連隊の仲間入りを果たす。少年院とシャバの往復で青年へと成長した沖田は、地元の暴力団・滝川組のチンピラとのいざこざから遂に刑務所入り。5年後の出所を果たすと、川崎の街は大きく様変わりを果たしていた。

安夫、木崎ら地元の5人の愚連隊と親しくなった沖田は、彼らに女の手配を頼むが、やってきた売春婦は沖田にナイフを突きつけた。

女の名は君代。田舎から上京した際、沖田に襲われて処女を奪われた上、女郎屋へと叩き売られていた恨みを忘れていなかったのだ。しかし程なく、沖田と君代は結ばれることに。

そんな折、沖田に声をかけてきたのが、一匹狼のやくざ・木崎。現在の川崎は、滝川組と新興の暴力団・矢頭組が縄張りを二分して安定を保っているが、これに揺さぶりをかけて縄張りを自分たちのものにしよう、と誘いをかけて来たのだ。沖田がリーダー、木崎が参謀となった愚連隊7名はさっそく滝川組の縄張りで次々と大暴れ。追われる中で、沖田はかつての刑務所仲間・谷口と再会するが、銃撃により重傷を負うことに。

滝川組に包囲された愚連隊を救うため、木崎は矢頭の子分になることを提案。窮地を脱出した愚連隊は「桜会」として矢頭組の配下に収まり、縄張りを得たことで安定した収入を得られるようになった。しかし、平和な日々は沖田にとって退屈そのものであった。

そんなある日、滝川は関西最大の暴力団・サイエイ会会長・大和田を東京に招いた。矢頭組に対抗するための手段として、サイエイ会との繋がりを強化する考えであった。ところが、それを知らぬ沖田は、たまたま遭遇した滝川や大和田らに因縁をつけてため、サイエイ会に命を狙われることに。矢頭は大和田へ詫びを入れるように諭すが、沖田はこれを拒絶。矢頭組を破門されても徹底抗戦の覚悟を崩さなかった。矢頭は滝川を始末し、大和田との直談判で自身と沖田に手を出さないように交渉し、沖田たちが立てこもる廃工場へと向かったが……。

33

安夫、鉄男を救うため、指を詰めて投降した沖田だが、自分を救おうとした君代が殺される様を目撃して、そのタガが一気に外れる

サイエイ会の銃弾が沖田の身体を貫いた

35

怒りと本能で動く沖田は、遂に自身を救おうとした矢頭にまでその刃を向けることに

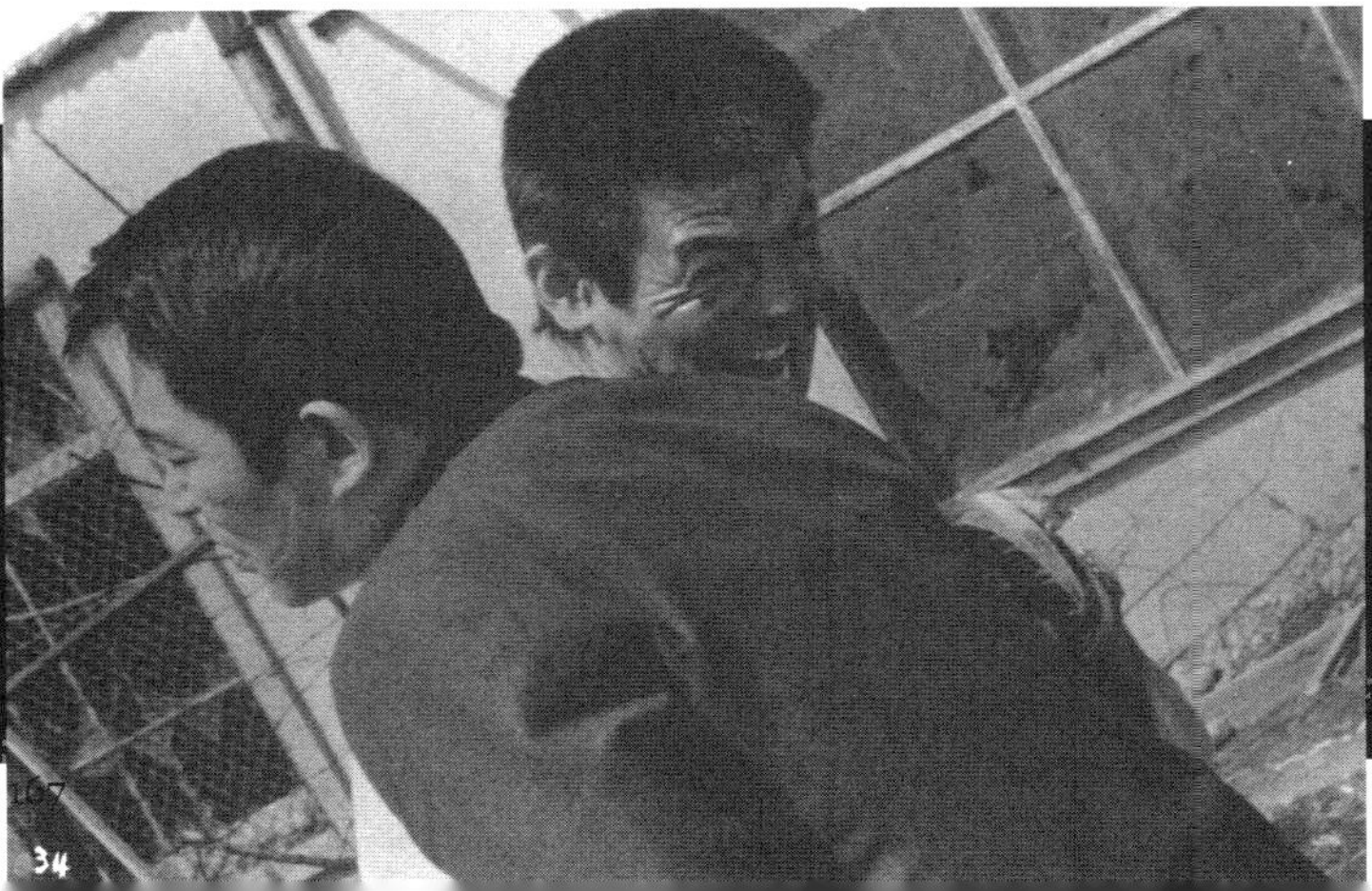

34

人斬り与太 狂犬三兄弟

- 1972年10月25日公開
- 86分
- 東映東京撮影所作品
- カラー・シネスコ
- 併映作品：『銀蝶流れ者 牝猫賭博』（山口和彦監督）

STAFF

企画／俊藤浩滋　吉田 達
脚本／松田寛夫　神波史男
撮影／仲沢半次郎
録音／井上賢三
照明／元持秀雄
美術／北川 弘
音楽／津島利章
編集／田中 修
助監督／沢井信一郎
記録／山内康代
擬斗／日尾孝司
スチール／藤井善男
進行主任／坂上 順
装置／吉田喜義
装飾／五十嵐靖治
美粧／須々木善三郎
美容／宮島孝子
衣裳／長谷 稔
演技事務／山田光男
現像／東映化学
監督／深作欣二

CAST

権藤勝男／菅原文太
大野正吉／田中邦衛
志賀 進／今井健二
村井和三郎／内田朝雄
五十嵐武男／室田日出男
貝塚 剛／須賀不二男
佐竹俊次／渡辺文雄
安達三郎／藤山浩二
南／植田灯孝
曽根／木川哲也
吉永／三浦 忍
茂／小林稔侍
博／誠 直也

貝塚を殺すための得物を調達。刺身包丁をセレクトした大野に、権藤は出刃包丁をお薦め

村井組のお荷物となった権藤になついているのは大野だけ。権藤のためなら、廃品回収を営む母親からなけなしの金をむしり取ることも厭わない

貝塚を見事に仕留めた権藤。出所後には、組の幹部の椅子が用意されていると期待していたが……

滝川／日尾孝司
小崎／土山登士幸
山下／高月 忠
谷／三谷 昇
大野まさ／菅井きん
〃 健次／城 春樹
新生会組員A／畑中猛重
〃 B／清水照夫
田口／河合絃司
千田／木村 修
桂木道代／渚まゆみ
けい子／松井康子
〝おけい〟ホステス／
谷本小代子　章 文栄
〝おけい〟の客／山浦 栄
女／由貴リエ
村井の老妻／東 竜子
中年男／相馬剛三
志賀の女／小林千枝　藤井まゆみ
賭場の中盆／滝島孝二
新生会組員／須賀良、横山 繁
溝口久夫　大泉公孝　幸 英二
城 恵美
佐川二郎
青木卓司
美原亮三
竹村清女
小甲登枝恵
亀井和子

キャバレーではしゃぐ権藤は、新生会の志賀とバッタリ。志賀にとって権藤は、自分の顔に大きな疵をつけた憎むべき相手である

蛇をペットにした奇妙な関西やくざ・谷は、賭場で助けられた恩義を感じて権藤の元へ

一切の客を拒絶する道代に手を焼く権藤。遂には店から追い出すが、何故か彼女は戻ってきてしまった

STORY

村井組々員の権藤と大野は、地元に進出してきた新興ヤクザ新生会々長・貝塚を出刃包丁で刺し殺し、若衆の志賀の頬を斬りつけた。何とかその場を逃げおおせた権藤は、ただ一人罪を被り、自首して6年の刑を受けることに。出所後には金バッヂと幹部の座が待っている、それだけが権藤の支えとなっていた。

しかし、いざ出所してみれば迎えに来たのは大野だけで、街では変わらず新生会の連中がのさばっている。新生会は当時代貸だった佐竹が組長となり、村井組とシマを分け合う形で共存していた。久々に組に戻り、組長の村井と代貸・五十嵐に挨拶をしても気分が晴れない権藤は、キャバレーで大野と騒いでいると志賀に遭遇、またも大乱闘となってしまい、村井と五十嵐から大目玉を食らうことに。

面白くない権藤と大野は、売春バー「おけい」を強引に自分のものにして、組に内緒で荒稼ぎを始め、よりにもよって新生会の賭場で遊ぶ始末。そこで2人は、蛇をペットにしている谷という一匹狼の関西やくざと知り合い、行動を共にすることになった。

一方、「おけい」には、体目当ての客に乱暴を働く道代という娘がいた。犯して言うことをきかせようとした権藤だが、なかなか思うようにいかない。業を煮やして店か

雨の中、志賀との一騎打ちに臨んだ権藤。辛くも勝利を手にするが、その結果はさらなる災厄を招くことに

新生会への詫びとして右手をドスで貫いた権藤。あまりの激痛に、大野や道代の介抱をも拒絶する

「でもよ、親が子を殺すってのはねえよな……」権藤の銃弾が村井の身体を貫いた

ら追い出したところ、ひょっこり谷と共に戻ってきた。働くはずの工場が倒産していたのだ。田舎を出て居場所のない彼女に権藤はシンパシーを覚え、そのまま店に置いてやることにする。

店のことが新生会から村井に知らされ、稼ぎのなくなった3人は、新生会に借金をしている鉄工所の所長から金をふんだくることに成功。しかし、逃走時に谷が新生会に捕まり徹底的なヤキを入れられ、死んでしまった。

鉄工所の件は新生会のシマ荒らしであり、村井組と新生会の間の緊張は一気にヒートアップ。村井に促されて、権藤は詫びとして右手にドスを突き立てたが、問題はこれで解決するわけではない。荒れる権藤に見切りをつけて大野が、そして道代が去って行く。孤独を紛らわすように、権藤は雨の街をさ迷い、見つけた志賀を撲殺してしまった。

もう権藤はどうにもならない。そう判断した村井は、大野に権藤の射殺を命ずるが……。

県警対組織暴力

✹1975年4月26公開 ✹101分
✹ 東映京都撮影作品
✹ カラー・シネスコ
✹ 併映作品：
『華麗なる追跡』（鈴木則文監督）

やくざ世界にどっぷりつかって
這いずりまわるこいつも刑事!

STAFF

企画／日下部五朗
脚本／笠原和夫
撮影／赤塚 滋
照明／中山治雄
録音／溝口正義
美術／井川徳道
音楽／津島利章
編集／堀池幸三
監督補佐／皆川隆之
助監督／藤原敏之
記録／田中美佐江
装置／近藤幸一
背景／西村和比古
装飾／山田久司
美粧結髪／東和美粧
スチール／木村武司
衣裳／岩逧 保
演技事務／森村英次
擬斗／上野隆三
進行主任／真沢洋士
監督／深作欣二

CAST

久能徳松／菅原文太
海田昭一／梅宮辰夫
吉浦勇作／佐野浅夫
河本靖男／山城新伍
塩田忠二郎／汐路 章
下寺／林彰太郎
得田／有川正治
丹保／森源太郎
池田／藤岡重慶
大坪／北村英三
佐山／笹木俊志
三浦／鈴木瑞穂
正岡／中村錦司

刑事課長・池田（左）も、誰よりも現場を知る久能には逆らえない

殴り込みをかけんとする大原組のチンピラから得物を奪おうとする久能

刑事二課との関係も深く、刑事部屋にも余裕で入ってくる広谷（左）

塚田／鈴木康弘
大原武男／遠藤太津朗
柄原進吾／室田日出男
庄司 悟／奈辺 悟
大貫良平／成瀬正孝
沖本九一／曽根晴美
三杉 寛／藤沢徹夫
是定 充／司 裕介
平田芳彦／片桐竜次
児島二郎／幸 英二
小宮金八／田中邦衛
住岡清治／小田真士
川手勝美／成田三樹夫
松井 卓／川谷拓三
水谷文治／岩尾正隆
土屋 保／白井孝史
俵 功二／平沢 彰
竹内／秋山勝俊
柳井／野口貴史
友安政市／金子信雄
向井万太郎／志摩靖彦
久保直登／小松方正
菊地東馬／安部 徹
岡元秀雄／国一太郎
麻里子／池 玲子
美也／弓 恵子
ユリ／小泉洋子
カスミ／橘 真紀
千代美／白川みどり
光代／松本政子
玲子／中原早苗
真佐江／林 三恵
吉川／宮城幸生
剛／岡部正純
裁判所係員／世羅 豊
佐山の同僚／鳥巣哲生
ダンプカー助手／
池田謙治
新聞記者A／
唐沢民賢
川手組々員／
小坂和之
白川浩二郎
矢部義章
大原組々員／
大矢敬典
志茂山高也
松本泰郎
森谷 譲
木谷邦臣
刑事／
福本清三
広谷賢次／
松方弘樹

6年前の事件をきっかけに久能と広谷の絆は深まり、互いに協力し合う様になる

妻・玲子から離婚届を突き付けられた久能。家庭にも職場にも、彼の安らげる場所はなかった

友安と川手の策謀を探るため、久能は川手組の幹部・松井を締め上げる

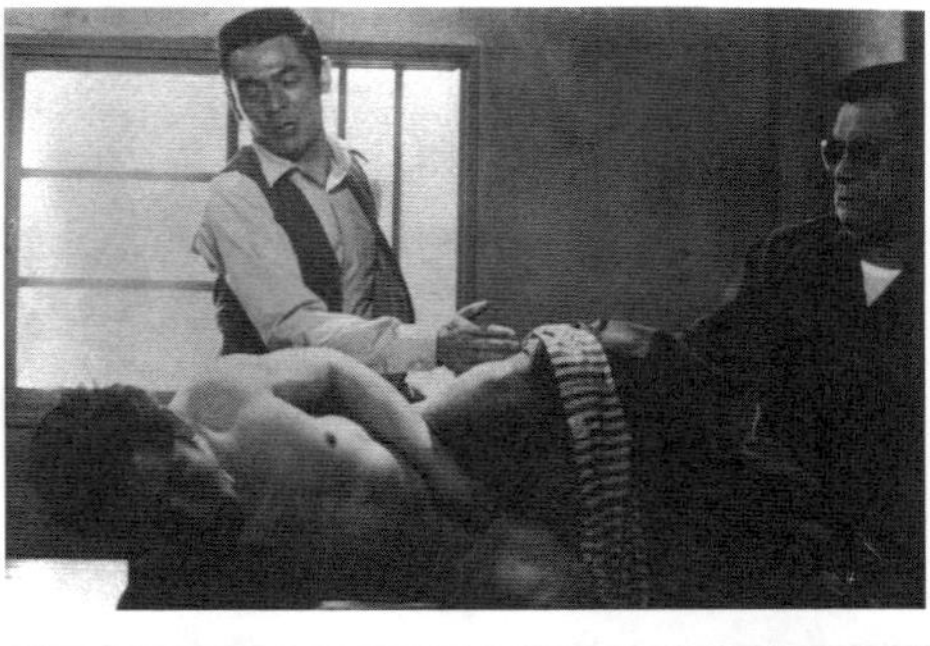

STORY

倉島市を騒然とさせた大原組の内紛抗争は、昭和32年の反主流派三宅組々長の射殺と、昭和33年の大原組長の逮捕で一応の決着を魅せた。しかし、三宅派の友安が組解散後に市議となってから市政は腐敗した上に大阪から進出した川手組と癒着、昭和38年には遂に若衆頭・広谷が組長代理を務める大原組と川手組との抗争が始まった。

倉島署捜査二課に所属する刑事・久能は、6年前三宅組長を射殺して自首してきた広谷の男に惚れて、その罪を握りつぶした。以来、2人の絆は深まり、それぞれの立場から相手を助ける関係となった。

広谷に友安と川手の癒着の理由の調査を頼まれた久能は、川手組の幹部・松井を引っ張って脅し宥めてを繰り返すことで、口を割らせることに成功。山洋工業の倒産に伴い、競売にかけられたその広大な所有地に、日光石油が石油タンク増設に使おうと目を付けた。漁業組合からの抗議を避けるため、友安を介して川手の経営する観光会社を窓口にして、レジャー用地として格安の落札額で購入するという絵図が出来上がっていたのだ。久能は広谷と組んで川手の落札を無効にして土地の権利を奪取、日光石油に高値で吹っ掛けた。この一件をきっかけに大原組と川手組の抗争は一気に激化、市民を巻き込んでの暴力事件が続々と発生するこ

久能と海田の間にできた溝は埋められることなく、遂に久能は自宅謹慎を言い渡される

新しい捜査本部のリーダー・海田は容赦ない捜査で広谷を追い詰める。チンピラ・大貫（中央）をスパイに仕立て上げると、大原組長の逮捕に踏み切る

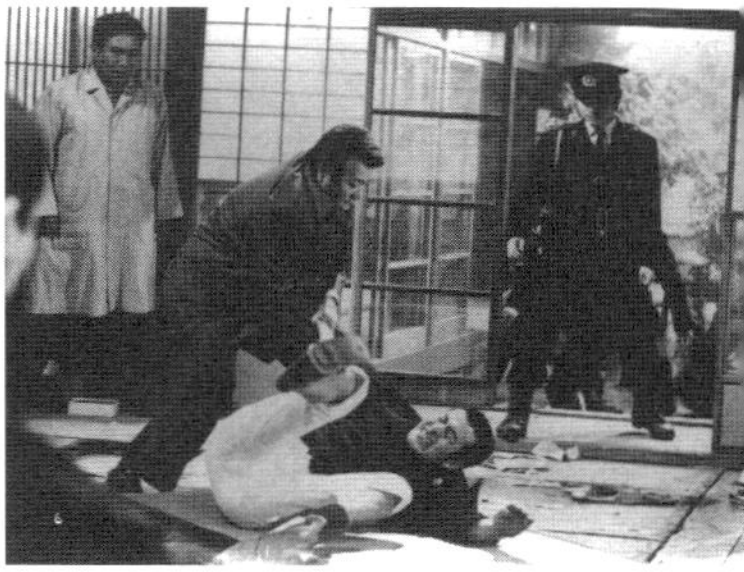

籠城した広谷を助けるため海田との交渉を図った久能。しかし、広谷との絆はすでに修復不可能なところにまで及んでいた

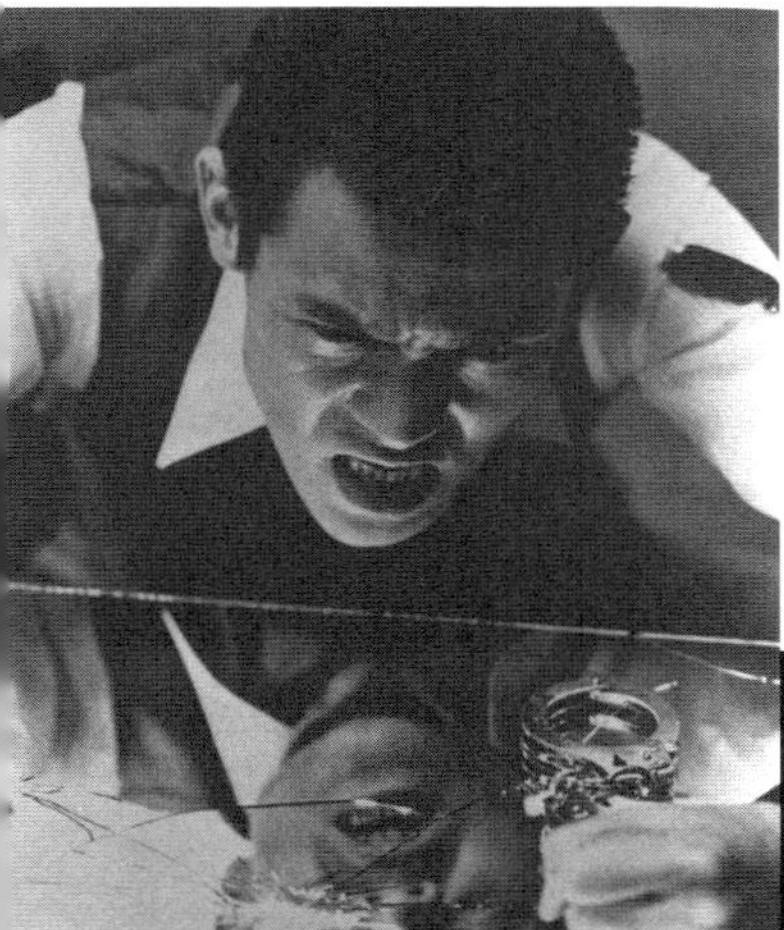

ととなった。

事態を重く見た県警は倉島署に「倉島地区暴力犯罪合同取締本部」を設置、若きエリート警部補・海田が、大原組担当のリーダーとして赴任してくる。海田は捜査二課のメンバーに、「法に厳正であること」「組織に忠実であること」「やくざとの私的交際を一切禁ずる」という3点を守るように厳命した。海田のやり方に納得できぬ部長刑事・吉浦は退職し、川手の関連会社の顧問に収まることに。

久能と広谷の関係を疑う海田は、久能を捜査から意図的に外し、さらに出所したばかりの大原を再逮捕、遂に大原組を解散へと追い込んだ。容赦ない警察の攻撃に苛立つ広谷は、関係者でありながら情報を渡さない久能を責めたてる。固かったはずの2人の絆に大きなヒビが入り、事態はさらに悪化していく。

✷1975年2月15日公開✷94分
✷東映東京撮影所作品
✷カラー・シネスコ
✷併映作品：『少林寺拳法』
（鈴木則文監督）

仁義の墓場

**俺が死ぬ時は
カラスだけが泣く！**

STAFF

企画／吉田 達
原作／藤田五郎 徳間書店刊「関東やくざ者」、青樹社刊「仁義の墓場」より
脚本／鴨井達比古 松田寛夫
神波史男
撮影／仲沢半次郎
録音／小松忠之
照明／大野忠三郎
美術／桑名忠之
音楽／津島利章
編集／田中 修
助監督／小平 裕
記録／山内康代
擬斗／日尾孝司
スチール／加藤光男
進行主任／東 一盛
装置／小早川 一
装飾／米沢一弘
美粧／入江荘二
美容／石川靖江
衣裳／長谷 稔
演技事務／石川通生
現像／東映化学
協力／ロイヤルモータース株式会社、
大阪日日新聞社
監督／深作欣二

CAST

石川力夫／渡 哲也
今井幸三郎／梅宮辰夫
杉浦 誠／郷鍈治
田村卓司／山城新伍
谷／高月 忠
河田 徹／ハナ 肇
吉岡安夫／室田日出男

在日グループの縄張りを奪って組を立ち上げた今井（中央右）は、石川を誘う

縄張りを荒らす親和会・青木に刃を向けた石川だが、
これがきっかけで池袋VS新宿の戦争が勃発しかける

何度も組をピンチに陥れる石川に、河田組長（右）
はカンカン

遠山 敏／曽根晴美
神野／前川哲男
武田／土山登士幸
哲／畑中猛重
五郎／城 春樹
秀／伊藤辰夫
谷村／苅谷俊介
小崎勝次／田中邦衛
青木政次／今井健二
徐辰／汐路 章
岡部／玉川伊佐男
石川地恵子／多岐川裕美
今井照子／池玲子
夏子／衣麻遼子
河田の妾／小林千枝
ドヤの女／芹 明香
石工／三谷 昇
河田組々員／高島志敏
野津組々員／山之内修
親和会々員／はやみ竜次
今井組愚連隊／花田 達
韓国人グループ／
三重街恒二
大阪麻薬業者／藤山浩二
野方署々長／河合絃司
代議士／関山耕司
警官／相馬剛三
警察署長／浜田寅彦
〃 署次長／近藤 宏
親分A／伊達三郎
米軍通訳／中田博久
青木組々員／日尾孝司
パーカー中佐／
ウィリアム・ロス
警官／山浦 栄
徐辰の仲間／佐藤晟也
河田組々員／浜田 晃

青木組々員／須賀 良
久地 明
滝島孝二
森 正規
男 喧太
亀山達也
大泉公孝
佐川二郎
溝口久夫
幸 英二
沢田浩二
影信之介
横山 繁
清水照夫
青木卓司
桐島好夫
浅野謙次郎
五野上 力
木村元保
謝秀容
三城貴子
内山朋子
田沢祐子
章文栄
伊藤慶子
木村章平
木村修
山田光一
梶木 昇／成田三樹夫
野津喜三郎／安藤 昇

所払いとなった石川だが、大阪ですっかりヤクの味を覚えてしまった

トイレに向かった青木の女にいきなり襲いかかる石川。女性に対しては、一事が万事この姿勢を崩さない

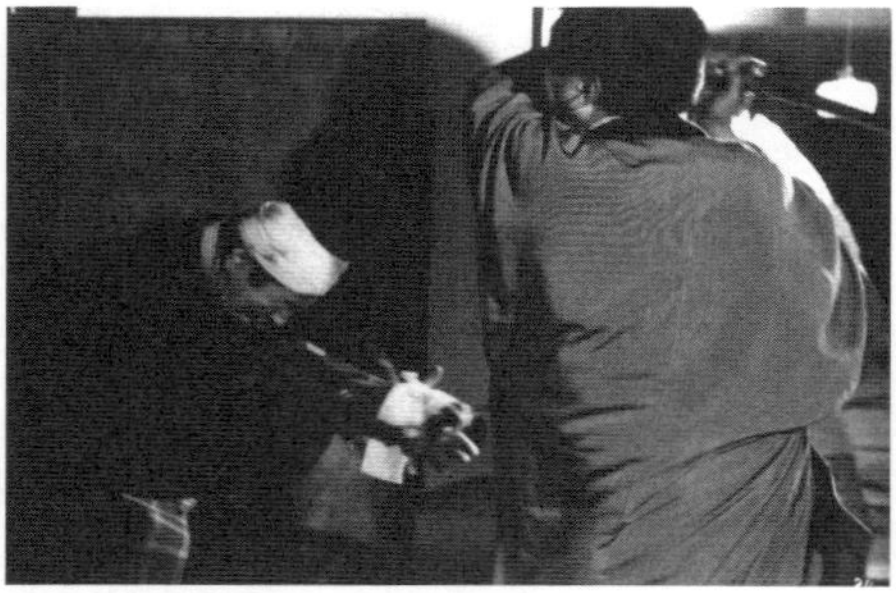

説教と折檻に腹を立てた石川は、遂にやくざ最大のタブー・親への反逆を企てた！

STORY

昭和21年、新宿は駅を中心にテキ屋系の4つの組織が縄張りを分け合っていたが、そこに池袋・親和会がその勢力を伸ばしつつあった。

新宿・河田組の若者・石川力夫は、少年刑務所で出会った兄弟分・今井、杉浦、田村らと共に中野で幅を利かせる在日中国人・韓国人グループ「山東会」を急襲。追手から逃げようと置屋に身を隠した石川は、そこで手伝いをする少女・地恵子と出会う。

結局石川らと山東会メンバーは警察に捕まるが、山東会に業を煮やしていた警察は石川らをそのまま釈放、山東会の縄張りをまんまと手に入れた今井は、自らの組織・今井組を立ち上げる。その後、預けた金と拳銃を回収に地恵子の元を再び訪れた石川は、そのまま地恵子を強姦するのだった。

ある日、石川はクラブで親和会メンバーの青木を発見。女を使って青木を挑発した石川はそのままドスを一閃、青木は重傷を負ってしまう。これをきっかけに新宿への本格進出を狙った親和会は新宿南口に陣取り、河田組との一触即発の睨み合いが続くことに。事態に窮した河田組長は、新宿区長選に出馬中の兄貴分・野津喜三郎に助けを求めた。野津の進駐軍を担ぎ出すというアイデアで何とか事態は収束するが、当の石川はどこ吹く風。

その後、賭場で負けがかさんで荒れた石川は、自分を窘めた野津に逆恨みして、その車を爆破。その件で河田に手ひどく折檻された石川は、さらにそれを逆恨み。昭和21年10月28日、遂に石川は親である河田に刃を向けた。数日後、中野署へ出頭した石川は府中刑務所へ入れられるが、その間に関東所払い10年の書状がやくざ社会に回されることに。

昭和23年10月、出所した石川を迎えた今井と杉浦は、しばらく大阪で我慢するよう石川を諭す。地恵子に体を売らせて金を作った石川は、言う通り大阪に向かったものの、ドヤ街の売春婦から麻薬の味を教わってしまった。ヤク中のチンピラ・小崎と意気投合した石川は、1年ちょっとで東京へ戻ってきてしまう。心配して助言する今井も邪魔な存在となり、石川はこれを射殺。遂に石川と小崎は、警察とやくざに追われる身となった……。

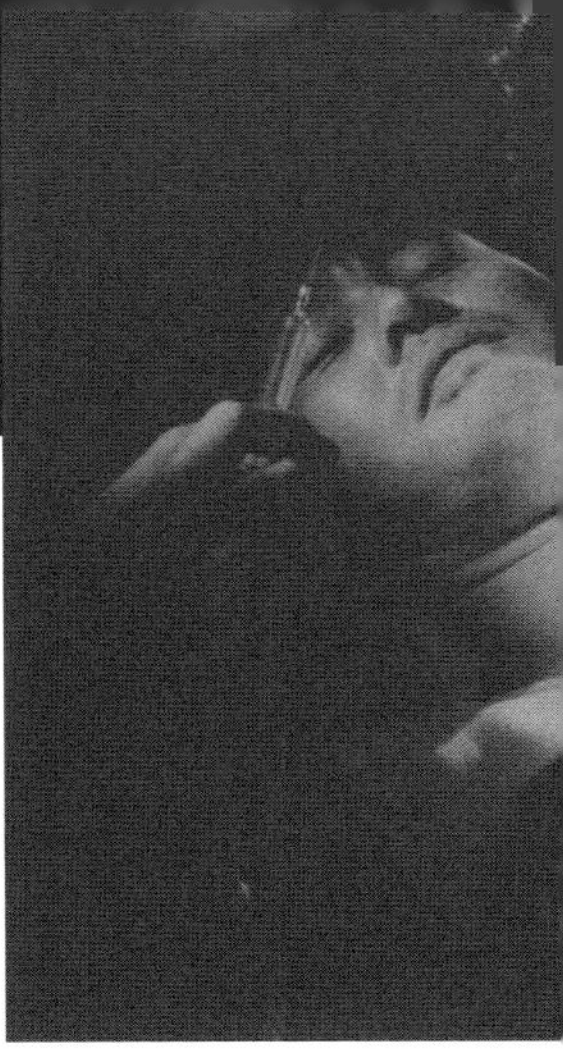

ヤク中の小崎（左）とコンビを組んだ石川は、狂気と暴力性がさらにパワーアップ

小崎と籠城したあげく、遂に警察に捕まった石川にヤクザたちが拍手喝采

石川のために身を粉にして働いた妻・地恵子が死んだ。彼女の骨壺を持ち、石川が向かった先は……

✷1976年10月30日公開 ✷96分
✷東映京都撮影作品 ✷カラー・シネスコ
✷併映作品：
『世界最強の格闘技　殺人空手』
（山口和彦監督）

やくざの墓場
くちなしの花

やくざと盃交わした
無頼刑事が一匹……
汚名にまみれて
反逆の牙をむいた！

STAFF
企画／松平乗道　杉本直幸　奈村協
脚本／笠原和夫
撮影／中島徹
照明／増田悦章
美術／富田治郎
録音／野津裕男
音楽／津島利章
編集／市田勇
助監督／鈴木秀雄
記録／田中美佐江
スチール／中山健司
装置／温井弘司
背景／西村三郎
装飾／山田久司
衣裳／岩滄保
美粧／長友初生
結髪／白鳥里子
擬斗／上野隆三
演技事務／葛原隆康
進行主任／長岡功
主題歌／くちなしの花（ポリドールレコード）
作詞：水木かおる
作曲：遠藤実　編曲：斉藤恒夫
歌：渡哲也
演奏：ポリドールオーケストラ
監督／深作欣二

CAST
黒岩竜／渡哲也
松永啓子／梶芽衣子
【西田組】
杉政明／藤岡琢也
松永俊二／今井健二
若本英夫／矢吹二朗
北島明／小林稔侍

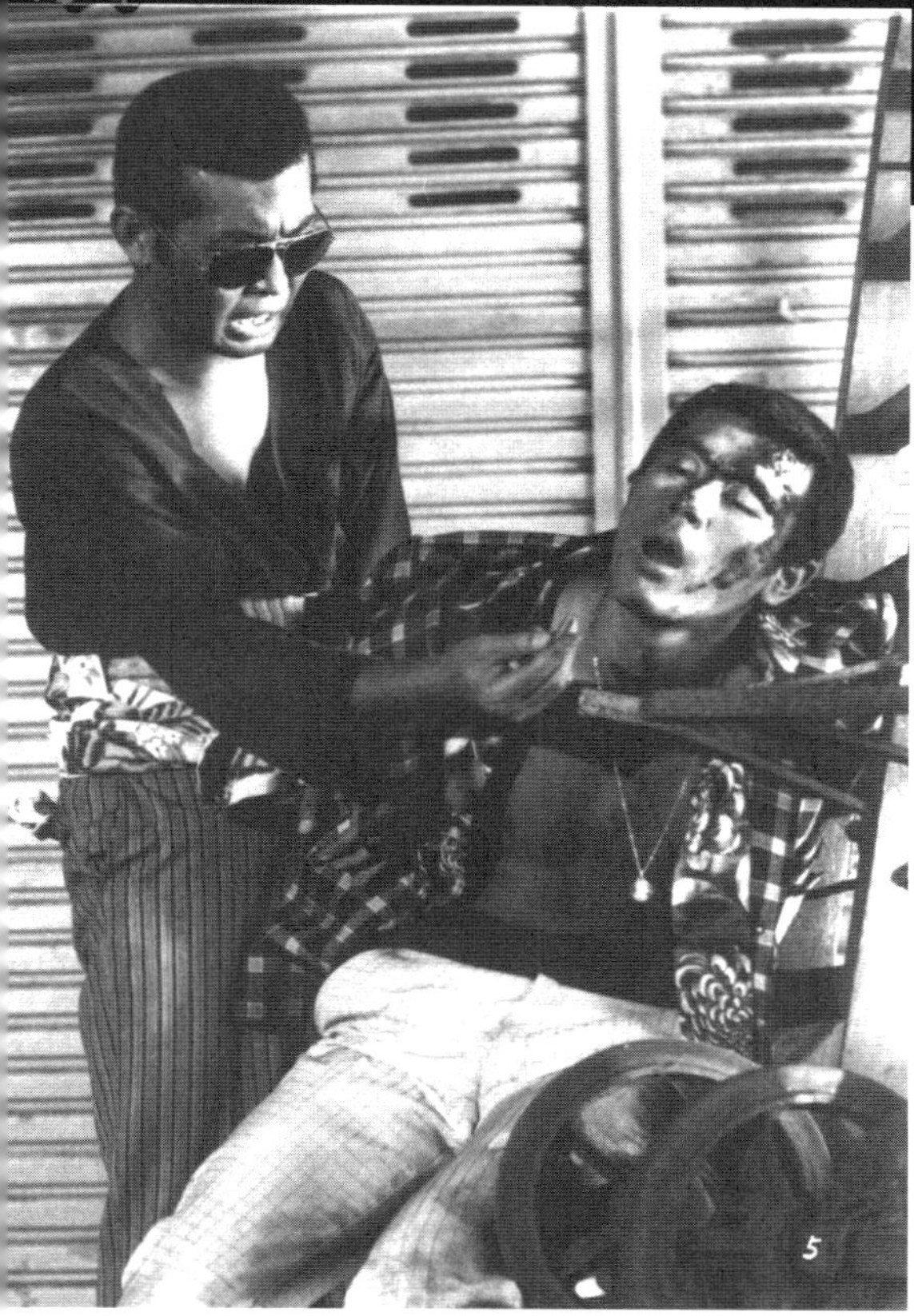

西田組・若本を締め上げる黒岩だが、
赤間署長はあっさりと釈放してしまう

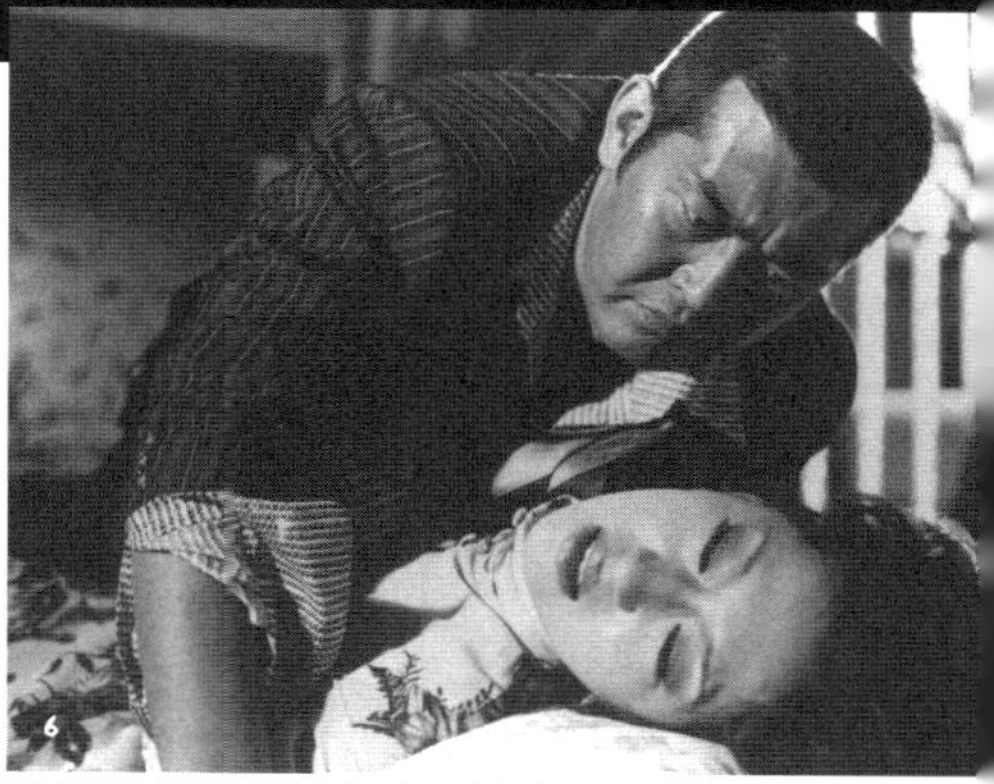

罪の意識からやくざの妻・初江を情婦にした黒岩。彼女の毒に、黒岩を締め上げていく

賭場で初江の資金稼ぎをする黒岩。これが山城組と西田組の抗争を引き起こすことに

小西政雄／松本泰郎
藤岡 修／檀 喧太
守屋／森谷 譲
塩見／小坂和之
梅本／森 正規
生熊／奈辺 悟
杉 美香／丸平峰子
江崎敏夫／有川正治
江崎信久／八名信夫
大河原義市／島田秀雄
上島 隆／藤長照夫
水谷／志茂山高也
安西／小峰一男
呑谷／北川俊夫
西畑／福本清三
【警察本部捜査四課】
大村本部長／大島 渚
野崎副本部長／成田三樹夫
西尾刑事部長／芦田鉄雄
古島捜査四課長／藤岡重慶
小池係長／宮城幸生
日高善人警部補／
室田日出男
庶務課々員／疋田泰盛
【山王署】
赤間署長／金子信雄
梶山刑事／川谷拓三
浅井刑事課長／白川浩二郎
看守巡査／広瀬義宣
【山城組】
山城剛志／吉田義夫
奥谷 勇／木谷邦臣
竹内清志／秋山勝俊
【武田組】
武田健吉／鈴木康弘
楠本正春／岩尾正隆
金井勝次／曽根将之
三宅 昇／笹木俊志

岡本／井上 茂
寺光伝之助／佐藤 慶
鬼頭／林彰太郎
町永／成瀬 正
宮崎／白井孝史
堀越／友金敏雄
【関西連合会】
木津組々長／笠原和夫
尾藤組々長／小高正巳
【反・山城組雄心会】
波多野武市／織本順吉
山岡 進／小田正作
国崎兼松／
矢奈木邦二朗
若本君代／菅井きん
荒井真吉／志賀勝
〃初枝／八木孝子
千崎文平／中村錦司
パチンコ屋の労務者／
片桐竜次
同 店員／浅野謙次郎
看守／有島淳平
パトカーの巡査／
藤沢徹夫
警官A／森源太郎
警官B／矢部義章
ボクサー／ロッキー・藤丸
（西尾ジム）
花見万太郎
平河正雄
新居芳行
ザ・ドルフィン（踊り）
岩田五郎／梅宮辰夫

警察に捕まった岩田は、脱走するように誘導されて、そのどさくさの中で殺されてしまう

かつての同期・日高警部補は、西田組担当班長として黒岩の上司となって現れる。

最初は犬猿の仲だった西田組・岩田（中央）だが、啓子（右）共々、黒岩との関係を深めていく

STORY

大阪では、近県に本拠を置く巨大組織・山城組が勢力拡大のための進出を図り、地元ミナミを基盤とする西田組との間に不穏な空気が流れていた。

刑事・黒岩竜は、2年前やくざ幹部を射殺したことから外勤に回され、殺したやくざの情婦・初江と共にやさぐれた日々を送っていたが、やっと捜査四課に復帰。情報収集を任されていたが、気がはやる黒岩は西田組のチンピラ・若本を不当逮捕で確保、口を割らせようとしたが、山王署の署長・赤間に釈放されてしまった。その後、黒岩は赤間に誘われて西田組組長・杉を紹介されて、山王署と西田組が完全に癒着関係にあることを知る。またその場で、西田組顧問であり、キックボクシングジム拳義会館長・岩田にも目をつけられることに。

ある夜、初江に店を持たせるための資金稼ぎに賭場で遊んでいた黒岩は、そこで武田組幹部の金井を発見。拳銃不法所持で逮捕しようと翌日その後を追うと、金融ブローカー「山光総業」に辿り着く。そこは、元捜査副本部長である寺光を含めて捜査四課のOB達によって経営されており、いまだに警察に出入りする寺光を目撃している黒岩は、彼らに対して不信感を抱く。

黒岩が賭場にいたことがきっかけで、西田組と山城組の抗争が遂に始まった。日を追うごとに激化す

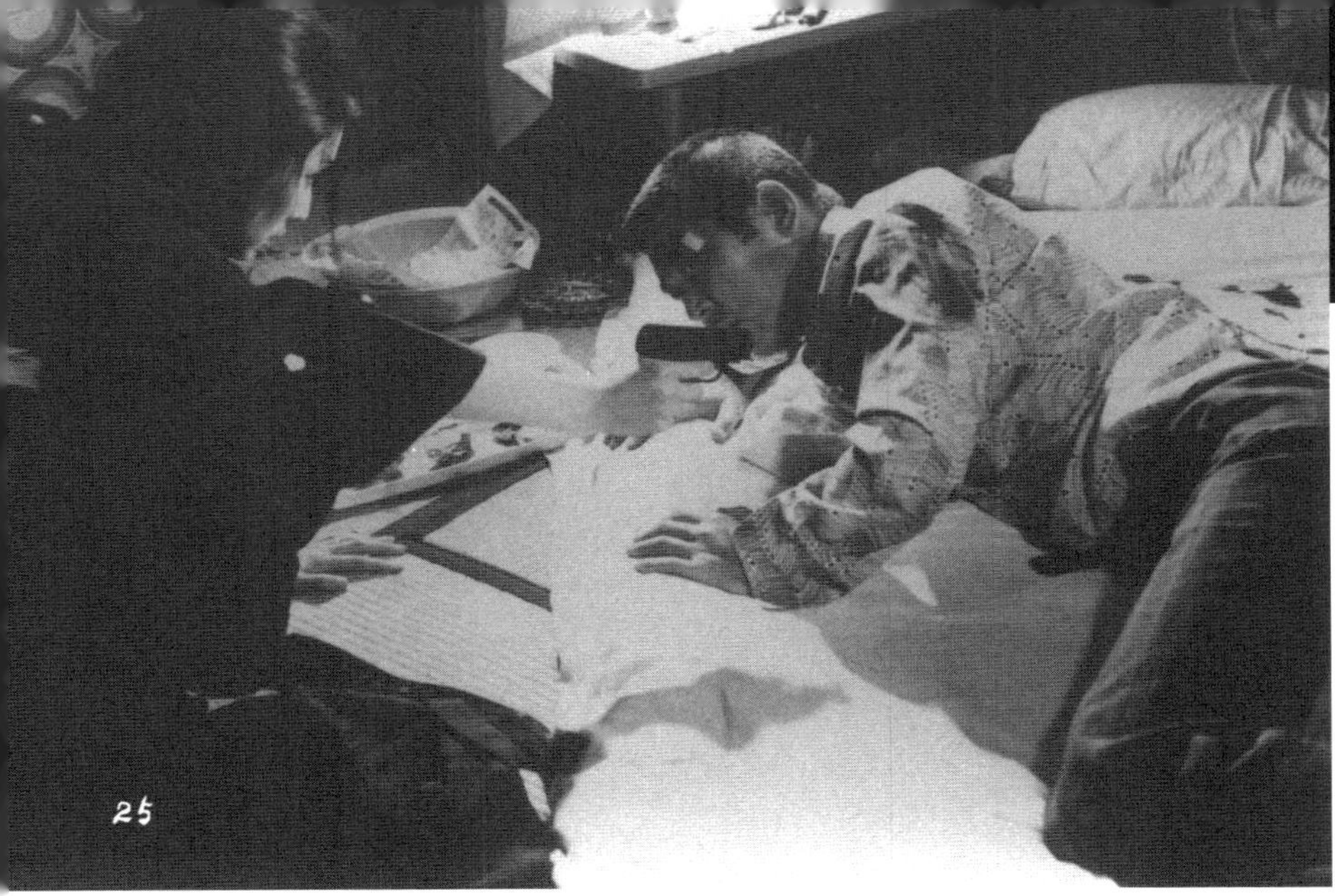

岩田の隠れ家の情報を吐いたのは、寺光に麻薬漬けにされた黒岩だった。組と愛を裏切られた啓子は、黒岩に拳銃を向ける

西田組解散の報告を受ける捜査四課の会議に殴り込んだ黒岩は、寺光に怒りの弾丸を撃ち込んだ

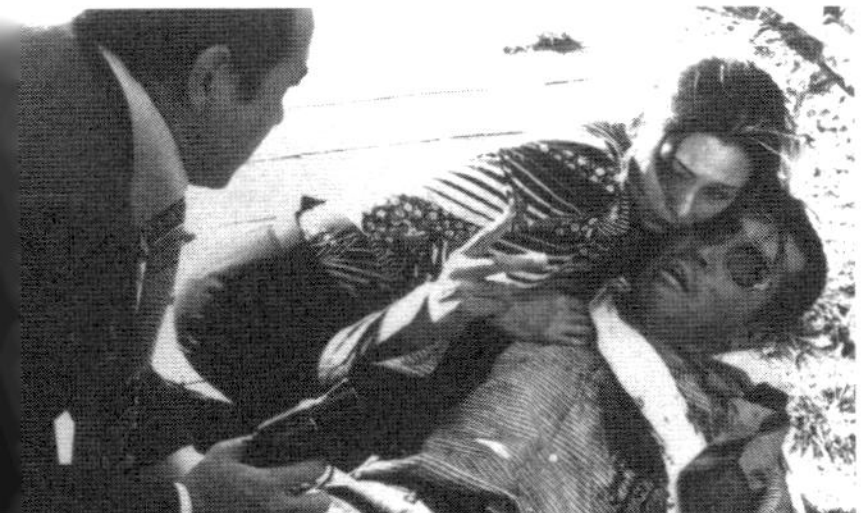

日高の銃弾に倒れる黒岩は、何かを訴えるように指を2本突き出した

る状況に疲弊する黒岩の元へ、現在服役中の西田組幹部・松永の妻で、現在若者頭代理を務める啓子が訪れた。鳥取の刑務所にいる松永への面会への同行を求めたのだ。金と賭場の話を用いて半ば脅される形で、黒岩らは鳥取へ向かう。15年の懲役を食らっている松永に若者頭を譲るように諭す啓子だが、松永は激怒。韓国人の父を持つ啓子に汚なく差別的な罵声を浴びせた。放心状態となって砂丘をさ迷う啓子を、黒岩は強く抱きしめた。

警察は管轄外の山城組に背を向け、西田組を解散に追い込む方針を固めた。西田組はその防衛策として雄心会との結縁式を決行、岩田が組長代行を務めることとなった。結縁式の晴れの場で派手に暴れた黒岩と岩田はその後意気投合、遂には兄弟盃を結ぶが……。

日本海の飢えた狼は親兄弟をも喰い殺す！

北陸代理戦争

- 1977年2月26日公開
- 98分
- 東映京都撮影所作品
- カラー・シネスコ
- 併映作品：『ピラニア軍団 ダボシャツの天』（山下耕作監督）

STAFF

企画／日下部五朗　橋本慶一
奈村協
脚本／高田宏治
撮影／中島徹
照明／増田悦章
美術／井川徳道
録音／溝口正義
音楽／津島利章
編集／堀池幸三
助監督／篠塚正秀
記録／田中美佐江
装置／温井弘司
装飾／山田久司
背景／西村三郎
方言指導／片山静治
衣裳／岩逧保
美粧／伊藤実
結髪／白鳥里子
スチール／木村武司
擬斗／上野隆三
演技事務／森村英次
進行主任／野口忠志
輪島市名舟町 御陣乗太鼓保存会
監督／深作欣二

CAST

川田登／松方弘樹
仲井きぬ／野川由美子
仲井隆士／地井武男
仲井信子／高橋洋子
竹井義光／伊吹吾郎
花巻伝／矢吹二朗
赤木良男／木谷邦臣
玉野功吉／勝野賢三
【富安組】
安浦富蔵／西村晃

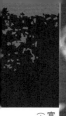

富安組々長・安原（中央）の約束不履行に不満を抱く川田（右）。間を取り持つ万谷（左）は、すっかり及び腰

万谷の策略に引っかかって、刺客に命を狙われた川田はかなりの重傷を負ってしまう

浅田組の急先鋒として北陸に乗り込んだ金井（左）は、川田をダシにして富安組を牛耳り、福井の覇権を握ろうとする

万谷喜一／ハナ肇
麻生常吉／西田 良
神明松男／笹木俊志
杉谷 洋／岩尾正隆
中村茂男／平沢 彰
野中徹三／松本泰郎
桑原長吉／藤沢徹夫
山下／司 裕介
隅日祥二／小峰一男
津賀 忠／奈辺 悟
あさ／中原早苗
【大阪・浅田組】
岡野信安／遠藤太津朗
馬場幸吉／林 彰太郎
久保利夫／成田三樹夫
波川／鈴木康弘
布施静雄／小田正作
【浅田組系金井組】
金井八郎／千葉真一
能田孝雄／牧 冬吉
大崎軍次／曽根将之
植村厚志／野口貴史
黄 東明／片桐竜次
押坂仙吉／福本清三
朴 竜国／小林稔侍
小泉邦彦／広瀬義宣
梁 文男／榎木兵衛
村田国平／成瀬 正
岸達之助／五十嵐義弘
【金井組金沢支部】
河島平吾／有川正治
西本 昭／白川浩二郎
【京都】
吉種正和／中谷一郎
守田一夫／阿波地大輔
【名古屋】
元村武雄／天津 敏
同幹部／藤長照夫
【金沢】
谷中政吉／織本順吉
橋口京一／高並 功
上原／白井孝史
利本得治／秋山勝俊
佐藤／志茂山高也
富山刑務所の看守／
蓑和田良太
警官A／宮城幸生
草壁警部／国一太郎
ウェイトレス／
紅かおる
マッサージ嬢／
奥村裕子
森谷 譲
山田良樹
矢部義章
森源太郎
ナレーター／酒井 哲

京都まで万谷を追った川田。命乞いをした万谷は自身の小指を噛み切っての詫びを乞うが、川田の怒りはそれでは収まらなかった

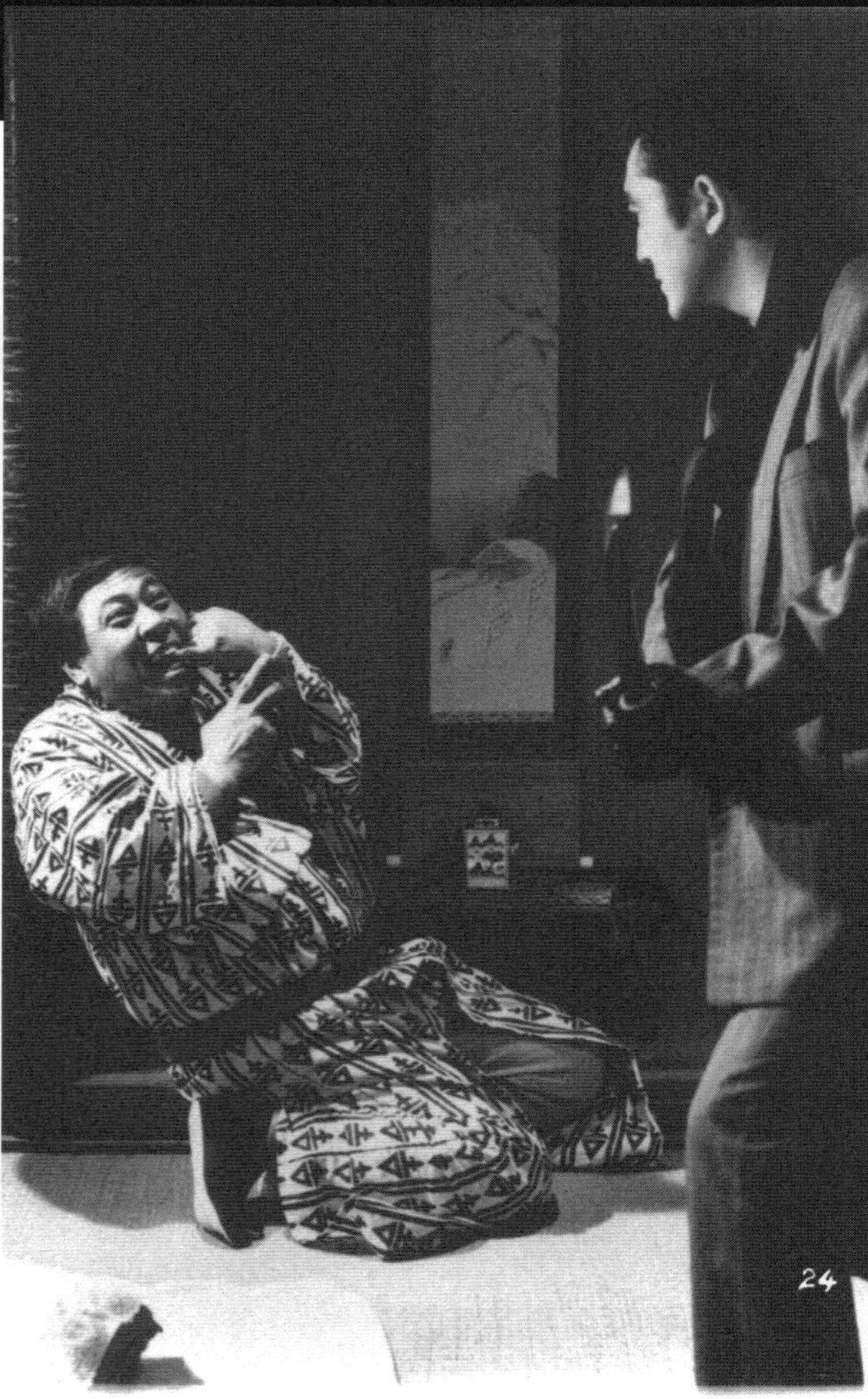

富安組二代目を襲名した万谷は、祝いの席に駆けつけた金井を歓迎

左手を失った万谷は、川田を何としても福井から排除しようとするのだが……

STORY

昭和43年、雪が深々と降る越前海岸・三里ヶ浜に、北陸富安組々長・安浦が首まで埋められ、ジープで脅しをかけられていた。ジープに乗っているのは、三原に居を構える若頭の川田登。5年前に約束した競艇場の権利の譲渡を守らなかった安浦に恨みをぶつけ、引退を約束させた。兄貴分である万谷は川田を諌めるが、川田は聞く耳を持たない。

一方、安浦は関西から北陸へとその勢力を伸ばし始めた日本最大の暴力団・浅田組の切り込み隊長・金井に川田の始末を依頼した。北陸対関西の抗争が本格的になる前に手を打とうと、万谷は川田を喫茶店に呼び出し、闇討ちをかけた。無防備の川田は重傷を負うが、情婦・きぬによって一命をとりとめる。

川田は谷中組に所属する、きぬの弟・仲井の手配で、同じく妹の信子の元で身を隠して回復を待つが、その間に万谷は富安組二代目を襲名、しかも川田の命を保証する条件で、きぬを自分の女にしてしまった。

信子と関係を持った川田は、傷癒えぬままに2人連れ立って京都で万谷を急襲、その左手を切断するも、とどめを刺すには至らなかった。しかし、現場にいた金井組の若者を刺し殺したことから、川田は金井組から命を狙われることとなる。そして、仲井は万谷の口車に乗り、谷中組を浅田組金沢支部に仕立て上げてしまった。

川田は、金井を持て余す浅田組の岡野を訪ね、金井組を潰す代わりに自身のバックアップを依頼する

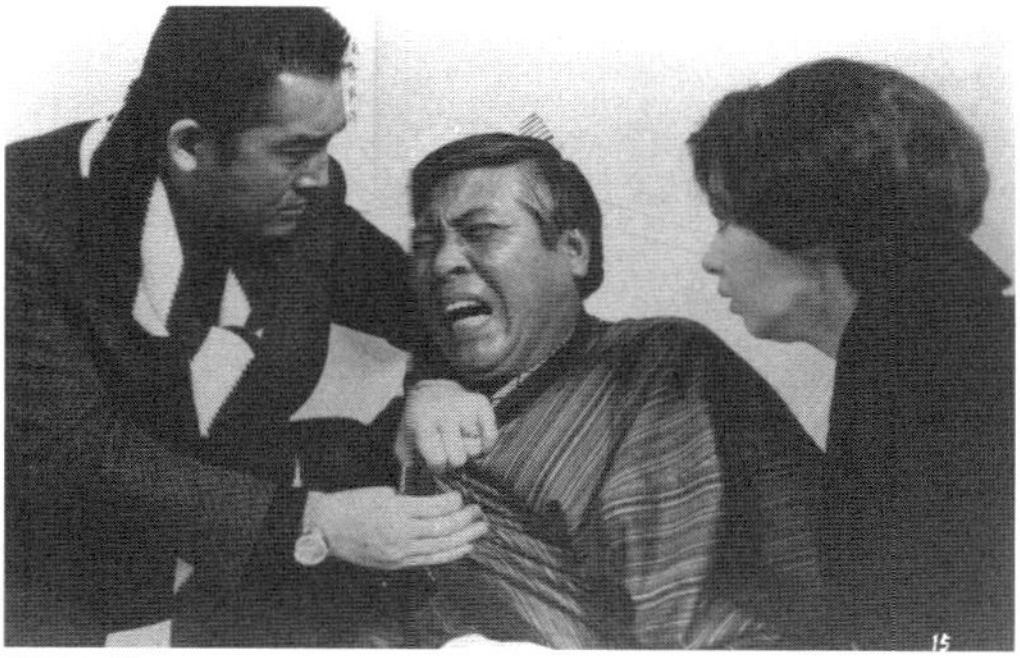

岡野を利用して、遂に万谷を追い詰めた川田

愛する川田を守るため、金井組に入り敵となった兄を刺し殺した信子。姉のきぬ同様、彼女も体を張って川田に尽くし抜いた

刑務所に服役した川田は安全に出所するため、きぬを通して浅田組幹部・岡野の協力を仰いだ。同じ浅田組でも、岡野は自分勝手にふるまう金井に対して大きな不満を抱いており、いつかその牙が自分に向かってくることを恐れていたため、川田の行動に目をつぶることを約束する。

昭和46年、福井に戻った川田は、信子、子分の荒巻、そして刑務所で知り合った谷中組の竹井と共に、万谷&金井への復讐の狼煙を上げる。まずは金井組の幹部・大崎と植村を血祭りにあげると、岡野の手配で金井組に警察の手入れが入り、万谷は丸裸の状態となってしまった。川田の勢いを見た岡野は正式に川田と盃を交わし、その力を我が物にしようとする。そして、川田はさらに万谷を追い詰めていく……。

VIOLENCE COLUMN

ビッグ・トラブル・イン「深作実録路線」

深作欣二監督の実録路線作品では、数々の問題が発生して大きな物議を醸しだした。本稿では、その3つの事件を紹介しよう。

文.伴ジャクソン

鴨井達比古による『仁義の墓場』第四稿が掲載された「月刊シナリオ」75年3月号。映画に比べると、石川の「人間らしい」会話や描写が多い印象が

▼『仁義の墓場』シナリオ騒動

東映の実録路線の中でも名作の誉れが高い『仁義の墓場』。まず、鴨井達比古によるシナリオ完成までの経緯を、「月刊シナリオ」75年3月号に掲載された鴨井のエッセイ「笑顔のない青春—石川力夫の生涯—」を参照しながら追ってみたい。

74年6月2日、東映東京の天尾完次企画部長（当時）から藤田五郎の原作本を渡された鴨井は、「8月までに第一稿が欲しい、菅原文太を中心としたスケールの大きい実録モノにしたい」ということで、さっそく鴨井は取材を進めるが、その陰惨な人生を探る中で「石川の笑顔が浮かんでこない」＝その人間性を掴むことができず、四苦八苦することになる。

同年10月12日に第一稿が完成。「基本的にはこれでOK」ということになり、10月27日に第二稿が完成。直後の海外旅行を済ませた11月17日、鴨井は天尾企画部長、吉田達プロデューサーと共に京都で『新・仁義なき戦い』撮影中の深作監督の元を訪れ、1週間打ち合わせをした後、大幅な路線変更となる。

12月15日に第三稿が完成（鴨井曰く〝我ながらまずい脚本〟）。12月24日に新宿の旅館で深作監督と再び打ち合わせの後、75年1月頭にようやく第四稿が完成。しかし、これに深作は満足がいかない。鴨井のシナリオに、ブラックユーモアが足りないと感じたのだという。クランクインに間に合わせるべく、深作は松田寛夫、神波史男を呼び出して、1週間ほどでシナリオに手を入れ決定稿として、ギリギリのスケジュールで本編を完成させた。

しかし、公開から少し時間が経った78年、「キネマ旬報」78年6月下旬号に掲載された田山力哉の連載「日本のシナリオ作家たち」で、鴨井は『仁義の墓場』に対して、

「完成した映画も見たけど、ぼくには雑で面白いと思わなかった。どういうとこがどうかと聞かれても困るけど、渡のメセン一つとっても違うんですね。ぼくが関わっていなければ面白いと思ったかもしれないけど。凄く不遜な言い方をすれば、オレのホンで撮ればもっと傑作になったという気は絶対にありますね」

と不満を爆発させた。それを受けて、同7月下旬号には神波史男の反論が掲載された。松田・神波の脚本は鴨井の脚本を下敷きにせず、まったく新規で書き直したものであることを改めて明言した後、

「ご自身の否定的な評価を下しながら、〝もっと傑作に〟云々と、傑作という言葉を使うことによって、倒錯した権威主義を丸出しにしつつ、全体としては夜郎自大的な自己宣伝におち入っている（原文ママ）しか言いようがない」

「鴨井氏も、今になってこのような発言をされるのなら、あの時点で、潔くご自分のタイトルを降すべきだったのではないだろうか？」

と返した。その後、同8月下旬号にて鴨井からはタイトル表記に関しての説明などがなされたが、深作監督への不満は変わることがなかった。

▼幻の企画『実録・共産党』

74年に笠原和夫が執筆した『実録・共産党』は、文字通り、共産党の戦前～終戦までの階級闘争を描いた異色の実録路線として企画、深作欣二監督作品として製作される予定であった。

この企画を発案したのは、当時の東映社長・岡田茂。73年に池田大作原作の『人間革命』（舛田利雄

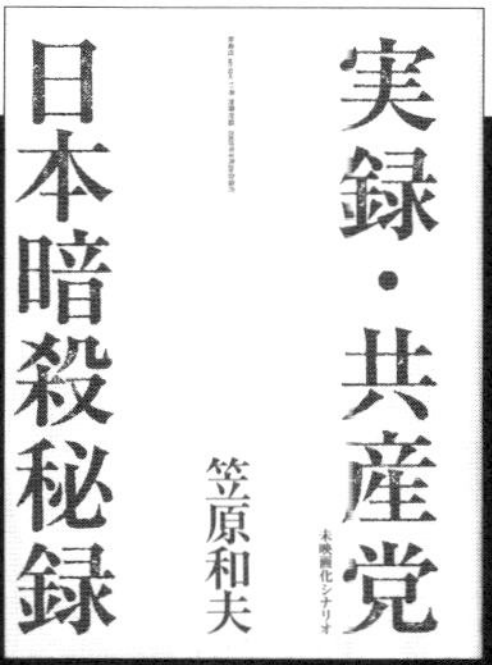

「en-taxi」11号（05年・扶桑社）別冊付録に掲載された『実録・共産党』シナリオ。初掲載は「映画芸術」2003年春号だった

伊藤彰彦「映画の奈落　北陸代理戦争事件」（14年・国書刊行会／「完結編」16年・講談社+α文庫）

監督）が創価学会の大量動員で大ヒットを記録したことから、同じように組織的動員が見込めるのではないか、という目算があったという。

物語は、後の共産党々夫人部長となる丹野セツとその夫・共産党初期の主要メンバーである渡辺政之輔を中心に、警察・国家の暴力に抗いながら闘争を続ける若者たちの姿をクロニクル形式で追っていく内容となった。

丹野セツ役は吉永小百合で決まったが、思ったよりも共産党が前売り券を買わなかったこと、さらに渡辺政之輔の死の描き方などを巡って共産党側と意見が割れ（笠原は自殺と考えたが、共産党は警察に殺されたと主張）、東映京都撮影所労働組合の共産党員の委員長の了解が得られなかったことから、この企画は凍結されてしまった。

その後、シナリオを読んだ女優の川口晶が、丹野セツを演じたいと、角川書店に話を持ち込み、再度映画化の話が持ち上がるが、角川春樹社長（当時）から、本作の肝である亀戸事件（関東大震災のどさくさに紛れて、多くの朝鮮人・共産主義者が警察・軍人に虐殺された事件）のエピソードを削除したいと言われ、笠原はそれを拒否。企画は再度、深い眠りについた。

▼呪われた『北陸代理戦争』

深作監督最後の実録作品『北陸代理戦争』は、立ち上がりからトラブル続きだった。まず本作は、『新・仁義なき戦い』として企画され、シナリオ第一稿にはそのタイトルがつけられていた。となると、当然のことながら主役を演じるのは菅原文太となるはずだったが、菅原は出演を拒否。やくざ映画のスターを脱却して新たな方向を目指す菅原にとって、実録路線に出るメリットはなかったからだ。

主役は松方弘樹に変更となり、撮影はスタートしたが、現在進行中の抗争をテーマにしていたため福井県警のマークも厳しく、さらに14年ぶりの大雪のせいで撮影は難航する。それに加えて、ジープの運転を買って出た渡瀬恒彦が車を横転させる事故を起こしてしまった。この事故で、渡瀬は足に重傷を負ってしまって降板となり、急遽伊吹吾郎が代役として呼ばれることとなった。再撮も入り、ますます混乱する現場を何とかするために、中島貞夫監督も現場に参加、2班体制で撮影を進めることで、何とか公開に間に合わせることができた。

しかし、話はそこで終わらなかった。本作公開後、主役のモデルである川内組々長・川内弘が地元の喫茶店「ハワイ」で射殺されたのだ。川内の親分である菅谷政雄を飛び越え、三代目田岡一雄との盃を求め、そのことに腹を立てた菅谷が川内を「破門」、それを受けての浅野組系共進会による犯行であることが判明した。まさに映画のラストシーンから続いたかの様な展開、さらに犯行現場となった川内行きつけの喫茶店は映画の中にも登場し、同じ様な襲撃場面が描かれていた……まさに「現実と映画の境」が壊れたような、衝撃的な出来事であった。

この事件の詳細に関しては、伊藤彰彦「映画の奈落　北陸代理戦争事件」（国書刊行会／「完結編」講談社+α文庫）が詳しいので、興味のある方はぜひ御一読を。

『現代やくざ 人斬り与太』

実録映画俳優論・2

菅原文太

文.杉作J太郎

本書の編集作業も大詰めの夜。東映チャンネルで『人斬り与太 狂犬三兄弟』をやっていたので、条件反射的に観始めて、最後まで観てしまった。何度観ても良いものは良い。

もちろん初見の時が一番面白いのは事実である。寺山修司さんが提唱していたとおり、映画は一回性の芸術である。二度目、三度目、今までに気付かなかった部分に気付いてハッとすることもあるし、視点、着目点が変わって新たな涙が頬を濡らすこともある。だが、物語や登場人物の行く末を知らないハラハラ感が味わえるのは初見の時だけだ。

私は思うのだが、今回、本書に触れて、これから初めて本書に掲載されている作品群を観る人もいるかと思うと、羨ましくてしかたがない。

是非物のハッピーエンドや予定調和の完成図を持たない実録路線は、全ての劇映画の中で、最も展開が読めないジャンルである。そして「結局、何もなかった」ということはあり得ない。大変な事態が現実に発生した、その事態を描いていくのだから、何もなしに終わるわけがないのである。

文太さんの『現代やくざ』シリーズ、そこから派生する『人斬り与太』シリーズはそれと違う。

このシリーズに、下敷きとなる事件はない。物語にも登場人物にも、モデルは存在しない。

ただ、舞台となる町は実在する。

そして、その町の風景、雰囲気は実録である。その町でもがき、暴れ、のたうち回りながら、人間性に目覚めたりもする、ちっぽけなサイズの主人公。菅原文太が演じる主人公。それは「絶対その町にいた、あいつ」なのである。

私たちはその「あいつ」を知らない。例えば、川崎という町を訪ねても、人も景色も変わった。駅の周りは未来都市顔負けの近代化が進んだ。ただ、何気ない瞬間、夕闇が訪れて、風が吹いて、パーッと雨が落ちたりする瞬間。「あいつ」の町だ、と私は感じる。

「あいつ」は今、どこでどうしているのだろうと思うのだ。もがき苦しみながら死んだ「あいつ」だが、「あいつ」ほどしぶとい奴もいない。それは仲間や敵も含めてだ。小池朝雄、田中邦衛、三谷昇、諸角啓二郎……。

川崎を舞台とした『現代やくざ 人斬り与太』と『人斬り与太 狂犬三兄弟』はいずれも深作欣二が監督で、「愛すべき他者」と「愛してはいけない自分」とが構築する悲劇性はエスカレートする。そこで深作欣二は、というよりも、菅原文太は明らかにトラディショナルに背を向けている。

伝統的なやくざの世界。伝統的な男女の作劇。菅原文太と渚まゆみを繋ぐのは、月の満ち欠けでも、命がけの求愛でも、運命的なすれ違いや再会でもない。『現代やくざ 人斬り与太』では赤飯のおにぎり、『人斬り与太 狂犬三兄弟』では小さなチャーシュー、たった二切れにすぎない。

そんな貧乏くさい映画は支持された。貧乏な観客に。貧乏な私たちに支持された。

『人斬り与太 狂犬三兄弟』における、菅原文太と今井健二の定型から遥か離れた、時代劇の東映からは遠く離れたでたらめな立ち回り。泥と涙と糞尿と屈辱と貧乏と悲しみと苦しみの中で繰り広げられた殴り合い、殺し合い。

当時も感じていたことだが、実録路線は映画の革命であった。トラディショナルからの脱却を画策した文太さんは田中登、寺山修司を東映に招く。今思えば、それは新しい芸術、新しい世界を求める運動であった。そして東映を離れて後、長谷川和彦、野村秋介と運動は続いたのである。

INTERVIEW

土橋 亨【助監督】

TOHRU DOBASHI／ASSISTANT DIRECTOR

どばし・とおる／1941年生まれ。65年、早稲田大学卒業後に東映入社。東映京都撮影所で深作欣二、中島貞夫、蔵原惟繕監督らの助監督を務める。75～76年にかけて、文化庁派遣芸術家在外研修員としてフランス第八大学映画学科へ留学。81年『燃える勇者』で監督デビュー。その他、監督作は『極道の妻たちⅡ』（87年）など。

取材／杉作J太郎　構成／編集部

――土橋さんは、数多くの実録路線作品に助監督として参加されているので、その頃のお話をうかがえればと。

土橋　僕が京都撮影所に配属されたところから、東映は激動の時代に入ったのはまちがいないです。僕は65年に助監督で入ったんですが、入ったら途端に「時代劇は駄目だ」ということになって、萬屋錦之介が「やくざ映画には出ない」と言ってね、大俳優が労働組合に入ったもんだから、まあ面白いというか（※1）。なのに、火野葦平さんの『花と龍』（※2）を山下耕作監督（※3）でやると「これはやくざ映画じゃない、文芸作品だから出る」と（笑）。

――線引きが曖昧ですね。

土橋　良かったですよ、『花と龍』2部作は大ヒットしたんですけど、それからはもう全部任侠映画。『博奕打ち　総長賭博』（※4）の試写の時には、「わーっ！」って歓声が出て、僕なんかも感動して、「これがやくざ映画の頂点で、もう終わりだ」って言ったら、同期の奴が、「いや、ここからやくざ映画が始まるんだ！」って。

――ハハハ！

土橋　すごく興奮したのを覚えている。任侠映画の極致だよね。三島由紀夫がこれを観て、「観るべきやくざ映画だ。まさにギリシャ悲劇だ」と大絶賛してくれた。その頃、朝日新聞は一切東映のやくざ映画は取り上げなかったんです。反社会的映画だから。

――それは任侠映画でも？

土橋　うん。代わりに、毎日新聞やスポーツ新聞がもう徹底的に取り上げてくれててね。東映京都撮影所は、二本立てのメイン作品を製作していて、当時は全部俊藤浩滋さんがプロデューサーだった。だけど、やっぱり『総長賭博』からだんだん任侠映画が下り坂になってきたんですよ。そこに俊藤さんから離れた日下部さんが『仁義なき戦い』を手掛けることになった。飯干さんの原作を読んで、これはいけると思ったんですよね。で、一応俊藤さんには相談した際に、「東映京都（の監督）でやったら駄目だぞ」とアドバイスを貰ったそうです。そこで深作欣二監督に白羽の矢が立った。

――やはり、『現代やくざ　人斬り与太』辺りのインパクトが。

土橋　そう、あれが面白くてね。東映京都にはいないタイプの監督だったんです。工藤栄一（※5）でもないし山下耕作でもない。

――京都はその頃『まむしの兄弟』とかがありましたけど。

土橋　中島（貞夫）さんね。

※1　萬屋は、東映の時代劇撤退の流れを受けて結成された「東映俳優労働組合」の委員長に就任したが、俳優の組合を認めない会社側は、組合員の出演を拒否するなどといった強硬な態度で対応。交渉の末、わずか3カ月で俳優組合は解散となった。

※2　52～53年にかけて読売新聞で連載された火野葦平の長編小説を映画化。明治末期から戦後までの北九州を舞台に、著者の父である玉井金五郎（玉井組組長）と妻・マンの波乱の人生を描く。東映では、山下耕作監督・主演を萬屋錦之介と佐久間良子が務めた『花と龍』（65年）、『続花と龍　洞海湾の決闘』（66年）が製作された。

※3　やました・こうさく／映画監督。1930年鹿児島県生まれ。52年東映入社、61年に『若殿千両肌』で監督デビュー、以後数多くの時代劇・任侠映画を手掛けた。代表作に『関の彌太ッペ』（63年）、『博奕打ち　総長賭博』（68年）、『緋牡丹博徒』（68年）など。98年没。

※4　山下耕作監督、脚本・笠原和夫、鶴田浩二主演による、『博奕打ち』シリーズ第4作（68年1月14日公開）。昭和9年、天竜一家の跡目問題に端を発したやくざ組織の内紛に翻弄される男のドラマが描かれ、三島由紀夫ほか識者たちから高い評価を得た東映任侠映画の傑作。

※5　くどう・えいいち／映画監督。1929年北海道生まれ。慶應義塾大学卒業後、52年に助監督として東映に入社、59年『富嶽秘帖』で監督デビュー。『十三人の刺客』（63年）、『大

――あれもある意味、新しかったですよね。

土橋　うん、そうですね。でもやっぱり添え物チックなもので、メインではない訳です。

――「添え物チック」（笑）。先ほどの話だと、土橋さんの感覚としても、任侠映画がそろそろ終わりだなという感覚は、当時あったんですか。

土橋　ありましたね。

――それは、撮影所の中にもその雰囲気が。

土橋　うん、「これから、変わってくるな」という空気があった。だから『仁義なき戦い』が出た時「実録路線」という名前をつけた。

――その「実録路線」と言われるものは、時代的なものもあったと思うんですが、悲劇が多いですよね。アメリカン・ニューシネマみたいな作品もあって。それと、今までの任侠映画と比べると、インテリジェンスが若干高めですよね。

土橋　それは、やっぱり取り扱っているものが現代だからじゃないですかね。『日本の首領』は（山口組）三代目だし、安藤（昇）さんは自分のことだし、当時は皆まだ生きてるからね。

――ああ、確かにちょっと、内容がジャーナリスティックになっていますもんね。

土橋　そうそう、そこなんですよ。それから『日本の黒幕』、これ、最初は僕に話が来てたんですよ。

――え、監督の予定があったんですか！

土橋　休暇を取って四国の田舎でのんびりとしてたら、岡田茂さんから電話がかかってきて「おい、土橋。こういう企画があるんだけど、お前撮れ」って言われたので、すぐ帰って、「さあ、やろう」と思っていたら、主演の佐分利信さんが、「（監督が）こんな若い奴では、俺はできない」って。

――ええ!?

土橋　どんでん返しで、降板になったんですよ。

――厳しいんですね。その頃、お幾つだったんですか。

土橋　その時は30代前半かな。まあ、向こうから見たら、ちゃらちゃらした格好をしていたんでしょう。ま、とにかくそういう話でぶっ飛んだら、そのまま降（旗康男※6）さんになったんで、僕はチーフ（助監督）をやることになった。そしたら、そこに出ていた藤岡琢也さんがパッとやって来て、「チーフ、話は聞きましたけど、あんたが撮る筈だったんですね」と。よく知ってたなァ。

――藤岡さんの心遣い、素晴らしいですね。

土橋　『日本の黒幕』では児玉誉士夫（※7）を扱ったんだけど、偶然、うちの親父が児玉誉士夫をよく知っててね。児玉誉士夫は昭和19年の終わり頃、日本が負けると読んでいたらしくて、北京の故宮からいろいろ持ち出していたらしいんですよ。確実な証拠はないんだけど、まあ親父の話。で、親父もその中のひとつ、磁州窯の宋の時代のものを貰ったんだって。何でも、児玉邸の地下には凄い地下美術館があったらしい。そういう話をたまたま鶴さんや降さんにしたら「それ、見せてよ」って言うんですよ。で、小道具の人に頼んで、それにそっくりのものを作らせたんですよ。

――ああ、じゃあそういう部分からのリアリティが……。

土橋　うん、やっぱり検証はするんです。だから、インテリジェンスっていうか、俺たちは「実話路線」って言ってたけど。

――「実話路線」！　また新しいジャンルが出てきました（笑）

土橋　だから、中島さんのもそうでしょう。

――『日本の首領』ですか？

土橋　いや、『日本の首領』はかなり……。

――デフォルメがありますよね。

土橋　うん。あるある。それよりも、『東京＝ソウル＝バンコック……』。

殺陣』（64年）といった集団時代劇の秀作で注目を浴び、69年からは主な活躍の場をテレビに移し、『傷だらけの天使』（74～75年）、『必殺』シリーズ（72～92年・工藤は第2作『必殺仕掛人』より参加）などの人気作を手掛けることに。その後の主な劇場作品は、『その後の仁義なき戦い』（79年）、『影の軍団 服部半蔵』（80年）、『ヨコハマBJブルース』（81年）、『野獣刑事（デカ）』（82年）など。00年没。

※6　ふるはた・やすお／映画監督。1934年長野県生まれ。東京大学卒業後、57年に東映入社、東映東京撮影所で助監督を務める。66年、『非行少女ヨーコ』で監督デビュー。後～晩期の高倉健主演作品を数多く手がけていることでも有名である。代表作に『冬の華』（78年）、『日本の黒幕（フィクサー）』（79年）、『駅 STATION』（81年）、『首領（ドン）になった男』（91年）、『鉄道員（ぽっぽや）』（99年）など。

※7　こだま・よしお／右翼運動家。1911年福島県生まれ。「政財界の黒幕」「フィクサー」と呼ばれる実力と財力を持ち、76年に発覚した国際的な大汚職事件「ロッキード事件」において、ロッキード社の秘密代理人として暗躍していたことが明るみにされ、世間から大きな注目を浴びた。84年没。

※8　中島貞夫監督、主演・千葉真一による日本・香港・韓国・タイ合作映画（73年9月15日公開）。新婚旅行中に事故死した妹夫婦の死因に疑問を抱いたダンプカー運転手・和田（千葉）が、遺骨を受け取りに来た韓国で謎の組織に追われて……という、サスペンスアクション。

――『麻薬密売地帯』(※8)。

土橋　あれは原案が、あの頃のフィクサーと言われている……。

――菅原通済さん(※9)。「三悪追放協会」の人ですね。

土橋　そうそう、あの人からの話ですからね。

――東映、かなり作ってますよね、菅原さん絡みのシリーズ(※10)。

土橋　でしょう。かなり信ぴょう性があって、「ここまで言っていいのか」みたいなね。『県警対組織暴力』だとか、そういう実録路線で深作さんもやっているけれども、まあ、それほどの入りはなかったですね。映画としては面白いですよ？『県警対組織暴力』も実話ですから。

――『県警対組織暴力』も実話なんですか。

土橋　勿論、実話です。『首領』だって、ちゃんと親分の許可得る訳だから。僕も何回か行きましたからね。

渡瀬恒彦の事故の真相、そして自身も大怪我を！

土橋　実録路線の最たるものが『北陸代理戦争』でしょうね。あの親分、殺されましたからね。封切一週間くらいで殺されたんだけど、これは山口組の中の二大勢力があって、田岡さんのところと兄弟分のボンノ(菅谷政雄　※11)さん。モデルの川内さんは、このボンノさんの系列の組長だった。北陸三県を収めていたから、それなりに凄いんですけど、「本家の田岡さんの直参になりたい」と言って、蟹の船一艘を神戸港につけて三代目に贈ったとか、そんなことしてゴマをすった訳ですよね。で、映画はとうとう自分の主役の映画作っちゃったでしょう？　あれでね……。

――土橋さんも『北陸〜』の現場に行かれていたんですよね。

土橋　鈴木っていう同期に頼まれて、応援に行ったんだけど。もうチーフ助監督はトンズラしちゃってるし。

――ええ？

土橋　「海を飛んでるカラスばっかり撮りに行ってる」って。「サードも使い物にならないから、土橋来てくれ！」って。一週間くらいいましたからね。川内さん、家に原爆が落ちても平気なシェルターを作ってるって自慢してたけど、喫茶店行って殺されちゃってんのが何ともねえ。

――皮肉なものですね。

土橋　で、現場を任されたから、西村晃さんを埋めるところの撮影を。

――あの海岸の場面ですか。やっぱり、西村さんを本当に埋めたんですか。

土橋　埋めた、埋めた(あっさり)。このくらい(と手を首に持っていって)埋めたよ。

――あれ、寒くないんですか。

土橋　寒いよ！　まあ、いっぱい着込んでたけど、絶対寒い。それで、ぎりぎりのところにカメラを構えて、ジープで30〜40センチくらいの所を走り抜けるテストを自動車部の運転手さんがやったんだけど。ビビってね。1メートルも離れて通過したんだ。

――その距離は怖いですね。西村さん、逃げられないですもんね。

土橋　そしたら(渡瀬)恒(彦)さん、「駄目だ駄目だ！　全然(間隔が)開いてるじゃないか！」って(笑)。

――ハハハハ！

土橋　それで恒さん、「わかった、俺がやる」って運転したら、本当に10センチくらいのところに止まって(笑)。西村さん、「おおーっ！」ってものすごい声出してた。あれ、撮っときゃいいのに、撮ってなくてね。

――ええ!?　せっかくの渡瀬さんのベストバウトを。

土橋　テストだからね。晃さん、「やめてくれー！」って叫んでた。

――役者魂ですねぇ。

土橋　で、そのままジープが急カ

※9　すがわら・つうさい／実業家。1894年東京都生まれ。政財界に強いパイプを持ち、麻薬・売春・性病の〝三悪〟を追放する「三悪追放協会」を発足、自ら会長を務め、一大キャンペーンを張ったことで有名に。

※10　「三悪追放協会」の協力の下、千葉真一のアクション映画『麻薬売春Gメン』、『麻薬売春Gメン　恐怖の肉地獄』(共に、高桑信監督／72年)が製作された。

※11　すがたに・まさお／1914年兵庫県生まれ。三代目山口組若頭補佐などを歴任し、63年から75年まで上部団体・三代目山口組の最高幹部にあたる若頭補佐を務め、大きな勢力を保持、通称〝ボンノ〟の名で知られた。77年、川内組々長射殺事件がきっかけとなり、山口組から絶縁処分を受けた。菅谷組を81年に解散し、同年没。

ーブしたらドーン！とひっくり返った。ジープの車体に幌をかけるバーが付いていて、投げ出された恒さんの足、親指がそこに挟まったんだよ。引き出すと、「痛い痛い痛い！」ってね。で、うちの現場に付き添ってる組の二郎さんっていうロケで使う車を手配してくれる人がいてね。なかなか良い若衆だったんだけど、「わかった、誰か一緒について来てくれ」って。誰も行かないから、俺しかいないだろうと思って。

——土橋さんが同行したんですか。

土橋　福井県だからね、（ロケ地の）越前海岸は。金沢までは相当遠いんだけど、その間にある大きい病院を何軒も通り過ぎる訳。「そこに行け！」と渡瀬が怒鳴るんだけど二郎さんは「駄目」って、すごいスピードで交通ルールを無視する勢いでどんどん行くんですよ。もう、怖かったの何のって。30分もかからないで福井から金沢の市内の病院へ着いたんだけど、そこが小さな町の医者なのよ。入ったら、こんな太った奥さんが出てきて、「ぎゃーぎゃー言うんじゃないよ、見せてみな」って。え、こいつが診るのかなって思ったら、奥に小さい旦那さんがポツンと。

——それは不安になりますね（笑）。

土橋　二郎さん曰く「名医だから」って（笑）。（大原）麗子ちゃんが飛んできたから、俺は帰ったんだけど、5日くらいしてから東京の病院に行ったんです。そしたら「（切れていた）神経が全部繋がっている。こんな難しい手術、誰がやったんですか」って言われて、恒さんも感動してね。「あなた、歩けなくなるところでしたよ」って言われたそうですよ、足の親指ひとつで、体のバランスが崩れちゃうらしくて。

——まるで『ブラックジャック』の1エピソードじゃないですか（笑）。じゃあ、二郎さんがいなかったら、渡瀬さんの俳優人生は変わったものになっていたでしょうね。

土橋　うん、違った人生になったと思うね。

——今のお話を伺っていても、『北陸～』の現場って、相当混乱してたんじゃないかって思うんですけど。

土橋　そうそう。

——渡瀬さんの事故がきっかけで、中島監督も応援に来るんですよね。

土橋　それで俺も怪我したんだ。

——え!?

土橋　そもそもスケジュールが押してたでしょう。それから、役者さんがね。最初は渡（哲也）さんだったんだけど、結核が思わしくないというので、恒さんに替わった。そしたら恒さん、ドーンといっちゃって。

——ちょっと待ってください、渡瀬さんの役が、渡さんだったんですか？

土橋　そうそう、渡さん。

——はー、凄いメンバーだったんですね。勝海舟が2人揃ってたんだ（笑）。で、土橋さんの怪我の話なんですが。

土橋　現場が混乱してるから、（別班の）中島組を立ててたわけですよ。で、琵琶湖の北の方、余呉湖の方へユンボの撮影の応援に行かされてね。

——あ！　あの場面の撮影ですか。

土橋　そう。で、進行主任が「ちゃんとしたところに頼む余裕がない」って、ド素人のユンボの運転手を雇った訳ですよ。しょうがない、全部段取りして、俺が運ちゃんの運転席のあるボックスの横に立って、「1回コンと叩いたら前進。2回叩いたらユンボをバチャン」と指示したんです。で、「これが前進ですよ」って確認でコンと叩いたら、素人だから慌ててガーッ！って発車しちゃって（一同爆笑）。足元がキャタピラで、もう何にも捕まるところがないからゴローンって落ちた訳。で、足を挟まれないように本能的に体を引いたんだけど、見てた奴は「あーっ！」って。

——「完全に轢かれた」と（笑）。

土橋　みんな駆けつけてきて、殺陣師が「骨折してるな」って。くるぶしが陥没していた。で、もうそのまま現場を離れて、四条外科っていう東映御用達の京都の病院に入院ですよ。

——それ、渡瀬さんの事故の後ですよね？

土橋　そうです。そこから帰ってきて、中島班についての話。

——立て続けな訳だから、ビックリですね。作品の成り立ちからして、呪われているというか、最後には虚構が現実を侵食してしまいましたからね。

土橋　若山（富三郎　※12）さんも、良い例でしょう。その気になっちゃって、本当に組を作っちゃったからね、「若山組」（一同爆笑）。ロケーションの時も、半コート位の膝上丈の背広を着た人たちが10人くらいついて来るから、富さんに「あの人達、目立ちますから下がっててもらってください」ってお願いしてね。進行とかは怖くて言えないけど、俺は何故か気が合うので。

——その人たちは、役者さんたちではないんですか。

土橋　違う違う。その辺の街でごろごろしてた……何て言うのかな、一度はやくざで飯食ったけど、やってられない、ダメな奴ら。また、そういうのが、富さんに寄っていくんだよね。

——再生工場みたいなもんですね

（笑）。やくざの世界の野村克也さんみたいな。

玉橋　富さん、完全にその気になっちゃった。「俺はもう親分になったんだ」と。現実の中でも親分、映画の中でも親分。

——親分になるために一家を作った。それは、かなり柔軟な発想ですね（笑）。

玉橋　本気になっちゃうから。大変なんですよ。でも組のシノギはもちろんゼロ。全て富さんのギャラ。1年も持たず解散。

一触即発の緊張を呼んだ!?『神戸国際ギャング』の現場

——そんなところに、さっきの佐分利さんや高橋悦史さんみたいな、これまでにない役者さんがいっぱい合流してくるんだから、すごいですよね。

玉橋　最初はやっぱり、みんな怖がった訳ですよ、監督から役者も。東映は、独特のヒエラルキーがあるから。だけど、『仁義なき戦い』とかああいうのをやりだしてから、評判がよくなったのか、「やってみたい」っていう俳優さんが来てくれたね。

——ちょうど『日本の首領』の頃、東宝でも政治ドラマの実話みたいな『金環蝕』（※13）とかやってましたけど、テイストは全然違ってましたよね。

玉橋　完全に「ドラマ」でしたよね。こっちは本気になっているからね、役者が。恒さんなんか特に入るからね、ギアが。

——あ、やはり。

玉橋　ドアに手をかけたまま車に引きずられるっていうね。僕は吹き替えでいいからっていったのに、ナイトロケをやって、結局フィルムが入ってなかったの。

——『（仁義なき戦い）代理戦争』のトラブルですね、渡瀬さんに伺いました。

玉橋　「上手くいって良かったー、ビールくれー!」って、恒さんもスタッフルームにまで来て、「お疲れ、お疲れ」って盛り上がってたら、「すみません……」って入ってくるんだよね。びっくりしたよ、嘘だと思ったよ。恒さん、呆然としたよ。コップをパーンって投げて。「玉橋、どうすんだよ!」って、それ、俺の責任じゃないよ（笑）。

——そこへ、他社からの監督も合流しますよね。田中登さん。

玉橋　来た、来た。

——『神戸国際ギャング』は助監督で就かれていますよね。

玉橋　これ、チーフに皆川隆之（※14）っていう先輩がいて、俺はセカンド。で、これも曰くがあって、『神戸国際ギャング』はボンノさんの映画だよね、で、文ちゃんが田中さんを呼んだ訳。「『㊙色情めす市場』（※15）は良い映画だ、惚れた!」とか言って。だけど、健さんを相手役にしないとボンノさんは許可しない。で、健さんが三代目、ボンノさんの役が文ちゃん。もう、健さん最初から乗ってないのよ、文ちゃんに呼ばれた形だから。話も嫌だし、相手の女優も嫌い。セックスシーンで、「新聞ないか、新聞」って言われたので雑誌を渡したら、女優の顔にかけてた（笑）。可笑しかったけどそれくらい嫌いな女優だったんだな。さすがに止めたのかな、監督は。

——ハハハ、凄い話ですね!

玉橋　それで田中さんは来たんだけど、今までのロマンポルノの現場と違って、ドーンとスタッフ50人でしょう。本読みからロケハン、衣装調べ、美術打ち合わせなんてやってる内に、もう舞い上がっちゃったわけ。で、偉そうな態度をとり続けるから、準備の段階でチーフはトンズラこいちゃったんですよ。

——ええっ!?

玉橋　田中さんと段々険悪になってきて。とうとう、クランクインの2、3日前にドロンですわ。クレジットでは、そのままチーフで名前は

※12　わかやま・とみさぶろう／俳優。1929年東京都生まれ。54年に新東宝からスカウトを受け、翌年『忍術児雷也』でデビュー。59年に東映、62年に大映に移籍した後、66年に再び東映へ。『博奕打ち 総長賭博』（68年）での助演が認められ、以後『緋牡丹博徒』シリーズ（68～72年）、『極道』シリーズ（68～74年）、『子連れ狼』シリーズ（72～74年）ほか、数多くの作品で活躍。92年没。

※13　66年に発表された石川達三の長編小説を、75年に山本薩夫監督が映画化。九頭竜川ダム汚職事件を題材にして、保守政党・民政党の総裁選挙を巡る汚職問題を描く。出演は仲代達矢、三國連太郎ほか。

※14　みながわ・たかゆき／監督・脚本家。1942年東京都生まれ。64年に東映入社、東映京都撮影所で助監督として活躍。『女番長』シリーズの脚本を手掛けた経緯から、73年『狂走セックス族』で監督デビュー。

※15　74年に公開された、芹明香主演、田中登監督の日活ロマンポルノ作品。大阪の旧赤線地帯にたむろする売春婦たちの日常をリアルタッチで描く。

※16　ルイス・ブニュエル／映画監督。1900年メキシコ生まれ。シュルレアリスムとエロティシズムをテーマにした作品を数多く手がけた。代表作は『アンダルシアの犬』（29年）、『ビリディアナ』（61年）、『皆殺しの天使』（62年）、『銀河』（69年）など。

残っていますけどね。撮影初日は、500人くらいの闇市のモブシーンの撮影だった。初日だから、ボンノさん、俊藤さん以下お歴々が皆来るわけ。現場には俺ともう一人、サードの五代ってのがいたけど、まだ全然できないし、監督も素人だから俺一人でやるしかない。だからモブを50人ずつ班を作ってそれぞれの動きを細かく指示した。それやるだけで、1時間以上かかるからね、クソ威張ってる監督だけど、午前中何とか1カット回したろうって、必死こいてやってた訳。そしたら田中さん、「クレーン上げろ！」「おーい、何やってるんだ、助監督！」って言うんだよ。撮影所では「○○君」って名前で呼ぶのが普通でね、それは不文律だったので、まあ知らないんだろうと思ったけど、あえて名前を呼ばないで肩書で指図することで隷属させるというね、「ああ、最低だな」と思った。許せんね、と。

――うーん。

玉橋　しかも、「何やってんだ、テストだー」って言うから驚いて。「準備できてないんだから、テストはできません」って言ったら。「何ーっ！」って返すもんだから、「何だよ、ちょっと降りてこい」と怒鳴ってやった。「クレーン降ろせ！　見えないのか、現場が！」そしたら黙っちゃってね。

――うわー。

玉橋　ボンノさんもいるから、進行主任が真っ青になるし、えらいことになった。そして、文ちゃんは睨んでくる。田中さんは、文太さんが呼んで来てるから。その一方で、健さんは嬉しそうにニコニコ笑ってるっていうね。

――ハハハハハ！　健さん的には「玉橋、よくやった！」なんですね。

玉橋　で、「そこに座ってたらいいんですよ！　準備できたら呼ぶから」って言ってやった。向こうもカーッとなって、何にも言わないの。その後も、健さんが大怪我してね。廃工場を健さんが走るシーンがあったんだけど、7メートルくらいのところから落ちたんだよ。もう一同凍り付いたよ。

――下に何にもないんですよね。

玉橋　ない、コンクリート。

――うわー。

玉橋　骨折はしなかったんだけど、勿論撮影中止になった。大変だったです。健さん、ハッキリ言ってたよ、「俺、出たくないんだけどな」って。で、その後キネ旬に、「東映京都撮影所の助監督が監督を怒鳴りつける」ってタイトルで記事が一方的に出されちゃった

――クレーンの時の「降りてこい！」の件ですか。

玉橋　一方的に俺が悪者になって、東京の監督協会でも知られてさァ。

――その原稿は誰が書いたんですか？

玉橋　田中登さん。作品自体も惨憺たる状態で、大赤字だし、批評も散々。まあ、ちょっと変わった面白いとこもあるんだけれど。クローズアップで壊れた水道からぽたぽた水滴が落ちてくるクローズアップから水を飲むシーン、「ああ、こういうカット撮るのか」って、俺もそういうところは認めたよ。だけどこれもルイス・ブニュエル（※16）だとか、ゴダール（※17）だとかを戴いているのはわかる。田中さんは映画を演出する前に、スタッフを演出できないと思ったね。深作さんにしても山下さんにしても、そういうところが実にうまいんですよ。

――映画って、チームワークですもんね。

玉橋　そうそう。でないと自分の作品が浮上しないんですよ。才能はある人だろうけど、上手にスタッフを乗せていくのは駄目でしたね。文ちゃんが懸命になり過ぎててね、そっくり返ってどうしようもなかったよ。そういうのを嫌うから、京都は。ものすごい意地悪をするからね。鶴さんの作品でもね。

――え、そんなことがあったんですか。

玉橋　『三池監獄 兇悪犯』。あの時宍戸錠さんが初めての客演だったんだけど、半グレみたいなのを東京から連れてきてロケでもセットの中でも錠さんを囲んで周囲を威圧してたんだよ。そしたら「ドン！」と2キロのライトが天井から取り巻きの近くに落っこちた。「あー、すいません、すいません」なんて言ってたけど、それから取り巻きがいなくなってね。

――僕、そんな話を聞いて漫画にしたことがあるんですけど、本当の話なんですか！

玉橋　そう。鶴さんがカーッと来てるの、皆わかってるから。特に鶴さん、照明部は「一番しんどいだろう」って大事にしてたしね。

――鶴田さんが『キャリー』（※18）みたいな超能力者ではなかったという（笑）。

玉橋　完全に忖度よ。

――でも不思議なもんですね。2人の関係が悪かったのかもしれませんけど、映画は大傑作ですよね。

玉橋　鶴さんの取り巻きは、昔からいる大部屋の俳優さん。大部屋の俳優さんは昔からスター俳優の下について小さな役を貰ったり小遣いを貰ったり飲食に同行したりと皆、それぞれ一家を作る。この頃は鶴田派、高倉派、若山派、文ちゃん派等が京都にはあった。昔は「蒲田行進曲」で有名な山の御大・

片岡千恵蔵さん、北大路の御大・市川右太衛門さんの両派が絶大な権力を持っていた。だから鶴田派の(川谷)拓(三)ぼんなんか、自分たちでピラニア軍団作って有名になったけど、鶴さんが「俺に話がないじゃないか」って。

──ハハハハハ! そこの筋を通していなかったんですか。

土橋 もう真っ青な顔して、鶴さんの舞台がある劇場にすっ飛んでいった。でも鶴さんに「会わねえ」って言われてね、涙流して鶴さん帰ってくるまで、拓ぼんは土下座して待ってたらしい。

──鶴田さん、怖ろしいですね。

土橋 拓ぼんも、あの頃はどちらかと言えば富さんの方に近かったからね。で、ピラニア軍団でしょ。

──しかし、『三池監獄』は変わった映画でしたよね。独特の殺伐としたムードがあります。

土橋 そう。スタッフも殺伐としてたから。あそこで鶴さん、小沢さんを見限ってるから。

──どういうことなんですか?

土橋 小沢さんは着流しやくざ全盛の頃、「鶴さんのお陰で私はここまでこれた」っていう気持ちがあったから、鶴さんをとても大事にしていた。なのに、その頃の小沢さん、「鶴田、もう駄目だよ」ってことを軽く言っちゃったんだよね……それが鶴さんに聞こえちゃったみたいでね。

──時代が終わった、ということですか。

土橋 そう、『仁義なき~』で後ガーンと変わった後だったからね。しかも、それに加えて錠さんでしょう?(笑)

──それは確かにキツいですね。

土橋 もう鶴さん、小沢さんとは口きかないんだ。全部俺経由で伝えることになって、「〝俺、こんなこと喋れねえよ〟って鶴さんが言ってました」「何? 生意気な!」ってブーブー言いながらセリフをカットしたり(笑)。

──全然喋らないのは、そういうことなんですか。あれ、大傑作ですよ。鶴田さんの凄まじさがもう……。

土橋 本当に怒ってたからね、実録の怒り(一同爆笑)。

──じゃあ、実録路線というのは、そんなスタッフ・キャストの感情もフィルムに映ってしまうというところもあった。

土橋 そうそう、実話路線なんですよね。でも、「ここまで描いていいのか」っていうのは、心の片隅にあったけども。まあ、あのジャンルも廃れて、次に大作の文芸路線になっていくんですけどね。実は『火宅の人』(※19)の企画を会社に出したの、俺なんだよ。

──土橋さんが、ですか。

土橋 「文化庁のフランス留学から帰ってきたら撮らしてください」と。それを作さんに話したら、「何っ! 土橋、お前にはまだ早い!」って。

──ハハハ、待ったがかかった!

土橋 「それは僕がやります、『火宅の人』に惚れてたんです」って、いきなり。こっちが出した企画なのに、作さんと俺じゃ実績違うからさァ。これが、通称「モン・シェリ事件」。「モン・シェリ」ってお店で飲んでて、持っていかれたから(笑)。

※17 ジャン=リュック・ゴダール/映画監督。1930年フランス生まれ。59年に『勝手にしやがれ』で長編デビュー、ヌーヴェルヴァーグの旗手として数々の作品を手掛けると共に、60年代後半~70年代は作品を通して政治的メッセージも積極的に発信するなど、数々の話題を振りまいた。代表作は『男と女のいる舗道』(62年)、『気狂いピエロ』(65年)、『ウイークエンド』(67年)、『右側に気をつけろ』(87年)など。

※18 スティーブン・キングのホラー小説を76年にブライアン・デ・パルマ監督が映画化(日本公開は77年)。同級生にいじめられる気弱な少女・キャリーがプロムパーティーの夜にその怒りを爆発させて、秘められた超能力で街を惨劇へと導いていく。

※19 55年から20年に渡って執筆された、檀一雄の自伝的長編小説。家族を持ちながら女優の愛人との同棲生活に溺れる作家・桂一雄の生き様を描く。86年に深作欣二監督が映画化。

県警対組織暴力
久能徳松はカッコイイ！
何がカッコイイって
何もかも全部！
登場シーン全てが
名シーンにして
名台詞のオンパレード
この男の生き様に
シビれない漢はいないだろう
マラボケしちょると
命落とすど!!
ブチョーさん
何で警察に
入ったん？
ピストル
持ちたかった
からじゃあ
キレイ面
して
法の番人じゃ
なんじゃ言うん
じゃったら
18年前
ワレが犯した罪
清算してから
旨い飯食って
みぃやっ!!

イラスト.山本賢治

『脱獄広島殺人囚』

『刑務所』シリーズ賛歌

文.杉作J太郎

刑務所というのは悪いことをした人が反省する場所である。あるいは罰として自由を奪われ入牢する場所である。そして「冷静に考えたら悪いことをした、自分は本当に間違っていた」でもいいし「ああ、こんな辛い思いをするくらいなら、もう二度と悪事ははたらかまい」でもいい。考えを改める場所である。更生施設である。

だが。

松方弘樹の「刑務所」シリーズ3部作。

ここに登場する刑務所は更生施設ではない。

というか、松方弘樹さんの持ち味が存分に活きている！

この3部作に出てくる松方さんは、それぞれ別の人物だが、反省する気持ちなどまったく、ない！

キッパリと、ない！

かといって、悪魔に魂を売り渡したような非人道的な男でもない。

物腰柔らかく性質もソフトである。

ま、本当にソフトづくめだったら刑務所に入ることはないのだが。

やることはやってる。

やる時にはやるのだ。思いっきり、やる。相手の頭をカチ割るぐらい朝飯前である。

だがサイコパスみたいな異常性格ではない。あたたかい。自らの立場を考えることなく溺れている子供を助けるため川に飛び込んだりもするのだ。

なら投獄されて刑務所の教官たちからいろいろ教わって、反省するかといったら、これがまったくしない。

考えているのは、脱獄することだけである。

そして脱獄する。が、どこかにじっと潜伏していたのでは映画にならないし、松方さんの味が出ない。そこで川に飛び込んで子供を助けて、表彰状を貰いに警察に行ったりするのだ。そして整形しているわけではないからまた捕まって刑務所に逆戻り。並のしょぼい人間なら「どうしてあの時、子供を助けてしまったのだろう」と思ったりするのかもしれないが、松方さんはそんな後ろを振り返って「あーだこーだ」みたいなことは一切ない。刑務所にリターンした松方さんの頭にあるのは、脱獄することだけである。

この「刑務所」シリーズ。

元は実話であるためか、どこへどう進むか、どう流れるかまったく読めない展開のストーリー展開である。同じことが繰り返されてもやる気が衰えなかったり、まさかの出来事が次々起きたり（脱獄仲間が突然信じられないタイミングで死んだりする）まさに「実録」である。

が、松方さんの不屈っぷりがあまりに明るく楽しく、そこが他の実録映画と明らかに異なる点である。

それは何に近いかというと、夜、寝て見る夢にも似ている。夢が延々と続く、まさにネバーエンディング感満点。野上龍雄脚本、白眉である。

だが人生に終わりがある様に、ネバーエンディングな映画にもエンドマークは出る。

そこが映画だ。

映画でなければ、まだ続いているのではないか。

アメリカのテレビシリーズ、『24』とか『LOST』みたいな。あれだったらシーズン1000ぐらいまで行くのではないか。行ける。行ってほしい。そして観たい。

『強盗放火殺人囚』

刑務所は男の園
―松方弘樹『刑務所』シリーズのハングリーすぎる魅力―

松方弘樹が刑務所から脱走！→戻る→また脱走！のリフレインが描かれる『刑務所』シリーズは、実録路線が挑んだ一つの挑戦の証であった！

文．植地 毅

本章で取り上げる松方弘樹主演の刑務所映画たち——『脱獄広島殺人囚』、『暴動島根刑務所』、『強盗放火殺人囚』の3作品は、これらを続け様にぼんやりと観賞すると、それぞれのエピソードが混同されてしまう厄介な副作用がある。本稿ではその副作用を避けるべく、3作品それぞれ個別の魅力を解説しつつ、いわゆる〝刑務所映画〟が観客に受け入れられていた時代性などについて考察したい。

『脱獄広島殺人囚』（74年）

「松方×刑務所」ものの第1作目。本作は、スティーヴ・マックイーン、ダスティン・ホフマンの共演も話題になった1974年3月に日本公開された脱獄アクション映画『パピヨン』の大ヒットを受けての企画なのは、まず間違いない。

そして『パピヨン』も実録映画の系譜にある作品なのである。本作の原作は、1969年に発表されたアンリ・シャリエールの自伝小説。シャリエールは1931年に殺人事件の容疑者としてフランス領ギアナのデビルズ島の徒刑場で無期懲役受刑囚として過ごし、服役中に幾度かの脱走を試みることに。1944年に遂に脱走に成功、ベネズエラの市民権を入手できた。その刑務所生活と脱獄の経緯のリアルさ、凄惨さこそが小説、映画の大きな売りでもあったのだ。

それを受けての『脱獄～』も一見創作のような物語だが、どっこい実録路線ど真ん中の正統派である。しかも、実録のベースとなった逸話を提供したのは『仁義なき戦い』を送り出した美能幸三その人なんだから、ど真ん中にも程がある。

松方演じる主人公・植田正之は、美能が刑務所で出会った実在した脱獄常習犯の人物がモデルだが、映画を観ればわかるがヤクザではない。任侠者でもない。組織や社会の枠組みから完全に外れたアウトローである。また、実録路線といえば『仁義なき戦い』が確立した群集劇の側面も強いが、本作では徹底的に松方個人の行動を追っており、その無謀な数々のアクションが、作品の魅力として輝いている。

異常に人権意識の低い刑務官たち（この設定は他の刑務所ものにも共通）、受刑者たちによる物資の限られた刑務所内部における涙ぐましい努力、そして奇想天外かつ命がけの脱獄テクニックの数々は、驚くべきことに全て実話だ。

また、菅原文太に続く実録路線のスターとして活躍していた松方が、強面だけでなく積極的にコメディリリーフも演じており、その役者としての幅を広げた記念碑的作品と筆者は位置付けている。

本作は、とにかくスピーディに様々なエピソードが繰り出されるため、特筆すべきポイントは数知れず。室田日出男と川谷拓三のピラニア軍団コンビが絡む場面は『悪魔のいけにえ』を彷彿させる田舎ホラーのムードを存分に感じさせるし、西村晃演じる老齢の脱獄囚の唐突かつ悲惨すぎる死にっぷりにも度肝を抜かれる。残酷と笑いが同居した実録路線の中でも最狂の異色作であり、クライマックスを乗り越えてなお、逃亡を続ける松方の姿には、実録路線では珍しいハッピー（かどうかは判断しかねる）エンド感を味わえた。

12月の〝捨て週間〟と呼ばれる正月映画公開前のハンパな時期に公開されたものの、異例のヒットとなり、これを機に「松方×刑務所」シリーズが続々と製作されることになる。

『暴動島根刑務所』（75年）

「刑務所」シリーズ第2作目は、松方と北大路欣也のダブル主演。

今度もまた脱獄と収監を繰り返す松方がメインだが、クールな暴力団幹部という設定の北大路が加わることで、前作にはない男の意地のぶつかり合いが、ドラマを大きく動かしていくことに。

物語は刑務所内の人間模様がメインとなるが、伊吹吾郎演じる強権的な所長以下、冷徹極まりない佐藤慶や室田日出男ら刑務官たちの横暴な振る舞いとは対照的に、受刑者たちを人間味たっぷりに描く辺りに東映の強い反骨精神を感じさせる。

豚の世話を生き甲斐にしていた田中邦衛が、その仕事を奪われて突発的に自殺。結果、受刑者全員連帯責任の晩飯抜きという理不尽懲罰に対し、松方が「メシよこせ〜」と叫んだことをきっかけに大暴動が勃発。看守を人質に取り、あたり構わず放火し、医務室のメチルをラッパ呑みし、男色にふけるフリーダム&バイオレンスな光景は、『ナチュラル・ボーン・キラーズ』の後半戦にも似たハイテンションぶり。暴動鎮圧後も松方と北大路の物語は続き、最後は〝手錠のままの脱獄〟を決行というクライマックスを迎える。

『脱獄〜』のヒットに続けとばかりに企画を立ち上げ、再び美能幸三に協力を要請するも元ネタになりそうな事件が見つからず、やっと見つけたのが大正時代に松江刑務所で発生した暴動の記録。それを現代風にアレンジしたため、実録路線として数えるには些か無理がある内容なのだが、幸い〝男の園〟である刑務所内部のエピソードには事欠かない。様々な珍事や怪人物を織り交ぜながら進む物語は、『網走番外地』から続く東映刑務所路線の面目躍如といったところか。

とにかく男率が高い（設定だから仕方がない）のだが、汗臭い話に華を添える本作唯一のお色気シーン——賀川雪絵（犬のブリーダー役）と松方の絡みシーンも見どころの1つである、と付け加えておこう。

『強盗放火殺人囚』（75年）

シリーズ3作目にして最終エピソードは、そのあまりにストレートな題名が激しく印象的だが、タイトルとは裏腹に中身はコメディと人情劇が入り乱れた仕上がりとなっており、前2作でブチまけた男の園描写は逆に控えめになっている。

今回主演の松方を支えるのは、『脱獄〜』でも刑務所の牢名主役を演じた若山富三郎。この凸凹コンビは最初は敵同士だが、同じ懲罰房に放り込まれてから意気投合。移送中護送車が事故に巻き込まれたことをキッカケに協力し合って脱獄に成功、そのまま生き別れた若山の家族を探しに行って……という展開からして、前2作とはまるでテイストが違う。

「強盗」「放火」はむしろ刑務所を出てからの話というのにもズッコケたが、シナリオ時の仮題は「大阪脱獄囚・非常線突破」だったというから、これはもう当時の岡田茂社長の鶴の一声での変更だったことが容易に想像できるというか。

本作においては、モデルとなる人物や元ネタエピソードが完全に枯渇していたので、実録路線という雰囲気はほとんど感じられなくなり、むしろ女、人情、笑いというお得意の素材で高田宏治先生が存分にその腕を振るった形となった。このシリーズの弱点ともいえた女っ気の少なさも、凸凹コンビに乱入する松方の妻・ジャネット八田の活躍でカバーされることになる。

アメリカン・ニューシネマのような粋なラストを迎えるのも、実に印象的だ。女との幸せより男の友情を選ぶ松方の心意気にグッと来ること間違いなしだが、やはりタイトルの違和感が最後まで気になるところ。そういう意味では、非常に損をしている1作と言えなくもないだろう。

以上、松方×刑務所シリーズ3作品を解説したが、全てに共通するのは尋常ではない強烈な〝男臭〟である。男による男のための男の映画。婦女子が介入する隙が脱獄のチャンスよりも遥かに少ない、その潔いまでの「男祭」っぷりこそが本シリーズの魅力である。

そして作品からは、自分を縛ろうとするもの全てからとにかく逃げる！　自由でいたい！　というオーラがビンビンに伝わってくる。公開当時の日本はオイルショック、公害問題など陰鬱かつ深刻な問題が続出し、先行きが見えない状況でもあった。そんな時代だったからこそ、何にも負けない松方の自由を求めるバイタリティは、劇場の観客の心を捉えたのではないだろうか。

現在の日本もまた、先が見えない不安な状況が続いている。だから今こそ、『刑務所』シリーズを観て明日の活力を取り戻すべき！　そう男らしく進言させていただく次第であります！

脱獄広島殺人囚

✸1974年12月7日公開 ✸97分
✸東映京都撮影所作品
✸カラー・シネスコ
✸併映作品：
『女必殺拳 危機一発』
（山口和彦監督）

犬や猫になってもいい、
俺は社会《シャバ》に出たい！

STAFF

企画／日下部五朗
原案／美能幸三
脚本／野上龍雄
撮影／赤塚 滋
照明／北口光三郎
録音／荒川輝彦
美術／吉村 晟
音楽／広瀬健次郎
編集／神田忠男
助監督／依田智臣
記録／森村幸子
装置／温井弘司
装飾／柴田澄臣
背景／平松敬一郎
美粧結髪／東和美粧
スチール／木村武司
衣裳／豊中 健
演技事務／森村英次
擬斗／三好郁夫
進行主任／長岡 功
監督／中島貞夫

CAST

植田正之／松方弘樹
末永勇次／梅宮辰夫
小島助造／西村 晃
吉原 寛／伊吹吾郎
前戸勘次／小松方正
田上喜代松／渡瀬恒彦
松井保夫／若宮浩二
富松増夫／遠藤太津朗
石切 康／秋山勝俊
市原豊司／矢野幸男
掃夫／国一太郎
今津義雄／金子信雄
堂本 武／神山 繁

闇屋を襲った植田(右)と田上。田上は
逃げおおせたが、植田は刑務所へ

脱走計画を練る末永、植田、小島(左から)

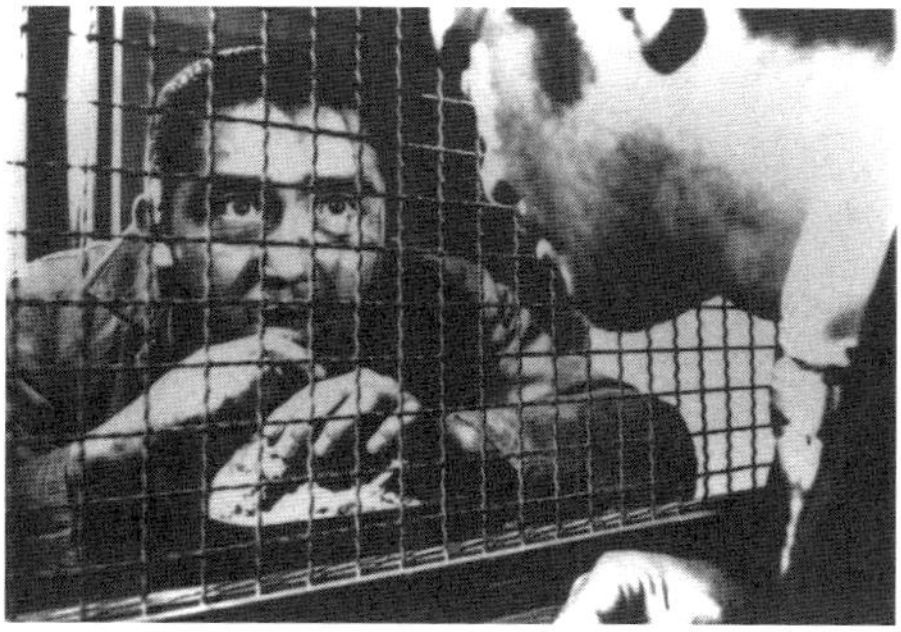

大阪で闇屋として成功した田上は、植田の
脱走の手助けをする

朝井貞造／名和 広
加川政夫／曽根晴美
成田 勝／有川正治
福森多市／野口貴史
巡視A／藤本秀夫
巡視B／松本泰郎
医師／唐沢民賢
昌代／小泉洋子
和子／大谷直子
金山光一／室田日出男
北川敏夫／志賀 勝
宮辺 治／川谷拓三
南 八郎／汐路 章
君子／高木亜紀
神戸の所轄刑事／八名信夫
神映劇の工員／鳥井敏彦
神戸の警官／宮城幸生
春代／城 恵美
刺青の極道／楠本健二
女郎屋の主人／蓑和田良太
松坂史郎／川浪公次郎
弘川 悟／鳥巣哲生
藩主邸の警官A／松田利夫
藩主邸の警官B／土橋 勇
裁判所の警官／泉 好太郎
草鹿村の刑事／森 源太郎
草鹿村の警官／大城 泰
大月正太郎
波多野博
佐川秀雄
畑中怜一
藤長照夫
古閑達則
椿 竜二
ナレーション／酒井 哲
岡本清次郎／若山富三郎

脱走に成功した植田は、妹・和子の元へ身を寄せて〝山本清〟として生活するが、わずか3カ月で再び塀の向こう側へ

神戸でコルトを撃ちながらの大立ち回り。「どがなもんじゃい！　千恵蔵でもこがにゃいかんぞ」

STORY

昭和22年、嵐の夜の神戸——植田正之は仲間の田上と共謀して闇屋を急襲、闇屋とその愛人を射殺して闇物資を略奪するも、後に逮捕。強盗殺人・麻薬法違反の罪で、懲役20年を言い渡される。

広島刑務所に収監された植田は「二五一八」の番号を貰い、独房へと入れられたが、いつ何時も脱獄のチャンスをうかがっていた。まずは、こっそりと床下を掘り進めていたが、別の囚人に先を越されてしまったため、計画はご破算に。

ある日、仮病を装い医務室に入った植田は、外にある懲役房、通称〝お稲荷監房〟に目を付ける。程よくボロいため、逃げやすいと踏んだ植田はさっそく大暴れ、目論見通りお稲荷監房に入り、6時間かけて手錠を壊すと、便所の汲み取り口から汚物にまみれての脱出に成功した。

神戸にいる妻・昌代と一発かました後、植田は田上のいる大阪へ移動。傷を癒した後、妹・和子のいる松山へと逃げ込むつもりが、つい昌代が恋しくなり、再び神戸へ立ち寄ったのが仇となり再逮捕。脱走罪が加算され、懲役21年3カ月となる。

再びチャンスをうかがう植田は、ラジオの野球中継が中断されたことに腹を立て望楼ジャックを敢行した末永、房仲間の小島と共に計画を立てて、真夜中に脱走した。4日間野山をさ迷った後、3人はそ

前戸組々長を刺し殺した
植田は、さらに懲役8年
が追加される

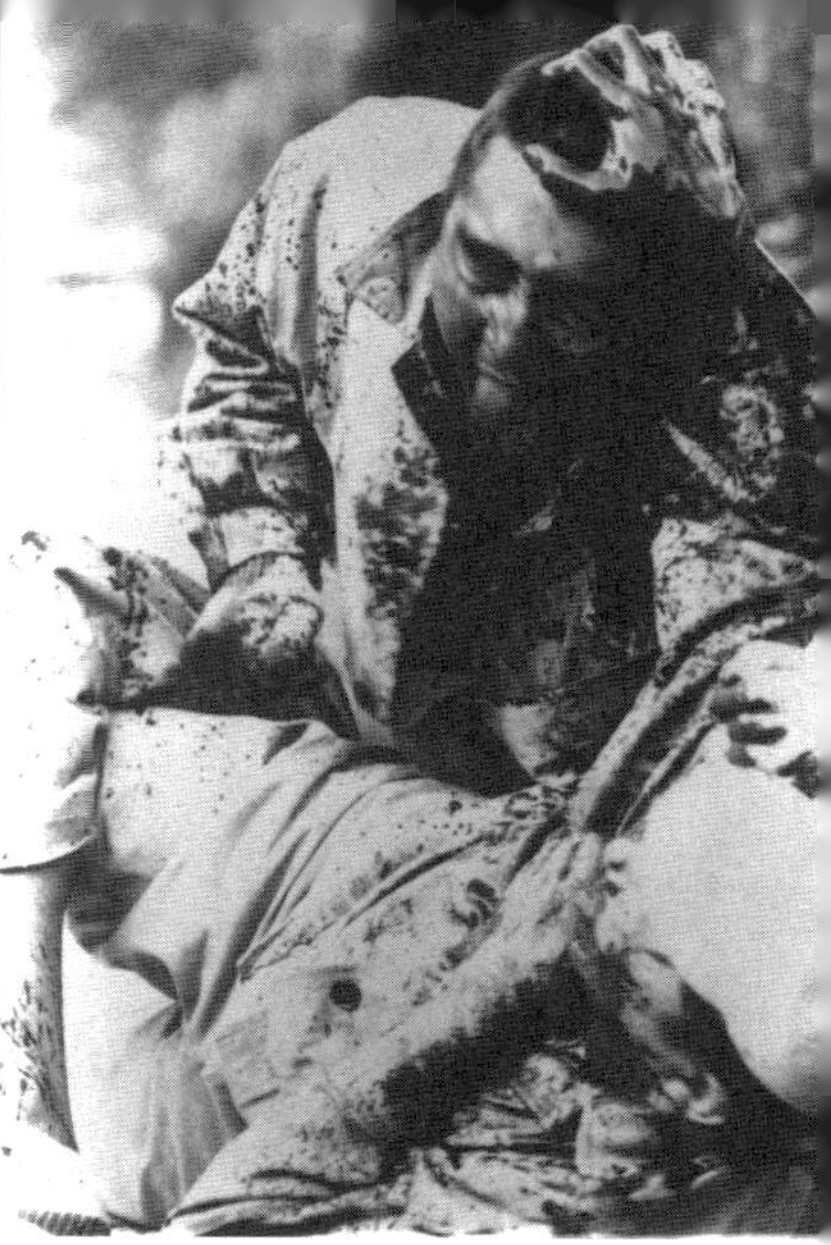

鎧兜に身を隠してみたが、やはりあっさりと露見

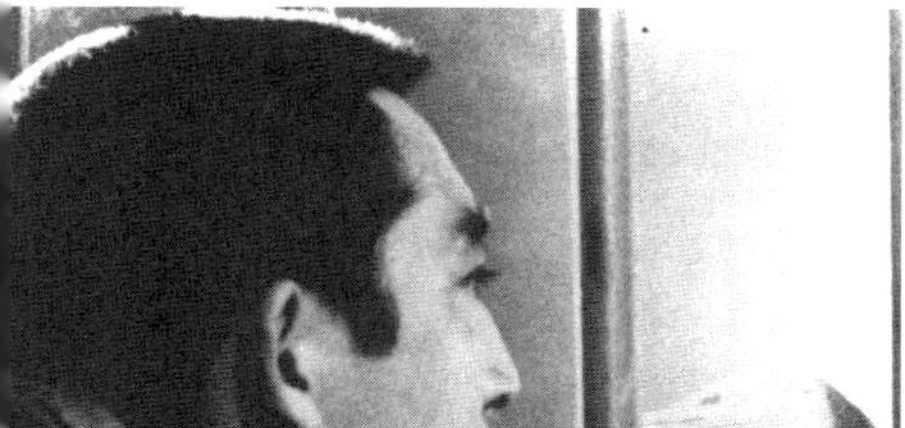

所内で何かと植田に目をかけてくれる岡本
組々長・岡本（右）は懲役13年の刑

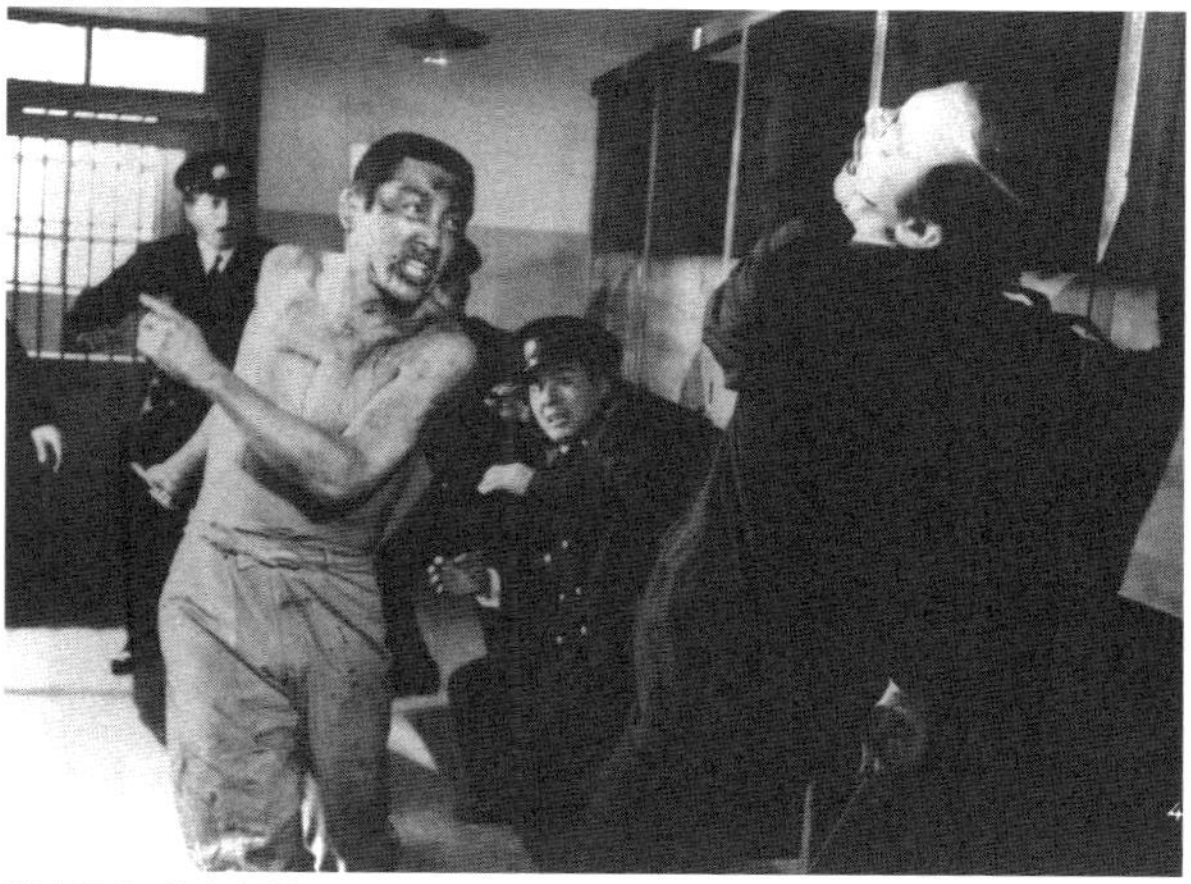

保安課長・堂本も斬りつけて、さらに刑が加算。植田の暴走は止まらない！

れぞれの道を歩むことに。

松山に着いた植田は、山奥に住む和子の元に身を寄せた。山本清という偽名を使い、同じ村に住むグループに場所貸しをすることで生活が潤っていった。だが、女郎屋での遊興中のトラブルが元で再び逮捕。脱走罪がさらに追加で懲役22年7カ月に。

またしても刑務所に舞い戻った植田は、同じく再逮捕された末永が、第八工場のボス・前戸に虐待されていることを知り激怒。前戸を刺し殺し、殺人罪8年追加の懲役30年7カ月に延長される。さらに植田は、前戸の舎弟分・吉原も返り討ちにして、殺人罪7年追加の懲役37年7カ月となる。

しかし、植田は決して自由への道を諦めず、脱走の方法を模索する……。

暴動 島根刑務所

✹1975年6月7日公開 ✹97分
✹東映京都撮影所作品
✹カラー・シネスコ
✹併映作品：
『青春讃歌　暴力学園大革命』
（内藤 誠監督）

STAFF

企画／日下部五朗
脚本／野上龍雄
撮影／増田敏雄
照明／若木得二
録音／荒川輝彦
美術／佐野義和
音楽／広瀬健次郎
編集／堀池幸三
助監督／清水 彰
記録／梅津泰子
装置／稲田源兵衛
装飾／宮川俊夫
背景／西村三郎
美粧結髪／東和美粧
スチール／中山健司
衣裳／豊中 健
演技事務／森村英次
擬斗／上野隆三
進行主任／野口忠志
挿入歌／おとこ流れ唄
（キャニオンレコード 東映）
作詞／中里 綴 作曲／桑原 有
編曲／竹村次郎 歌／松方弘樹
監督／中島貞夫

CAST

沢本 保／松方弘樹
皆川喜一／田中邦衛
吉成虎雄／金子信雄
松崎貞夫／槇 健太郎
草津 忠／佐藤京一
田所章吉／片桐竜次
広畑不二夫／織本順吉
浅田義人／江幡高志
小王清吉／有川正治
舟津惣市／成瀬正孝
三宅良治／伊吹吾郎

沢本をかばった皆川（左）に吉成（中央）は
罠をしかけ、懲罰の対象にしたてた

日本脱獄史上最大の暴動事件を煽動実行した鉄の男二人――！

警備課長・加島（右）と松井（左）は、
徹底的に沢本をマークする

昌子（左から２番目）の迎えを受けて、
仮釈放となった川村だが……

加島敏行／佐藤 慶
井上康一／戸浦六宏
松井吉蔵／室田日出男
丹野 博／南 道郎
吉沢弥三郎／中谷一郎
亀井 努／志賀 勝
江口 勲／川地民夫
阿井昌子／橘 真紀
永藤辰雄／名和 広
寺内正八／三上真一郎
三宅茂子／八木孝子
親方／小松方正
伊能元司／唐沢民賢
平松民雄／阿波地大輔
江口あき／賀川雪絵
寺内警部補／汐路 章
睦会・森／川谷拓三
刑事／福本清三
看守／岩尾正隆
望月宗吉／野口貴史
警察署長／中村錦司
石塚和夫／笹木俊志
死刑囚／奈辺悟
大田登／木谷邦臣
映画館支配人／山田良樹
坂根春代／佐々木リエ
囚人／白井孝史
国一太郎
秋山勝俊
松本泰郎
志茂山高也
畑中怜一
鳥巣哲生
白川浩二郎
池田謙治
大矢敬典
丸平峰子
協力／全映テレビタレントセンター
川村勇次／北大路欣也

一瞬の隙をついて松井を襲った沢本。遂に大暴動の幕が上がった！

所内のあちこちに、たくさんの囚人が雪崩込み、制圧していく

かつての仲間である江口の妹・あきと良い仲になった沢本は、所かまわず肉欲に溺れる

STORY

昭和23年・山口県徳山——3人の闇屋がアメリカ軍の物資を横取りし、それに噛みついた地元の暴力団幹部を返り討ちにした。それから2カ月後、3人の内の1人である沢本保が逮捕され、殺人罪で9年の刑を言い渡され、島根刑務所へ収監される。

入った早々、沢本は好意的に接してくれた年配の懲役・皆川に嫌がらせをした獄中のボス的存在・吉成を撲殺、さらに3年が加算される。高圧的な態度をとる警備課長・加島や副看守長・松井にも嫌気がさす沢本は、さっさとここから脱出したいと考え始めた。

一方、模範的な態度をとり続け指導員として活動していた囚人・川村は、殺人の罪で8年の刑を受けていたが、遂に仮釈放にまで取り付けた。敵に回した睦会の報復を恐れ、予定外の駅に向かったが、そこにも追手が。反撃した川村は相手を殺してしまい、またしても獄中へ戻ることになる。

所長の自宅の使役に出された沢本は、その機会を逃さず、看守服を盗んで逃亡。いまやドッグブリーダーへと転身した闇屋仲間の江口の元へ身を寄せた。江口に酷使される妹・あきと肉体関係を結んだ沢本は、共に大阪で身を潜めることになったが、たまたま溺れた子供を助けたことから警察で表彰されることになり、それがきっかけで再

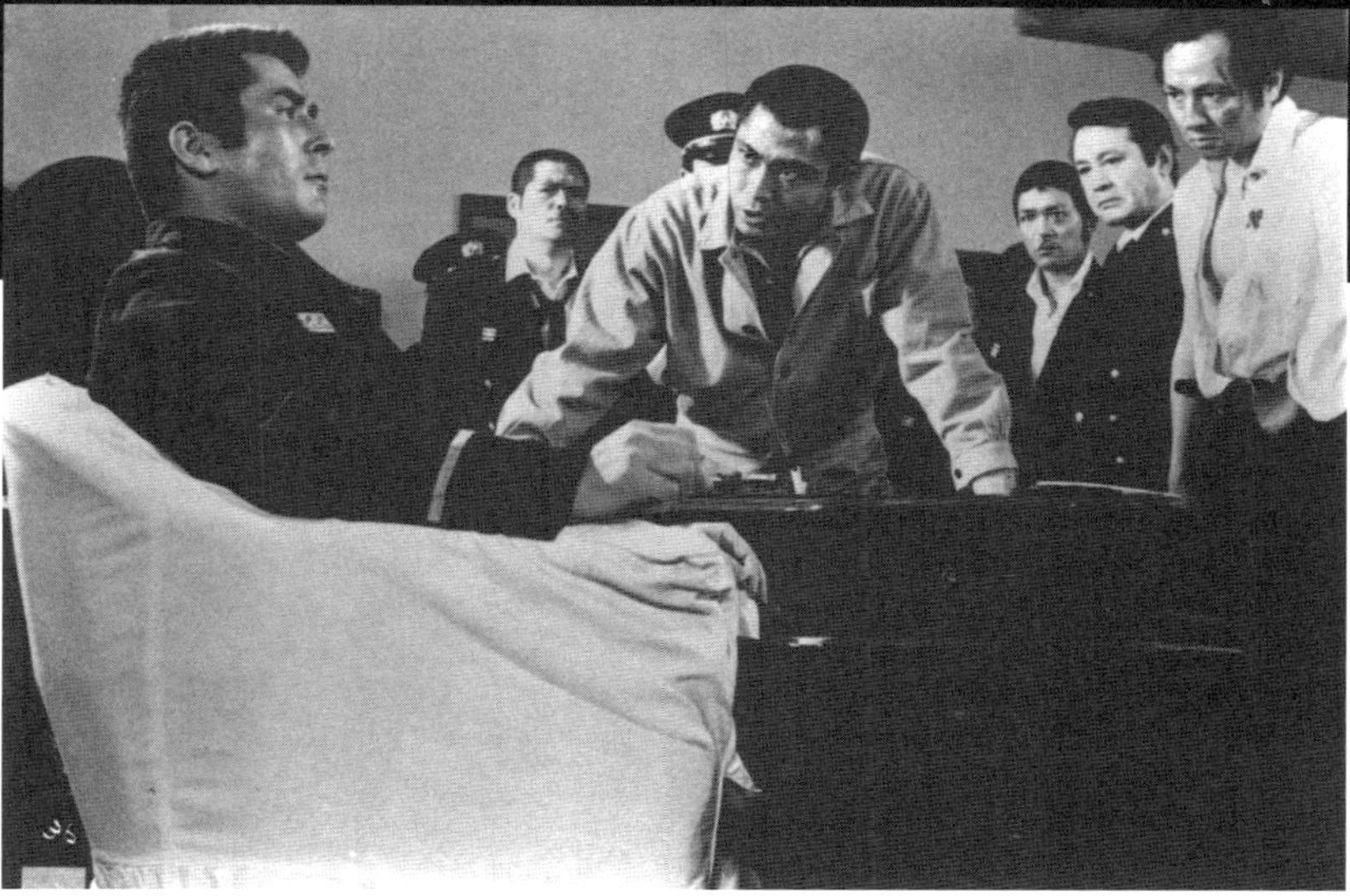

川村は独自に所長の三宅（左）と交渉、穏便にこの事態を収めようと試みる

沢本と川村、それぞれの主張は拳で貫くことに。一騎打ちの戦いは、川村が勝者に

網走行きはまっぴらだ！　自由を求める男の脱走は止まらない

び刑務所へと逆戻りに。

獄中で、沢本の反逆的な態度はますます増していく。さらに、心の拠り所であった豚を取り上げられた皆川が投身自殺し、それを受けて収容された囚人全員が謹慎処分、さらに食事が抜かれることとなり、怒りが爆発。

「メシよこせ！　メシよこせ！」

この叫びは所内に伝染し、遂には囚人達の大暴動が発生する。数と暴力で看守たちを制した囚人たちは、腹いっぱいの食事とつかの間の自由を謳歌する。

徹底抗戦を訴える沢本らに対して、川村は独自に加島と交渉、3つの条件を呑ませることで事態を収束しようと考えていた。一騎打ちの末に川村が勝利、暴動は遂に収められたが、直後に沢本と川村は網走刑務所行きを命じられる……。

✹1975年12月6日公開 ✹96分
✹東映京都撮影作品 ✹カラー・シネスコ
✹併映作品：『東京ディープスロート夫人』（向井 寛監督）

強盗放火殺人囚

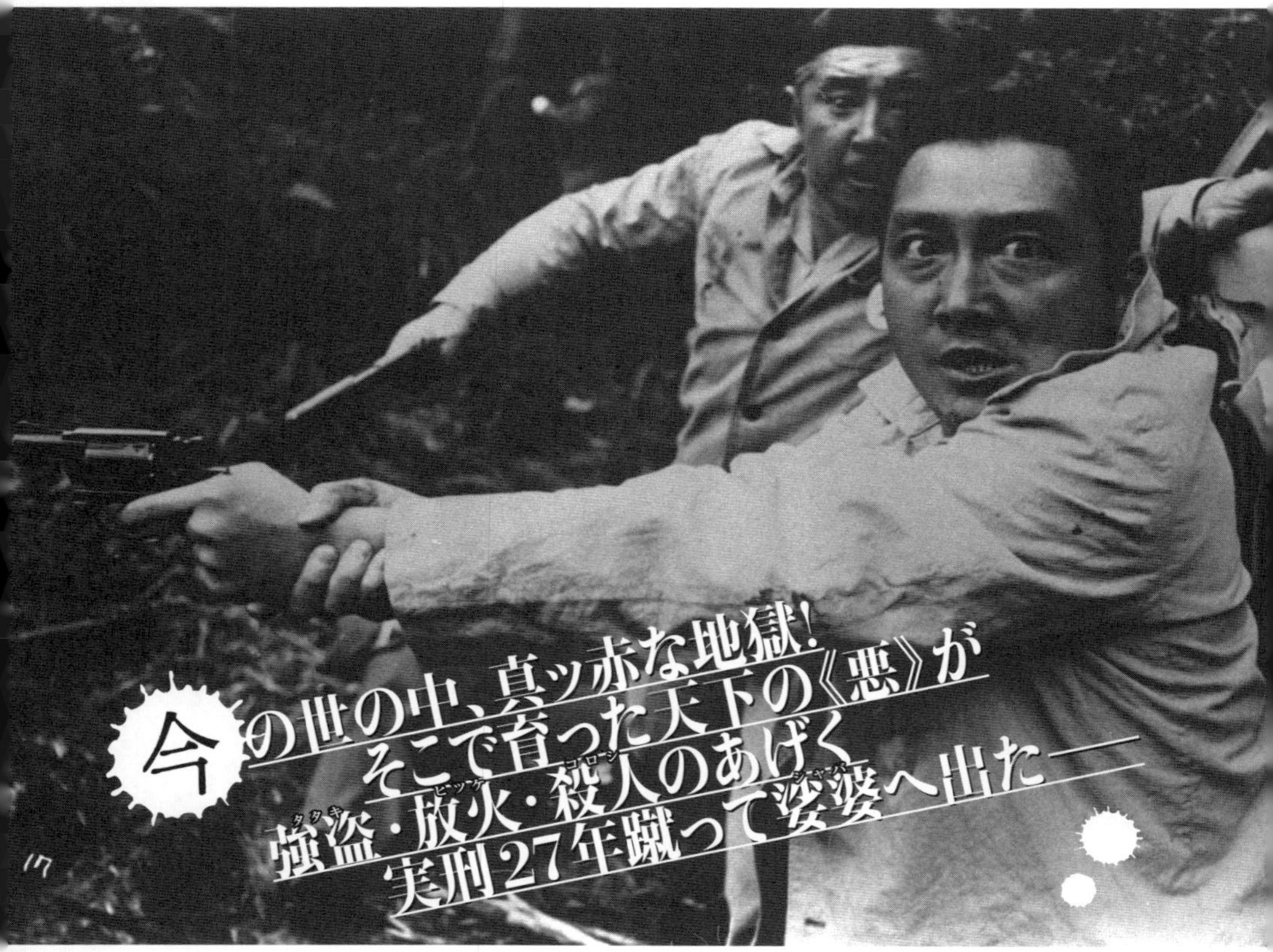

今の世の中、真ッ赤な地獄！
そこで育った天下の《悪》が
強盗《タタキ》・放火《ヒッケ》・殺人《コロシ》のあげく
実刑27年蹴って娑婆《シャバ》へ出た——

STAFF

企画／日下部五朗　杉本直幸
今川行雄
脚本／高田宏治
撮影／赤塚 滋
照明／増田悦章
録音／溝口正義
美術／井川徳道
音楽／青山八郎
編集／市田 勇
助監督／依田智臣
記録／梅津泰子
装置／稲田源兵衛
装飾／西田忠男
背景／西村和比古
美粧／池内 豊
結髪／中村美千代
衣裳／豊中 健
スチール／木村武司
演技事務／上田義一
擬斗／上野隆三
進行主任／野口忠志
監督／山下耕作

CAST

緒方竹見／松方弘樹
小川幸代／ジャネット八田
白木 護／石橋蓮司
安里八郎／槇健太郎
黄東一／前田 吟
佐々木島吉／殿山泰司
文永徳／川谷拓三
光川／白井孝史
吉村／勝野賢三
前河 厳／岩尾正隆
風見 庄／土橋 勇
手塚安夫／小峰一男

あと少しで仮釈放、緒方の心は浮き立つが……

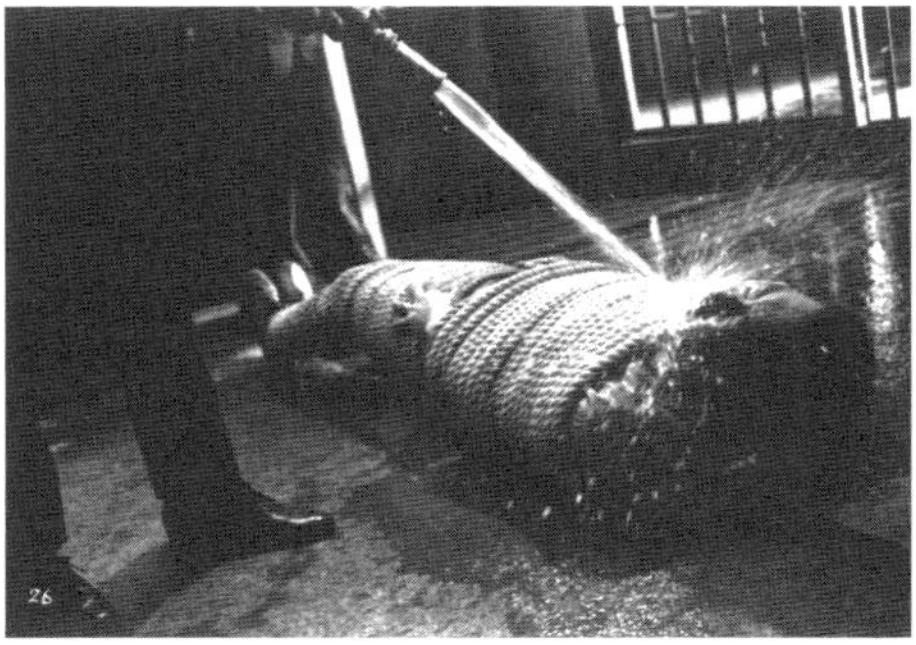

仮病で逃げようとした緒方に、容赦のない懲罰〝フジ巻き〟が実行される

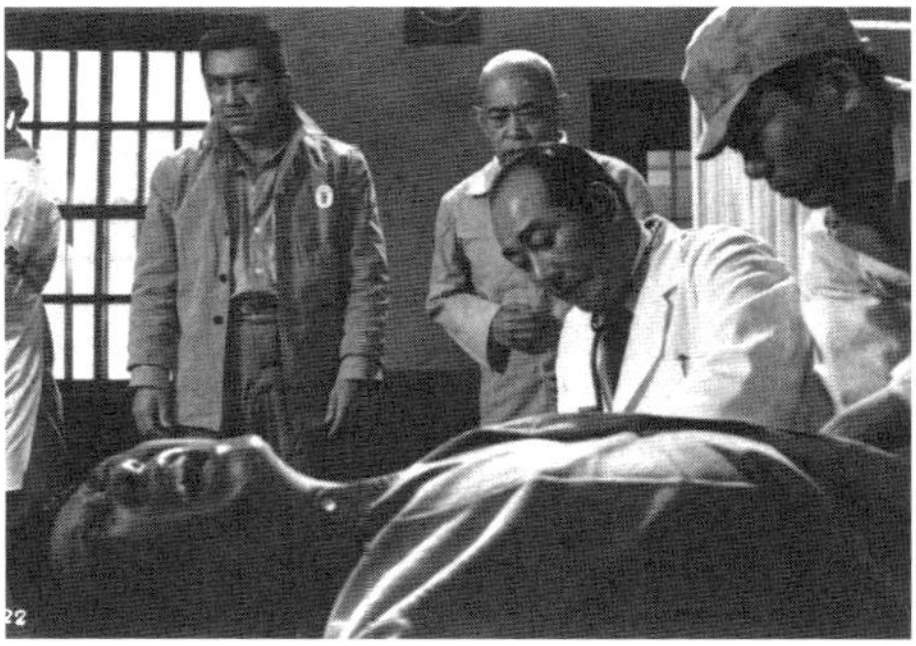

盲腸に苦しむ黄(手前)を見て、緒方は入院の手配を陳情する

増田弘一／蓑和田良太
宮地正隆／小松方正
村本清／沼田曜一
菊地武信／菅貫太郎
小森和久／西田良
出水源一／阿波地大輔
松江竜司／福本清三
崎山猛／宮城幸生
鎌本進造／小島三児
野口行男／司裕介
酒井米三／和田昌也
瀬沼満夫／唐沢民賢
中江／疋田泰盛
藤本喜久蔵／遠藤太津朗
新田進／守田学哉
福本徹／成瀬正
今井長作／志賀勝
松元隆夫／木谷邦臣
鈴木良男／野口貴史
鈴木夏子／小泉洋子
風呂屋／岡嶋艶子
令子／森田めぐみ
敏子／春川ますみ
常代／正司照江
平田国夫／鳥巣哲生
岩本操／松本泰郎
中島啓二／片桐竜次
中西／江幡高志
青田／五十嵐義弘
森本／大前均
神田／笹木俊志
晴美／坪川聖子
テレビのアナウンサー／友金敏雄
若い男／上田浩二
若い女／鏡原和子
中年の保母／丸平峰子
警部／遠山金次郎
三宅春造／若山富三郎

刑務所の警備課長・菊地は、そのビジュアルから〝ヒットラー〟と呼ばれる

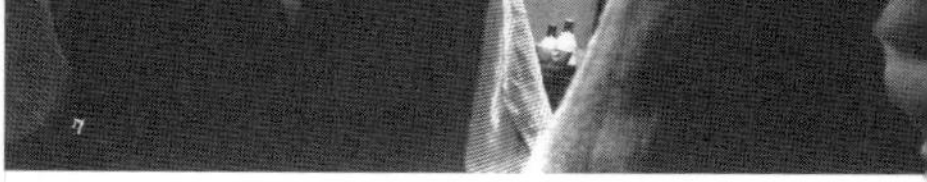

四国で再会した娘は人違いだった……ショックを受けた三宅を緒方は慰める

酔っぱらって乱入したのは警察の宴会だった。どこまでも運のない2人

STORY

大阪・霞町で内縁の妻・幸代と飲み屋を経営していた緒方竹見は、店で因縁をつけてきたチンピラを殺したことから、殺人罪7年10カ月の判決を受け、南大阪刑務所に収監されていた。

印刷工の班長を務めて模範囚として過ごしていた緒方は、遂に仮釈放のチャンスを摑んだ。後は書類に、身元保証人の幸代から署名と印鑑を貰うだけ。しかし、同所内の囚人・前河は緒方の出所を良く思わなかった。所内では入試シーズンに大学の試験用紙を印刷しており、前河は緒方にその横流しをさせることで自身の組を儲けさせていたのだ。前河は、外にいる仲間に幸代へ圧力をかけさせて、白紙の書類を遅らせる。

事情を知らない緒方は、何としても外へ出たい。韓国人の囚人・黄は、前に緒方が入院の手助けをしてくれたことを恩義に感じて、脱走の手助けをしてくれた。所内で作ったタンスの中に緒方を隠して、そのまま外まで運び出そうというのだ。タンスは無事に刑務所の外へと運び出されたが、何とその行き先は警備課長・菊地の自宅であった。菊地の妻を人質にして幸代を呼び寄せた緒方は、そこで前河の陰謀に気づく。

再び刑務所に戻った緒方は、前河を締め上げた。これまでの悪行を暴露されることを恐れた前河は、

緒方、三宅、そして幸代の３人は、藤本へ最後の殴り込みをかけることに

囚人服から私服に着替えるも、三宅は終戦の年に刑務所に入っていたので軍服だった

久々の幸代との再会。やはり、まずは〝きつい一発〟が欲しい!?

脱走8回殺人6回、懲役合わせて48年という日本レコードを持つ囚人・三宅春造を酒で抱き込み、緒方を襲わせる。大暴れをした2人は懲罰を受け、さらに遠方の刑務所へと護送されることになるが、その護送車が事故で横転した。実はこれも前河の手引きであったのだが、この機会を逃さず、2人は揃って脱走を試みた。

共に行動し、また共に逃げ回る凸凹コンビの緒方と三宅は、いつしか心が通い合っていた。四国・今治で警察に追われ、2人は離れ離れになってしまうが、大阪での再会を約束。緒方は幸代と合流し、前河を操っていたやくざ・藤本の娘を誘拐、1000万円の身代金をせしめようと目論むが失敗、緒方は再び刑務所へと戻ってしまう……。

植田正之
強盗殺人
麻薬法違反
懲役二十年

松方弘樹　懲役更新の記録
―『脱獄広島殺人囚』より―

松方弘樹の新たな魅力をアピールした『脱獄広島殺人囚』は、脱獄～逮捕の無限ループによって構成された異色作。事あるごとに加算されていく懲役年数にビクともしない植田正之＝松方の奔放な生き様に男を学べ！

お稲荷監房からの脱出→拳銃所持で御用

最初は自分の房の床を掘っていた植田、外にある木造のお稲荷監房を発見。老朽化が進んでいることを素早く察知したかと思えば、わざと大暴れしてそこへ入り、トイレの汲み取り口からの脱出に成功！

腰が引っ掛かってしまい、体が抜けないハプニングが勃発！痛みをこらえて強引に引き抜いた

女房のいる神戸へと足を運んだ植田だが、映画館のトイレで拳銃を所持していることを通報され、御用となった

集団脱獄→鎧兜姿で御用

田上から細いノコギリの差し入れを貰った植田は、同じ受刑者の末永・小島を仲間にして新たな脱獄を計画。タバコを使って同じ房の囚人を懐柔し、窓の鉄格子を突破すると、自家製のロープを使って塀の向こう側へ脱出した。植田は妹・和子の家に逃げ込み自由を満喫するが、女郎屋でのケンカがきっかけで警察に逮捕されてしまう。一瞬の隙を見て逃げ出した植田は、ある民家の鎧飾りを身にまとってやり過ごそうと画策するが、勿論バレてしまうのだった。

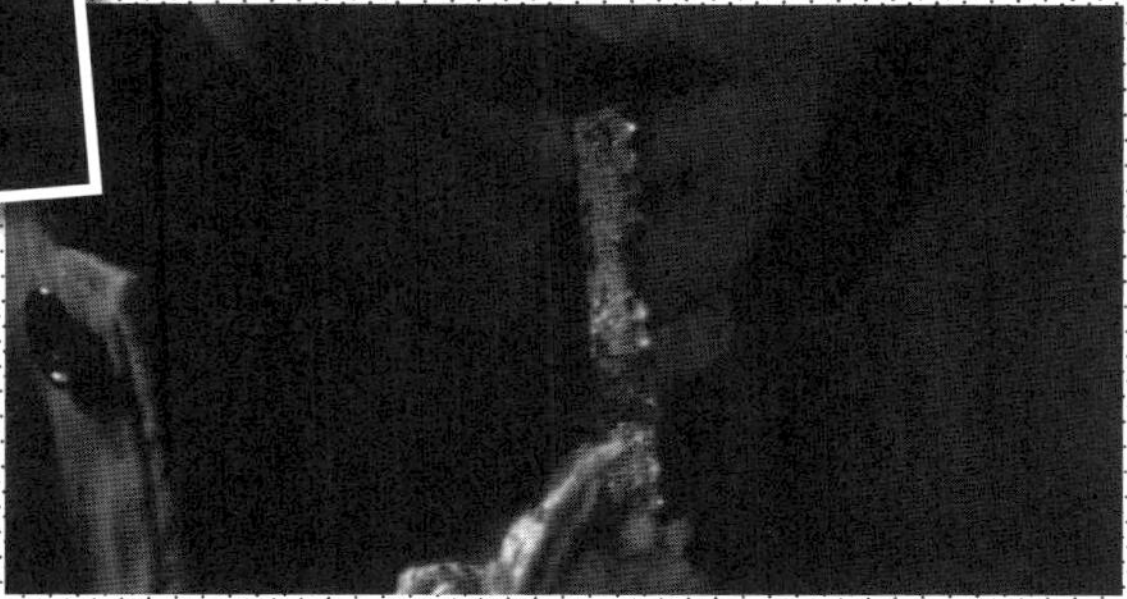

刑務所内で連続殺人→15年追加

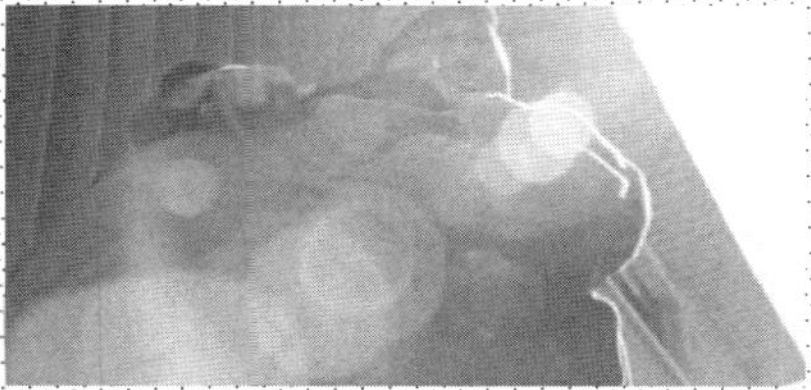

面倒事はさっさと片付ける主義なのか、先に刑務所へ戻っていた末永をリンチした前戸、そして前戸の仇討に来た舎弟分の吉原を容赦なく始末。この2コンボで、刑期もググっと倍加してしまった。

刑務官にも手を出し40年オーバー！

地下の地獄房から出された植田は、看守らに囲まれる中で、机上のナイフをすばやく奪うと、保安課長・堂本に斬りつけた。この事件で懲役はさらに4年加算、計41年7カ月の刑となる。しかし、裁判の隙をぬって、またしても植田は脱走に成功。どこまでも逃げていくこの男を、誰も止めることはできない！

松方弘樹 脱走の記録
―『暴動島根刑務所』『強盗放火殺人囚』より―

『刑務所』シリーズで、和製パピヨンこと松方弘樹が挑戦した脱走のあれこれをまとめて紹介！

※（暴動）＝『暴動島根刑務所』（強盗）＝『強盗放火殺人囚』

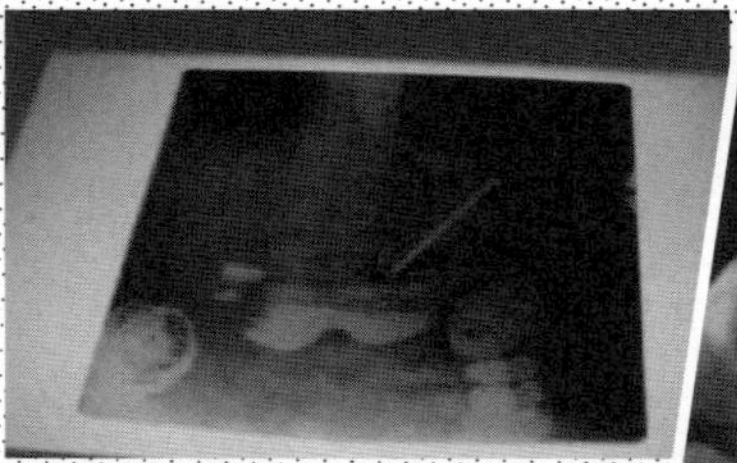

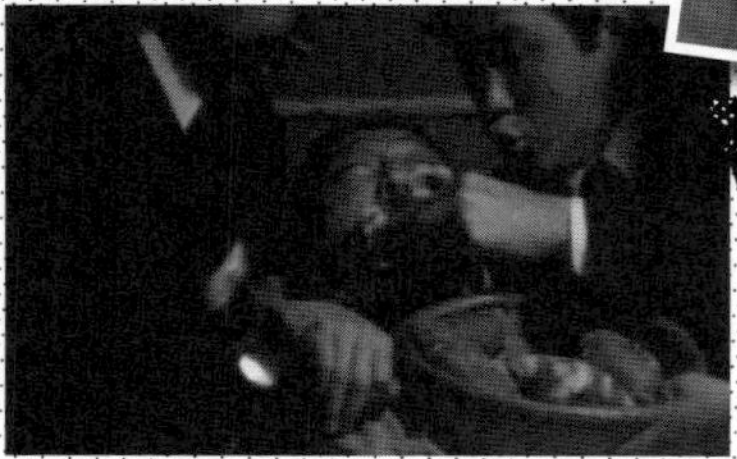

鉄クギ一気飲みに挑戦（暴動）

独居房の錆びた五寸クギを無理やり引き抜くと、人間ポンプよろしく飲み込んだ。これで病院行きかと思いきや、敵もさる者、サツマイモを山ほど食べさせられて、そのまま大便と共にクギを排出という荒業であっさりと事態は解決するのだった

警官に成りすまして逃亡！（暴動）

所長官舎の使役に駆り出されたチャンスを逃さず、見張りの看守を襲うと、その制服を奪って逃走。一見完璧な段取りだったが、よく見ると裸足で自転車に乗っていた

人助けは自分のためにならず（暴動）

逃亡生活が落ち着いてきた頃、川で溺れていた少年を助けたことから警察から表彰されるというまさかの展開に。表彰後、あっさりと正体がバレて追われることとなった

地獄の沙汰も金次第!?（強盗）

医者に賄賂を渡して仮病をねだる。勿論あっさりとバレて、きつい折檻を受けることに

タンスが運ばれた先は……（強盗）

刑務所で作った洋服箪笥の中に隠れて脱走に成功したものの、箪笥を載せたトラックが向かった先は、まさかの保安課長宅だった……

走行中の汽車からダイブ!（暴動）

網走刑務所に向かう汽車のトイレの窓から北大路欣也と共に飛び出した！　自由のためなら命など惜しくない!?

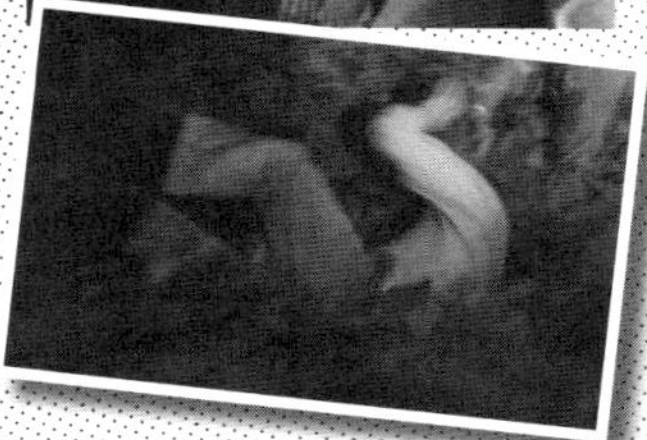

いろんな意味で我慢の限界（暴動）

警察に追われて映画館のトイレの個室に逃げ込んだものの、のっぴきならない状態の小松方正が入ろうとして、扉を開ける開けないのバトルが勃発。『脱獄広島殺人囚』でも、トイレで拳銃を触っているところを目撃されて逮捕されているので、松方とトイレの相性は良くないと思われる

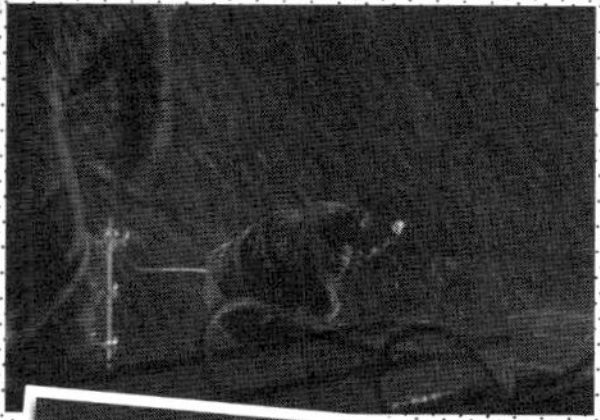

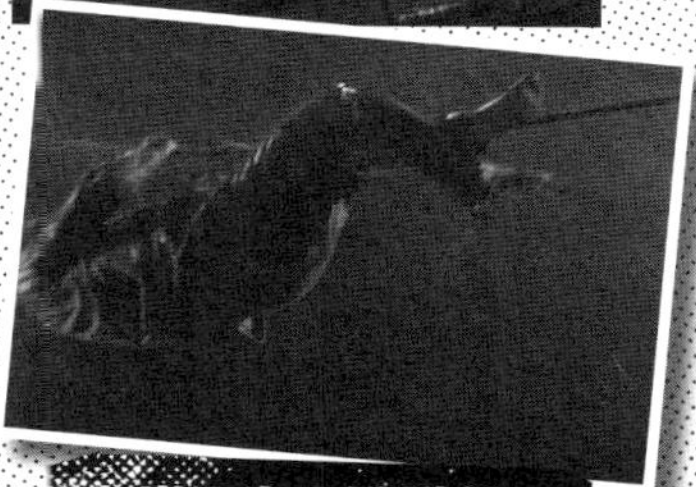

嵐の中の逃避行（暴動）

悪天候の隙をぬって、刑務所木工所の屋根と電柱の間に自家製のロープを渡して、外界を目指す。風と冷たい雨に気力・体力が削がれる過酷なチャレンジだ

COLUMN

刑務所に入る時はタバコを準備しろ！

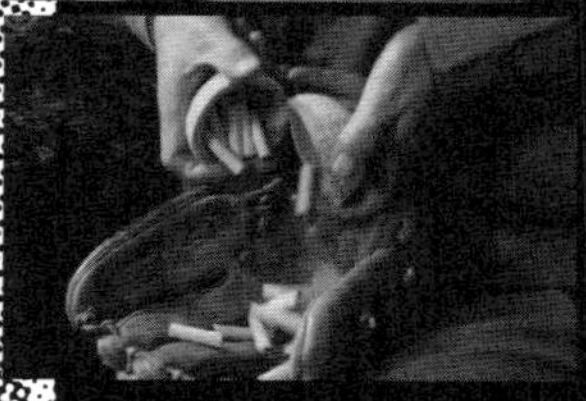

不自由が多い刑務所内で、もっとも重宝されるのがタバコである。仲間内でひそかに楽しむのは勿論のこと、まとまった数を持っている場合はそれが財産となり、囚人同士での交渉事の場では賄賂としても活用されることも。いわば、タバコは刑務所内では仮想通貨として役立つ重要アイテムなのである。（写真は『脱獄広島殺人囚』より）

三池監獄 兇悪犯

✹1973年5月12日公開 ✹90分
✹東映京都撮影所作品
✹カラー・シネスコ
✹併映作品：
『セックス・ドキュメント モーテルの女王』（高桑 信監督）、
『女医の愛欲日記』（深尾道典監督）

STAFF

企画／俊藤浩滋　橋本慶一
脚本／高田宏治
撮影／古谷 伸
照明／増田悦章
録音／荒川輝彦
美術／井川徳道
音楽／渡辺宙明
編集／神田忠男
助監督／野田和男
記録／梅津泰子
装置／和泉隆幸
装飾／清水悦夫
美粧結髪／東和美粧
演技事務／森村英次
スチール／中山健司
衣裳／岩逧 保
擬斗／土井淳之祐
刺青絵師／毛利清二
進行主任／真沢洋士
監督／小沢茂弘

CAST

友時常次／鶴田浩二
郡司文蔵／宍戸 錠
丸目大吉／汐路 章
ぼた安／伊吹吾郎
お軽松／久野四郎
三津田功男／三上真一郎
むささび小僧／国一太郎
ぼんぼ竹／南 利明
あご八郎／岩尾正隆
田中茂太／藤沢徹夫
鈴木良作／藤長照夫
箕中 温／畑中怜一
信太の善兵ヱ／浪花五郎
獅子の泰造／友金敏雄

若き囚人・今西の身を案じる妻・お沢は、夫の傍にいるため三池の民宿で働いている。そこにつけこんだ看守の河津は、夫の処遇をちらつかせてその身体をもて遊ぶ

三池到着までに、早くも生意気な看守を血祭りにあげる友時。〝北海常〟の伝説は伊達ではない

〝北海常〟の登場にざわざわする囚人たち。牢名主の郡司(左)もその存在感に圧倒され、ぼた安(右)、三津田(右から二番目)も気が気ではない

おかめの金太／松本泰郎
久留米の三造／市川裕二
山崎 元／川谷拓三
お半／広瀬義宣
羅卒の徳爺／北村英三
今西錦司／北十 学
おんぼう市／西田 良
銀行辰／平沢 彰
魚屋お七／奈辺 悟
石堂 渡／大木 実
熊勝／阿波地大輔
八木又造／志賀 勝
柳川の与吉／志茂山高也
相撲政／松原健司
三好仙松／池田謙治
村岡新兵ヱ／片桐竜次
門 五郎／佐藤京一
はっぱ松／高並 功
松山弥十／小峰一男
吉岡 保／大城 泰
お沢／堀越光恵
お玉／ひし美ゆり子
伊集院良道／安部 徹
河津源蔵／天津 敏
伴 平吾／小田部通麿
乾 伝作／白川浩二郎
矢部益男／楠本健二
垣崎 剛／笹木俊志
生駒清七／秋山勝俊
鷲尾忠幸／遠藤辰雄
吉本末雄／唐沢民賢
水沼達也／金子信雄
安西保典／野口貴史
生島猛人／山本麟一
夏川／疋田泰盛
矢野幸男
西村泰治
ナレーター／小池朝雄

普段は知らぬ存ぜぬを貫き通す友時だが、ここぞという時には俄然ハッスル、看守たちへ怒りの一撃を食らわせる

三池監獄の怖さをアピールする典獄の伊集院(右)だが、友時は無表情・ノーリアクションを貫いた

寝こみを襲う三津田を首絞めであっさりと倒した友時。そのキリングマシーンぶりに房内は騒然

STORY

明治36年、〝北海常〟の通り名を持つ囚人・友時常次は、20人の仲間と共に北海道・釧路集治監から福岡・三池集治監へと移監された。

三池集治監――そこに収容された懲役12年から無期懲役までの重犯罪人は、石炭採掘の重労働を強制され、九州炭鉱地帯の労働力として徹底的に酷使しつくし、そのまま社会から抹殺することを目的とした監獄だ。労働の報酬は密かに所員たちに搾取され、あまりの過酷な労働条件に脱走を企てる者もいたが、その鉄壁の警備にこれまで誰一人として逃げ切れたことはなかった。

日露戦争間近のタイミングで、石炭増産の必要を迫られた三池集治監典獄（所長）・伊集院、戒護課長・水沼、看守長の河津は、囚人一人当たりの生産高割当の増加を命じる。不満を述べる監房班長達を抑えたのは、牢名主の位置にある無期懲役の郡司文蔵。そのカリスマ性を恐れた水沼らは、郡司と友時をぶつけて共倒れにしてしまおうと目論み、友時を郡司の房へ入れた。凄まじい犯罪歴と脱獄を繰り返す〝北海常〟の噂は獄内にも伝わっており、さっそく郡司のその子分・三津田がその寝首をかこうとしたが、友時はこれを瞬殺、たちまち一目置かれる存在となる。

作業量と懲罰の増大、そして報酬の搾取が明らかになり、囚人た

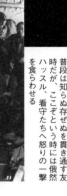

看守の服を戴いて、久々にシャバへと躍り出た友時だが、
あっという間に捕まってしまう

坑内に籠城する郡司グループ。頼みの綱は、くすねておいたダイナマイトだ

遊女お玉の身体で暖を取って何とか意識を取り戻した友時に、戒護課長・水沼の容赦ない要求が突き付けられる

ちの不満は爆発。遂に、集団脱獄の機運が高まっていく。計画は水面下で進行し、典獄の坑内巡察日に決行することとなった。しかし、河津は胸を病んだ囚人・今西を拷問してこの情報を既に入手しており、暴動発生と同時に銃を向けた。この混乱の中、友時を含む数名は手際よく脱走に成功したが、看守らの追撃は激しく、1人また1人と倒れ、友時も体を激しく痛めつけるガラス監房に押し込められた。

郡司をリーダーとした囚人たちは坑内に立てこもり、徹底抗戦を決意。採掘のストップが大きな痛手となる監獄側は、友時に生命の保証を条件に、事態の収拾を依頼。炭鉱に赴いた友時は郡司と一対一で対決、遂に郡司を制し、坑道閉鎖は解かれることになった。

だが、囚人たちの新たな怒りに火が点くまで、それほどの時間はかからなかった――。

VIOLENCE COLUMN

映画スターを〝殺した〟『三池監獄 兇悪犯』

任侠映画の大スター・鶴田浩二が主演を務めた、最も実録路線に肉薄した異色監獄映画——その唯一無比の魅力とは何なのか!?

文.杉作J太郎

鶴田浩二という俳優は基本的に実録が肌に合わない。

それは高倉健という人も同じで、何故なら鶴田浩二や高倉健がスーパーマンだからだ。人間離れした、超人的な活躍をする主人公を観るのは映画の楽しみの1つであるが、鶴田浩二も高倉健も、その超人である。

だが、実録ものに登場する人間は空を飛ぶことができない。地べたを這いずりながら、5円10円のゼニにもがいて、思った様にならずにくたばっていかねばならないのである。

何十人という敵に囲まれて、バッサバッサと刀一振りで数名ずつを倒し、あっと言う間に敵を全滅させる、などという人間離れが実録路線にはありえないのである。ということで、錦兄ィこと萬屋錦之介も実録路線には似合わない。『柳生一族の陰謀』『赤穂城断絶』といった東映の大型時代劇は実録風味の時代劇であるが、主演の萬屋錦之介がどこかしっくりして見えないのは、実録風味との合い口が良くないせいかと思う。

さて、そこで『三池監獄 兇悪犯』である。

登場する地名も会社名も実名で、どうやら実録である。

初めて観た時、はらわたの底の方にある問答無用な正義感に火が点いた思いがした。はらわたがホッカホカに熱くなった。それは、理不尽な状況に対する怒りから、まず来ている。囚人など何人死のうがどうでもいい、という炭鉱採掘作業。最も危険な坑道、落盤必至の坑道が囚人たちの仕事場である。

じめじめして暗く、生きた心地、生きる保証もないので囚人たちの表情は一様に暗黒だ。

この主役は鶴田浩二であるが、非常にとっつきが悪い。

「北海常」という囚人を演じているのだが、とにかく陰気である。ブスーッとしている。鶴田浩二の笑顔は人を華やかな気持ちにさせるものがあり、スター・鶴田浩二の魅力の1つであるが、それを完璧に封印している。

のっぺりとした美白、美肌も鶴田浩二の魅力の1つであるが、これも完璧に封印している。炭と泥で真っ黒だ。さらに、顔には大きな傷まである。

鶴田浩二は歌う映画スターでもある。ヒット曲も数多く存在する。節回し、言葉の使い方が良いのは勿論だが、まずは声が良い。

その声も封印した。北海常はほとんど喋らないのだ。喋ろうにも、仲の良い囚人もいない。どうやら、性格にも重大な難点がある人物である。

この主人公と1時間半ほどの時間、つきあ

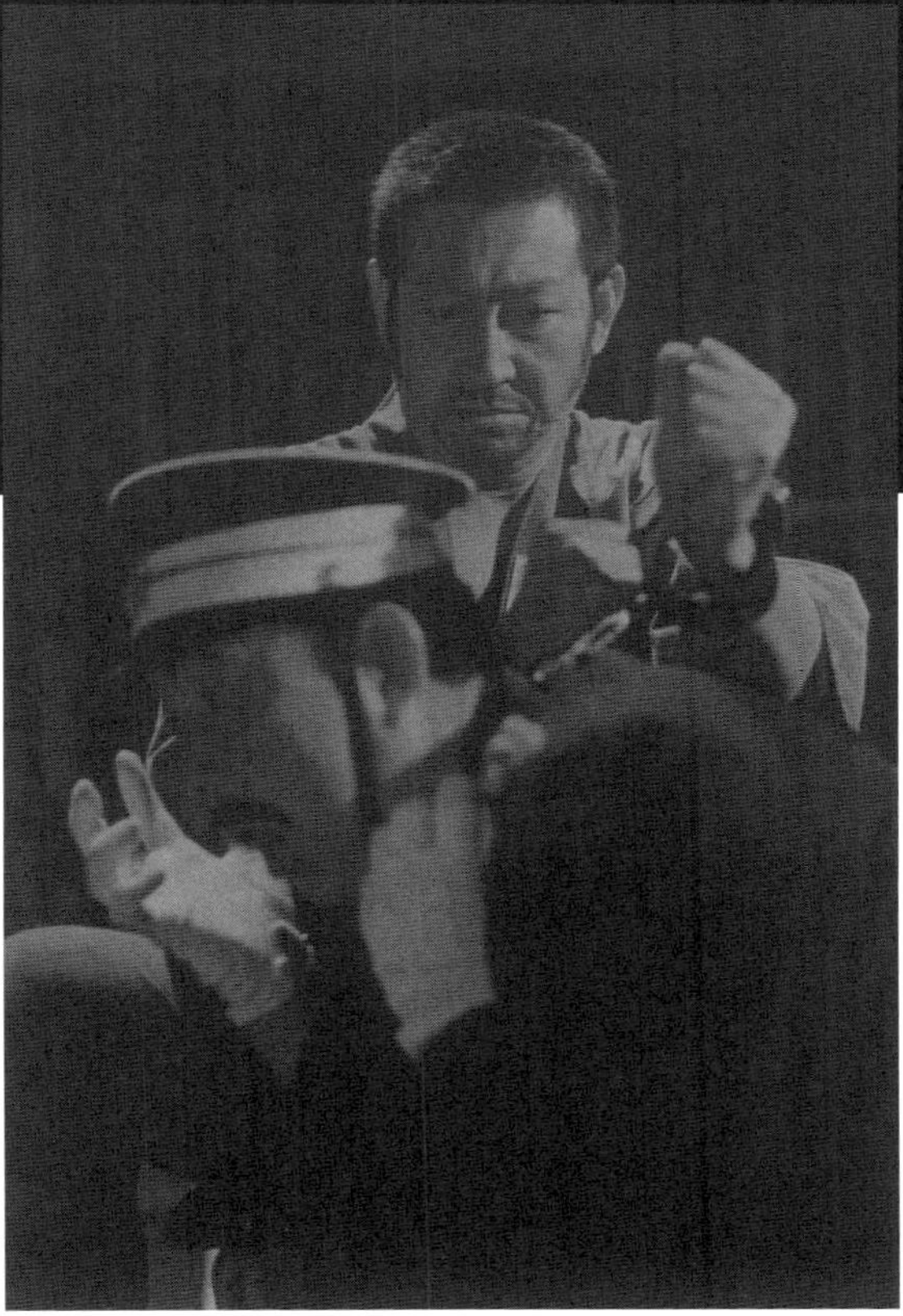

っていかねばならないのかと、初見の観客なら例外なくげんなりするのではないか。

普通、主人公がこれだけ暗いと、華やかな女優陣や相手役、あるいは端役の出演者に陽気な人気者を配していくが、この映画を小沢茂弘監督は徹底した陰気な地の底の監獄映画にした。

味方もいなければ美声も美肌も得意の微笑もない。何もかも奪われた地の底で、鶴田浩二は鶴田浩二ではなくなってしまった。

さすがである。小沢茂弘監督は鶴田浩二から全てを奪うことでスーパースター性を封印。実録映画の主役としての鶴田浩二をここに成立させたのだ。

だからラスト、鶴田浩二の怒りが爆発する時。

我々観客の、鶴田浩二に賭ける思いも爆発する。

18年春に役目を終えて閉館した京都の映画館「みなみ会館」で、一昨年、『三池監獄 兇悪犯』の上映を仲間達と企画した。

京阪神の若者達が詰め寄せた。若い女性も多かった。さすがに古い映画だろうか、と若干の杞憂はあったが。

オールナイトだったので、上映が終わって外に出たら夜明けの東寺が目の前にあった。そして出てくる観客は皆、興奮していた。そして口々に鶴田浩二への賛辞を贈っていた。

プリズン無礼講！

～『網走番外地』発『女囚さそり』行き 護送列車の旅～

松方弘樹の『刑務所』シリーズ以外にも、東映には数多くの〝刑務所映画〟がある！ その豊潤なるプリズンワールドを一挙紹介!!

文．植地 毅

東映やくざ映画には、とにかく頻繁に刑務所が登場する作品が多い。その根底には権力へ反抗するアンチ・ヒーローへの憧れがあり、観客も嬉々としてアンチ・ヒーローに喝采を送っていた。そんな映画を堂々と作れる会社は東映ぐらいで、逆に云えば刑務所映画は東映の十八番となるのは当然であった。本稿では、そんな東映刑務所映画作品の数々を検証しつつ、その歴史について解説したい。

戦後初の刑務所映画は、実は東映ではなく東宝だった。網走刑務所を舞台とした脱獄映画『愛と憎しみの彼方へ』（51年）である。網走刑務所百年の歴史に刻まれる実在の脱獄常習犯・白鳥由栄をモデルに、谷口千吉監督、脚本に黒澤明。主演は三船敏郎、池部良、志村喬という豪華キャストが勢揃い。初めて網走刑務所でロケ撮影が敢行されたのも、実在のモデルが存在する＝実録路線としても成立する点でも快挙。ちなみに製作に田中友幸、音楽は伊福部昭と東宝怪獣映画の二大巨頭が参加しているのもポイントが高い。

刑務所映画が網走からスタートしたことは重要だ。『愛と憎しみの彼方へ』は脱獄がテーマのドラマだったが、ただでさえ世間と隔絶された世界である刑務所が、更に〝番外地〟という住所すらない秘境に存在するという事実は、映画人でなくとも大いに創作意欲をかき立ててくれる。そして、名実共に網走刑務所の知名度を全国区に押し上げた刑務所映画の金字塔『網走番外地』シリーズ（1965年～72年）が登場すると、やくざ映画の世界に新たなる鉱脈が生まれる。

企画の発端は、三國連太郎が聞きつけた網走刑務所における囚人脱獄計画事件（註：網走刑務所を6回脱獄した五寸釘寅吉を筆頭に、同刑務所では幾度となく大掛かりな脱獄、もしくは脱獄未遂事件が発生していた）を大島渚監督で映画化しようというものだったが、当時三國も大島も手がけた作品で興行的に不振が続いており企画は中止になる。しかし、かねてから石井輝男監督が撮りたいと願っていた『手錠のまゝの脱獄』（58年）のオマージュを、三國のネタで実現できないかと再浮上。そこで三國の企画そのままではなく、網走刑務所に服役経験のある伊藤一の発表した小説『網走番外地』を原作としようと路線を変更する。ただし、小説自体は既に日活で映画化されていた。

この日活版『網走番外地』（59年）は浅丘ルリ子主演による純愛メロドラマだったため、日

『網走番外地』
（Blu-ray／BSTD02061／3500円＋税）
原作：伊藤一／監督＆脚本：石井輝男／
出演：高倉健、丹波哲郎、南原宏治、嵐寛寿郎

活版とは差別化を図るべく、石井輝男は物語を大幅に改変。主演には石井輝男とのコンビによる〝東京ギャング〟シリーズで東映の看板スターとなった高倉健を抜擢するも、製作サイドは「前科者が主人公」「女が全く出てこない」「零下30度の極寒でロケなんかできるのか」などと難色を示し、カラーではなく白黒でなら、という落とし所で企画にGOサインが出た（この決定に対し高倉健が猛反発したところ、大川博社長から「主役を梅宮辰夫に変えるぞ」と言われ、渋々承諾した逸話もある）。

石井輝男は「どうせ雪景色ばかりなんだから白黒で構わん」と言い放ちクランクイン。結果は予想を上回る大ヒット作となり、高倉健の唄う主題歌はレコード会社が争奪戦を繰り広げた挙句に、リリースした全てのレーベルから放送禁止処置が下されるなど、映画公開後もすったもんだが続くが、すぐに続編並びにシリーズ化が決定され、日本全国で〝番外地ムーブメント〟が巻き起こるのだった。

『網走番外地』は、主人公である橘真一（高倉健）が網走刑務所に収監されるところから始まる。そこで出会った牢名主の鬼寅（嵐寛寿郎）を筆頭に、複雑な事情を抱えて服役する男たちの友情や謀略、裏切りと対峙する橘の戦いを描いた物語は、従来の任侠路線とは一線を画した新機軸となった。以降、収監→脱獄→復讐→再収監というプロットに、横暴な刑務官、密告者、冤罪などの要素が絡む東映の刑務所映画の基本フォーマットが確立されるのだが、石井輝男は10本を監督した後に降板。以降は設定を変更した『新網走番外地』シリーズが8本製作され、合計18本という東映屈指のヒットシリーズになる。当初の企画段階では誰にも予想できなかっただろう。

ちなみに、石井輝男最後の監督作『網走番外地 吹雪の斗争』（67年）には、嵐寛寿郎が出演しておらず、代わりに安藤昇がキャスティングされているが、これは嵐寛寿郎の推薦だった。安藤昇は後に同じ石井輝男監督作『現代任侠史』（73年）にも出演を果たしているあたりは、本書的に外せない事例だ（石井輝男は『番外地』シリーズからは離脱したものの、やはり思い入れの強い看板シリーズだったのか、千葉真一主演のスラップスティック空手アクション『直撃地獄拳 大逆転』（１９７４年）のラストシーンにおいて嵐寛寿郎をカメオ出演させ、『番外地』シリーズの名場面を復活させている）。

『新網走番外地』シリーズと並行して、東映は実に多種多用な刑務所映画を連発する。鶴

『大脱獄』
(DUTD02910/
2800円+税/91分)
監督&脚本:石井輝男/出演:
高倉健、木の実ナナ、田中浩、
三谷昇、高宮敬二、奈三恭子、
室田日出男、山本麟一、加藤
嘉、田中邦衛、菅原文太

『海軍横須賀刑務所』
(DUTD03580/
2800円+税/99分)
原作:青山光二/監督:山下耕
作/脚本:石井輝男/出演:勝
新太郎、松方弘樹、長谷川明男、
三上真一郎、太田博之、森秋子、
赤木春恵、菅原文太

田浩二主演作『三池監獄 兇悪犯』(73年)は、日露戦争直前の炭鉱における強制労働を描いた変化球ではあるものの、その硬派な物語には近年再評価が高まっている。本作に関しては杉作J太郎御大が別項にて熱く語っている。また、松方弘樹の刑務所トリロジーは別項を参照してもらうとして、ここからは、これまで東映刑務所映画としてまとめて語られる機会が無かった作品群について一気に紹介したい。

勝新太郎東映初主演作品にして刑務所映画の集大成……となるはずだった『海軍横須賀刑務所』(73年)は、企画段階では高倉健と勝新太郎のダブル主演、石井輝男が『番外地』シリーズ以来久々にメガホンを取ると、話題性は充分だったものの色々あって(高倉健が勝新との共演に難色を示したという説がある)、共演は菅原文太にチェンジ。石井輝男は脚本のみを担当し、監督は山下耕作になる。そんな楽屋サイドの紆余曲折が映画に反映されたのか、封切ってみれば、やくざ映画としても刑務所映画としても尻すぼみな仕上がりになってしまった。もしかしたら『兵隊やくざ』ミーツ『網走番外地』という男度数200%大作に化けたかもしれない企画だけに残念極まりない。

石井輝男も再び刑務所映画を手掛ける。『網走番外地』に実録路線をプラスした『大脱獄』(75年)である。高倉健と菅原文太のダブル主演による本作は、網走刑務所を脱走した死刑囚の主人公が列車強盗を計画するという物語からもわかる通り、刑務所映画というよりは、むしろバディものの強盗映画。実録路線の台頭で居場所を無くした高倉健が、「番外地よ、もう一度」とばかりに一念発起したのは間違いないが、興行的には振るわぬ結果に終わり、石井×高倉コンビ最終作となってしまった。そして高倉健は、後の『幸せの黄色いハンカチ』(77年/山田洋次監督)で、『網走番外地』で培ったイメージを残しながら、やくざ映画からのシフトチェンジに成功した。

既存の任侠映画からの脱却を目指して作られた『網走番外地』シリーズも、気づけば規定路線ど真ん中。松方弘樹の刑務所トリロジーと比較してみると、シリアスなドラマ性が特徴的な『網走番外地』に対し、実録風味&バイオレンス&コメディ路線の松方は確かに新しかった。ここから更にニューウェーブ刑務所映画が生まれるのだが、同時にそれは刑務所映画ムーブメント終焉に差し掛かったことを意味していた。

『女囚701号 さそり』
(DUTD02102／2800円+税／87分)
原作：篠原とおる／監督：伊藤俊也／脚本：神波史男、松田寛夫／出演：梶芽衣子、横山リエ、夏八木勲、渡辺文雄

『男組』
(DSTD03514／4500円+税／78分)
原作：雁屋哲 作画・池上遼一／監督：内藤誠／脚本：波多雅史、田口勝彦／出演：星正人、にしきのあきら、山口智子、室田日出男、内田朝雄、南条弘二

原作・雁屋哲、作画・池上遼一によって「週刊少年サンデー」で連載が開始されるやいなや人気爆発、東映が即実写映画化に手を挙げた『男組』は、これまでの高倉～松方までの流れとは異なり、当時の言葉で表現するならフレッシュなヤングがシノギを削り合う、まさしく刑務所映画のニューウェーブ。第1作目の『男組』(75年)は、主演に星正人、監督に内藤誠という、どちらかといえば暴走族映画寄りの布陣で製作され好評を博す。とはいえ刑務所映画というよりは学園アクションに近く、続編『男組 少年刑務所』(76年／岡本明久監督)では主演が舘ひろし&クールスにチェンジ。同時上映が『爆発！750cc族』だったため、さらに暴走族感が増しているので、新たなカテゴリーとして「少年院系」と分類した方がベターかもしれない。

ニューウェーブといえば、男の園だった刑務所を女の園に変えたピンキー・バイオレンスの傑作である『女囚さそり』シリーズ(72～73年)4作が挙げられる(1～3作／伊藤俊也監督、4作／長谷部安春監督)。その黎明期から刑務所映画の決定的弱点としてから指摘されていた〝女っ気の少なさ〟を逆手に取り、女だらけの刑務所映画を作り上げてしまうのが東映の底力。篠原とおるのマンガ原作ありきの企画だったが、単に女版『網走番外地』に終わらず、怪奇色と前衛タッチを全面に押し出しつつ、女子刑務所ならではの助平なビジュアルを盛り込むことで、観客の期待を決して裏切らないあたりは流石。主演を務めた梶芽衣子のクールな演技も相まって日本が世界に誇れるカルトムービーに仕上がっている。また、PV女優・杉本美樹主演による脱獄女闘美アクション『女番長 感化院脱走』(73年／中島貞夫監督)が送り出されていた歴史も忘れてはならない。

80年代に入ると好景気に沸く大衆は刑務所映画のような反骨精神を求めなくなり、90年代以降は刑務所内におけるリアルな生活実態——『塀の中の懲りない面々』(87年／森崎東監督)や『刑務所の中』(02年／崔洋一監督)など——にテーマがシフトする。より現実的といえば聞こえはいいが、それは反面ロマンが無くなったとも解釈できる。

そう、東映刑務所映画には男臭い浪漫があった。男臭いし飯も臭い。しかし映画そのものは全く臭くない。むしろ香ばしい。刑務所映画とは、そこに決して入りたくないけど、「実際入ったらどうなるのか」と興味をそそられる、抑圧された男だらけの動物園であり、帰宅できない学園ドラマなのである。

227-229ページで紹介のソフトは全て、販売：東映　発売：東映ビデオ

東映実録路線を楽しくする常連俳優たちの「待ってました！」感

文．杉作J太郎

最近の映画は、役作りのために合宿したり、舞台を組んだりするということもあるようで、俳優が役になりきるというのは並大抵の努力では不可能なのかもしれない。

が、どう逆立ちしても役の人物そのものになれるわけではないのだから（安藤昇先生自らが安藤昇先生を演じたようなご本人登場ケースを除く）しかめっつらしたり、悩んだり暴れたり家族に当たり散らしたりしながら役になりきろうとするのは、無駄な努力なのかもしれない。

だいたい、役者の出し入れというのは思ったよりも手間のかかる作業で、現場の出し入れ、現場までの交通、遠隔地の場合は宿泊、これらが京都撮影所の場合、東京から役者を呼ぶと一人ひとりにたっぷり手間と時間がかかる。

さらに、撮影所というのは区画整理されているわけでもなければ商業施設でもないので、人の導線というのは極めて不明瞭である。それをいちいち東京から役者を呼ぶ度に教えていたのでは面倒この上ない。

なので、撮影所専属の俳優部は勿論、京都、大阪に在住の役者、さらには東京の役者だとしても何らかの事情や理由があり、京阪神によく来ている役者を中心にキャスティングされることになる。京都には他社の撮影所もあり、そこで時代劇にレギュラー出演していた役者にも声はかけやすかったようである。

なお、余談だが、東京の役者にとって関西は恋人、あるいは不倫相手との密会に最適の場所でもあり、あえて名は隠すが東映映画出演の理由として「京阪神の仕事なら何でもよかった」と私に語った役者もいた。勿論、一流の照れ隠しかもしれない。役者に限らず芸能人は照れ隠しやリップサービス、悪く言えば「言うだけ番長」も多く、それらを全て丸呑みにすることは愚かである。

『やくざ戦争 日本の首領＜ドン＞』

[redacted]

さて、ここで私が何を述べたいかと言うと、作品を何本かご覧になっていただければおわかりのように、実録路線にはおびただしい数の役者が登場するがほぼ八割（計算したわけではないが印象として八割、実際に脇役端役すべて計算すれば九割を超えているだろう）の出演者が全作品共通である。

つまり、同じ役者が作品によって別の役で登場する。

ピラニア軍団のメンバーはもちろん、小池朝雄、小松方正、織本順吉、さらには鈴木康弘、小峰隆司、阿波地大輔、福本清三、藤沢徹夫、木谷邦臣……（ここは、この調子で記していくことが不可能なので泣く泣く割愛）といった撮影所常駐組が今回はやくざ、今回は刑事、そして今回は、といった具合に別々の役で出てくるのである。当時は現代の様なネット社会ではないので、いつ何の役で出てくるかは映画を観るまでわからない。わからないが、まあ想像を大きく逸脱するような役で出てくることはない。

これは、吉本新喜劇や歌舞伎に代表される、一座芝居のシステムである。

「うちの組長に頼めば間違いないです！」

という「ふり」が既に不安の前兆で、最終的には頼まない方が良かったことになるのだが、そう紹介されて出てくる織本順吉の座りの良さ！

「待ってました！」

思わず叫んだとしても責められない。

やくざでも刑事でも目的に向かって非人情に突っ走る、地井武男。憎めない甘えん坊のドラ息子、織田あきら。ダラ幹（ダラダラした幹部）、林彰太郎。やくざでも刑事でも役場の人でも、職種がなんであれ短絡的な思考の現場の人、岩尾正隆。バラック建築の家でキツい生活をしているお母さんは、荒木雅子か菅井きん。新聞記者の司裕介や簑和田良太。その「待ってました！」的な快哉が、一本につき平均50回、いや100回はあるように私は認識している。こんな素晴らしくも楽しい娯楽が、他にあるだろうか。

そこまでまだ楽しめてない人は、とにかく何度も何度も観ることで、間違いなくそこに到達できますので、頑張って下さい。

実録。ポスターコレクション PART 2

深作欣二の実録作品

『現代やくざ 人斬り与太』

●スピードポスター

●B2ポスター

『人斬り与太 狂犬三兄弟』

●B2ポスター

●スピードポスター

2シートポスター

『県警対組織暴力』

スピードポスター

B2ポスター

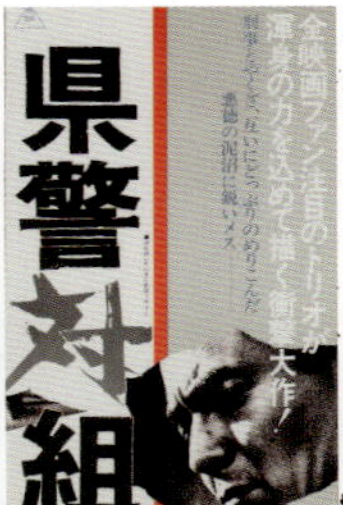

ティーザーポスター

『仁義の墓場』

B2ポスター

スピードポスター

2シートポスター

ティーザーポスター

『やくざの墓場 くちなしの花』

スピードポスター

B2ポスター

『北陸代理戦争』

2シートポスター

B2ポスター

松方弘樹の『刑務所シリーズ』

『脱獄広島殺人囚』

B2ポスターB

B2ポスター

『暴動 島根刑務所』

B2ポスター

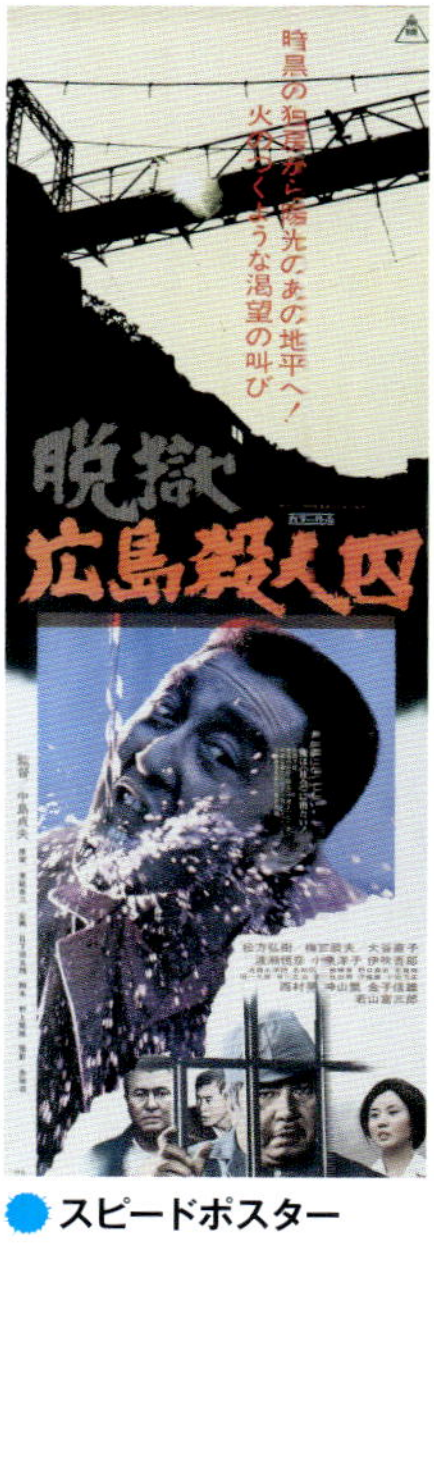

スピードポスター

ティーザーポスター

B2ポスター

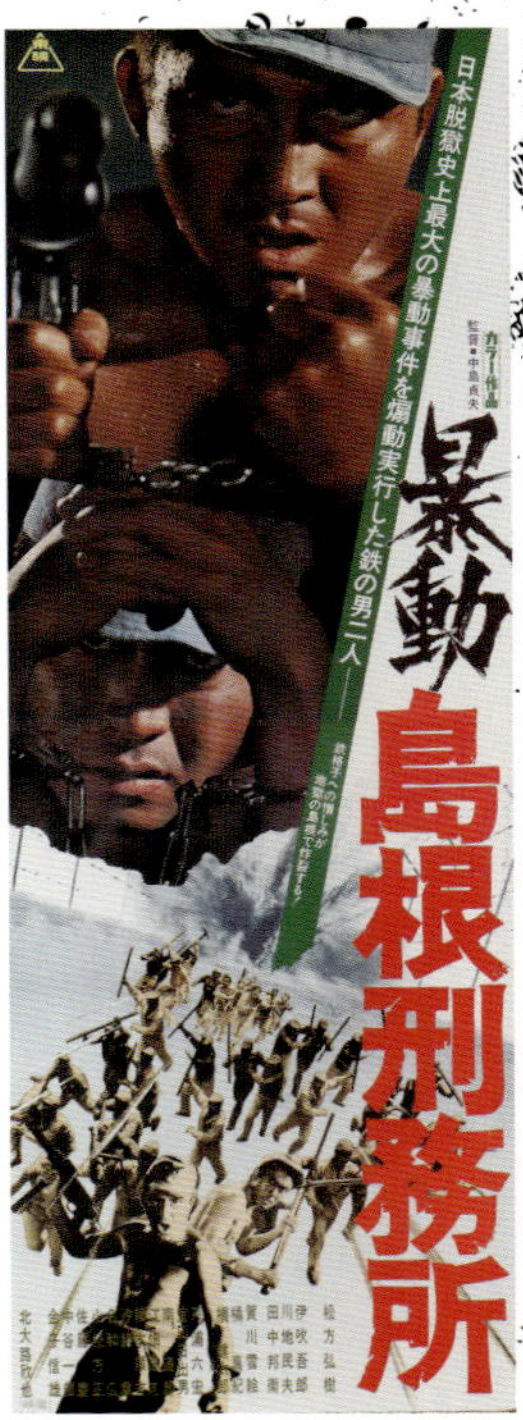

スピードポスター

『強盗放火殺人囚』

スピードポスター

B2ポスター

『三池監獄 凶悪犯』

オールスター実録大作

『やくざ戦争 日本の首領〈ドン〉』

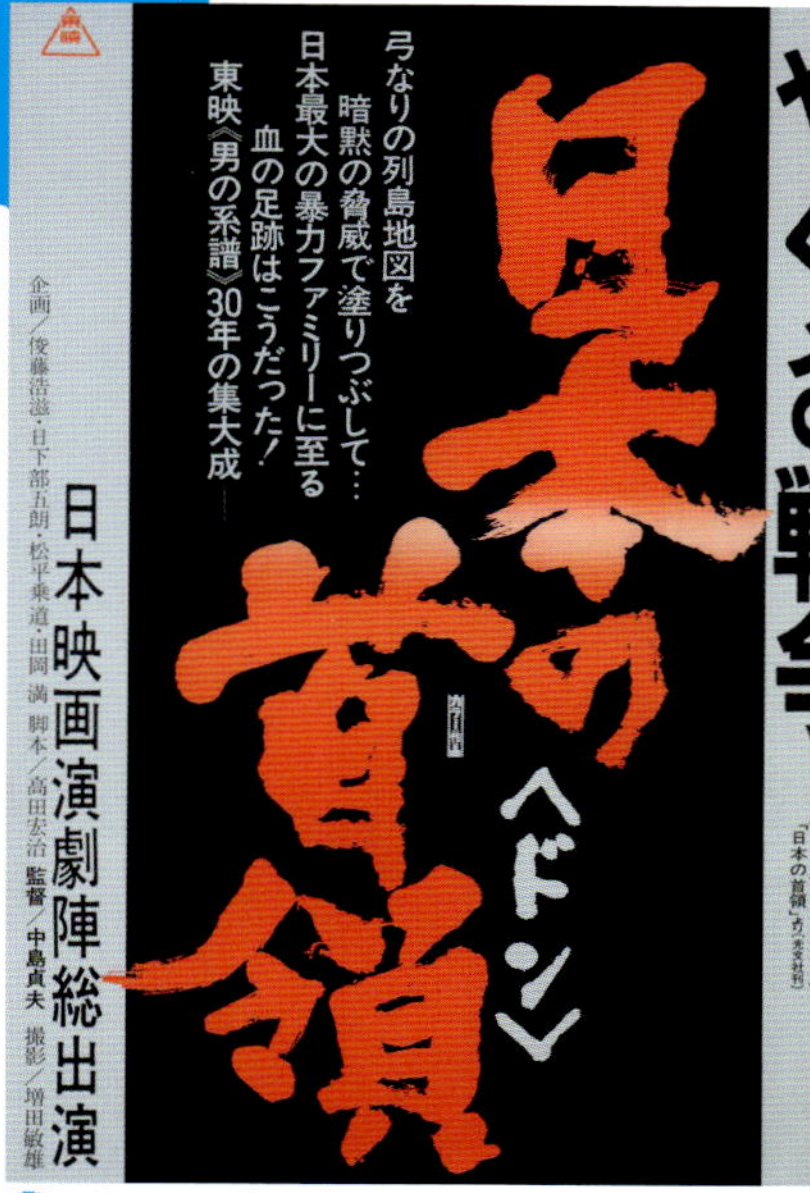

B2ティーザーポスター

B2ポスター

『日本の首領〈ドン〉野望篇』

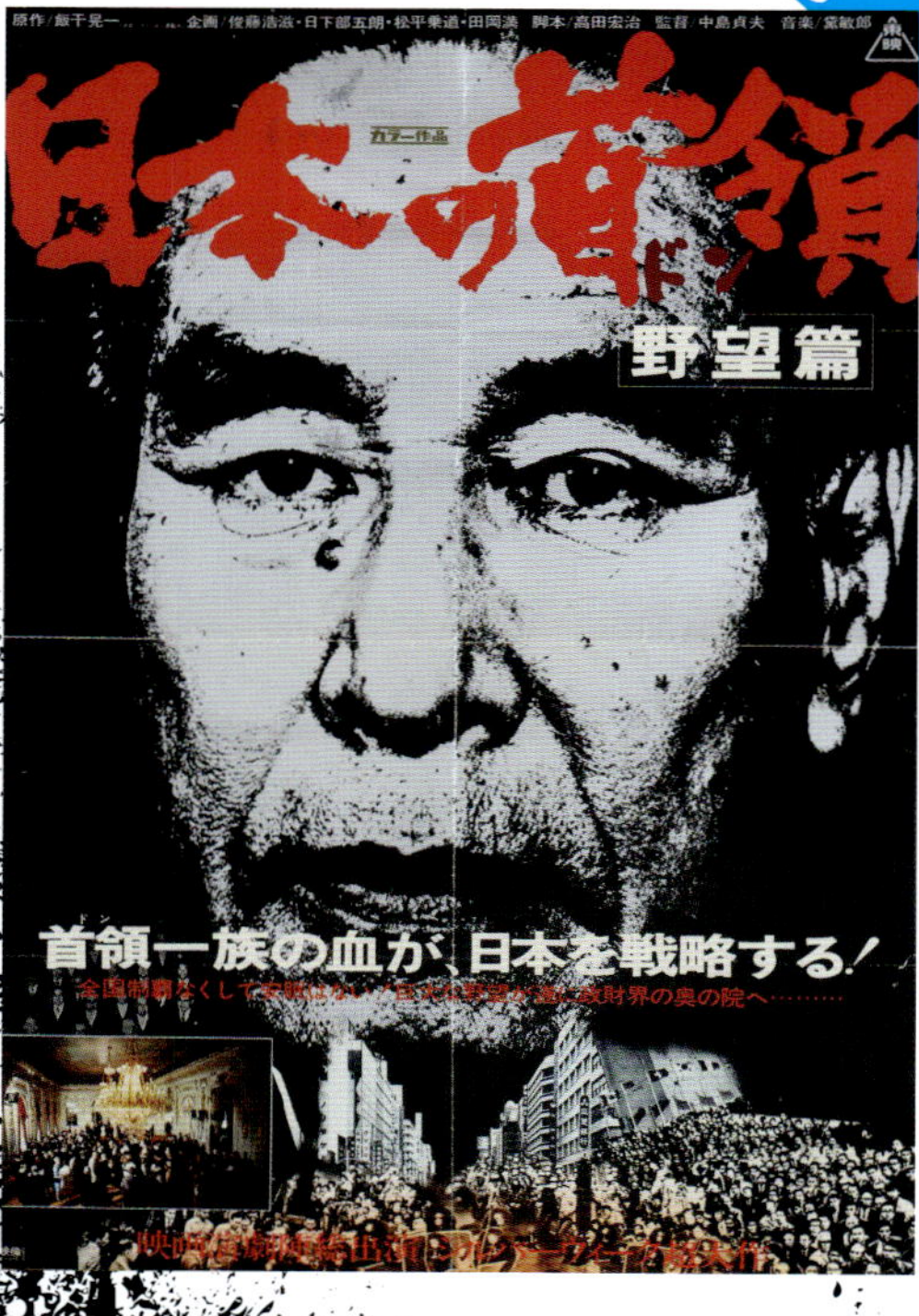

ティーザーポスター

スピードポスター

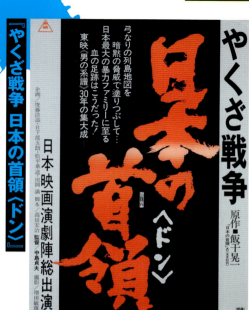

B2ポスター B

B2ポスター A

『日本の首領〈ドン〉完結篇』

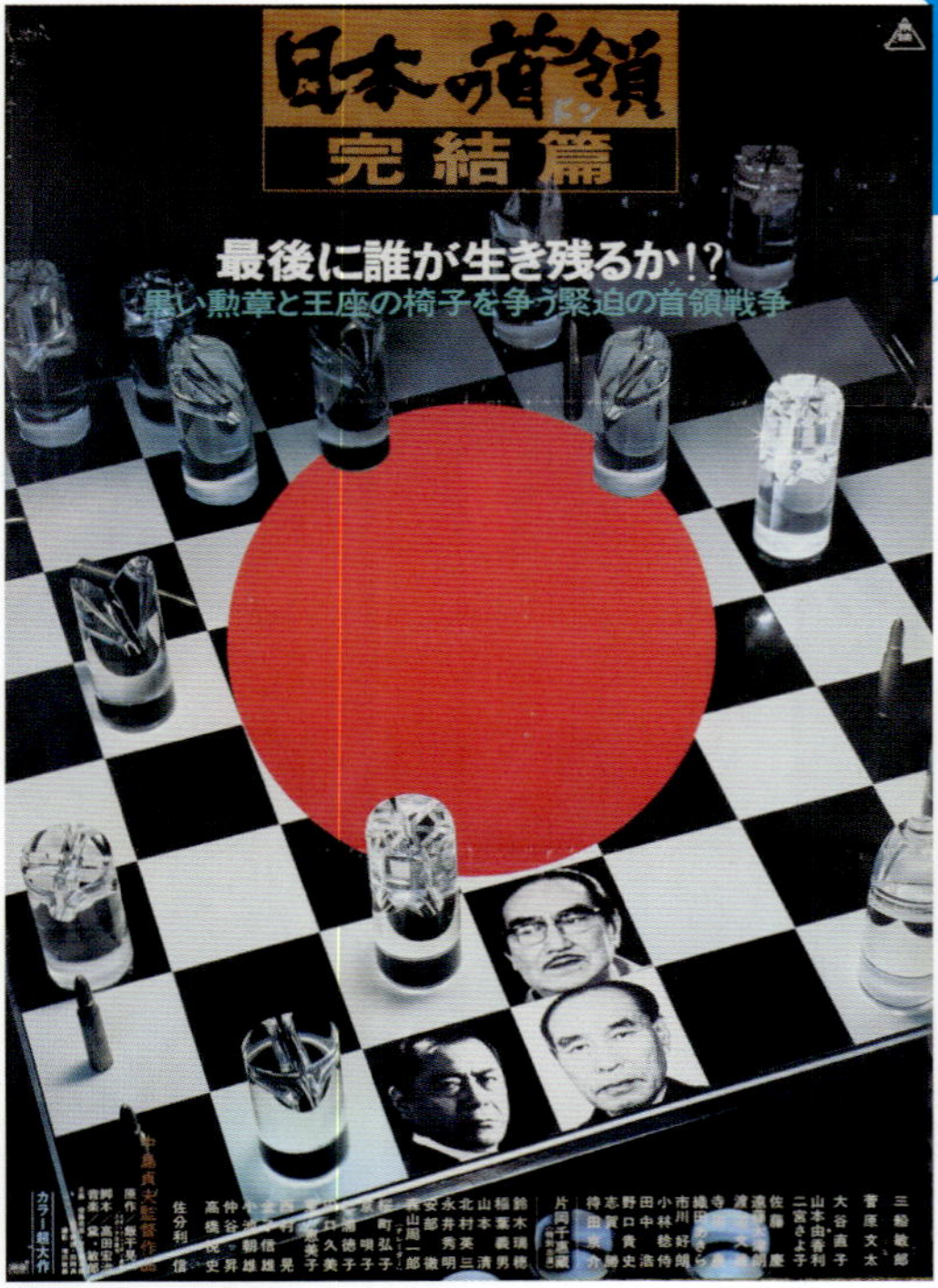

B2ポスター B

B2ポスター A

『日本の仁義』

ティーザー
スピードポスター

B2ポスター

● B2ティーザーポスター

『日本の黒幕〈フィクサー〉』

B2ポスター B

B2ポスター A

『総長の首』

B2ポスターB

B2ポスターA

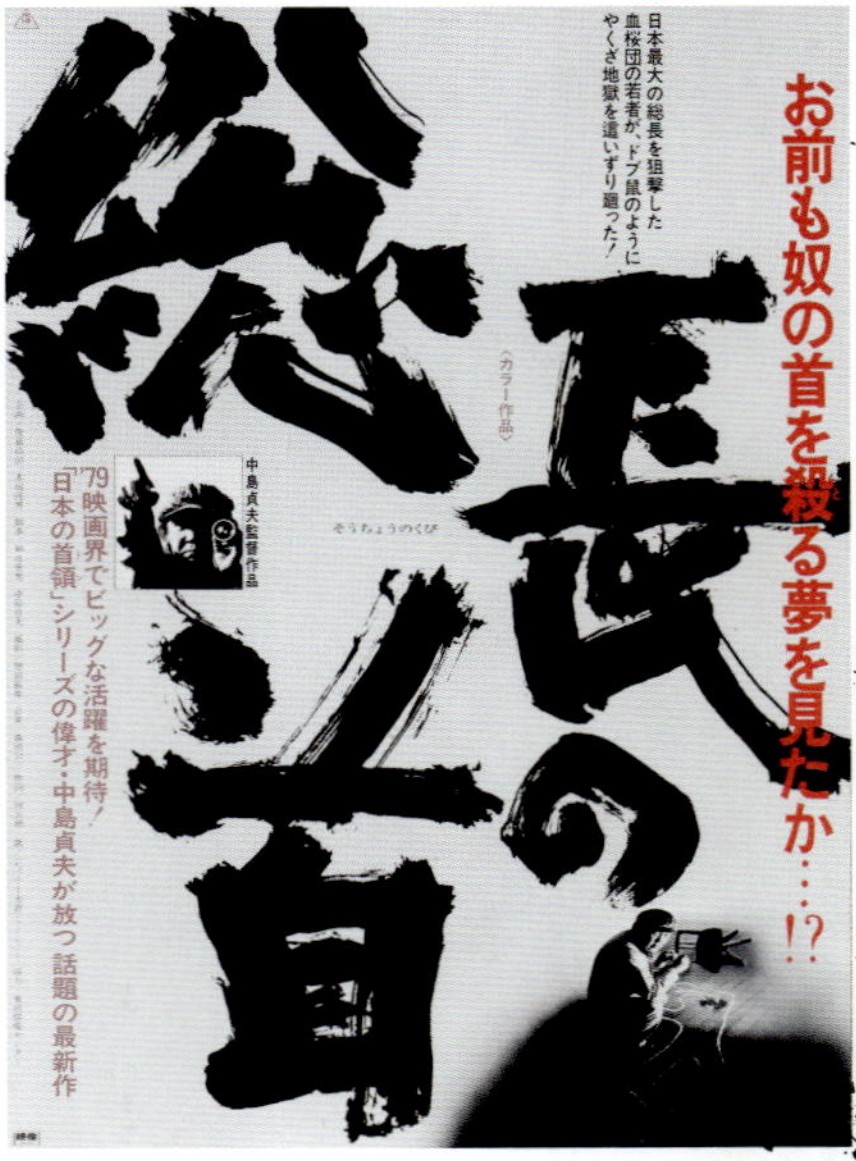

B2ティーザーポスター

77年秋に公開と告知された幻の企画のポスター

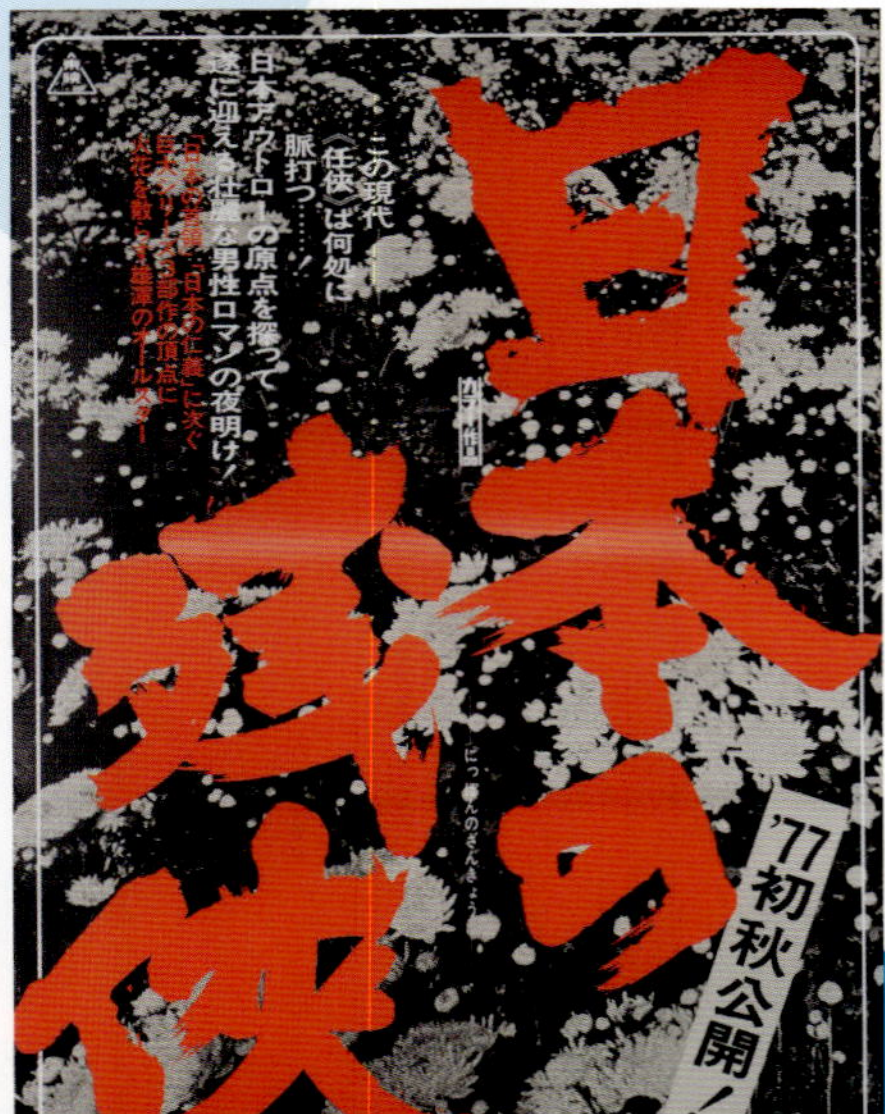

『日本の残侠』

アフター実録作品

『制覇』

B2ポスターB

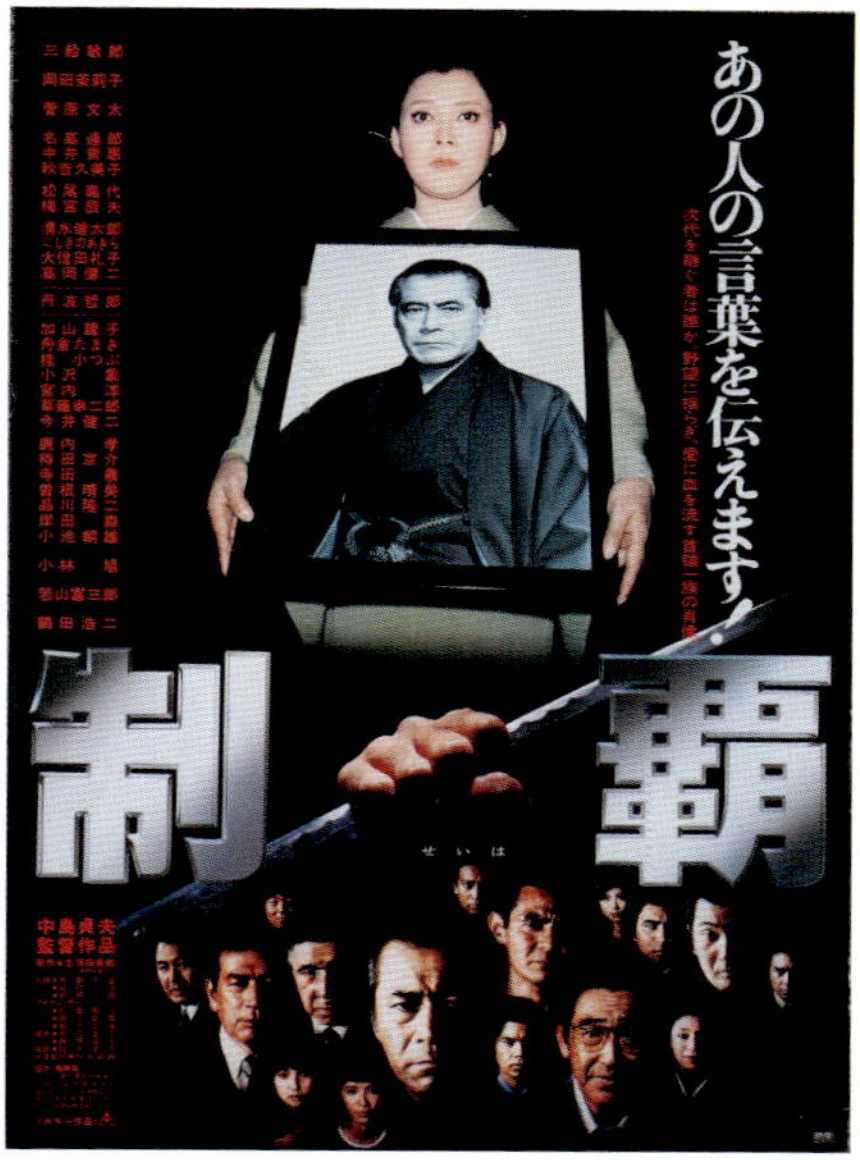

B2ポスターA

B2ポスターB

『修羅の群れ』

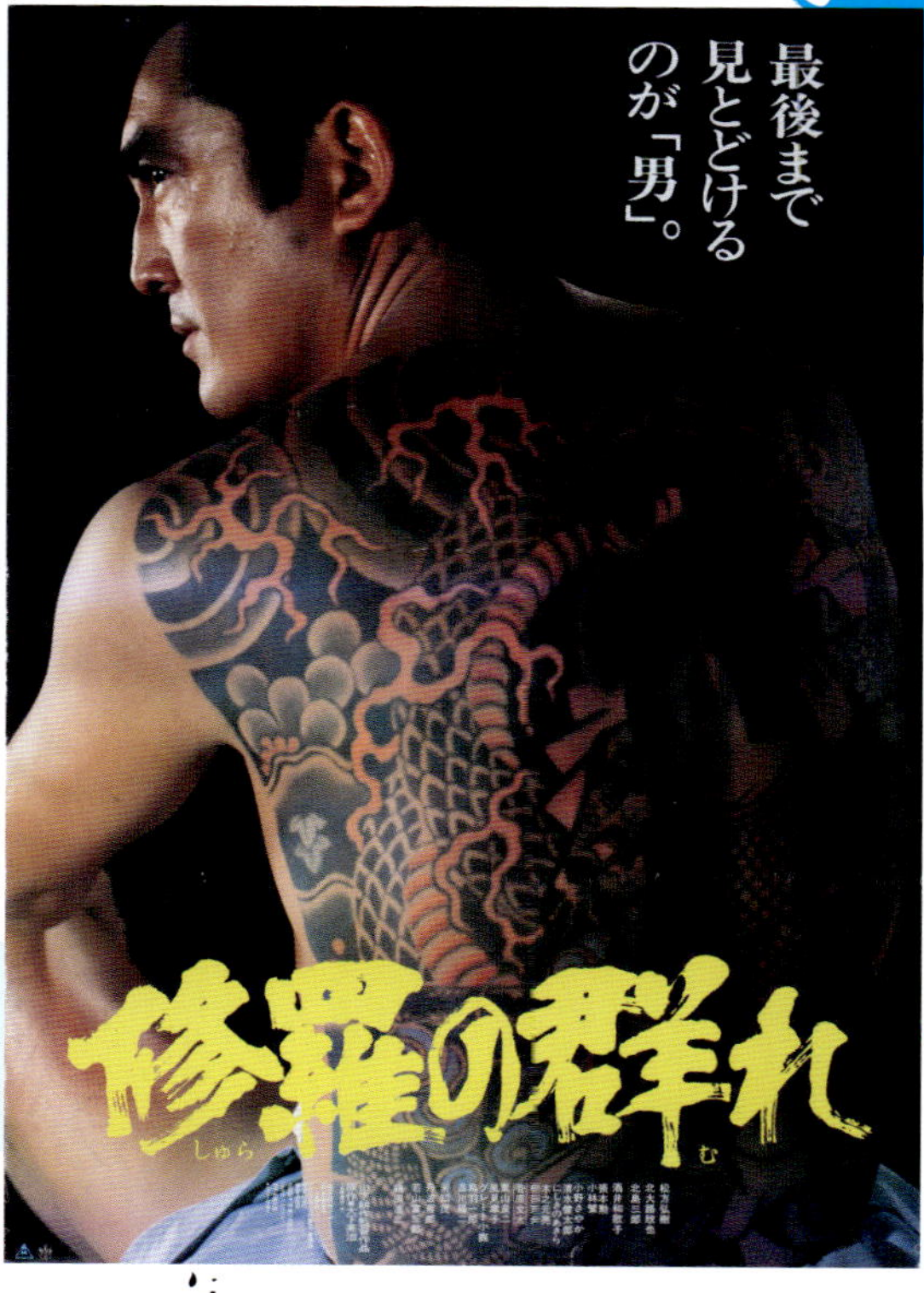

B2ポスターA

EX

●東京近郊で配布された『県警対組織暴力』チラシ

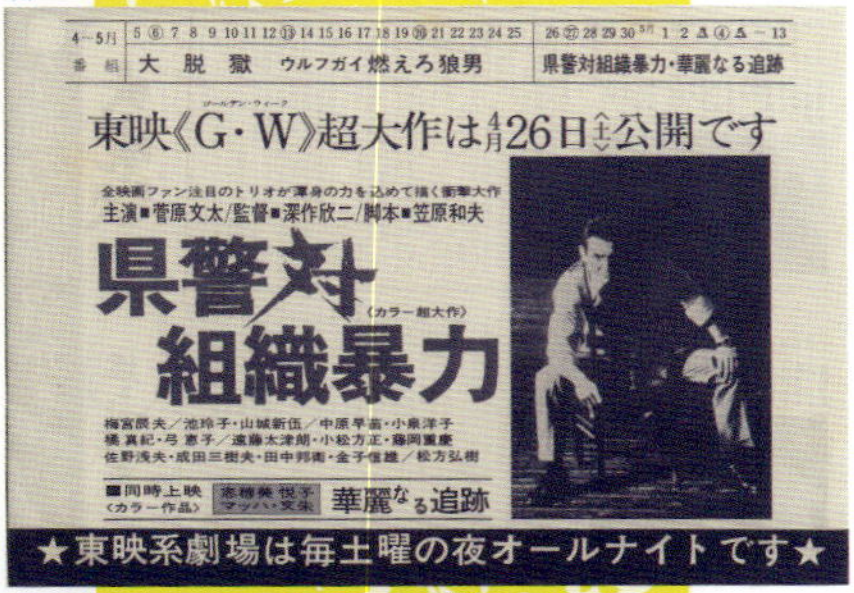

●九州地方で配布された『県警対組織暴力』チラシ（裏面はP12に掲載）

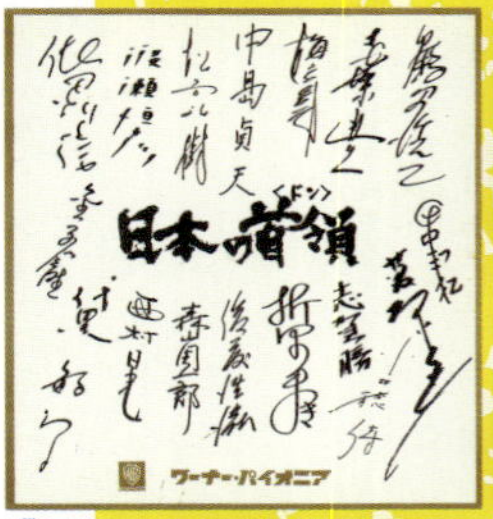

●サントラ盤購入者特典の『日本の首領』出演者、中島監督、黛氏の複製サイン色紙

●『日本の首領』オリジナル・サウンドトラック盤（ワーナー・パイオニア／L-10067-W・廃盤）

『激動の1750日』

●B2ポスター

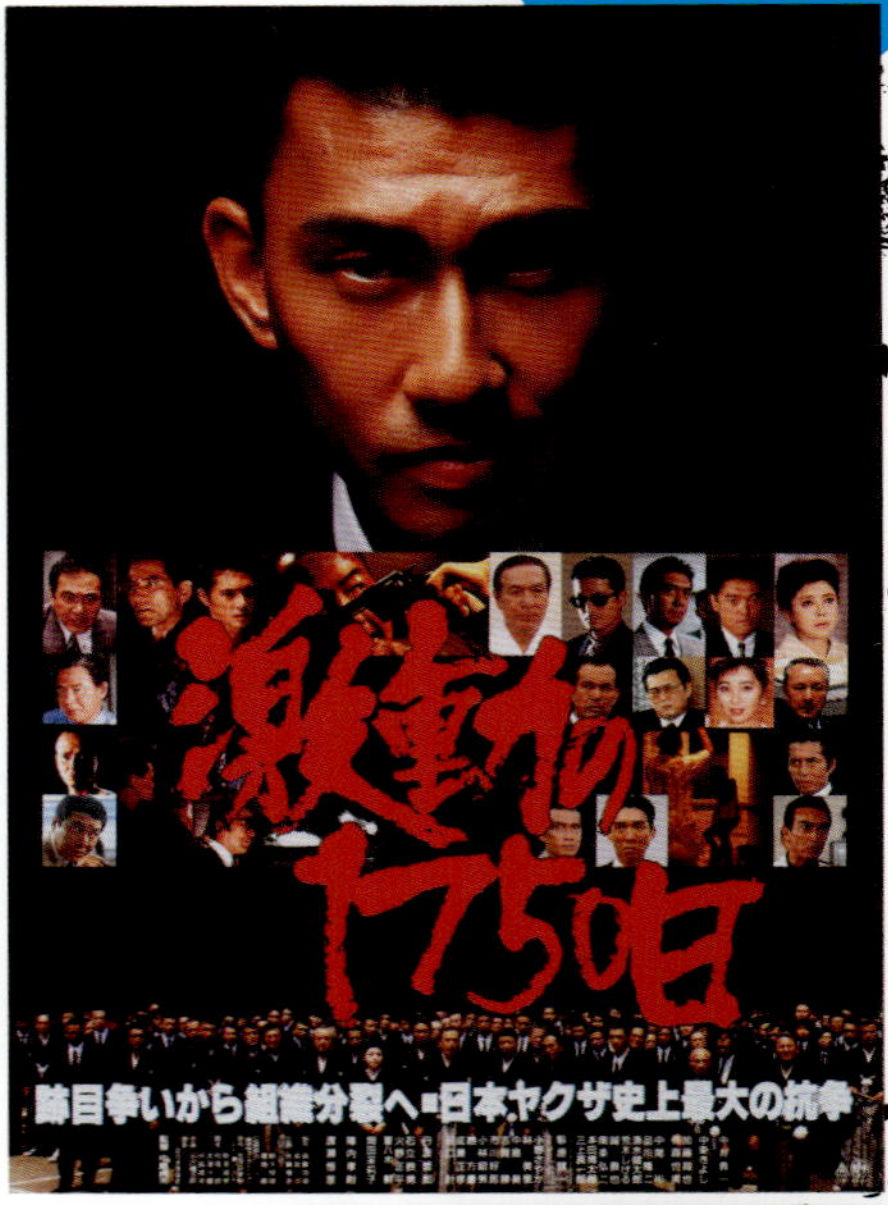

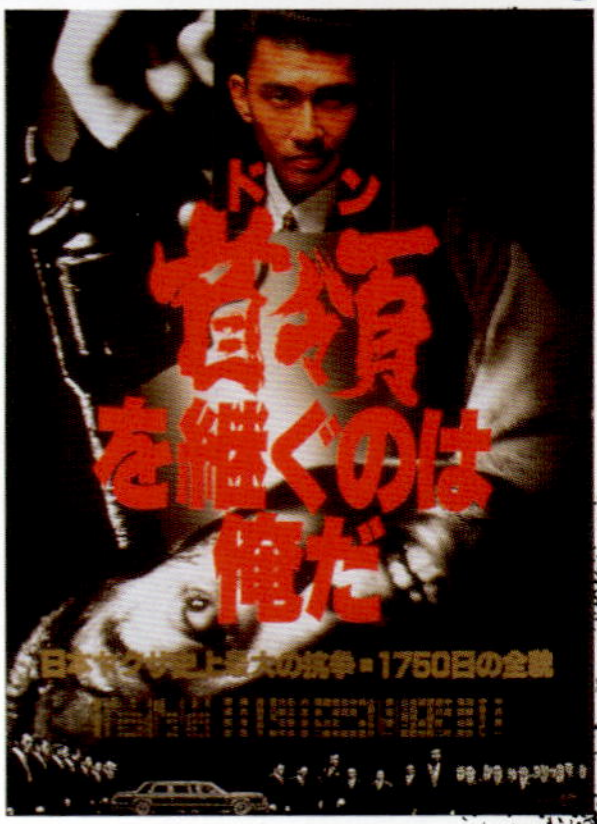

企画当初は、原作タイトル『首領〈ドン〉を継ぐのは俺だ』で進行しており、同タイトルのポスターと予告編が製作されている

『北陸代理戦争』竹井義光役は当初渡瀬恒彦が演じていたが、事故のため降板。予告編カットと撮影時のスチールで出演時の様子を確認することができる●

VIOLENCE COLUMN

「きつい一発　松方弘樹の言いたい放談」

70'S松方弘樹の魅力を凝縮した書籍といえば、この1冊。
古本相場もグングン上昇中の本書がスペシャルであり続けるのは何故か!?

文.吉田 豪

松方弘樹の『きつい一発　松方弘樹の言いたい放談』と山城新伍の『白馬童子よ何処へ行く　独占！男の時間』は、どちらもカヴァーイラスト／吉田カツ（格好よく決めた本人の顔アップかと思えば、帯を外すと美女が絡んでいることがわかるグッドデザイン）、本文レイアウト／立花ハジメ、編集／森永博志という豪華メンバーによって80年に八曜社から発売された、歴史的な名著。ただし、現在では入手困難だし、内容的には松方本の完勝である。

松方本は「オレ、松方弘樹、三十三歳、きわめて健康。人生底抜けの快晴」という楽しげな書き出しかと思えば、実はああ見えて苦労続きだった松方が「オレも三十になる。人生、つまずきゃあ、立つか、転ぶかの二つに一つ。オレは立ちあがりゃいい！　突撃すりゃいい！　キツーイ一発、頑張りゃいい！」と奮起。つまり、大映から東映へと出戻り、『仁義なき戦い』出演で、ようやく「人生底抜けの快晴」になった時期の本だったのだ。

「昭和四十九年、ついに最高の状態でオレは主演作『広島脱獄殺人囚』に出演できた。何か底知れぬ自信と意気があった。これにつまずいたら、もう絶対立ち上がれない。そんな切迫した気持ちがあった。（略）オレは、その時確かに思った。『脱獄したんだ。オレ自身の長かった刑務所から』って。あとは、一本のレールを体を張って突っ走りゃいい！　突撃列車になって」

つまり、これは松方の突撃列車ぶりをそのまま活字にしたような本なのである。実弟・目黒祐樹が、

「兄貴と二人で、一人の女をナニしたことがあるけど、決してテクニシャンとは思わないね。ただ、ゴリ押しでガンバルんだよな」

「一度、マラ兄弟になったことがある。あの時は女の方が悪いんだ。しらばっくれて、オレ達兄弟をいただいたってわけ。トルコに二人で行って、トルコ嬢と四人で酒飲んだり、なにも隠しごとがない」

という余計なコメントを寄せているのもそうだし、本の大半を占める美女とのセクハラ対談ページもそうだ。松尾和子、白川和子、窪園千枝子、五月みどりといった極端にエロに寄せた人選もどうかしてるし、中ピ連・榎美沙子相手でも平気でセクハラしまくるし、

「処女はいつ？　いつのとき。二十一にもなって、処女とはいわせないぜ（笑）」

「……」

「ご想像におまかせしますって面だナ、その顔（笑）」

とジャネット八田がドン引きしている様子も活字にするし、目黒夏子夫人（当時）との対談に至っては、「三人子連れの型破りの結婚式」を終えた初夜直前のやり取りに始まり、初夜直後の「私、夜にふたァーつ、朝方、キツーイ一発、ほんとにもう……よかったわァ……」（夏子）「おかげでオレはもうくたくたに疲れてもうた（笑）」（弘樹）なんて会話も載せているから最高だよ！

そして、最後はたがわ靖之先生による映画『暴力金脈』のコミカライズで終わるという構成も完璧すぎなのであった。きつい連発！

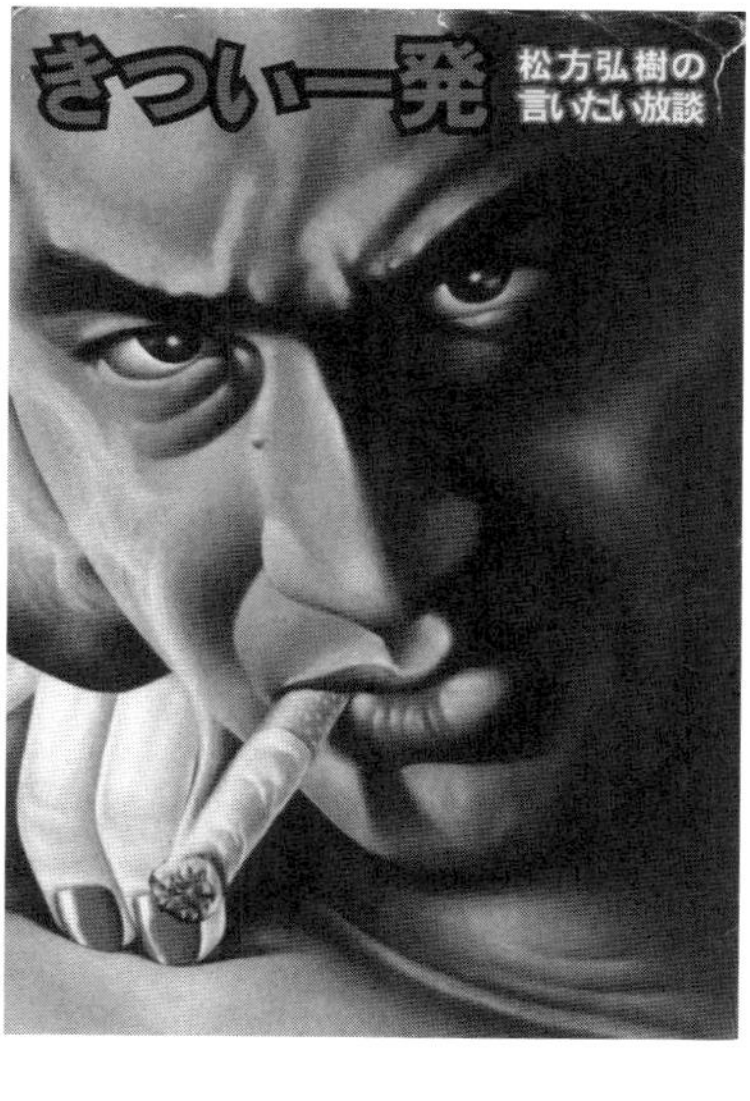

第4章

これがオールスター実録映画だ

膨大な予算、そして多彩なキャストを迎えて紡がれる暗黒の人間ドラマ——東映が新たに挑んだ『日本』シリーズ、『総長の首』もまた、実録路線の系譜に連なる重要作なのである。

『日本の首領<ドン> 完結編』

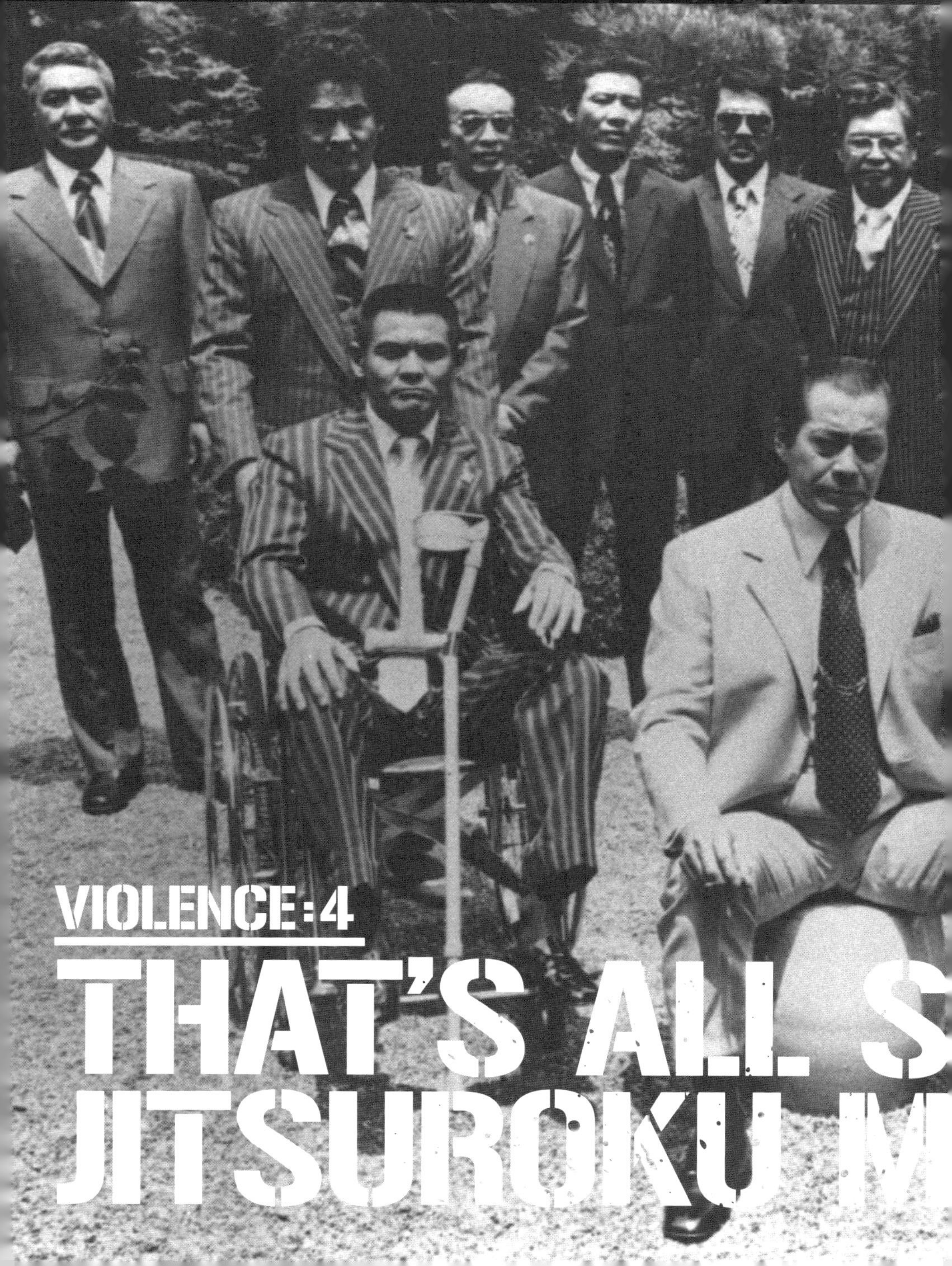

VIOLENCE:4

THAT'S ALL S
JITSUROKU M

試論

『日本の首領<ドン>』3部作を何度観ても飽きない理由

文．杉作J太郎

赤ちょうちんの居酒屋、そのカウンターで並んで飲んでる男が2人。杉作君とJ太郎君。ちょっとその会話に耳を傾けてみましょう。

杉「高橋悦史が良かったね。一宮先生」

J「この間、たまに顔を合わせる東宝のT、彼が発見したんだけど、一宮先生と結婚する登志子を演じたのが二宮さよ子さん。一宮と二宮だったんだ」

杉「気が付かなかったなー。ライバル会社の映画だから見方が違うのかも。41年前の初公開時から何度も何度も観てるけど、僕は気付かなかった」

J「僕もだ。何回ぐらい観てるかな」

杉「100回は観てる気がする。ビデオが出た時には、晩飯食べながらよく観たよ」

J「観易いんだね。宣伝美術やタイトルはかなりの強面映画だが、中身は家庭のドラマもしっとりしっかり描いてる」

杉「佐分利信を起用したのが吉と出てるよ。小津安二郎風味さえ感じることがある。ふとした時に見せる佐倉（佐分利信）の寂しげな表情がたまらない」

J「佐分利信は大ヒットだった。当時の日本映画界で最高位の役者だった。よく出たよ」

杉「佐分利信を受ける鶴田さんは、小津安二郎『お茶漬の味』コンビ。風味も手の内もわかってる」

J「鶴田浩二の役者としての引き出しの凄さ。これ以上ないいんじゃないかという上手さ、そして豊熟のムード。表情の1つ1つ、言葉の1つ1つがもう何度観ても聞いても飽きることのない感じだ」

杉「何度でも観ることができる大きな理由に、鶴田浩二の円熟があると思うな」
J「市原悦子さんに字を教えろ、鉛筆を取れ、と語りながら病床でもがく姿は、涙無しに観られない」
杉「思い出しただけで目頭が熱くなってきた。市原悦子さんも素晴らしかったね」
J「公開は『青春の殺人者』の3カ月後。市原さん、ノッテる頃だったんだね」
杉「ちょうどこのタイミングで鶴田浩二さんは大人気になったドラマ『男たちの旅路』に主演していて、それにレギュラーで出てる部下が水谷豊」
J「山田太一の脚本がNHKっぽくなくて、素晴らしかったね」
杉「鶴田浩二、市原悦子、水谷豊という3人がここで出会っている。いい時代だったな」
J「最初にも言ったけど、高橋悦史も素晴らしかった。堂々とした押し出しが魅力だが、佐分利信に抑えられたり、松方弘樹とスクラム組んだり、さすがの緩急だった」
杉「経済やくざの松方さんは、東大出のやくざに見えたね」
J「藤岡琢也、田口計といった周りも良かった。藤岡琢也をあのサイズで出せるというのが、豪華キャストならではだね」
杉「それなら1作目の警察チームも忘れないでほしいな。梅宮辰夫、田中邦衛、地井武男、岩尾正隆、大木晤郎。特に梅宮さんが良かった。『県警対組織暴力』より、この梅宮さんの方が好きだな」
J「あっちは悪役」

杉「旨味のない役だったかもしれないけど、真摯に演じて映画全体を引き締めてる。ちょうど『前略おふくろ様』を放送しているタイミングと公開が被ってる。あの秀さんの風合いが、この刑事課長にはあるね」

J「だから本当にオールスターだけど、室田日出男、川谷拓三が出演していない。大ブレイクして映画、テレビ、コマーシャルに引っ張りだこだった」

杉「お前ら行かねえのか、なんて話もあったかもしれないね、『前略』の現場で」

J「文太さんの役柄が『日本の首領』シリーズは見ごたえある。主役でも脇でもない、実録ものならではのウェイトの役を3本で3役。凄いとしか言えない」

杉「実録ものということで言えば、1作目で千葉真一さんが演じた迫田は『仁義の墓場』の石川力夫を彷彿とさせるんだけど、千葉さんならではのまっすぐで不器用なムードがより悲劇を感じさせる」

J「補佐している小林稔侍さんもいいんだ。『新幹線大爆破』運転席コンビ」

杉「役は小さいけど渡瀬恒彦、待田京介は重要な役を渋く演じた」

J「西村晃、小池朝雄、成田三樹夫、まだまだいる。すべての出演者が円熟期を迎えていたのではないかな」

杉「関東のやくざ幹部が完結篇になると佐藤慶、渡辺文雄といった創造社軍団で構成されてるのは、大島渚登板前夜ということもあったのかな」

J「どうかな。そうでなくても東京のやくざのスマートでクールな感じはよく出ていた。妙味のある配役と言えるね」

杉「さて、そろそろ帰ろうか。また観たくなってきた」

J「僕はゆうべも観たよ」

この日本の喉首まで
握りかねない……
首領《ドン》と呼ばれる男

✸1977年1月22日公開 ✸132分
✸東映京都撮影所作品
✸カラー・シネスコ
✸併映作品：
『毒婦お伝と首斬り浅』
（牧口雄二監督）

やくざ戦争 日本の首領《ドン》

STAFF

企画／俊藤浩滋　日下部吾朗
松平乗道　田岡 満
脚本／高田宏治
原作／飯干晃一（光文社刊）
撮影／増田敏雄
録音／中山茂二
照明／増田悦章
美術／井川徳道
編集／堀池幸三
助監督／藤原敏之
記録／梅津泰子
装置／吉岡茂一
装飾／西田忠男
背景／西村和比古
振付／藤間勘五郎
協力／醍醐プラザホテル
スチール／木村武司
衣裳／岩逧 保
美粧／池内 豊
結髪／白鳥里子
演技事務／森村英次
擬斗／上野隆三
進行主任／伊藤彰将
音楽／黛敏郎　伊部晴美
演奏／東京交響楽団
監督／中島貞夫

CAST

【大阪・中島組】
辰巳周平／鶴田浩二
兼田三次／林彰太郎
白川義雄／小田部通麿
宮之浦一夫／野口貴史
迫田常吉／千葉真一
梅原権之助／織本順吉
片岡誠治／成田三樹夫

佐倉（奥）に取り入るアベ紡の重役・島原

決して一枚板ではない中島組。幹部会会議でも、しばしば張り詰めた空気に

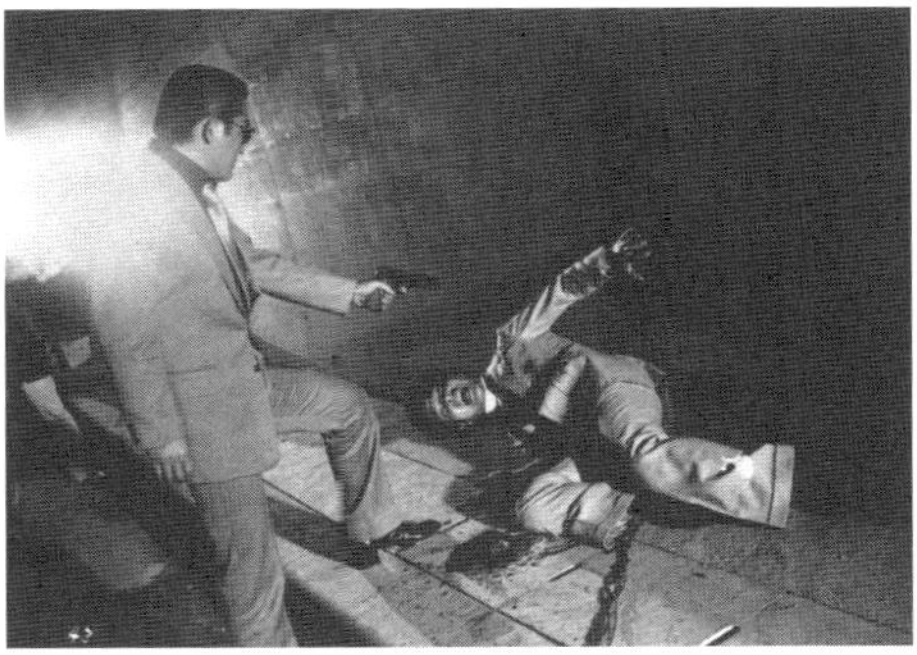

真樹子に手を出した舎弟・日暮を殺す松枝

舟瀬一郎／西田 良
日暮美智夫／尾藤イサオ
村田日出夫／五城影二
【中島組系・辰巳組】
谷本正夫／高並 功
松枝四郎／松方弘樹
益田留蔵／木谷邦臣
向井隆吉／藤澤徹夫
【中島組系・迫田組】
宗方敏之／小林稔侍
張田軍大／矢吹二朗
金 治／松本泰郎
黒江 準／福本清三
小林 功／阿波地大輔
入江康夫／志茂山高也
松本直二／細川ひろし
関野健太郎／笹木俊志
木村利夫／成瀬 正
宮園 健／風戸佑介
【中島組系・宮之浦組】
野溝武司／渡瀬恒彦
【高田・野崎組】
野崎藤男／北村英三
南 善次／国一太郎
信田仙一／桐島好夫
【東京・錦城会】
増井常夫／品川隆二
前川 勇／有川正治
木崎徳衛／小松方正
【岐阜・三浦組】
三浦克之助／小池朝雄
植木隆太郎／鈴木康弘
木曾浩二／白川浩二郎
岩田光三／矢部義章
石川一郎／鳥井敏彦
【横須賀・根津組】
入間利明／曽根将之
武志／片桐竜次

和田徹夫／奈辺 悟
【大阪・共和会】
文 源昌／今井健二
内田頼三／志賀 勝
小西市郎／大矢敬典
【アベ紡績】
阿部直行／高橋昌也
島原嘉兵衛／西村 晃
吉川／溝田 繁
【財界】
鈴木社長／志摩靖彦
森本社長／原 聖四郎
和知社長／佐伯泰輔
【政界】
田口彰治／金子信雄
小野伴水／神田 隆
檜木武男／永田光男
大山規久夫／内田朝雄
【警察】
福島／梅宮辰夫
川端／地井武男
十田／宮城幸生
矢野／岩尾正隆
榊／秋山勝俊
大松／中村錦司
前田／大木晤郎
後藤／田中邦衛
○
辰巳キヨ／市原悦子
北村ユカ／橘 麻紀
阿部美津／三浦徳子
秋江／葵三津子
君弥／奈三恭子
津川あき江／真鍋美保
小山京子／沢野火子
田川高久／小田正作
畠山／唐澤民賢
三鷹厚司／待田京介

ガードマン／鳥巣哲生
ディスコの学生／白井孝史
医師／疋田泰盛
パーティー司会者／友金敏雄
田口の秘書／有島淳平
警官／新居芳行
運転手／寺内文夫
〃／広瀬義宣
カメラマン／水戸康二
新聞記者A／司 裕介
〃 B／蓑和田良太
〃 C／波多野博
〃 D／勝野賢三
松村康世
山村弘三
根岸一正
佐倉雪江／東恵美子
〃登志子／二宮さよ子
〃真樹子／折原真紀
杉田かおり／
絵夢（キャニオンレコード）
一宮恭夫／高橋悦史
竹田芳夫／火野正平
岩見栄三／菅原文太
佐倉一誠／佐分利信
ナレーター／森山周一郎

佐倉の娘・登志子と結婚したため、医師・一宮(右)は大学病院を追われるように辞めることになり、佐倉は彼のための病院を用意する

STORY

昭和41年秋、関西の総合企業・アベ紡グループの総裁・阿部が、暴力団「共和会」の罠に嵌り脅迫を受けることに。同社内の重役・島原は、大阪・中之島に本拠を構え37団体・約8000人の組員を配下に置く中島組々長・佐倉一政を頼り、このトラブルを回避することを提案した。

中島組の要である辰巳はこの件を戦闘隊長的立場の迫田に一任、共和会を一気に解体させて、中島組の実力をアベ紡に示した。この一件から、島原は阿部に中島組を暴力装置として利用することを提案、関西の関連企業100社による献金組織を結成して佐倉に差し出した。「浪速経済研究所」と名付けられたこの受入れ口の管理は、大学卒の中島組の若者・松枝が担当することとなった。

影の世界の実力者である佐倉も、家庭に帰ればただの男。身寄りのない2人の娘を引き取って育て上げたが、上の登志子は大学病院の医師・一宮との結婚を望み、下の真樹子は享楽と放蕩の日々を送るなど、それぞれ問題を抱えていた。

アベ紡が吸収合併した大垣絹糸の不良債務処理を巡っての三浦組との抗争を経て勢いに乗った中島組は、関東への進出を視野に入れて動き始めた。しかし、中部から関東を牛耳る錦城会の抵抗もあり、中島組の勢力圏は北日本に沿って伸びていき、結果として東日本を縦に二分割する形で対立することとなる。

アベ紡もまた東京本社を発足、その記念パーティーに足を運んだ佐倉は、右翼のフィクサー・大山から錦城会理事長・岩見を紹介され、両団体を合わせての「大日本同志会」結成案を打診されるが、これを固辞。その場に同席した辰巳もまた、岩見から横浜の石油コンビナート建設を巡る不正疑惑を追及する代議士・田口を紹介され、不正に関与するアベ紡を裏切ることを要求されるが、辰巳は逆に田口を脅し、その件から手を引かせる。

アベ紡経由でコンビナートの建設工事に関わり向こう3年利益を得るはずの中島組だが、突如島原が辰巳の元を訪れ、「手を引いてほしい」と頭を下げられる。これを錦城会の差し金と判断した辰巳は、極秘裏に関東へと兵隊を派遣する。しかし、これは中島組を襲う悲劇のほんのきっかけに過ぎなかった……。

小野副総裁の葬儀で、辰巳は錦城会系の刺客に命を狙われた

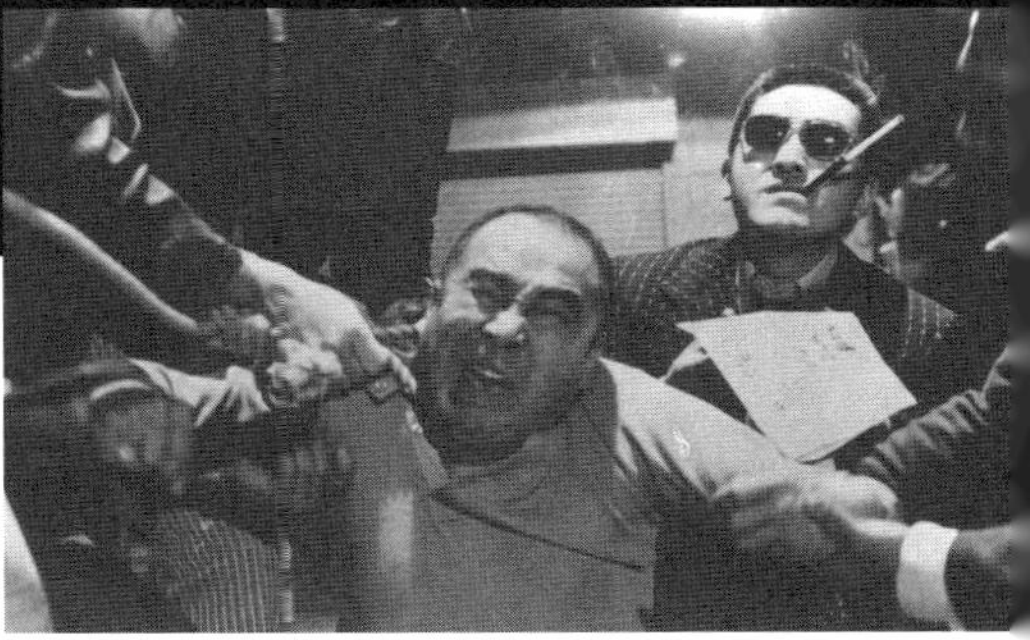

あっさりと辰巳・松枝らの手に落ちた田口代議士（中央）

中島組の暴れん坊・迫田（上）もまた、獄中で悲劇の死を遂げる

錦城会理事長・岩見（右）の命を狙った迫田だが、その銃弾は防弾チョッキに阻まれた

病の悪化、厳しい警察の追及、ゆらぐ組織に限界を感じた辰巳は組の解散を決意する

日本の首領《ドン》

野望篇

✷1977年10月29日公開 ✷141分
✷ 東映京都撮影所作品
✷ カラー・シネスコ

STAFF

企画／俊藤浩滋　日下部五朗
松平乗道　田岡 満
原作／飯干晃一
（スポーツニッポン連載
スポニチ出版刊）
脚本／高田宏治
撮影／増田敏雄
録音／中山茂二
照明／増田悦章
美術／佐野義和
編集／堀池幸三
助監督／藤原敏之・斎藤一重
記録／石田 照
装置／三浦公久
装飾／西田忠男
背景／西村三郎
スチール／中山健司
衣裳／岩逧 保
美粧／田中利男
結髪／中沢妙子
演技事務／西萩節生
擬斗／上野隆三
進行主任／長岡 功
ファッショングラス提供／
ルソチカ
協力／東映俳優センター
京都 ブティック ミネ
神戸 クラブ ナナ
醍醐プラザホテル
衣装デザイン／芦田 淳
音楽／黛 敏郎　伊部晴美
演奏／東京交響楽団
監督／中島貞夫

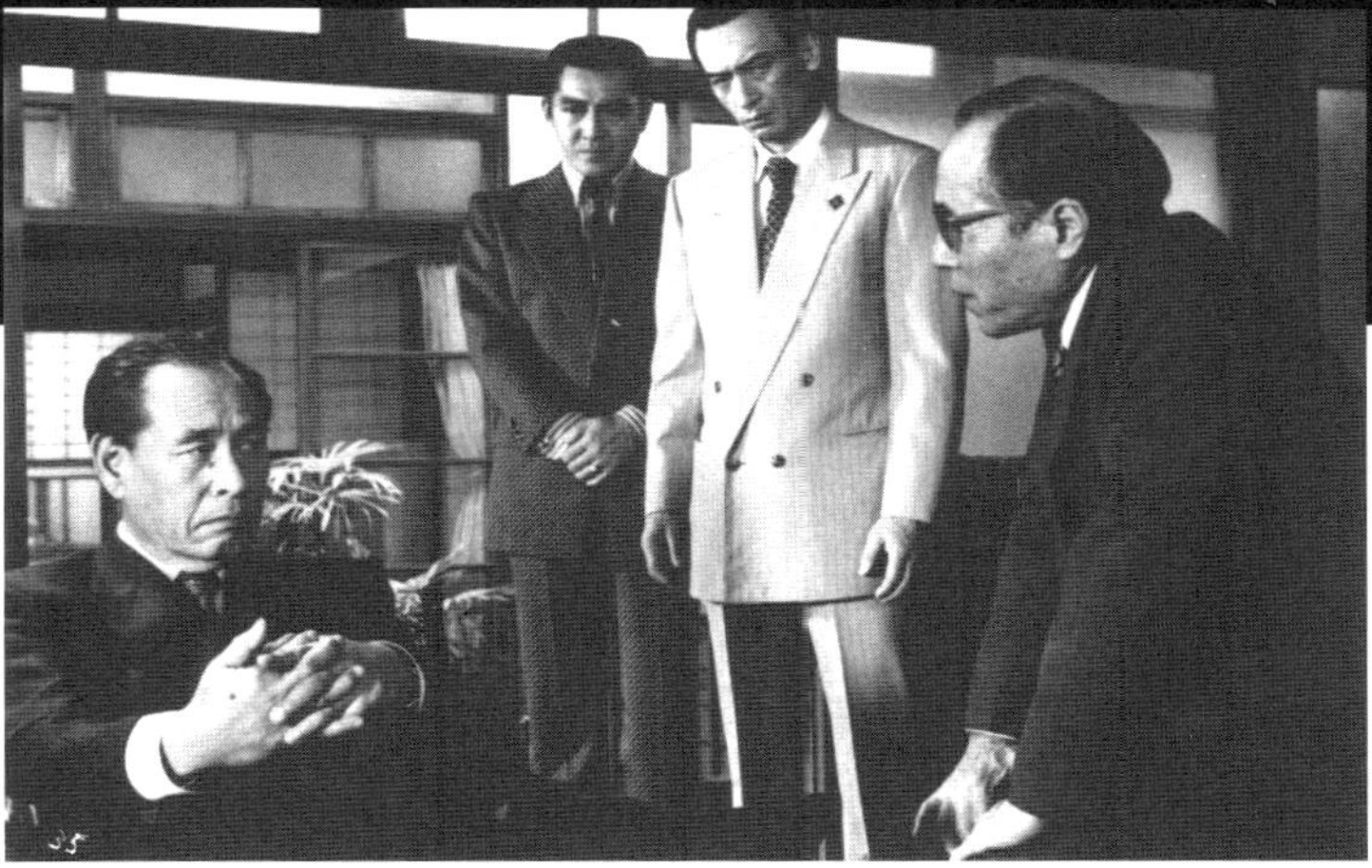

ジャパン・シップの件で敗北した佐倉(左)に、石油ブローカー岡村(右)が新たな情報を与える

天坊(右)は、松枝の暴力装置となることを承知する

五光汽船株主総会で気炎を上げる総会屋・樽井(中央)

CAST

【中島組】
佐倉一誠／佐分利信
佐倉雪江／東 恵美子
佐倉真樹子／折原真紀
一宮恭夫／高橋悦史
一宮登志子／二宮さよ子
松枝四郎／松方弘樹
片岡誠治／成田三樹夫
宮之浦一夫／野口貴史
白川義雄／鈴木康弘
桑野貴臣／丘路 千
舟瀬一郎／西田 良
鹿田善行／笹木俊志
柴田和則／星 正人
村上三郎／志賀 勝
小林信男／福本清三
川島六郎／松本泰郎
梅島照夫／成瀬 正
若宮洋一郎／
にしきのあきら
菅井平八／白井孝史
樽井源吉／藤岡琢也
鷲津玄竜／田口 計
岡山大造／小沢栄太郎
河元弥之助／嵐寛寿郎
河元由紀子／奈三恭子
吉田晴夫／阿波地大輔
堀木直也／市川好郎
赤田良彦／津野途男
【関東同盟】
大山規久夫／内田朝雄
鬼沢明正／小池朝雄
望月慎介／白川浩二郎
門脇正夫／木谷邦臣
松本晋也／矢部義章
森川久蔵／田中 浩

中村 忠／五十嵐義弘
関野礼行／佐藤 慶
荒浜義一／岩尾正隆
壇 久太郎／
藤村富美男
岩野忽吉／疋田泰盛
真田重光／小松方正
山田正久／広瀬義宣
川端 誠／池田謙治
東野陽介／井上 茂
【政財界】
平野英格／金子信雄
後藤通産大臣／
浜田寅彦
荒崎 至／芦田鉄雄
スベル・アナンダ／
ユセフ・トルコ
アブドラ・ダルソノ／
イフバル・ハニフ
田代圭三／渡辺文雄
長野／有島淳平
瀬戸錬太郎／
渥美国泰
小島正敏／田島義文
奥田／中村錦司
横川健太郎／安部 徹
横川英樹／織田あきら
沢田竜次郎／河合絃司
劉 仁徳／茂山千五郎
友永／志摩靖彦
○
アル・サンダース／
ジョシュワ・ローム
箕輪良行／野坂昭如
箕輪秋子／橘 麻紀
高見 勲／西村泰治
三保奈津子／沢野火子
前田寿子／岡本ひろみ

本山アンナ／ひろみ麻耶
サリー／沙原里央
明野みどり
きわ／東 竜子
坂下常蔵／有川正治
富永／唐沢民賢
根本／大木晤郎
刑事／友金敏生
刑事／宮城幸生
記者A／波多野博
記者B／青木卓司
記者C／宮城賢太狼
男A／勝野賢三
男B／司 裕介
男C／鳥居敏彦
一宮病院受付／星野美恵子
荒崎の秘書／森源太郎
瞳エマ
志茂山高也
津野途男
M／夢二
○
ナレーター／森山周一郎
○
姉小路尚子／岸田今日子
三浦かおる／金沢 碧
○
天坊信助／菅原文太
大石剛介／三船敏郎

中島組の関東進出の足掛かりとして開くクラブのママに、元貴族の尚子(右)をスカウト

若くして中島組若頭の座についた松枝だが、
片岡らの反発も強く……

癌で余命少ない箕輪(左)は、残される家族のために真田を殺す鉄砲玉を引き受けた

STORY

昭和46年2月、一宮病院を退院した中島組々長・佐倉一誠の快気祝賀パーティーが華々しく開催された。佐倉入院中の中島組を支えたのは、今は亡き辰巳の舎弟で、東大卒のインテリでもある幹部・松枝の手腕によるところが大きかった。

ある日、舎弟の総会屋・鷲津から海運会社ジャパン・シップの株買い占め情報を入手した松枝は、そこに金の匂いを嗅ぎつけた。関東進出への足掛かりとして新会社「桜商事」を設立した松枝は、ジャパン・シップ乗っ取りの仕掛人が五光汽船であることを突き止め、銀行融資を堰き止めることで五光汽船を取り込むことに成功する。しかしそれは結果として、ジャパン・シップを背後から支える関東最大の暴力団組織「関東同盟」を敵に回すこととなった。関東同盟のトップである松風会々長・大石剛介は、後藤通産大臣に圧力をかけ、五光汽船からジャパン・シップ株を強引に買い戻させることに成功する。

思わぬ敗北を喫した佐倉だが、直後に国際石油ブローカー・岡山大造から新たな情報がもたらされる。近く来日するガルダネソス共和国のアナンタ大統領の真の目的が、ラマトス島の石油開発問題であるというのだ。しかも、その利権を関東同盟が狙っているという。

体調を崩し、再び入院した佐倉は、辰巳の死以後空席となっていた

無謀にも関東へ足を運ぶ佐倉の行動にざわめく関東同盟。大石(左)は、牽制のため佐倉の元を訪れるが……

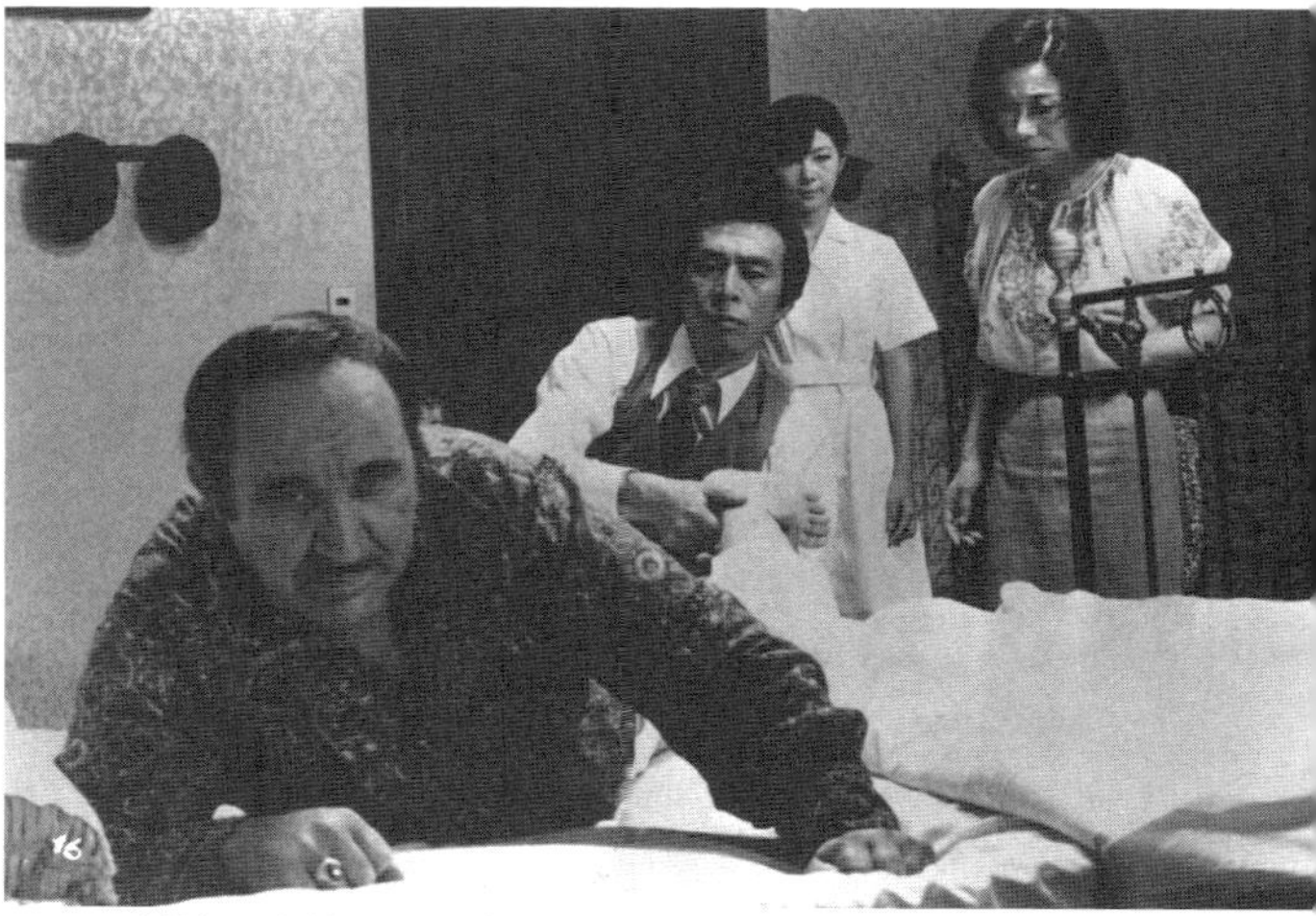

アナンタ大統領は看護師のかおる(右から2番目)に心奪われ、大統領夫人として迎えようとした

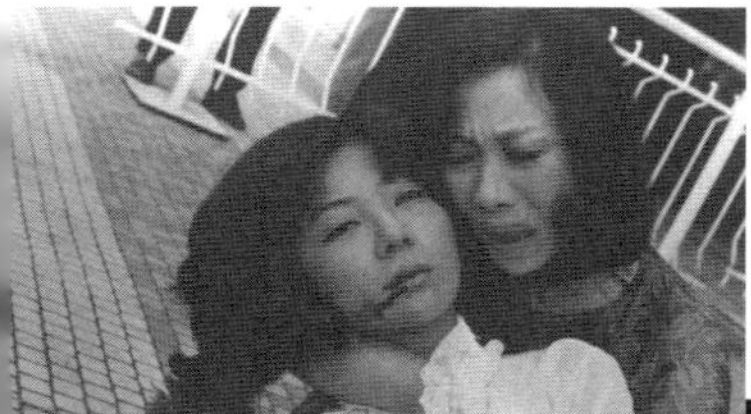

旅立ちの朝、かおるは死体で発見された。彼女もまた、男たちの大いなる野望の犠牲者だった

中島組若頭の座に松枝を据え、その補佐に出所したばかりの関西一の暴れん坊である河元組の天坊を任命した。天坊は中島組の急先鋒として、関東同盟の幹部である真光会々長・真田を血祭りにあげる。

さらに松枝は、佐倉の娘婿・一宮の紹介で元貴族の姉小路尚子をママにスカウトして、東京に秘密クラブ「シャングリラ」をオープン。女を武器に関東政財界との太いパイプを繋いでいく。

遂にアナンタ大統領が来日し、松枝も「シャングリラ」の女性を生贄にした懐柔作戦に打って出るが、意外にも大統領の心を奪ったのは、お忍びの関西旅行時の怪我を介抱した一宮病院の看護師・かおるであった。佐倉の担当でお気に入りでもあり、さらに松枝の配下の組員・柴田の彼女でもあったかおるは、全ての関係が整理され、尚子に磨かれ、大統領への貢物として用意されていくが……。

✵1978年9月9日公開 ✵131分
✵東映京都撮影所作品 ✵カラー・シネスコ

誰が『最後の首領《ドン》』を名乗るか!?

日本の首領《ドン》 完結篇

STAFF

企画／俊藤浩滋　日下部五朗
松平乗道　田岡 満
原作／飯干晃一
（スポーツニッポン連載
スポニチ出版刊）
脚本／高田宏治
撮影／増田敏雄
録音／荒川輝彦
照明／増田悦章
美術／井川徳道
編集／堀池幸三
助監督／清水 彰
記録／石田 照
装置／三浦公久
装飾／西田忠男
背景／西村和比古
擬斗／上野隆三
衣裳／岩没 保
美粧／杤川芳昭
結髪／明田多美枝
舞踏振付／藤間勘眞次
スチール／中山健司
宣伝担当／佐々木嗣郎・丸国 艦
演技事務／森村英次
進行主任／野口忠志
協力／東映俳優センター
神戸 クラブ よさの
国際航空企画株式会社
音楽／黛敏郎　伊部晴美
演奏／東京交響楽団
監督／中島貞夫

CAST

大石剛介／三船敏郎
大石きく江／桜町弘子
大石郁子／山本由香利
○

大石を潰さんとする大山の意志を佐倉に伝える、秘書の志賀（右）

由紀子（左）に夢中になった刈田（左から２番目）は、妾の良子（右）を見限った

松原産業の不動産を狙うも川西に先を越された大石（左）

中神敬志／渡辺文雄
関野礼行／佐藤 慶
荒浜義一／岩尾正隆
岩野惣吉／疋田泰盛
新藤徳太郎／待田京介
村田保男／桐島好夫
山根惣吉／高田宏治
森田／大木晤郎
戸杉／細川ひろし
末永／森山秀幸
三木／高並 功
重松／津野途夫
吉野隆吉／遠藤太津朗
宮之浦一夫／野口貴史
白川義雄／志賀 勝
遠藤守和／笹木俊志
桑野貴臣／白川浩二郎
舟瀬一郎／川浪公次郎
東条進吉／市川好郎
石川進一／平河正雄
辻 保明／幸 英二
坂口富蔵／有川正治
松下勇次／池田謙治
宮原 宏／寺田 農
森山健司／司 裕介
門田 肇／勝野賢三
ブラウン／片桐竜次
村上 勝／奈辺 悟
前田 豊／志茂山高也
平山英格／金子信雄
刈田重徳／西村 晃
三島武明／中村錦司
島田隆男／河合絃司
伊庭／仲谷 昇
里見／稲葉義男
J・H・ジェラード／
トニー・ダイヤ
横川英樹／安部 徹

松原太一郎／相馬剛三
石渡／永井秀明
松井／田島義文
志賀竹之助／小林稔侍
○
岩本／神田 隆
江本／近藤洋介
川添／大月正太郎
吉見／稲垣陽子
○
藤井／小池朝雄
杉町／宮城幸生
先島／鈴木瑞穂
杉／森源太郎
リカルド・アベイラ／
芦田鉄雄
マイク清島／片岡五郎
花山七郎／田中 浩
木村宇市／北村英三
真田／南 道郎
近松／穂高 稔
正木／秋山勝俊
青野／簔和田良太
小山／唐沢民賢
美枝／榊 淳
邦子／山科みゆき
司会者／成瀬 正
看護婦／星野美恵子
医師／島田秀雄
老婆／大江 光
アナウンサー／
友金敏雄
川西の少年時代／
堀越欣彦
新聞記者／壬生新太郎
西村泰治
宮城健太狼
大矢敬典

細川純一
浦野英一
戸田祐香
森源太郎
浪花五郎
寺内文夫
小峰隆司
堀越欣彦
小坂和之
松本泰郎
小牧いづみ
真木名津子
北原将光
山本 清
○
安藤／下之坊正道
ジゼル／田口久美
松下しのぶ／三浦徳子
○
木村由紀子／大谷直子
庄内良子／京 唄子
庄内春夫／織田あきら
○
ナレーター／森山周一郎
○
一宮恭夫／高橋悦史
一宮登志子／二宮さよ子
一宮誠子／戸田ユカ
佐倉雪江／東恵美子
○
川西明／菅原文太
○
大山規久夫／
片岡千恵蔵（特別出演）
○
佐倉一誠／佐分利信

策士の大山は、命を救ってくれた佐倉の娘婿・一宮(左) さえも利用する

STORY

日本政財界最大の黒幕である大山規久夫が癌で倒れ、関西中島組々長・佐倉一誠と関東同盟理事長・大石剛介が共に病室に駆け付けた。大山は、佐倉の娘婿・一宮恭介の評判を聞きつけ、手術の執刀を依頼した。大山は任侠団体の統一合体した「大日本同志会」の立ち上げを提唱するが、それぞれの野望に燃える佐倉、大石にその声は届かない。

サイパン島を中心とした国家的な大開発事業に着手すべく、大石は大山の後ろ盾を得て、保守党中久保派の伊庭官房長官に接近する。しかし、大石への権力の集中を恐れた大山は、秘書を使って佐倉にその情報をリーク。中島組と関東同盟は、資金調達のため、業績不振にあえぐ松原産業の不動産にそれぞれ目を付ける。保守党の実力者・刈田重徳に食い込んだ中島組幹部・川西は、松原産業の子会社・木村建設の社長の娘・由紀子を抱かせて取り込んだことで、いち早く松原産業の敷地の手形を手に入れることに成功したが、大石は娘の郁子と刈田の妾の息子・春男の縁組により、刈田を己の味方に引き込んだ。

サイパン島開発の米国側への賄賂の特使として派遣された刈田と春男だが、米国側のジェラード議員と取引中に中島組の組員らしき強盗団の急襲を受け、賄賂金を奪われてしまった。日米両議員が絡んだ盗難事件として大規模な捜査活動が開始されたため、大石は保身のために帰国した春男をガス自殺にみせかけて殺し、さらに重病を装って入院した刈田の口を封じ、悪事の証拠となる賄賂の領収書を取り戻そうとする。

一宮もまた大山から領収書の探索を依頼されていた。医者としての成功のために大山の力を無視することができない一宮は、由紀子から領収書を買い取ることに成功する。大石の失脚ですっかり活力を取り戻した大山は、川西を抱き込み、佐倉への背信を促す。一方の佐倉は、大山のために働く一宮を叱責、ファミリーの一員として大山を消すことを命じる。日本のトップの座を狙う男たちの三つ巴の戦い、最後に嗤うのは果たして誰なのか……!?

サイパン事件の絵図を引いた川西の舎弟・宮原(中央)
は関東同盟に捕まり報復を受ける

刈田は息子・春男(右)共々大石に利用
されたあげく、その命を奪われる

由紀子の店を出た途端、川西は凶弾に襲われる

全てを失った一宮は大石に銃を向け、
自分を殺すように懇願する

サイパン島で賄賂金を奪ったグループは、
逃走用のヘリコプターまで準備

杉作J太郎・選

日本の首領《ドン》 スターターキット

『「日本の首領」3部作は、この人物に注目すれば楽しめる!」とJ太郎が太鼓判を押す、初心者向けキャラクター図鑑をご覧あれ!!

佐倉登志子(二宮さよ子)
一宮と結婚した佐倉の長女。一宮の妻を「二宮」が演じたというのが粋だ
や 野 完

佐倉雪江(東恵美子)
佐倉の妻。マイペースの佐倉、血の繋がりのない2人の娘に毎日悪戦苦闘
や 野 完

佐倉一誠(佐分利信)
関西最大の組織・中島組を統べる首領。ここぞの時に振るう暴力は強烈!
や 野 完

辰巳周平(鶴田浩二)
中島組若衆頭。ホルモン焼きが好物だが、高血圧のため妻の監視の目が光る
や

松枝四郎(松方弘樹)
東大出の中島組幹部。常に冷静だったが、姉小路尚子を前にして理性が崩壊
や 野

佐倉真樹子(折原真紀)
わがままが売りの佐倉の次女。酒、クスリ、男遊びの行きつく先は……合掌
や 野

一宮恭夫(高橋悦史)
全3作通しての最重要人物。詳細はさけるが、殺しからヒモまで!やる気満々の男
や 野 完

竹田芳夫(火野正平)
コック見習いからいつしか迫田に撃たれるヒットマンに。石階段をゴロゴロ落ちる様は必見
や

迫田常吉(千葉真一)
中島組の突撃隊長。佐倉・辰巳によく尽くしたが、破門を言い渡されて絶望
や

片岡誠治(成田三樹夫)
中島組幹部。横文字と若い女に弱く、きつねうどんが好物。苦手なものは注射
や 野

辰巳キヨ(市原悦子)
姐さんとしては珍しい生活密着タイプ。その母のような愛で亭主の窮地を救うのだろうか
や

岩見栄三(菅原文太)
錦城会理事。迫田の襲撃に胸を指さし挑発したのは防弾チョッキ装着のため。セコい!
や

阿部直行(高橋昌也)
アベ紡社長。黄色いカーディガンが良く似合う。社長キャラにありがちな小人物を見事に好演
や

島原嘉兵衛(西村 晃)
アベ紡の大番頭。情に厚い人物かと思わせたが、実はクールな商売人だった
や

杉田かおり(絵夢)
ワケありのシラケ派ブルースシンガー。そのダルなまでのやる気のなさが、男を狂わせる
や

野溝武司（渡瀬恒彦）
中島組が岐阜に放ったヒットマン。短期決戦の大暴れぶりを見せつけた

宗方敏之（小林稔侍）
迫田組の若衆。迫田に可愛いがられていたが三鷹に殺されてしまった

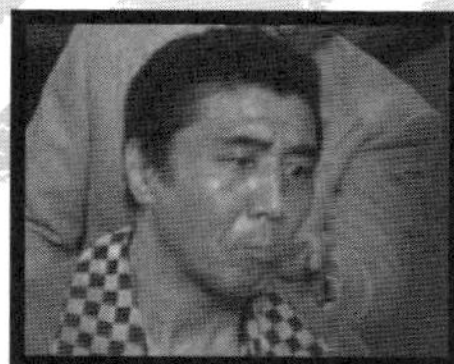

三浦克之助（小池朝雄）
岐阜三浦組々長。ショックな場面に遭遇し精神崩壊。「餅は餅屋」の怪演が爆発

田口彰治（金子信雄）
代議士。フォークリフトで首吊りの刑に処され辰巳に復讐を宣言するが…

小野伴水（神田 隆）
政界の大物。総理の椅子を狙い、佐倉と懇意にしていたが、まさかの急死

トラック運転手（広瀬義宣）
長距離トラック運転手。かおりとの、まさかのラブチャンスに破顔！

宮園 健（風戸佑介）
芳夫の兄貴分。コックからやくざへのステップアップを望むがあっさりと射殺される

ジョー島田（根岸一正）
横須賀のバー「かもめ」のマスター。子供の件で苦悩する芳夫を慰めた

川端（地井武男）
大阪府警刑事。容疑者の口にボールペンを突っ込んでいたぶるサディストぶりを発揮！

木村利夫（成瀬 正）
迫田組準構成員。芳夫たちの内田襲撃を、後ろからこっそり見守っていた

北村ユカ（橘 麻紀）
ホステス。志賀勝演じるやくざ者・内田の情婦。ダイヤ付きの時計をねだった

三鷹厚司（待田京介）
錦城会に雇われたスナイパーだが、交通量の多い通路が災いして狙撃に失敗

張田軍大（矢吹二朗）
迫田の舎弟。『新幹線大爆破』運転手チームとして千葉真一、小林稔侍と組を共にした

大山規久夫（内田朝雄）
右翼の巨頭。老いてなお絶倫、銀座のナンバーワンホステスを囲っていた

福島（梅宮辰夫）
大阪府警の刑事。中島組壊滅を目的とした、エネルギッシュな捜査を展開する

後藤（田中邦衛）
横須賀署の刑事。犯人を追うはずが何故か妊婦・かおりの世話をする羽目に

アル・サンダース
（ジョシュワ・ローム）

真樹子が米国から連れ帰った夫。日本人女性が大好き過ぎて浮気もノープロブレム

野

柴田和則（星 正人）

中島組若衆。看護師のかおると交際するも、まさかのお召し上げに逆上

野

黒江 準（福本清三）

迫田組若衆。芳夫・健を、使い捨てのヒットマンとしてスカウトした

や

日暮美智夫
（尾藤イサオ）

中島組の若衆。真樹子の挑発に若き性欲が爆発、快楽の代償は大きかった

や

樽井源吉（藤岡琢也）

中島組の総会屋最前線で指揮を執るが、後に凄惨なリンチを受けて悶絶

野

奥田（中村錦司）

五光汽船総務部長。株主取引総会の司会進行を務め予期せぬ大騒ぎに驚愕

野

田代圭三（渡辺文雄）

東都銀行頭取。ゲイバーで派手に大暴れをした上に、松枝に若宮もご所望した男色家

野

前田寿子
（岡本ひろみ）

かおるの同僚の看護師。アルと肉体関係があり、かおるへの手引きも担当

野

瀬戸錬太郎
（渥美国泰）

五光汽船社長。岡山大造の仲介で中島組政財界進出のパートナーとなった

野

中村 忠（五十嵐義弘）

関東同盟北方会組員。良く通る低音の美声で、総会続行をサポートせんとする

野

森川久蔵（田中 浩）

関東同盟北方会会長。押し出しの強さと有無を言わさぬ迫力で樽井に反論

野

村上三郎（志賀 勝）

松枝組若衆。強烈な人相をフルに活かして、樽井の広報援護を担当

野

関東同盟幹部
（俊藤浩滋）

本シリーズの企画に携わる東映の名プロデューサーが幹部として堂々の登場！

野

大石剛介（三船敏郎）

関東同盟理事長、つまり関東の〝日本の首領〟である。どうやら能面鑑賞が趣味らしい

野 完

岡山大造
（小沢栄太郎）

アジアアラブ貿易の黒幕。五光汽船と中島組の橋渡しをした

野

鷲津玄竜（田口 計）

典型的な総会屋。五光汽船経営陣のゴシップ満載の新聞を総会でばら撒いた

野

本山アンナ
（ひろみ麻耶）
流行歌手。自殺願望のあるメンヘラ女子。比類なきバスト・ヒップラインを誇る
野

横川英樹
（織田あきら）
帝国興業会長の息子。ブリーフ1枚の姿で親父の強烈な折檻を受けた
野

三保奈津子
（沢野火子）
大山が銀座から引きぬいたホステス。沢野火子には湖が良く似合う※
野

真田重光（小松方正）
関東同盟幹部。中島組と一戦交えようとするタカ派だが愛人と買い物中に箕輪に射殺された
野

河元弥之助
（嵐寛寿郎）
河元組々長。加齢による若干のくたびれはあるが、やる気は溢れている
野

山田正久（広瀬義宣）
1作目のトラック運転手から昇格！　だが悲惨な最期が待っていた

東野陽介（井上 茂）
破壊力のある顔面デザインで、画面の充実度を大いに高めた
野

若宮洋一郎
（にしきのあきら）
中島組若衆。男女問わず全てのハートを鷲づかみにする青年。その甘い美貌は必見
野

箕輪秋子（橘 麻紀）
箕輪の妻。関東同盟の捜索に対し花紀京ばりの対応で有り金の場所をあっさりと暴露
野

鬼沢明正（小池朝雄）
関東同盟幹部。ラストで天坊とウエスタンの如き早撃ち対決を展開
野

箕輪良行（野崎昭如）
天坊に雇われた末期ガンのヒットマン。取調室ではダンディな一面を見せつけた
野

天坊信助（菅原文太）
河元組若頭。松枝と意気投合して、「打倒、関東連合!」の最前線に立って大暴れする
野

劉 仁徳（茂山千五郎）
香港グローバル社長で、戦前からの佐倉の盟友。中国の侠客
野

横川健太郎
（安部 徹）
帝国興業社主。尚子のクラブにガルダネソス使者を連れてきて紹介した
野

平山英格（金子信雄）
代議士。ダミ声で好色。外国人より日本人の女性が好きだと尚子に激白
野

姉小路尚子
（岸田今日子）
本来なら伯爵家のお姫様。松枝に協力し、アナンタ大統領にかおるを斡旋した
野

※沢野火子は『恐竜・怪鳥の伝説』（77年）で西湖に潜る水中カメラマン・小佐野亜希子を演じた

大山規久夫
（片岡千恵蔵）
野望篇までの内田朝雄からビジュアルチェンジ、佐倉を大石を秤にかけて煙に巻いた
完

堪木直也（市川好郎）
河元組若衆。社民党代議士の資料を白昼堂々強奪。その凄い髪形は完結篇で……
野

三浦かおる
（金沢 碧）
アナンタ大統領第三夫人に選ばれた、心優しい看護師。しかし思わぬ悲劇が
野

スベル・アナンダ
（ユセフ・トルコ）
ガルダネソス共和国の大統領。演じたのは昭和のプロレスの有名レフェリーである
野

木村宇市（北村英三）
木村建材の社長。多額の負債を残して首吊り自殺。美粧班の手抜きなきスキルも見もの
完

木村由紀子
（大谷直子）
父が残した借金の肩代わりのため、川西の指令で刈田の愛人に収まるが……
完

ジゼル（田口久美）
春夫の恋人兼流行歌手。つまり織田あきらは流行歌手が好き、という結論
完

宮之浦一夫
（野口貴史）
中島組幹部。騒がず目立たず、それでいてネチネチとして三部作皆勤賞
や 野 完

江本（山本 清）
東亜第一病院内科部長。診察するふりをして、刈田を殺害して逃亡するドクターキリコぶりを披露
完

大石郁子
（山本由香利）
大石の一人娘。春夫とグアムで知り合い、婚約。しかし、まさかの展開が！
完

新藤徳太郎
（待田京介）
関東同盟幹部。麻薬を巡って除名扱いになった後、釣りに出かけるも……
完

藤井（小池朝雄）
大阪府警捜査四課長。小池朝雄三度目の役柄は代表作「刑事コロンボ」に便乗か？
完

庄内春夫
（織田あきら）
刈田とその妾・良子の子供。ジゼルと郁子に二股をかけた末路とは。口は災いの元だ
完

鬼島（鈴木瑞穂）
検事正。巨額政治汚職事件を追う正義の人。正論で刈田を締め上げた
完

大石きく江
（桜町弘子）
大石の妻。一人娘の教育を巡って、夫の逆鱗に触れてしまった
完

吉野隆吉
（遠藤太津朗）
晩年の佐倉を温かく支えた、これまた貫禄十分の中島組若頭
完

関野礼行(佐藤 慶)

関東同盟幹部。大石の実行部隊隊長。温かな笑顔と冷酷さを併せ持つ怖い男

野 完

中神敬志(渡辺文雄)

関東同盟幹部。極道の最前線に躍り出て、佐藤慶と創造社コンビを結成!

完

マイク清島
(片岡五郎)

グアムの通訳。刈田のため、ジェラード上院議員に領収書へサインさせた

完

ブラウン(片桐竜次)

グアムでホテルのボーイに変装して、収賄金を強奪しようとして爆死!

完

真田(南 道郎)

手際鮮やかな手形のパクリ屋。そもそも「真田」が本名であるかどうかも不明

完

東条進吉(市川好郎)

川西組若者。川西の車椅子を押す係。前作にも増して髪型がファンキーに!

完

荒浜義一(岩尾正隆)

松原産業の会社更生法申請に関する説明会で再建に向けての熱弁をふるった

完

山根惣吉(高田宏治)

再建屋、通称「山惣」。緊張感高まる現場に、本作脚本を手掛けた高田氏が登場

完

川西明(菅原文太)

車椅子に乗る中島組幹部。死ぬ前に一宮へ「お守り」として拳銃をプレゼント

完

庄内良子(京唄子)

刈田の妾だが、由紀子にあっさりその座を奪われた。登場場面の歌にも注目

完

里見(稲葉義男)

住宅公団総裁。『七人の侍』の盟友・三船演じる大石に助けを求めた

完

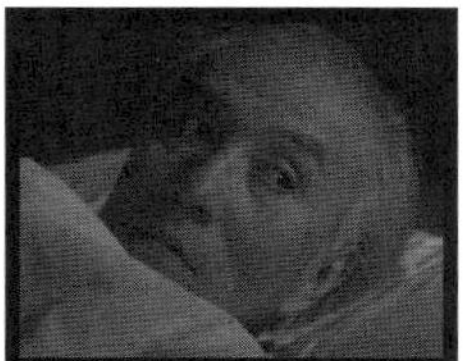

刈田重徳(西村 晃)

軍歌が大好きな代議士。由紀子の風呂を覗き、速攻で布団に戻る早技を見せた

完

司会者(成瀬 正)

松山で開催の平山英格後援会「四国平山会発足記念パーティー」で刈田を壇上に上げた

完

宮原 宏(寺田 農)

抜け目のない川西の腹心。大谷直子、高橋悦史と、映画『肉弾』チームがここに再会!

完

花山七郎(田中 浩)

手形のパクリ事件、もう一人の主犯。とぼけた態度で善意の第三者を気取った

完

志賀竹之助
(小林稔侍)

大山の秘書。これといった見せ場はないが、口の堅そうな秘書を好演

完

VIOLENCE COLUMN

読む『日本の首領《ドン》』
～小説、劇画の世界～

飯干晃一による小説、そしてコミカライズ――映画とは一味違う『日本の首領』のドラマを、書籍で楽しんでみてはいかがだろうか。

文.植地 毅

「日本の首領」1巻
（芳文社コミックス／絶版）

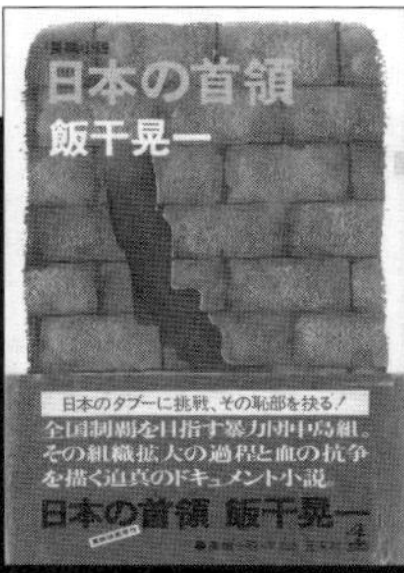

「日本の首領」
（光文社／絶版）

76年に光文社より刊行された小説版『日本の首領』は、実は最初から映画化ありきの原作だった。

元々はコッポラの『ゴッドファーザー』の世界的ヒットにあやかって生まれたのが『仁義なき戦い』であり実録路線だった。しかし作品数が増えるにつれ『ゴッドファーザー』感が薄れ土着的なスタイルに傾倒していく。実録路線ブームもネタが枯渇し始めた頃、岡田茂社長（当時）は「もう実録路線はダメだ」と断言したが、そこで原作者である飯干晃一が東映とタッグを組み、その世界観をより元ネタに近付けた『日本の首領』を長編小説として執筆。全国制覇を目指す関西の暴力組織〝中島組〟の組織拡大の過程で巻き起こる流血の抗争、そして中島組を率いる首領、佐倉一誠とその家族に焦点を当てた物語を構築した。

ストーリーのベースには山口組による一連の抗争事件があるものの、小説版では映画版とは異なるエピソードも多い。特に続編となる『新・日本の首領 夜の私服軍団』は、中島組のみならずオムニバス形式で様々な極道エピソードが登場。もちろん映画版『日本の首領 野望篇』にて描かれたデヴィ夫人ネタもある。続くパート3『新・日本の首領 完結編』は、そのラストが映画版とは大きく違うのが最大の特徴なので、映画鑑賞後に副読本として読むことをオススメしておきたい。

小説版も面白いが、忘れてはならないのが、映画公開後に登場した劇画版『日本の首領』である。飯干晃一の原作小説をベースに、作画には劇画作家の城野晃を起用。城野はエロ劇画家としても高名なだけに、濡れ場の描写は映画の3倍増しとなっており、SM緊縛描写などがやたらとねちっこいあたりは劇画版ならでは。

登場するキャラクターも、佐倉一誠を筆頭に劇画オリジナルな容姿で描かれ、佐分利信というより三船敏郎寄り。映画では鶴田浩二が演じた中島組若衆頭・辰巳周平は、劇画では鶴田とは似ても似つかないプロレスラーばりの武闘派に。千葉真一が演じた迫田常吉も、コッテリとした容姿の極道として登場しており、映画のイメージとはかけ離れている。にも関わらず、単行本カバーイラストなどは某東映実録作品の登場人物そのまんまのポーズだったりするので、踏襲してるんだかしてないんだか、とにかく混乱する。

劇画の特徴としては、数々の抗争事件が勃発する経緯や人間関係が、より詳細に描かれていることが挙げられる。その序盤こそ映画とシンクロする部分もあるが、3巻以降は映画よりも小説版のエピソードを拾っており、読者は映画とはまた大分違った印象を受けるだろう。

筆者はどちらのバージョンも大好きなのだが、この劇画の単行本を収集していた時の自らの経験を語ることで世間一般の評価に代えさせていただきたい。

かつて劇画版は全巻揃えるのが至難の業であり、全国津々浦々の古書店でコツコツ集めていたら、全巻セットが2セットにダブってしまい、1セットを某古書店に売りに行ったら全く値段が付かずビックリ。買取担当者に理由を尋ねたところ、こう返答された。

「全巻揃っているのは珍しいんですが、珍しいだけで価値は無いんですよ、スイマセン」

この一言が劇画版『日本の首領』の全てを表現している。だが、やはりファンなら持っていたいもの。読者諸兄の皆さんにも是非、全巻制覇にチャレンジしていただきたい次第。

ちなみに小説、劇画版単行本は復刊こそされていないが、電子書籍版は絶賛発売中である。
（2018年3月現在の情報）

VIOLENCE COLUMN

『やくざ戦争 日本の首領 サウンド・トラック盤』を聴く

壮大な『日本の首領』のドラマがLPレコードに収まった!? 気になるその内容とは？

文.高島幹雄

公開当時に珍しく発売された東映実録映画サントラ盤として異彩を放つ1枚が、『やくざ戦争 日本の首領』サウンド・トラック盤』(ワーナー・パイオニア／77年2月発売)。

音楽を手がけた黛敏郎は、映画音楽でも多数の作品を手がける中、市川崑監督『東京オリンピック』(65年)、石原プロ・三船プロの大作『黒部の太陽』(68年)、『栄光への5000キロ』(69年)、『富士山頂』(70年)の他、アメリカとイタリアの合作『天地創造』(66年)など大作映画も多い。TVでは、日本テレビのプロ野球中継、プロレス中継のテーマ曲にもなった「スポーツ行進曲」を53年に生み出しています。64年8月から放送が始まったテレビ朝日(開始当時はNET)『題名のない音楽会』の司会でも活躍。

本作は、黛敏郎にとって6年ぶりとなる映画音楽の仕事であり、東映実録映画に登板した最初で最後の作品でもあります。演奏は東京交響楽団のフルオーケストラにリズム・セクションを加えたシンフォニー。ストリングスの美しさが大作感を醸し出します。

サントラ盤の内容は、A面「日本の首領PART・1」が約18分、B面「日本の首領PART・2」が約21分。約132分の映画を両面合わせて約39分に濃縮したドラマ編です。佐分利信扮する中島組組長・佐倉と鶴田浩二が演じる辰巳組組長・辰巳周平、アベ紡の用心棒の座をめぐる抗争、警察との攻防に佐倉ファミリーの出来事も折り込み、映画を音の世界で編んだものになっています。

構成担当として中島貞夫監督もクレジットされ、映画では音楽が鳴っていないシーンでも、レコードでは台詞の背景に音楽を敷いてあるなど独自の編集がなされています。

A面は、映画冒頭のタイトルバック音楽が鳴る中で、映画と同じ森山周一郎によるナレーションが入り、続けてレコード用に新録された松枝四郎役の松方弘樹によるモノローグ(レコードでは語り、もしくはモノローグと表記)と共に、暴力団・中島組の事務所での佐倉(佐分利信)とアベ紡績の島原(西村晃)の場面から始まります。佐倉の長女(二宮さよ子)と医師・一宮(高橋悦史)の結婚式などを盛り込みつつ、中島組の東京進出までを収録。

B面では、場面をモザイクのように細かく編集し、約13分を過ぎたあたりから、映画の終盤から「完」までほぼノーカット。音楽も映画とほぼ同じ使い方で収録。松方弘樹のモノローグはA面よりも少なめで、映画そのままの終わり方で余韻を残します。

公開当時、DVDソフトはもちろん無く、VHSテープでも個人が映画を持つことが困難な時代だったので、映画館で観た作品を再び味わう、感じる商品としてのサントラ盤は台詞を中心にしたレコードが主流で、前年の角川映画第1作『犬神家の一族』のように音楽集としてのサントラ盤の方がむしろ珍しい存在でした。これが音楽だけを収録したレコードであれば、と無い物ねだりをしたくもなりますが、このサントラ盤は、松方弘樹さんの録り下ろしモノローグが聴けるという点でも、実に価値ある1枚ではないでしょうか。

INTERVIEW

高田宏治【脚本家】

KOUJI TAKADA／DIRECTER

たかだ こうじ／1934年大阪市生まれ。58年東京大学英文科卒業後、東映に入社、京都撮影所企画部に脚本要員として配属され、『柳生十兵衛』シリーズで本編の脚本家としてデビュー。代表作は『仁義なき戦い 完結篇』（75年）、『野生の証明』（78年）、『赤穂城断絶』（78年）、『復活の日』（80年）、『鬼龍院花子の生涯』（82年）、『陽暉楼』（83年）、『極道の妻たち』（86年）ほか多数。84年に『陽暉楼』で日本アカデミー賞最優秀脚本賞を、86年に「牧野省三賞」を受賞。著書に「高田宏治　東映のアルチザン」（西谷拓哉との共著・カタログハウス）、小説「ひどらんげあ おたくさ シーボルトに愛されて」（アスペクト）がある。

取材／杉作J太郎　構成／編集部

高田　実録路線の話を、ということだけど、先日中島貞夫と雑誌で対談をして感じたのは……確かに流行を作ったのは深作欣二や五社英雄かも知れないけど、東映という映画会社を実際に支えてきたのは中島みたいな存在だったんじゃないか、と改めて思ったんだよ。僕は、『仁義なき戦い』っていうのはリアリズムの様で、ある種のメルヘンみたいなものだと思っているから。

——ええっ!?　その辺り、詳しく訊かせて頂けますか?

高田　だいたい菅原文太が演じた広能（昌三）という男、これは木枯し紋次郎や座頭市、ウルトラマンとかと同じじゃ。あれだけ履歴のわからない主人公って、おらん訳よ。どんな生活して、どんな家族がおって、どういう人生を送ってきたのか、さっぱりわからん。それが1人で怒って、他の奴らを転がして……みたいなね。これはもう完全にメルヘンの世界だけど、これが新鮮で受けた。僕はその前に、中島と『まむしの兄弟』とかを作っている訳だけど……。

——あの辺りの雰囲気が、実録路線の振り出しだと思うんですが。

高田　そうだよね。ただ『まむしの兄弟』とかだと、悪い奴に対して腹が立つから殺すんであって、『仁義』では殺すことが自分の生き様・存在の証明になっていくでしょう。だから、『仁義』って言うのは、ある意味、任侠映画のパロディであり、メルヘン。まあ、僕もその流れでいろいろやってはきたけど。

——今回、特にお訊きしたいのは『日本の首領』なんですよ。日本の映画史的にも、すごく大きな映画なんじゃないですか。

高田　『日本の首領』、これはね、やっぱり物語の完成度が高いんだよ。

——そうですよね。

高田　うん。『仁義なき戦い』も他のもの（実録路線）も、物語としての完成度は荒い。そういう意味では、『首領』は本来の東映の時代劇から来た物語性を持っている。やくざの世界の歴史を語る、まさに集大成的な作品なんだな。

——じゃあ、実録やくざ映画だけども、これは時代劇の伝統を経た作品ということですか。

高田　そう思うわ。時代劇の世界は、まず主役の格調が大事。『仁義』は、格調をゼロにして勝負している。

——ですよね、まさにそこが狙いでしょうから。

高田　佐分利信に三船（敏郎）さん、しまいには御大（片岡千恵蔵）が出てきて格調がグッと高まる。これが、時代劇の一番の魅力だよね。

——ああ、大物スターの格調です

か。

高田　そういうものを醸し出すのは、やっぱり東映時代劇をやってきた中島や僕じゃないと無理なんだよ。(深)作さんの方は確かにバイタリティはあるけど、やっぱりチンピラ的な動きの魅力によっている。好みの別れるところや。

――時代劇という言葉を置き換えるなら「クラシック」「普遍的な物語性」ということですか。

高田　そうね。本来、映画というのは物語を映像化するものなんだけど、あの頃は物語性よりもアクションだとか人の生き様みたいな部分に焦点を当てた作品が流行ったんだよね。その点、『首領』は題名もそうだけど、大きな映画の姿そのものを楽しんでもらえるから。最後は非常にハードなタッチで締めくくってはいるけど、『仁義』とは一線を画した魅力があると思っている。

――『首領』だけは、普段やくざ映画を観ない人たちの評価も高いんですが、それはやはり物語の魅力ということなんですね。

高田　僕はそう思うな。ただ、どうしても東映は岡田(茂)さんの悪い癖で"やくざ映画"として売るからね……結果としてタイトルに「やくざ戦争」なんて付いちゃった。

――確かに「やくざ戦争」というのは凄い題ですよね(笑)。

高田　飯干晃一さん(※1)なんか、相当頭にきていたみたいよ。そんなつもりで書いていないんだもの。

――ハハハハ！　でしょうね。

高田　作品のモデルになった地道行雄さん(※2)だとか、田岡(一雄)さんだとかは、非常に古典的な世界――"忠義"の中にいたと思う。忠臣蔵とか清水次郎長だとか、そういった良き全盛期というか東映の時代劇の格調みたいなものが頭の中にあるから、そういう素材を貫うと、僕もそういう書き方をするし、監督もそういう描き方をする。だから、どっちかって言えば、中島とやったものの方が物語的に面白く書けたような気がするのよ。あいつの喜ぶものが僕にはわかるし、自分の書きたいものが書けたから。『大阪電撃作戦』とか物語としても凄く面白いでしょう？　中島は『大阪電撃作戦』の前に「殲滅」というシナリオで明友会がやられる話を手がけていた。でも、東映は「やられる側はドラマにならない」という考えだったから。やられる側が主人公だと、お客さんがスカッとしない。中島は、それができなかったのを悩んでいたから、「じゃあ、それをやろうやないか！」と。「俺が会社を胡麻化すから、明友会の方を主役にして、山口組が踊らされる話をやろう」と言ったら、すごくノッてくれてね。あれは、実に上手く書けたと思うよ。だから中島と話がある時は、人があまり手をつけない、東映が乗らないものでもこなしてやろうと思った。だって『日本の首領』なんかさ、2作目以降は、もう話がないのよ。

――ああ、原作も終わってますからね。

高田　これをどうしたらいいかということで悩みに悩んで、スハルト大統領とデヴィ夫人の話(※3)を持ってきたり、右翼のドンと東西(やくざ)の対決を入れたりね。上手くいったかどうかはわからんけれども、とにかくそれで3作できた訳やね。そういう意味では、1本目に比べたら後の2つはパワーが落ちたかも知らんけど、あの3人を引っ張り出せたから。

――1作目から良い展開だなと思いましたのは、一宮先生と佐分利信との最初の掛け合いなんですよ。あそこで交わされる両者の会話が「やくざ戦争」という感じじゃなくて、むしろ凄く凛々しい感じがしたので。ああいう綺麗な会話の応酬がスッと流れてくるのが高田先生の脚本の見事なところだと思うんです。

高田　ああいう本物のインテリが、

※1　いいぼし・こういち／作家。1924年大阪府生まれ。読売新聞社会部を経て、作家デビュー。緻密な取材に支えられた、ドキュメントタッチの作風で人気を呼んだ。代表作に「山口組三代目」「仁義なき戦い」「日本の首領」「会津の小鉄」「餌食」「暴行」など。

※2　じみち・ゆきお／三代目山口組舎弟・地道組々長。1922年兵庫県生まれ。47年、田岡一雄の舎弟になり、以後「山口組の切り込み隊長」として、明友会事件、夜桜銀次事件など数多くの抗争事件に関与したが、64年の山口組に対する第一次頂上作戦において、独自の判断で組の解散を決意、田岡に若頭を解任される。翌年、肺癌に倒れる。47歳没。

※3　59年、当時19歳の根本七保子が、東日貿易秘書という扱いでインドネシアのスカルノ大統領の元へ送られたこと。その後、根本は正式に大統領夫人となり、デヴィ・スカルノに改名(現在のデヴィ夫人)。

やくざ社会に絡むというのは、誰もやらなかったよね。『仁義』では一人も出てこない、斬った張ったばっかりじゃない。だから、ああいうものを喜んでくれるのが中島だよ。あれを作さんに書いても（作品に）ノらんと思うよ、医者なんてね。

――普通の脚本家の方は、なかなかそういうところに目を付けないんじゃないですかね。

高田　そうかな？　しかし、医者であろうが何であろうが、どんな人でも色々な人間性を持っている訳だからね。だから、悦史さんの演じた一宮は、ある意味巨悪である佐分利信の人間性に惚れ込んでいく。

――惚れた挙句に、人殺しまでしますからね（笑）。

高田　結局、インテリであればあるほど権力みたいなものに弱いじゃない。首領に惚れ込んで、自分や組織の立場を守るために社会を敵に回す。その犠牲になっていく鶴田浩二なんか、芝居が白眉だからねェ。

――涙なしに観られないですね。

高田　あの当時は、みんな「実録」というと深作欣二というイメージが強かったから、拒否反応が出たりしましたよ。だけど、映画の完成度からすれば、中島はもっと評価されていいんじゃないかなと思ったけどね。

――『日本の首領』は、登場人物もすごく数が多いですよね。その中に一宮先生を始めとした、ちゃんとした人物がかなりいるんですよ。人間は色んな面があると思うんですけれど、この作品では先生のものすごく直球で投げられる善行の部分と、巨大な組織とのせめぎ合いが、よく描けていると思うんです。先生は脚本を書かれる時、やはり自分自身を投影されるんですか。

高田　確かにそういう部分は出ていると思う。でも、（脚本は）やっぱり悪をどう描くか、というところから始めるね。お客さんに、いかに敵役の存在感を感じさせられるか。

――では、『首領』においては、それはどういうところになりますか？

高田　この場合は佐倉と鶴田浩二との戦いだね。鶴田浩二を倒すのが、佐倉の娘婿というのが、やっぱり泣ける要素になるよね。「血は水より濃い」というのが、やっぱり僕の好きなモチーフであるのと、悪人だってどっかに良心があるからね。良心がぶつかり合う戦いって、あるわけじゃないですか。

――それ、東映の映画で沢山観てきましたよ（笑）。

高田　人間の中にある良心――仏・神の部分。これを、僕はものすごく意識するのよ。それって、今の映画や小説ではまるで描かれていないよね。それが僕にとっては、つまらなく感じる訳。

――あー、それはよく分かります。高田先生の書く、いい形の人間像。

高田　しかもそれを、いい役者が演じなきゃ駄目なんだよ。『首領』だと、遊び人の松方が真面目な男を演じるという葛藤が面白い。これが映画の醍醐味なんだよ。そういう意味では、『首領』は高橋悦史が主役だからね。彼の心の葛藤が、物語を動かしていく。

――完結編までキレイに行きますよね、悦史さんが。

高田　『仁義』の場合はね、山守さん（※4）にそういう心の葛藤を感じるのよ。彼の姿を見ていると絶えず良心の呵責を感じるんだ、「悪い、悪い」と思いながら人を騙していくんだよ。

――フフフ。高田先生の作品にもそういう人物が出てきますよね？　役者は織本順吉さんに代わっていますけど。『大阪電撃作戦』の織本さんは、キャラも演技も山守を越えていると思うんですけどね。

高田　うん、そうだね、あれは評価されるべきだよなぁ。そう言ってもらえると、嬉しいね。あとは『北陸代理戦争』の西村晃の役とか、ああいうのは僕の一番得手なとこ

※4　『仁義なき戦い』5部作に登場する山守組々長・山守義雄。金と保身に執着し、主人公の広能昌三を始めとした子分たちを苦しめる。金子信雄の怪演も相まって、シリーズ中で強烈な印象を残した。

ろ。心の呵責に悩みながら、最後はその良心に負けて滅びていく、みたいなね。そういうところがあると、やっぱり長く残るキャラクターになるんだ。

『仁義』にはおかしいところがいっぱいある

――『首領』は登場人物がものすごく多いじゃないですか。高田先生は、どういう書き方で脚本をまとめるんですか。例えば、人物別に話を作っていったり？

高田　笠原和夫さんは有名な話だけど、1シーン1シーンを書いた短冊を畳に並べて構成を考えていたんだけど、冬のある日、東映の寮で僕が扉を空けたら風がビューっと吹いて短冊が飛び散ってえらく怒られたことがあった（一同爆笑）。それを最終的に巻紙にするんだけど、僕は全体の流れを、頭の中に絵で作るんです。だから今、小説を書いていても頭の中では映像が並んでいるわけです。

――そうなんですか。

高田　僕の場合、箱書きは作らんのだけど、大きな模造紙みたいなのを用意して壁に貼って、マジックで主人公を中心にした登場人物の相関図を書いてみる。それをじっと睨んでる内に、それぞれの人間関係が見えてくる。例えば、火野正平が出るならやっぱり彼女がいる、ちょっと毛色の変わったね。なら、彼女がギター弾きで、鶴田浩二に抱かれる絵が浮かんでくるのよ。鶴田浩二はやっぱり、最後にはそういうどうしようもない女にしか愛を注げない悲しい人物、という絵が浮かんでくると、それをどういう風に描くかを考えて、モデルの取材もする。地道さんは、どういう人だっただとか、どういう形で田岡さんに拾われて……みたいな話をね。で、地道さんは普通に病死されているけど、僕はああいう形で忠義のために死んでいく方向でまとめた。

――忠義のために死んでいくということで言うと、並行して千葉さんのドラマもありますよね。

高田　そうそう。あまりにも巨大な親分を持ってしまった子分たちの悲劇だね。まあ、田岡さんがそうだったからね。俺が倒れたら、どうしようもないはみ出し者の連中がどこ行くかわからん、世の中に全部悪が流出してしまうと大変だ、というのが彼の金科玉条だったじゃない。

――あの作品の佐分利さんもそうですけど、実際の田岡さんは善の部分が強い方だったんですか？

高田　人間的には、自分だけがいい目を見よう、というのはなかったね。生活を見てもそんなに豪勢でもないし、エピソードをいろいろ聞いてみても。そりゃ病院を作ったり、お金は使ってると思うよ。だけどそんな贅沢三昧するようなことはなかった。浮気の話とかも訊いたけどね。

――ええっ!?

高田　奥さんのいるところで訊いてみたのよ。田岡さん、奥さんに「別にないよな？」とか言っていたんだけど、奥さんが後で「織田譲二（※5）に訊いたらわかるわよ」って言ってくれた。織田さんは洒落た人で、いろいろ喋ってくれた（笑）、親分は大柄な女性が好きだったんだって。

――へえー！

高田　ご本人も懐の大きい人やった。田岡さんとは2〜3回会ったんだけど、病院で会った時は、僕の肩を掴んでそのまま押してエレベーターの奥に入れてくれてね、もう痺れたね。見ると、廊下の端と端にはズラッと何十人も子分が見張ってて、遠くから最敬礼してね。

――まさにやくざ映画の1場面ですね（笑）。

高田　田岡さんの取材では緊迫感はあったけど、危ない目には遭わなかった。明友会の方は、まだ柳川

※5　おだ じょうじ／山口組二次団体・織田組々長。三代目山口組で秘書役を務め、四代目山口組では舎弟に。86年没。

（次郎　※6）さんとか気を遣ったけど。

――『首領』は菅原文太さんがそれぞれ別の役で出ていますよね。おそらく企画の段階からマストだったとは思うんですが、まったく別物でありながら微妙に大きい人物像を毎回作っていくのは大変じゃないですか？

高田　あれはもう、「忠臣蔵」とか東映のオールスター映画で覚えた技術ですね。だって『仁義』の完結篇だって、文ちゃんは出たがらへんねん、「スケジュールがない」って言ってね。だけど、とにかく出さないと『仁義』にならない。だから、最後にとってつけたような感じで、桜木健一の芝居（※7）を作ったんだけど、あれ、本当はお母さんだったんだよ。

――あれ？　映画では、お姉さんになってましたね。

高田　あれ、作さんが中原（早苗）さんを使いたかったから、勝手にお姉さんに変えてしまったのよ。無茶苦茶や。

――そんな些細な理由で（笑）

高田　作者にとっては深刻な理由や！　まあ、とにかく良いセリフと良い芝居を1つ作ってあげれば、観客は納得するのよ。

――あと、高田先生が書かれた場合、やくざ映画の歴史の中で、今まで弾除けみたいな感じだった女性たちが、他の脚本家の方より確実にしっかり立っていると思うんですよ。『首領』のシリーズも、女性がドラマを牽引していますよね。

高田　男を描くなら、女性もしっかり描かんとな。『仁義』ばかり例えにして申し訳ないけど、1作目の文太なんて、大体戦争が終わったら普通真っ先に家に帰りたいやろ。それをあんなところで何やってるの？

――ハハハハハ！　凄いところにメスが入ってきました！

高田　笠原さんにも言うたよ。命拾って帰ってきて、すぐ日本人の女が犯されそうになったのを見て暴れて……そんなことするわけないよな。自分の惚れた女やお母さんにも会わずに、正義感だけで行動するなんておかしいやろ、と。

――それは、我々が長い間見なかったことにしていた疑問かもしれないですね（笑）。

高田　あと、おかしいと思ったのは、刑務所で梅宮辰夫が文太に「お前、わしが出たら保釈で出したる」と言うけど、刑務所からどうして保釈で出すの。拘留中なら可能だけどさ。

――あー、確かに！

高田　「あの頃は刑務所が一杯で早く出したかったから」なんて言ってたけど、そんなことないでしょう。そういうのを平気でやるのよ、あの人は。それを皆「名作だ、名作だ」ってね。そういう意味では『首領』ってキチッとしてる。中島が、ちゃんとやってくれるから。作さんは「面白ければいい」って、平気で脚本をテクニックでこなす。それが独特のダイナミズムになる。

――『首領』の中で、特にお気に入りのキャラクターといえば、誰になりますか。

高田　飯干さんの原作ありきの話だけど、やっぱり力が入ったのは高橋悦史の娘婿の医師の話。医師として佐倉の身体を心配し、妻も心配しながら、最終的に医師として自分が殺人を犯してしまうというね。あと、いくつかやりたいエピソードがあってね、女の首の話とか。

――小池朝雄さんの？

高田　そう、小池朝雄。あれ、実際にあった話で、面白いと思った。よく言われるけど、『ゴッドファーザー』を真似したわけじゃないのよ。

――えぇー！

高田　これは取材した話や。中島が上手く撮って、面白かったよね。あとは、千葉ね。

――イケイケの千葉真一さんが。しかし、小池さんが女の生首を持って転げ落ちるところは、何か石井

※6　やながわ じろう／三代目山口組若中、柳川組初代組長。1923年釜山生まれ。愚連隊から発展して柳川組を結成、その後、大阪進出を目指していた山口組若頭・地道行雄に見出されて舎弟となり、攻撃部隊の主力となって活躍。69年、山口組の第一次頂上作戦後に柳川組の解散を決意、山口組から絶縁処分を受けた。91年没。

※7　『仁義なき戦い 完結篇』に登場する広能組の若者・佐伯（桜木健二）は天政会幹部・槇原（田中邦衛）殺害の報復を受けて、死亡。その遺体に草鞋を履かせながら「もう道に迷うんじゃないよ」と泣く姉の姿を見て、広能は引退を決意する。

輝男監督の映画みたいですね（笑）。

高田　ああいう彩りがあると、他の話が深刻でも笑わせるから。それを乗り越えるだけの大きい骨太いドラマがドンとあるしね。

――『野望篇』の松方さんの話も大きいですよね。

高田　そうそう。あれは岸田今日子さんが綺麗だったしね。

――魅力的でしたねー。悦史さん、松方さんが岸田さんの家を訪問する場面は素晴らしかったですね。

高田　松方は、あんな芝居は初めてやったんやろうけど、あの時は「違う役者やったら良かったのにな」って後で言うたことあったわ。

――あ、そんなことが。

高田　岸田今日子に本当に惚れてる感じがしないんだよね。名演技だとは思うけど、何か堅苦しい、固いんだよねえ。そこに洒脱な、男の魅力の上手い出し方はなかったかな、と。しかし今観ると品があって松方の別の魅力がある。あと、スハルト大統領の役者、実在の有名人の配役は難しい。

――役者と言うより、レフェリーでしたからね（笑）。

高田　その辺のおじさんが出てきたような感じだった（一同爆笑）。

――きちんと海外の俳優にした方が良かった？

高田　そうだね、作さんなら絶対そうする。中島は割ともの分かりがいいから。

――ただ僕らの立場で言いますと、「おい、ユセフ・トルコ出てるよ！」と、当時話題にはなりましたから。

高田　そうか。まあ一生懸命やってくれたんだな。

――しかし、映画って面白いですね。俳優の格で登場人物のサイズを計ってしまうところがありますから。

高田　今出てる役者さんで、そういう雰囲気ってできるかね？　当時の役者はモノが違うよ。

『日本の首領 野望篇』は女性に観てほしいなァ

――やっぱり、役者が良ければいいほど筆ものってくる？

高田　うん。「佐分利さんで行く」と俊藤さんが言った時にイメージがすぐ湧いた。『極道の妻たち』だって（主役が）岩下（志麻）さんと聞いたから、ああいう訳になったんや。

――なるほど。ならば、『完結篇』の大谷直子さんはどうですか。

高田　うーん……僕の好きな女優さんだったから。しかし大物3人を書くのに精いっぱいやった（苦笑）。

――あー。重たいですよね、あの3人は。でも、大谷直子さんも口説いている西村晃さんは、素晴らしかったですよ。お風呂に入ってる大谷さんを覗きに行って、出てくると察したらさっと布団に戻って寝たふりする辺りなんか、素晴らしいと思うんですけど（一同笑）。

高田　いや、男って、そういうとこあるじゃない。

――重厚な映画の完結編に、そんな場面があるのがまたいいんですよ。

高田　まあ、僕も結構遊んだからね。一生懸命口説いて、金を使って女をモノにする苦労をしているから。

――先生はやはり女性に対する執着はすごく強いんですね。作品からそれはよく伝わるんですよ。

高田　ものすごく強いよ。女のためには、どんなに酷い目にあわされても笑っていられる。

――『仁義』は女性がほとんど出てこないじゃないですか。その他の実録映画と『仁義』との大きな違いは、女のために頑張る男たちの話でもあるわけですよ。だから、誰が観てもすごく世界に入りやすい。女性のために大抵の男は頑張ってる訳ですから、普遍のものではないですか。

高田　普遍も何も、人間にはそれしかないじゃない。やっぱり政治家でも誰でも、見てたらやっぱり女性でおかしくなるやろ。やくざの場合、いい女を口説くのは、自分が刑務所に入った時や困った時に、体を張って金稼ぐからだと言うけど、そういうことを受け入れる感性のある女って、意外におるんだよな。

――『沖縄やくざ戦争』の新藤恵美さんが、まさにそういう女性でしたよね。

高田　『大阪電撃作戦』の片桐夕子も、渡瀬は気づかず抱く訳だけど、松方にあっさりと許されるから、そりゃ彼は松方のために死ななきゃならない。やっぱり2人は女のために自分の人生を決めている訳だよね。そういう落とし前は笠原さん、つけないんだよね。女性を道具扱いで書いてしまうし、『仁義』で最初に助けた女、パンパンにして、後に出てこない。あれは勿体ないと思うよね、僕から見たら。

――『北陸代理戦争』や『日本の首領』でも、男を変えるために強くなっていく女性が登場しますが。これは先生の中に、そういう女性を肯定する気持ちがあるんですか。

高田　肯定とかそういうことではないんだけど、男ってのはまあ母親の体内から出てくるんだから、言ってみれば、女の一部じゃない。やっぱり女に支配されているよ。だから何をされても、女性には勝てない。全ては女が動かしているんだよ。少なくとも、僕はそう書いている。

――これだけ女性に優しい脚本家の方って、他にいないと思いますよ。だから、これから女性の支持は勿論、年々評価が上がってくるような気がします。

高田　『野望篇』なんかは、女性も喜んでくれると思うんだけどなァ。あれだけ多種多様な夫婦や男女のドラマを入れた作品はあまりないと思うんだけど。

――言われてみれば、確かにそうですね。

高田　佐倉夫婦、娘と一宮の夫婦。そして勿論鶴田浩二や若いカップルなんかもあって、わかりやすく楽しめるんじゃないかな。

――佐倉の次女は外国人と結婚するし、西村晃と大谷直子と京唄子の三角関係もあるし（笑）、菅原文太と大谷直子のSMまで、あらゆる種類の恋愛が入ってますね。そういう意味では、何も知らない田舎のおばさんにまで魅力が伝わるような作りにちゃんとなっていますよね。

高田　そうね、物語性、格調やスケール、日本映画の伝統の力を示したみたいなところがあったんじゃないかな。ただ〝やくざ映画〟というだけで、テレビなんかは放映しなくなったでしょう。まあ、配信でもDVDでも、何らかの形で観てもらえればいいけど。

――『日本の首領』の準備稿が手元にあるんですが、戦後、中島組がのし上がってくイメージが冒頭のタイトル部分に入ってきますね。

高田　（脚本を見て）これは、ほぼ決定稿だね。おそらく、この分量じゃとても入らないから、カットしたんでしょう。（映画は）2時間超えてるからね。こういうの、僕はもう手元に残ってないのよ。欲しいと言われたら、皆あげてしまうから。

――これだけの大河ドラマの最後の言葉が「私は佐倉ファミリーの一員です」「よくやってくれた」っていうやりとりなのが、凄いですよね。

高田　当時、黛（敏郎）さんが脚本を読んで、感動してくれたのを覚えていますよ。

――お話を伺っていて改めて考えますと、同じ実録路線といっても、『仁義』と今回の書籍で扱う作品群は明らかに流れが違う、まったく別種の作品という捉え方が正しいのかもしれませんね。

高田　『仁義』はやっぱり特殊な話なんだよ。あの時代の広島でしか描けないものというかね。シリーズのドラマに普遍性を持たせたのは、『新仁義』からだと思う。

――クロニクルとして描かれている、という見方もありますしね。

高田　やっぱり広島という風土と広島弁、東映の俳優が一挙に集まったパワー、そこに脚本もプラスされてといった、いろんな要因があるよ。

――『大阪電撃作戦』なんかは、そのジャンルの最高峰なのかな、と思わせる部分もありますよね。

高田　うん、『沖縄やくざ戦争』も、えげつないほどドラマティックやし。

――『大阪電撃作戦』の人間狩りの場面なんて、その後の日本映画でも描かれないですよね。

高田　それも不愉快な感じ、ないものね。

――畳の部屋でやったチーム分けとかが、もう面白くて(笑)。ああいったところも、先生が書かれた実録ものの肝の部分なような気がします。サイズがすごく日常的というか。

高田　笠原さん、僕の脚本はブラックユーモアがないとか言われていたけど、あれなんか、大ブラックユーモアだよな。ラストも「指」で終わるしな。

――ハハハ、一同うなだれて反省、みたいな絵が、またそんな感じで。高田先生の作品はいい余韻が残るっというか、物語を最後まで描いてないんですけど、この先に更に大きい何かがあることを予感させる終わり方がいいんですよね。

高田　『強盗放火殺人囚』も最後は冴えてると思うんだよね。ただ、題名を当時のジャーナリストに笑われてね(一同笑)。女の記者なんか、「あれ、誰が書いたんですか?」って、知ってるくせに訊くんだよ(笑)。でも、改めて観てみると意外に面白いんだよね。もう自由に書いていましたからね。それだけ僕も信頼されていたということなんだろうね。まあ、後の方になると、そうはいかなくなったけど。

――あ、注文が多くなっていったんですか?

高田　まあ、プロデューサーとかね。

――「こういう要素を入れてくれ」みたいな?

高田　日下部五朗さんも『極妻』で「○人殺せ」とかさ。誰かを殺して「やった!」なんて話じゃないのよ、本当は。だけど、最後には悪い奴を思い切り憎んで殺す、みたいなことをやらせようとするのよ。こっちも随分と抵抗したけど聞かなかったね。自分の信じるエンターテインメントのパターンにこだわるんだよ。だからしんどかったねェ。

――なるほど。

高田　やっぱり感動っていろんな形があるんだから、最後は実際に映像化する脚本家や監督の思いに任せてほしいよね。自分押し付けたらあかん。俊藤さんも晩年には「財布丸ごとで金を渡せ」とか、やくざにええカッコさせることにこだわり続けた。

――そこは、確かに僕らも憧れたところでしたけど(笑)。

高田　映画にお金を出す人にお願いしたいな。良い作品を作りたいなら作家を信頼してほしい。今、良い作家がいる、いないかは別問題だとしても。

概論

「社会派」へ舵を切った オールスター実録大作

文．杉作J太郎

そもそも、やくざ映画というのは国家が抱える矛盾、権力闘争、民族的問題を内包していたし、あまりにも大きく実体の見据えにくい社会というものの問題点は末梢神経、枝の端々にはっきりと表出するのが常である。

ただ、そこを乗り越えていこうとしたのが任俠映画ならば、「いや、それはお伽話だよ」と、「問題は何ひとつ解決していないよ」と事故現場をクローズアップしたのが、実録やくざ映画である。

そのクローズアップが、いよいよ映画の本筋になった。

1970年代、東宝で公開された山本薩夫監督の『華麗なる一族』(74年)、『金環蝕』(75年)『不毛地帯』(76年)といった社会派超大作が既に大ヒットしていたが、東映は満を持してそのジャンルに進出したのである。

このジャンルは一見、間口が狭いように見えて、実は老若男女、すべての世代と性別を取り込んでいる。三歳児なら別だが少年少女も中学生ぐらいになれば社会矛盾に直面しておののく。こんな社会矛盾を放置して、やれレジャーだ、やれマイホームだと合唱している大人たちに不信感を持つ。

また、女性は基本的に権力闘争的なパワーゲームを蔑み嫌っているように思われがちだが、それは違う。男女の役割分担として、女性がおしとやかで美しくなければならないとなっていた20世紀において、そうした権力的なものやパワーゲームに興味や関心がないふりをするのが勝利への近道だったのである。

だが時代は変わった。数年前からマツダスタジアムに押し寄せているカープ女子がその一例である。場所柄、やくざものではないにしても近い筋と思われるお兄さんが、大挙して詰め寄せたカープ女子に対し、文句も言えずただ押されたり尻を押し出されたりされて小さく肩をすぼめてなにか言いかけたその口を閉ざす光景を、私はこの目で目撃した。

話を戻すと、『華麗なる一族』や『不毛地帯』は女性の観客も多かったはずである。なお、『華麗なる一族』で一族のリーダーを演じたのは佐分利信。偶然なわけがない。

当時、東映の映画館の男女比率は10：1どころではなかった。

私が通った松山の東映グランドと松山三津の柳勢座では30：1、いや、女性客は基本、ゼロであった。

昨年、『不良番長』絡みで何度か梅宮辰夫さんにお話を伺う機会があったが、その折に「俺の映画を女性は観てないからさ」

と言っていたのも冗談や誇張ではないのだ。子供番組やアニメの印象で随分柔らかい印象になってはいるが、本格的な社会派の土壌はあり、東宝だけにうまい汁を吸わせておいてなるものか、みたいな気持ちはあったのではなかろうか。あくまで推理推論であるが。

そして『日本の首領〈ドン〉』シリーズが政界、財界に切り込みながら、社会のどん底でもがく若者たちをも同時に描くことに成功。その手ごたえをさらに充実させるべく、このスタイルに本腰を入れた。それが、この社会派超大作路線である。

その本気度を示すのが、『日本の黒幕〈フィクサー〉』への大島渚監督招へいである。結果的に実現はしなかったものの、内外に対するこの路線の気合をアピールする機会となったのは間違いない。

簡略的な言い回しになってしまうが、当時、社会派は前衛であった。だから中島貞夫監督がATGで映画を撮り、ついには東映でATG風味の前衛的な映画『総長の首』を撮ることとは、ご苦労はあったと思われるけれども必然である。

そして社会を丁寧に描けば世の中、男だけで回っているはずがなく。『日本の仁義』には、吉田喜重を夫に持つ大女優、岡田茉莉子が登場する。その堂々としつつも肩肘の張らない押し出しの良さは、来るべき次のステージへと向かっていく。

なお、『日本の首領〈ドン〉』『日本の仁義』『日本の黒幕〈フィクサー〉』は『日本の〜』という共通ワードがあるものの、連続性や類似点はまったくない。『日本の仁義』はオーソドックスで味のある任俠ドラマ、『日本の黒幕〈フィクサー〉』は佐分利信の暗黒面がさらに爆発する恐怖ドラマである。

『日本の仁義』について、もうひとつ触れておきたい。

メインとなる舞台のひとつは、四国松山である。私の故郷である。

当時、私は松山で高校生だったが、ロケ隊が来た記憶はない。ネットのない時代のいち高校生まで情報が来なかったとしても当たり前だが、実景の撮影程度でちゃんとしたロケ隊は来てないのかもしれない。

が、映画の中でフランキー堺が野球をする公園、それが石手川公園にそっくりなのである。石手川公園は繁華街からも近く、実際、草野球をしている人もいる。春には桜が美しく、お花見会場としても有名だ。その公園にそっくりなのだが、ずばりそこと断言もできない。もしもこれが京都や大阪で撮られたとするならば、東映ロケハン隊の凄まじい観察能力、再現能力と言っていい。

日本の仁義

＊1977年5月28日公開＊106分
＊東映京都撮影所作品
＊カラー・シネスコ
＊併映作品：
『演歌で綴る 任侠の系譜』（内藤 誠監督）

黒いピラミッドと呼ばれるやくざ社会！
そこに首《ド》領《ン》が二人いる限り
血の抗争にピリオドは打てない！

STAFF

企画／俊藤浩滋　佐藤雅夫
上阪久和
脚本／神波史男　松田寛夫
中島貞夫
撮影／増田敏雄
照明／増田悦章
録音／荒川輝彦
音楽／青山八郎
編集／堀池幸三
美術／井川徳道
助監督／藤原敏之
記録／森村幸子
スチール／木村武司
装置／吉岡茂一
装飾／西田忠男
背景／西村三郎
衣裳／岩逧保
美粧／伊藤実
結髪／白鳥里子
演技事務／西秋節生
和楽／中本敏夫
特技／宍戸大全
擬斗／上野隆三
進行主任／伊藤彰将
監督／中島貞夫

CAST

【新宮会】
須藤武男／菅原文太
木暮勝次／千葉真一
西島国一／織本順吉
浅見信太郎／山本麟一
小寺／野口貴史
高橋／国一太郎
梅田／西田良
平尾／高並功

本格的に実業家への道を歩むことを決めた新宮会々長・新宮栄策は、二代目の座を須藤へ譲ることを決意

須藤に見切りをつけた妻・友子(左から2番目)は、実の兄で須藤の兄弟分である大橋の元へ身を寄せていた

阪神タイムスの記者・関(左)は、編集長の岡村に記事を潰されたことに腹を立て、自暴自棄になるが……

的場／志賀 勝
安斉／曽根晴美
小田／片桐竜次
富樫／地井武男
和知／松本泰郎
鈴木／細川ひろし
毛利／司 裕介
前川 修／川谷拓三
福永陽市／奈辺 悟
【大橋組】
石毛 忠／フランキー堺
長波角太／矢吹二朗
金子 卓／成瀬 正
赤岩茂夫／広瀬義宣
渡会柿夫／鳥井敏彦
【千田組】
白石重俊／佐藤 慶
川辺隆之／成田三樹夫
入江昌大／阿波地大輔
小柳／津野途夫
組員／池田謙治
峰蘭太郎 藤沢徹夫
【共和会】
辻 清也／小田部通麿
秋山建吾／秋山勝俊
古賀／鳥巣哲生
長谷／志茂山高也
【村井組】
村井弘美／名和 宏
吉沢／五城影二
高森太郎／石橋蓮司
【日下組】
山本雅也／笹木俊志
三好英生／勝野賢三
○
大橋友子／岡田茉莉子
芳江／池波志乃
春美／キャシー中島

○
佐竹清子／中川ジュン
岡村／野坂昭如
関 則夫／林 隆三
稲田洋平／岡田英次
江尻一光／小松方正
○
一色／待田京介
薮下／唐沢民賢
谷崎／宮城幸生
服部／大木晤郎
桜井／木谷邦臣
四課長／岩尾正隆
○
政代／東 竜子
豊子／南田洋子
金城マヤ／内村レナ
本堂／北村英三
恵津子／橘 麻紀
須藤 宏／多田和生
みどり／榊 寿美子
白川 徹／宮城健太狼
少年／古山喜章
若い女／富永佳代子
バーテン／友金敏雄
女中／丸平峰子
秘書／岡田政美
記者／蓑和田良太
壬生新太郎
警官／白井孝史 小峰隆司
桐島好夫
金井真喜子
砂見邦夫
ナレーター／城 達也
○
新宮英策／藤田 進
○
大橋桂造／鶴田浩二

新宮会の代紋を守るため、須藤は自身の右腕である木暮(右)と共に千田組打倒を目指す

木暮の舎弟・小田と的場は、阪鉄社長・稲田を拉致

木暮と関は、スキャンダルの一件をきっかけに奇妙な友情を育んでいく

STORY

新宮会と千田組の2大勢力が鎬を削り合っている大阪——三流紙「阪神タイムス」の記者・関則夫は、参院選出馬を控える阪鉄社長・稲田が男性歌手と同性愛の関係にあるスキャンダルを摑んだが、編集長に握り潰される。くさる関はスナックで酔いつぶれるが、目覚めるとママ・春美のアパートに。そこでは、春美の愛人である新宮会・木暮勝次が関の記事原稿を持ち、同会若頭・須藤武男に電話をしていた。ネタを摑んだ木暮は稲田を強請り、二束三文の土地を2億で買い取らせ、これがきっかけで木暮と関に奇妙な縁が結ばれる。

須藤は、その行動力と荒っぽさで、瞬く間に新宮会で頭角を現し、千田組への対抗として岡山・村井組との盃事も強行した。須藤の妻・友子は、彼の兄弟分である四国松山の大橋組々長・大橋の妹だが、浮気が原因で友子は息子の茂をつれて松山へ帰ってしまった。須藤と離れて自立しようと考える友子と茂を、大橋組の若頭・石毛は、かいがいしく面倒を見る。

一方、阪鉄への恐喝は予想以上の波紋を新宮会へもたらした。このままでは政財界を敵を回すことになると進言してきた代議士・江尻の言葉を受け会長の新宮は引退を決意、実業家として第2の人生を歩むことを決めた。

二代目を継いだ須藤は、千田組との強硬対決路線を打ち出し、まず手始めに千田組と対立する関東同志会との盃を実現させるが、式のチラシに千田組長の名を載せなかったために千田組に遠慮した当事者は全員欠席、須藤は大きな恥をかかされることに。

ある日、石毛の元へ木暮から連絡が入る。倉敷にある千田組系日下組の若頭を殺した村井組幹部の高森が松山の刑務所を出所するため、日下組から守ってほしいというのだ。石毛は高森をかくまうが地元の千田組系列・共和会の手引きで高森は殺されてしまう。石毛がこれに報復したところ、続いて村井組長が襲撃を受けて、事態は泥沼化。松山で新宮会と千田組の代理戦争が勃発することになる。

自身も襲撃を受けた石毛は、部下の長波と金子に千田組事務所へダイナマイトを投げ込むことを指示。これをきっかけにして、本家の新宮会と千田組も本格的な抗争へと突入していく——。

友子と茂の面倒を熱心に見る大橋組の若頭・石毛。代理戦争に巻き込まれたことに怒って千田組へダイナマイトを投げ込み、本家同士の抗争を仕掛けていく

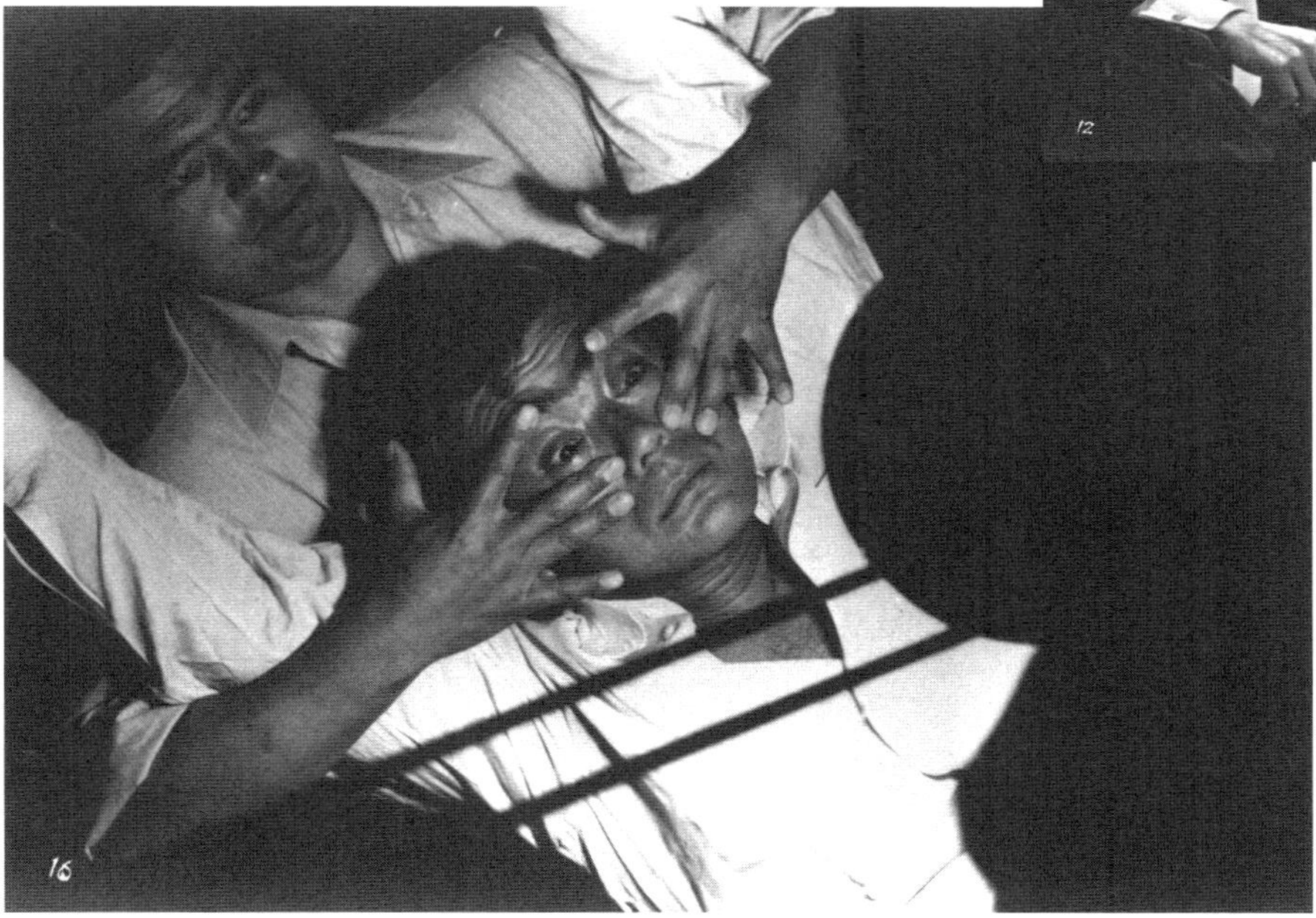

別件逮捕で引っ張られた木暮は、須藤を売るよう警察に説得されるが、その意志は揺るがなかった

事態の収束を目指して須藤を始末しようと決めて、食事に誘った木暮。しかし、話している内にその決心は鈍っていく。その時、刺客が飛び込んできて……

松山を目指す須藤と千田組若頭・白石は、松山署で警告を受ける。白石の余裕の表情に、須藤の怒りは収まらない

私を裁ける者は
この日本には、誰もいない。

✹1979年10月27日公開 ✹130分
✹東映京都撮影所作品
✹カラー・シネスコ

日本の黒幕《フィクサー》

STAFF

企画／日下部五朗　本田達男
脚本／高田宏治
撮影／中島 徹
美術／井川徳道
照明／金子凱美
録音／溝口正義
助監督／土橋 亨
編集／市田 勇
記録／石田 照
音楽／鏑木 創
装置／稲田源兵衛
装飾／山田久司
背景／西村三郎
衣裳／岩逧 保
擬斗／三好郁夫
美粧／田中利夫
結髪／白鳥里子
スチール／中山健司
演技事務／西萩節生
宣伝／佐々木嗣郎、丸国 艦
進行主任／管田 浩
協力／東映俳優センター
京都・円山 長楽館
監督／降籏康男

CAST

山岡邦盟／佐分利 信
○
今泉岳男／田村正和
○
一 光／狩場 勉
○
山岡雅子／松尾嘉代
山岡登志子／江波杏子
○
小栗隆義／梅宮辰夫

山岡の命を狙った少年をねじ伏せる今泉。
だが、山岡も心臓発作で倒れてしまった

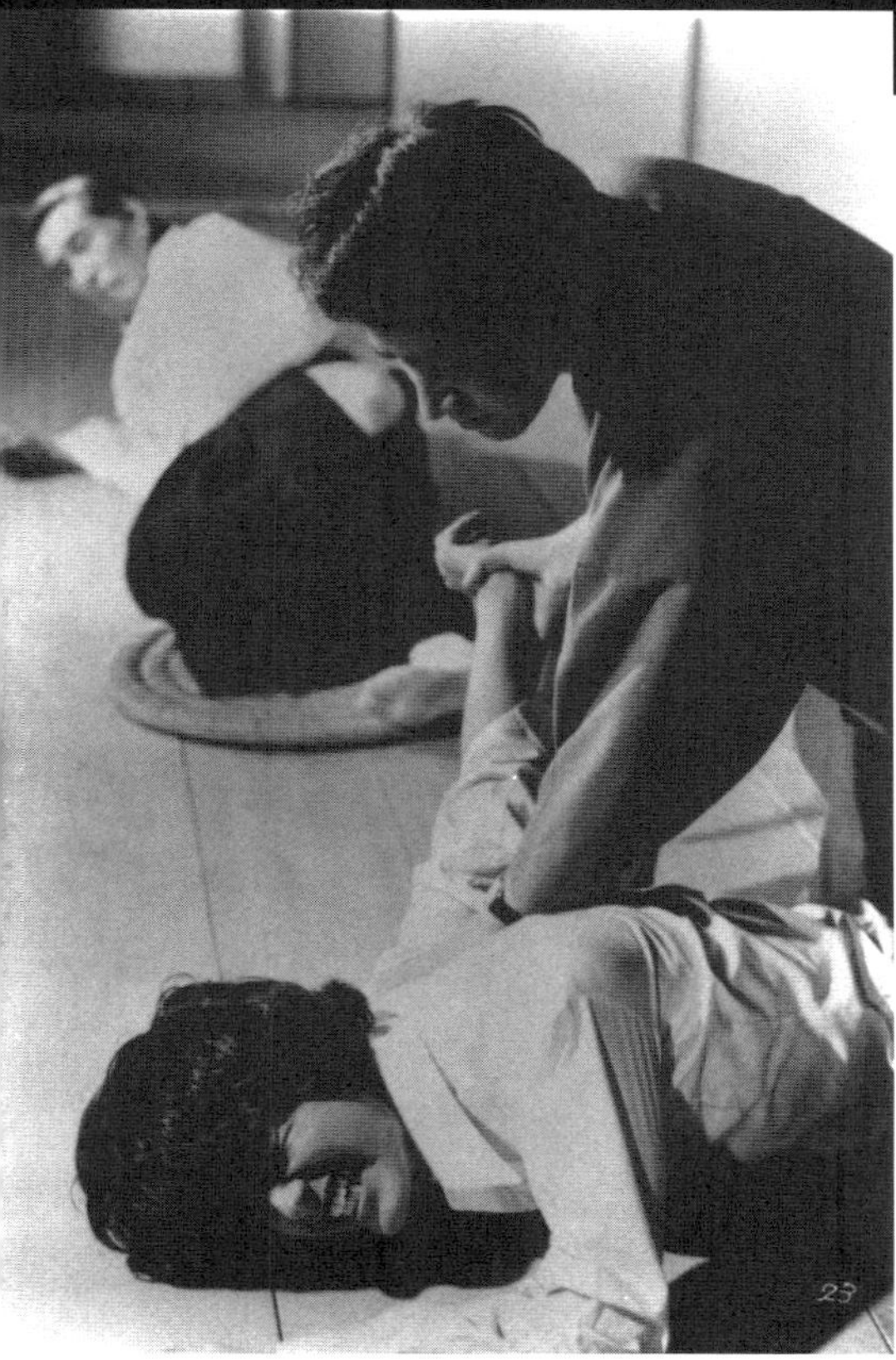

新総理・平山に祝いの電話を入れる山岡。「これから先も、
あんたの後ろには、常に私がいることを忘れんで下さい!」

山岡を常にサポートする書生の今泉(右)、
そして筆頭秘書の加賀

団耕太郎/中尾 彬
竜崎達男/田中邦衛
加賀正樹/高橋悦史
沢井 明/尾藤イサオ
吉野壮吉/中谷一郎
依田新吉/林彰太郎
竹邑良昭/遠藤征慈
前嶋雄二/岩尾正隆
宮口茂男/笹木俊志
木下/勝野賢三
吉村英吉/本間優二
植草 登/山田昌人
出辺松男/青木 卓
剣持 豊/北村明男
須賀政男/羽根田真之介
千葉 豪/徳井利次
門下生/高岡 一 浦川敏久
好江/丸平峰子
泰子/西田治子
京子/浜口孝代
三浦/タンクロー
青山クラブ事務員/
五十嵐義弘
一刀社隊員/高並 功
○
小河内辰男/曾我廼家明蝶
○
森島泰造/成田三樹夫
池内 豊/曽根晴美
水巻俊介/小林稔侍
神出順平/平沢 彰
友金厚志/白川浩二郎
中橋 亘/福本清三
重宗行雄/木下通博
○
伊藤良策/佐々木孝丸
平山栄吉/金田龍之介
○

津沼/織本順吉
小磯/疋田泰盛
国枝良雄/志摩靖彦
西本武彦/鈴木康弘
徳光/村居京之輔
安田/藤川 弘
岡本/船戸 順
○
朝倉/内藤武敏
村本/加藤和夫
森/中村錦司
佐竹則夫/有島淳平
○
浜谷平吉/有島一郎
三田村海風/島田正吾
鈴村/仲谷 昇
沢井加代子/橘 麻紀
杉村より子/北林早苗
本山/永井秀明
東山の料亭の女将/
水原麻紀
安井/川浪公二郎
記者/藤沢徹夫 波多野博
救急車係員/平河正雄
ある料亭女中/加賀美博美
警官/蓑和田良太
刑事/有川正治
赤坂の料亭の女中/
富永佳代子
平山の後援会々員/
小峰竜司 宮城幸生
司裕介 森源太郎
寺田 農
東 竜子
土橋 勇
大城 泰

賊を刺し殺したものの、正当防衛で釈放された今泉を出迎える山岡。差し出された手を握った瞬間、今泉は山岡と自分の関係に関したある確信を得る

捕まった少年は「一光」と名付けられ、山岡の寵愛を受けることに。その真意を今泉は理解できず悩む

今泉と山岡の娘・雅子は夫婦同然の関係である。しかし、山岡が2人の結婚を許さないのは、ある理由があった……

代議士・津沼の呼び出しに応じた青山クラブ幹部・竜崎。しかし、これは関西協進連合の森島が竜崎を取り込むための罠だった

STORY

国民党々首・平山栄吉は、総理大臣に当選してから2年後、米国ランドルフ社の航空機売り込みに絡んだ外為法違反及び脱税容疑で東京地検と国税局の合同家宅捜索を受けていた。平山のバックを固める〝日本の黒幕〟こと山岡邦盟もまた同じ容疑がかけられ、山岡邸の周りには右翼団体、報道陣、学生デモ、野次馬が大勢、連日のように押しかけていた。その中には山岡の命を狙う、関西の首領こと関西協進連合・小河内の放った関西やくざも潜んでいた。

その騒ぎに紛れ、1人の少年が山岡邸への侵入に成功した。御霊屋で一心に祈りを上げる山岡にあと一歩のところまで迫ったが、少年は飛び込んできた書生・今泉らの手によって取り押さえられた。しかし、山岡もその直後に心臓発作で倒れてしまった。賊に気づかなかった責任をとって短刀の刃を自らに向けた今泉だったが、山岡の「お前の命はお前だけのものではない」という言葉に制される。そして、素性不明の少年は「一光」と名付けられ、山岡の側に置かれることとなった。

その頃、大和物産常務取締役・佐竹が本社屋上から飛び降り自殺をした。佐竹の死はランドルフ社の贈賄問題が関連していると疑われていたが、実はそうではなく朝倉副社長による大和物産と政治家との金の繋がりを明かした「朝倉メ

かつての愛国運動の同志・三田村に自決を迫られた山岡。だが、山岡は自分の戦いをやめるつもりはなかった

気の迷いから関西協進連合のスパイとなった、青山クラブ幹部・沢井。妻を処刑された悲しみに打ちひしがれ、自分を殺すように今泉に懇願するが……

遂に収賄容疑で逮捕された平山を、一光の凶刃が襲う！

モ」を密かに所有していたことが、その理由だった。その「朝倉メモ」は、山岡の腹心によって結成された影の実力組織「青山クラブ」の手に渡った。青山クラブは、いち早く関西勢の暗殺部隊の存在をキャッチすると先手を打ってアジトを急襲。そしてクラブ傘下の沢井が夫婦共々スパイとして活動していたことを炙り出した。

大和物産は、ランドルフ社の事件以降、青山クラブと手を切る一方、関西協進連合へと接近していた。小河内の仲介で、京都にて朝倉と伊藤前総理の密談が行われた夜、朝倉のボディガードを務める関西やくざ・森島が襲撃を受け、続いて朝倉が謎の投身自殺を遂げた。これは、青山クラブから関西へと向けられた挑戦状であった。

一方、山岡邸にも関西からの刺客が侵入。今泉が賊を刺し殺したことで事なきを得たが、ほどなく平山総裁辞職の知らせを受けた山岡は激怒する。〝日本の黒幕〟の真の恐ろしさは、果たしていかなるものなのか――!?

✷1979年4月7日公開 ✷136分
✷東映京都撮影所作品
✷カラー・シネスコ
✷併映作品：『激突!格闘技 四角いジャングル』
（後藤秀司監督）

総長の首

STAFF

企画／俊藤浩滋　本田達男
田岡 満
脚本／神波史男　中島貞夫
撮影／増田敏雄
照明／金子凱美
録音／荒川輝彦
編集／市田 勇
美術／井川徳道
助監督／藤原敏之
記録／森村幸子
装置／稲田源兵衛
装飾／柴田澄臣
背景／西村三郎
衣裳／岩逧 保
美粧／池内 豊
結髪／伊藤 実
擬斗／上野隆三
スチール／中山健司
和楽／中本敏生
宣伝／佐々木嗣郎　丸国 艦
振付／藤間紋臧
演技事務／藤原 勝
進行主任／野口忠志
協力／東映俳優センター
音楽／森田公一
主題歌／「夕陽に走れ」
作詞：阿久悠　作曲：森田公一
歌：ジョニー大倉
（ビクターレコード）
監督／中島貞夫

CAST

八代順二／菅原文太
新堂卓／清水健太郎
金井鉄男（キム・チョンソン）／
ジョニー大倉

関東侠友会の代貸・小池(左)は花森組に対して
徹底抗戦の態度で臨む

血桜団々長・八代(左)の背中を流す卓。直後に関東
侠友会の放った殺し屋に、八代は殺害される

八代の葬儀に足を運んだ関東侠友会幹部・有田(右)。
花森(右から二番目)とは兄弟分の関係で、小池はそ
れを快く思わず、有田に破門状を突きつけた

支那から帰って来た八代の弟・順二に、頭になって
ほしいと頼み込む血桜団メンバー

長谷部稔／三浦洋一
海野蛸八（鈴木新吉）／
小倉一郎
白崎銀子／夏 純子
木内朝子／マキノ佐代子
井関小夜子／池 玲子
春海ナナ子／森下愛子
浮世／松田暎子
大塚信之／品川隆二
松井治郎／成田三樹夫
八代一明／小池朝雄
坂井茂男／市川好郎
清水／浬野達三
野村／奈辺 悟
佐々木／山部 薫
吉川／曲 龍伍
高森／高木吉治
土屋／石塚祥聖
合力／遠山金次郎
藤長照夫　土橋 勇
木谷邦臣
緒方千之助／俊藤浩滋
玉井修造／織本順吉
佐藤勝助／河合絃司
奥中市太郎／伊藤 克
中西／片桐竜次
望月／松本泰郎
森山／細川純一
組員／幸 英二
笹木俊志　西村泰治
勝野賢三
殺し屋／岸田 森
馬場／高並 功
道化師／西村晃
お好み焼き屋「ぼん太」
女将／樹木希林
八代邦代／橘 麻紀
八代明男／上田孝則

緒方好江／星野美恵子
浮世の父／汐路 章
浮世の母／丸平峯子
書生／木下通博
料亭「すみ田」女将／
稲垣陽子
「近代婦人」編集部員／
波多野博　森源太郎
宮城幸生
私服刑事／木谷邦臣
西田 良
大屋刑事／岩尾正隆
刑事／秋山勝俊
白川浩二郎
下関の刑事／大木晤郎
漫才師／
レッツゴーじゅん
学生／司裕介
花森組若衆／
志茂山高也
藤沢徹夫
浮浪児／久米学
ニューハーフ／
タンクロー
千鳥の女将／
富永佳代子
芸者／北原奈々
世良真弓　石田久美
ヤスコ／榊 淳
芸人／畑中怜一
大矢敬典
団員／佐野浩二
矢野登志夫／野口貴史
千鳥の亭主／中村錦司
中年男／蓑和田良太
カフェ「チェリー」の
マスター／浦野英一

多田源三郎／遠藤太津朗
メッセンジャーの
ホームレス／金子信雄
若衆／矢部義章　峰蘭太郎
組員／平河政雄　小坂和之
福本清三　小坂和之
チンピラ／志賀 勝
易者／丹波哲郎
木村一生／舟木一夫
丹波 誠／田中邦衛
小池勝利／梅宮辰夫
花森庄造／安藤 昇
有田栄吉／鶴田浩二

関東侠友会総長・緒方の居場所を聞きつけた卓は、単独で緒方の命を狙った。だが、それは連鎖する悲劇の始まりでもあった

言葉が喋れない売春婦・朝子（右）は、献身的に卓の面倒を見る

胸を病んだ浮世を力ずくで置屋から連れ出した稔。ここから2人の新しい人生が始まるはずだったが……

STORY

舞台は猥雑な活気にあふれた、昭和初期の浅草。そこでは、全国に縄張を持つ巨大組織・関東侠友会と浅草を根拠地とする花森組が張り合っていた。しばしば関東侠友会のチンピラが、花森組の盆を荒らすことに腹を立てた花森組系の愚連隊・血桜団々長・八代一明は、団員の新堂卓、長谷部稔、金井鉄男の3名にチンピラを片付けさせた。

これに腹を立てた関東侠友会は代貸の小池勝利を中心に殺気立つ。唯一、花森と兄弟分の盃を交わしている有田栄吉が反対するが、投票の結果、報復が決定。銭湯で汗を流していた八代は殺し屋に刺されて殺されてしまった。有田は八代の葬式に出席するが、それは侠友会幹部たちの怒りを買うこととなり、有田は関東侠友会を破門されてしまった。

そのタイミングで、八代の弟・八代順二が中国から帰って来た。兄の死に呆然とする順二に、卓、稔、鉄男らは自分たちと一緒に八代の復讐を果たそうと誘いをかけてきた。最初はこれを断った順二だが、婦人雑誌の記者・白崎銀子に声をかけられ、かつて順二とつきあっていた姉が、順二との別れの後悲惨な死を迎えたことを伝えられ、心が動く。中国で失敗し、恋人も幸せにできなかった自分だが、せめて何か一つのことを成し遂げたい——順二は兄の復讐にそれを賭けることにして、卓らと再度合流、二代目リーダーとして血桜団を率いることになる。

ある夜、何もかも上手くいかない知り合いの三文役者・海野蛸八を慰めていた卓は、偶然関東侠友会総長・緒方千之助と小池がある座敷にいる情報を掴み、単独で殴り込みをかけて、緒方に銃弾を撃ち込むことに成功した。しかし、弾丸は心臓をわずかに外れたため緒方は死なず、これを花森組の仕業と踏んだ小池は、花森組に対する徹底的報復を開始する。

花森から資金援助を得た血桜団は各自バラバラに行動。稔は恋人で肺病を病んだ売春婦・浮世を連れて彼女の故郷に帰り、在日韓国人の鉄男は、韓国に帰ることを決める。しかし、鉄男は片思いをしていた踊り子・ナナ子をことのはずみで絞殺していまい、警察に包囲されて殺された。一方で、稔は浮世と共に追手にダイナマイトで爆殺される。そして、関東侠友会との対決に恐れをなした花森組幹部・松井は小池と接触、卓と順二を差し出す密約を交わす——。

韓国籍と知った途端、鉄男を拒否したナナ子。絶望した鉄男はナナ子を殺害、警察を相手に得意の空手で大立ち回りを演じる

自分を関東俠友会に売ろうとした松井を血祭りにあげた順二は、助けに来たとも知らず、花森も射殺してしまった

順二が捨てた女の妹・銀子もまた、順二に強く惹かれていた

幻に終わった大島渚監督作品「日本の黒幕＜フィクサー＞」

もはや伝説と化した大島渚と東映実録路線の幻となったコラボレーション企画。その経緯は、いかなるものであったのか？

文.伴ジャクソン

東映実録路線の中でも一際異端の光を放つのが、降旗康男監督が手掛けた『日本の黒幕』。いわゆるやくざ・暴力団に収まらない、政治的な力も併せ持つ影の支配者を中心に描かれる欲望と権力のドラマである。この『日本の黒幕』、実は降旗監督以前に大島渚監督が手掛ける予定であったのだ。

大島監督と東映の関係は、62年公開の『天草四郎時貞』まで遡る。その前年、『日本の夜と霧』上映中止事件を受けて松竹を退社した大島監督は、脚本家の田村孟、石堂淑朗、戸浦六宏、小松方正らと共に映画製作会社「創造社」を結成、松竹ヌーベルヴァーグを支えたその才能を、東映は新たに迎え入れる形となったのだ。

しかし、『天草四郎時貞』は東映上層部が期待した作品には仕上がらなかった。島原の乱をそのまま当時の安保闘争に重ねたかの様な、ドラマチックな要素を意図して排した内容は、主役にスター・大川橋蔵を配したところで観客の受け入れられるものではなく、興行的には失敗に終わったのだった。それ以後、大島はテレビの世界でドラマやドキュメンタリーを数多く手がけた後、『絞首刑』(68年)、『新宿泥棒日記』(69年)、『儀式』(71年)などの政治・社会的作品をATGで次々と発表して、時代の最先端へと躍り出ていった。

二度目の接点は、深作欣二監督の『やくざの墓場 くちなしの花』に大阪府警・大村本部長役で出演したこと。大島監督はやくざ映画が大好きで、深作監督とも飲み友達だったことから、このキャスティングは実現したと思われる。この頃、日本での映画製作に限界を感じた大島は、日仏合作作品として『愛のコリーダ』(76年)、『愛の亡霊』(78年)を製作。特に阿部定事件をテーマにした『コリーダ』は、藤竜也と松田瑛子によるハードコア場面が話題を呼んだことから、大島の名前は再び大きな注目を浴びていた

意外なことだが、大島が娯楽映画のフォーマットで人間ドラマを描き出す東映やくざ映画に憧れとコンプレックスを抱き続けていたことが、当時のエッセイなどで確認できる。潤沢な予算とスターを使った日本映画の人気ジャンルを、何故自分は撮ることができないのか。大島の苦悩はそこにあった。

そんな大島に、東映の日下部五朗プロデューサーが「児玉誉士夫を撮りませんか」と声をかけた。『日本の首領』に繋がる新たな権力闘争&家族ドラマの融合を、〝フィクサー〟と呼ばれる存在で描こうという試みだ。大島はこれを快諾、脚本は高田宏治が担当することになり、「自分を殺しに来たテロリストの少年を、フィクサーと呼ばれる実力者が飼いならし、暗殺者に仕立て上げる」という筋で進めていくことで合意した。

ところが、高田の仕上げた脚本を読んだ大島は激怒、「こんなつまらんものができるかっ!」と脚本を投げつけたという。ならば、どんなことを描きたいのか、と高田が問いかけると、大島は「精神を病んだフィクサーの娘が地下に監禁されて、赤い靴を履いた女の子と踊っているというイメージのようなものだ」と語った。高田はそれでは闘いのドラマにはならず、児玉誉士夫のイメージにも添えない、と思ったという。

大島は京都に内藤誠監督を呼び、2人で新たな脚本に取り掛かるも、締め切りの日が来ても満足のいく脚本は作れず、大島は降板。結局、再び高田が脚本をまとめ上げ、降旗康男監督の手により映画は完成した。

大島版の脚本は長らく内藤監督が所有していたが、08年に発売さ

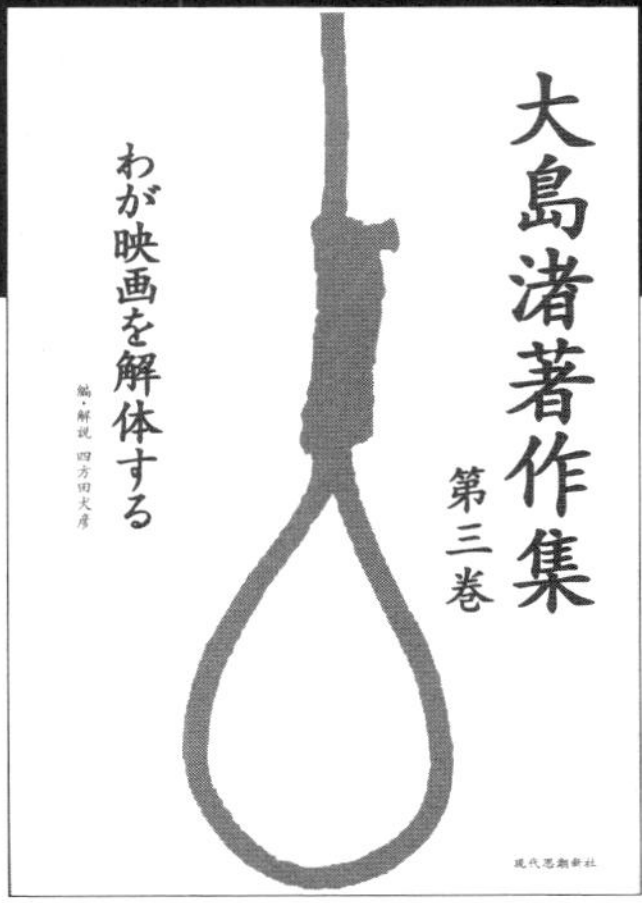

「大島渚著作集第三巻 わが映画を解体する」
（四方田犬彦編・解説／現代思潮新社）

れた「大島渚著作集第三巻 わが映画を解体する」に掲載され、遂にその幻の内容が日の目を見ることとなった。

ロッキード事件を下敷きにした、現政権と山岡がその立場を揺さぶられているという物語の柱は変わらないが、物語の展開・細かな点での差異はある。本編では関西のドン・小内河が山岡をターゲットにして暗躍する様が描かれるが、大島版では小内河の弟・四郎が山岡を潰すべく独自に暗躍する様がアクチュアルに描かれていく。

主要人物に関して言えば、田村正和が演じる書生・今泉は「東清太郎」という名前で登場。劇中ではクールそのものだったが、大島版では様々な苦悩を口にしたり、雅子に対する恋愛感情も強められているなど、そのキャラクターは大きく変更されていた事が判る。暗殺者の少年・一光は「江古田正生」という名前で登場（こちらは本名）。映画の劇中ではほとんど喋ることがない不思議なキャラクターだったが、こちらでは、やはり人間臭い部分がアピールされている。

そして、山岡の娘・雅子は奈良光枝の曲「赤い靴のタンゴ」を口ずさみながらバレエを踊ったかと思えば、東と江古田の童貞をあっさりと奪い去るなど、よりエキセントリックなキャラとして描かれている。映画では、今泉と雅子の近親相姦によって生み出される子供を待ち望む山岡の狂気が描かれていたが、これは大島版にはない要素である。

大島版の脚本では、クライマックスとなる場面のピースが最後まで埋まらなかった。四郎によって拉致された雅子が、山岡のところへ戻って来た後、山岡の実子であることを告げられた東が雅子を殺し、自らも切腹して果てる、という展開なのだが、その部分の詳細は遂に書かれることはなかったのだ。「大島渚著作集第三巻」の解説によると、2人の「あと5日、いや3日」という懇願をあっさりと東映に拒否され、大島が旅館の卓をひっくり返して全てが終わったという。

大島版のラストは、事件から2年後、山岡の葬儀に現れた江古田が、その遺影をピストルで打ち抜くところで終わる。完成した映画のラストと比較すると、やはりインパクトが弱いように感じてしまう。ドラマ自体は異形性に満ちているにもかかわらず、そのドラマをキレイに畳み過ぎている感が強いのだ。個人的には、カオティックなまま話を放り投げた映画版のラストこそ、実録路線のそれに相応しい気がする。

大島版「日本の黒幕」脚本は、東映実録路線のひとつの可能性として、また東映プログラムピクチャーの強固な世界観を遂に打ち崩せなかったひとつの墓標として、映画史的に価値ある1作と言えるのではないだろうか。

ピラニア軍団メンバーと、LP制作メンバーの集合写真。中島貞夫監督、三上寛の姿も見ることができる。LPジャケット写真は、この流れで撮影された模様

VIOLENCE COLUMN

実録路線と並走した「ピラニア軍団」の時代

実録路線を観れば、必ず見かけるあの顔、あの死に様――主役を喰う存在感でまさかのブームを巻き起こした16名の俳優軍団とは!?

文.伴ジャクソン

東映実録路線の隆盛は、意外なスターを生み出すことになった。時代劇の斬られ役、脇役として東映プログラムピクチャーを支えてきた、いわゆる“大部屋俳優たちによって結成された異色のグループ、「ピラニア軍団」だ。

主なメンバーは川谷拓三、志賀勝、岩尾正隆、野口貴史、松本泰郎、志茂山高也、広瀬義宣、司裕介、寺内文夫、根岸一正、高月忠、白井孝史、片桐竜次、成瀬正、小林稔侍、室田日出男（順不同）。グループ結成のあらましは、「ムービー・マガジン」第13号（77年／ムービー・マガジン社）の特集「勢揃いピラニア軍団」に掲載された、メンバーインタビューで、野口貴史の口から語られている。

あれはね、志賀と拓ボンと岩尾の三人なんです。三匹のはみだしでね、この三人は、酒飲みで、飲むと酒癖悪くて、酔っぱらって喧嘩をするわけですよ。それで、酒飲む席には、この三人、絶対呼ばれないわけですよ。

さきおととし（編注：74年）の暮れですよね。それで、志賀がね、張り紙出してね、自分から主催の宴会のね。会費五千円。場所はどこそこ、参加希望者は名前を書いてくれってね。（中略）そんときですね。なんとなく勝ちゃんがピラニア会なんて名前つけたのは。そんとき来た連中が軍団の連中なんです。

その時のメンバーが固定化し、何度か飲み会を重ねていく内に、自分たち以外で参加した仲間たちを「村民」として扱うことになった。メンバーは以下の通り。

村長／中島貞夫
副村長／倉田準二
御意見番／深作欣二、山下耕作
目付役／丸国艦（宣伝部）、池内豊（メイク）、上野隆三（殺陣）
相談役／滝沢一（映画評論家）
助け人／渡瀬恒彦
御巫女／橘 麻紀
江戸家老／倉本聰

そんな彼らが世間から大きな注目を浴びる要因となったのは、やはり『仁義なき戦い』の大ヒットであろう。「俺が、俺が」の精神でなりふりかまわず暴れ、ボロくずの様にその命を散らしていく広島やくざの生き様は、そのまま彼らの姿に重なった。さらにヒーロー不在の群像劇のため、脇役でも目立つ場面が増えていく。深作欣二監督は、個性的な彼らの存在感を積極的に画面に取り込んでいき、結果としてその姿は強烈な場面展開と共に強く観客の印象に残ることとなった。

中でも川谷拓三は、最もこの恩恵に与かったメンバーと言えるのではないだろうか。川谷は『仁義なき戦い 広島死闘篇』で、モーターボートに引き回さ

れた上に大友組の射撃訓練の的として殺されるチンピラを熱演、その危険なスタントに挑む姿勢が評判を呼び、続くシリーズ第3作『代理戦争』で荒木一郎が降板したチンピラ・西条役に抜擢され、ポスターに名前が初めて掲載されるまでに至った。

ピラニア軍団にさらなる追い風が吹いたのは、中島監督の盟友である倉本聰が脚本を手掛けたテレビドラマ『前略おふくろ様』（日本テレビ系／第1シリーズ75～76年、第2シリーズ76～77年）のメインレギュラーに室谷、川谷が抜擢されたことだろう。深川の鳶集団「渡辺組」の半田妻吉（室田）、利夫（川谷）の人間臭いキャラクターは、瞬く間にお茶の間の人気者に。コンビでニッカウヰスキーのCMに出演したり、共著「殺られてたまるか　ピラニアの唄」（77年・いんなあとりっぷ社）が発売されるなど、大きな注目を浴びることとなった。そんな2人と共に「ピラニア軍団」の名前は世間に広がっていき、他の軍団メンバーも東映作品以外での活動が増えていくこととなる。

ピラニア軍団の勢いに東映もしっかり便乗、ミス花子のヒット曲を原案とした映画『河内のオッサンの唄』（76年11月17日公開／斎藤武市監督）、続編『河内のオッサンの唄 よう来たなワレ』（76年12月25日公開／斎藤武市監督）を矢継ぎ早に製作。川谷初の一般主演作、ということになっているが、室田以下ピラニア軍団メンバーがしっかり周りを固めていることから、実質的には「ピラニア軍団ムービー」と言えるだろう。

「ピラニア軍団」
（ベルウッド／OFL-40／廃盤）
収録曲：志茂山高也「その他大勢の仁義を抱いて」、志賀勝「役者稼業」、松本泰郎「悪いと思っています」、成瀬正「俺（れーお）」、根岸一正「死んだがナ」、川谷拓三「だよね」、小林稔侍・白井孝史・寺内文夫・高月忠・広瀬義宣・片桐竜次（冷かし：渡瀬恒彦）「ソレカラドシタイブシ」、岩尾正隆「はぐれピラニア」、室田日出男「有難うございます」、司裕介「やめましょう」、橘麻紀「菜の花ダモン」、ピラニア軍団「村歌―わしゃ知らん節」、野口貴史「関さん」

77年は、ピラニア軍団にとってメモリアルイヤーとなった。まず、遂にグループ名がタイトルに冠された『ピラニア軍団　ダボシャツの天』（77年2月26日公開／山下耕作監督）が製作された。実質的には、前2作同様に川谷の単独主演作なのだが、軍団名が「売り」になる、と東映が判断するまでに至ったのだ。

そして、LP「ピラニア軍団」（77年／ベルウッド）が発売された。川谷個人は既に歌手デビューを果たしていたが、軍団全面参加のレコードはこれが初である。

『新仁義なき戦い　組長の首』出演以来、東映作品への出演が続いたフォークシンガー・三上寛が全面プロデュース。三上自身が記したアルバムのライナーノーツによると、京都で渡瀬恒彦、志賀勝と共に飲んでいた時に、「志賀さんのレコードを作ってみたらどうか」と渡瀬から提案があったのがきっかけだそうだ。後に志賀は歌手としても活躍することになることを考えると渡瀬の先見性はさすがの一言なのだが、三上はこの言葉を受けて現場で親しくしてくれる軍団メンバーへの恩返しとして、アルバム実現に向けて曲作りからプロデュースまで、全面的にバックアップをしていくことになる。現在ではアレンジャーに坂本龍一が参加したことでも注目を浴び、和製レアグルーヴの名盤として映画ファンだけでなくDJ・レコードマニアが血眼になって探す1枚となっている。ライナーノーツに掲載された、渡瀬恒彦の「男達よ」というメンバー寸評エッセイが、また実に泣かせる内容なので、これも機会があれば是非読んでいただきたい。

そして同年5月5日、大阪・御堂会館でバラエティショー「ピラニア軍団十六匹大行進」が開催された。昼夜2回公演で行われたこの舞台は、深作欣二監督が歌アリ寸劇アリ殺陣アリの2部・全21景の構成を担当。当時人気絶頂のメンバーを一同に集めるのはかなりの難事で、メンバーを含む出演者・スタッフは、5月1～4日のぶっ通しの稽古で何とか形にしたのだという。前述の「ムービー・マガジン」第13号に寄せられた深作監督のエッセイ「ピラニア軍団と私」には、そんな当日のドタバタが赤裸々に語られ、中でも「唐獅子牡丹」を舞台で歌った小林稔侍の音痴ぶり、並びに歌詞の飛ばしっぷりにも拘わらず、公演中で最大の声援を拍手を得た様子がユーモラスに描かれている部分に、軍団への深い愛情が感じられる。

『ダボシャツの天』の興行的な失敗など、様々な要因が重なり、その後ピラニア軍団は自然分解。メンバーはまた各自で活動を続けていくことになる。しかし、この様なタイプの俳優集団が人気を得ることは、これ以前にはなく、これ以後もない。そして、彼らの活動時期が、東映実録路線の隆盛から衰退の流れと見事にシンクロしていたことを無視することはできない。まさに16匹のピラニアたちは、実録路線が愛された時代が生んだ唯一無比の存在だったのだ。

映画に恋したピラニアがフィルムに残した噛み跡は、決して消えることはない。東映実録作品を観る度に、我々は改めてその事実と熱量に圧倒されるのだ。

INTERVIEW

成瀬正孝【俳優／元ピラニア軍団メンバー】

MASATAKA NARUSE／ACTOR

なるせ まさたか／1950年長崎県生まれ。68年に上京、喫茶店でアルバイトをしていたところ、俳優の波島進に勧められて70年に東映ニューフェイスとして入社、『㊙女子大寮』(70年)でデビュー。後にピラニア軍団のメンバーとしても活躍した。現在も映画・テレビ・舞台などで活躍中。主な出演作は『徳川セックス禁止令 色情大名』(72年)、『女番長ゲリラ』(72年)、『女獄門帖 引き裂かれた尼僧』(77年)、『野生の証明』(78年)、『将軍家光の乱心 激突』(89年) など。　取材／杉作J太郎　構成／編集部

——東映の実録路線、当時僕らは凄く新しい感じがしたんですけど、成瀬さんはどういう風に感じられていましたか？

成瀬　実録がですか？　俺、全然覚えてない(笑)。言われてみれば、「ああ、そんなのあったな」って感じはあるけどさ。

——あの頃、成瀬さんは何歳だったんですか。

成瀬　『仁義』に出たのが、確か22～23歳くらいだったと思うんですよ。

——じゃあ、本当に青春時代ですね。中島貞夫監督は「あの頃は、若い役者たちが皆ギラギラしていた」とおっしゃっていましたけど。

成瀬　ギラギラはしてたよ、怖いものなし、「とにかく目立ちたい！」みたいなね。

——成瀬さんみたいにニューフェイスで入社された方でも、そんな気持ちがあったんですか。(※1)

成瀬　いや、ニューフェイスなんていうプライドはなかった。だって、そんなの意味なんてないじゃない。そりゃあ、東映ポルノの時に相手役として使ってもらえたりはしたけど。

——はい、『女番長ゲリラ』や『徳川セックス禁止令』では、主役クラスでした。(※2)

成瀬　でも、やくざ映画に入って作さん(深作欣二監督)の『仁義』に入った時点で、もうプライドはない(きっぱり)。ただ「ニューフェイスで東映に入った」っていうだけのこと。

——どういうことから、成瀬さんはピラニア軍団と合流したんですか。

成瀬　メンバーが面白いから。渡瀬(恒彦)さんがいたり、中島(貞夫)さんもそうだし、将軍(山下耕作監督)もそうだしさ。

——あ、山下監督もピラニア軍団の面倒を見ていたんですか。でも言われてみたら、確かに山下監督の作品、多いですよね。

成瀬　でも、一番(出演が)多いのはやっぱり作さんかな。

——僕ら、山下監督の素顔は知らないんですけど、出演者の皆さんに好かれてたんですか？

成瀬　いや、好かれてたというより、俺は怖かったね。

——どういう部分がですか。

成瀬　平気で(場面を)切っちゃうから。しかも1シーン丸ごと。芝居させてて「あ、このシーンいらない」って頭の中で思ってるんだろうね。でも、俳優にはやらせるだけやらせて、本編観たら全部ない。それが将軍の怖さ。少しも残さないから。

——演じる時にモデルになるような人はいたんですか？

成瀬　本物の人とか？　いや、イメージは、飲み屋で掴んでた。スナックとかに行って。

——周りを観察されるんですか。

成瀬　そうそう、「あの人、やくざかな？」とか見ていると色々わかるじゃない。

——成瀬さんのやくざの演技、凄く丁寧でしたね。

成瀬　えー、丁寧か？(笑)

——例えば、『県警対組織暴力』の足を洗っているやくざなんて実に繊細な役だったと思うんですよ。成瀬さんが足を洗って、「こんにちは赤ちゃん」が流れてるところで奈辺悟さんが来て殺される。あれは感動的でしたよね。

成瀬　それは演出の力だって。いや、本当にそう思う。映画は監督のも

※1　70年に、13期ニューフェイスとして東映に入社。同期に片桐竜次、女屋美和子、「仮面ライダー」で蜂女を演じた岩本良子らがいる。

※2　『女番長ゲリラ』(72年8月12日公開／鈴木則文監督)では、杉本美樹の相手役となる六回戦ボーイ・一郎を、『徳川セックス禁止令 色情大名』(72年4月26日公開／鈴木則文監督)では、セックス禁止を命じた殿様の目を覚まさせようと、自らを犠牲にする忠臣・森田勝馬を演じた。

のだからさ。

――でも、あのシーンだけは成瀬さんと奈辺さんが完全に主役になるじゃないですか。それって、任侠映画ではあり得ない訳じゃないですか。こういう場面は、やっぱり気合が入るものなんでしょう。

成瀬 そんなこと考えない。「このシーンは俺のもんだ」とか、そんな余裕なんてないから（笑）。

――観る側には強い印象を残していますって。ファンの人にも、よく言われませんか。

成瀬 ファン、いないもん（笑）。

――そんな訳ないでしょう！ 今だから言いますけど、昔同棲していた女性が成瀬さんの大ファンでしたからね。まさに『県警』の成瀬さんを見て「物凄くかっこいい！」って言ったんです。ちょっと焼きもち焼きましたよ。

成瀬 おー、紹介してよ！

――随分前に別れましたから（笑）。でも、実録路線の頃は、映画を観た人の感想も多かったでしょう。

成瀬 そんなこと言ってくるのはマニアックな人。

――あ～、以前渡瀬さんにも同じようなことを言われました。（※3）

成瀬 言われた？ そうでしょう、渡瀬さんにだって「この前の役、良かったですね」なんて言う人はいないよ。

――渡瀬さんに続いて成瀬さんにも。僕らはマニアック認定ですね（苦笑）。

成瀬 いや、好きな人は本当に俺らが忘れているところまでよく覚えてくれてるからありがたいよ。

――実録映画の頃は、様々な監督さんがこれまでドラマで我慢していた部分をやりたいように広げたりした部分があったと思うんですけど、成瀬さんは、そういう風通しの良さみたいなものは感じていましたか。

成瀬 いや、監督に言われるまま。「成さん、そこ違う。こうしてくれ」みたいなことを作さんが言うから、合うように役者として努力するだけだよ。何でもかんでも自分の気持ちだけを持って出ればいいわけじゃない。「出過ぎだ」って言う監督もいる訳だから。

――その辺りは、かなり気をつけて演じてらっしゃる？

成瀬 そんなことはない。最終的には監督が決めることだから。今でもそうだもん、テレビは1回しかテストをやらないから、その勝負の時に自分が考えてきた演技プランを出して、OKだったら監督はそのまま本番に行くだけのこと。最終的に責任を持つのは監督だもん。作さんは、最初からそうだった。一行のセリフがあった時に、「成瀬さん、この一行、覚えてくるのもいいけど、プラスアルファを考えてきて」と。

――ほー。

成瀬 何でも足していい、セリフも増やしていい。その代わり、良い、悪いの判断は俺がやる、と。「セリフを覚えるだけだったら、子役と一緒だよ」って。

――そこにプラスアルファで何を乗せるかですね。うわー、これは試されますね。

成瀬 そう、役者としてね。未だにその癖が残っている。だから、どこへ行っても基本足していく。

――当時の京都撮影所はいろんな派閥があったと思うんですけど、成瀬さんはどこかに入っていたんですか。

成瀬 あったね、鶴田（浩二）さん、（高倉）健さん、（菅原）文太さん……でも俺、全然興味なかった。当時の東映のスターで興味あったの、若山（富三郎）先生だけだったから。

――興味！（笑） しかし、何で若山さんに。

成瀬 怒られたから。「お前何だ、挨拶がなってねえ！」とか色々怒られてさ。でも、あの人が一番可愛がってくれた。あれ、何の作品だったかな、たまたまフィルムが本番撮影途中で切れたんです。これはもうカメラマンの責任。

――そんなトラブル、珍しいですね。

成瀬 珍しい。助手がちゃんとしてなかったんだ。で、若山先生が切れてさ、慌てて止めに入った。で、後で「成瀬、ありがとう」って食堂で5000円もらった。

――ハハハハ！「止めてくれてありがとう」と。それ、良い話ですね。

成瀬 他の人は若山先生にビビってるから、何にも言えない訳。皆怖がるけど、何て言うかな、全然裏もないし、怒る時はほんと子供みたいな感じ。

――かと言っても、成瀬さんは若山一家ではないんですよね。

成瀬 ないないない。俺は渡瀬一家だから。

――え、そんなグループがあったんですか!?

成瀬 いやいや、それは俺が勝手に言ってるだけ（笑）。

――俳優さんで誰かに憧れた、というのはなかったんですか。

成瀬 一番好きになった俳優さん

※3 「東映スピード・アクション浪漫アルバム」（弊社刊）の渡瀬恒彦氏インタビューで、細かい話を訊く杉作、担当編集を「クレイジーな東映ファン」と表現した。

は渡（哲也）さんなんですよ。まだ俳優になる前、日活の『人斬り五郎』（※4）を観て、「わー、かっこいい！」と。作さんの『（やくざの墓場）くちなしの花』の時に初めてお会いしたんだけど、凄いと思ったよ。

——じゃあ、石原プロからお仕事が来た時はすごく嬉しかったでしょうね。

成瀬　もう、半端じゃない！　渡瀬さんとお付き合いがあったから、渡瀬さん、優しくしてくれてね。「弟がいつもお世話になっています」って最敬礼だもの。

——渡瀬さんと成瀬さんは、ほぼ同い年ですか？

成瀬　いやいや、俺より6つ上。ちょうど東映に入る頃に渡瀬さん、伊吹吾郎さんの出ていた『殺し屋人別帳』（※5）を観ていたから、会って渡瀬さんに失礼なことを言っちゃった。「芝居が下手だ」って（一同笑）。

——え、渡瀬さんに直接言ったんですか⁉

成瀬　飲んだらいつも言ってたよ、そんなこと。渡瀬さん、笑ってたけどね（笑）。本人もそれを認めている訳。でも、どんどん上手くなっていったよね。

——ということは、成瀬さんは最初から演技が上手だった？

成瀬　いや、俺、今でも下手だと思ってるよ。

——僕は成瀬さん、相当上手だと思っているんですよ。

成瀬　渡瀬さんには、いつも飲んで言われたよ、「俺の後を継ぐのは成瀬だと思っていたけど、フッと見たらいなくなってた」って。

——ハハハ、そんなことはないですよ！『北陸代理戦争』で、成瀬さんが松方さんに文句を言う場面があるじゃないですか。あの成瀬さんが出ている場面は、画面からヒューッと風が吹いてきている様に感じましたよ。

成瀬　それは取材で忖度が入ってるからでしょう。

——いや、そんなことないです。ともかく、そんな渡瀬さんとピラニア軍団メンバーが、過激なアクションが要求される実録路線の魅力を引っ張っていったわけですよね。

成瀬　というか、渡瀬さんがアクションの吹き替えなしでやるから、皆それに倣わなきゃならないの（一同笑）。

——酒だけでなく、スタントの付き合いも大事だったと。やっぱり渡瀬さんが亡くなった時に、京都の頃のことを思い出されたりしたんでしょうか。

成瀬　いや、自分の中で覚えているのは渡瀬さんの伊豆のペンション。ずっと遊びに行っていたんだけど、そこで素潜りとかやっていた思い出が一番残ってる。渡瀬さんが運転していくんだけど、その頃、ほんと山道だから悪酔いするんだよ（笑）。

——ああ、たぶん凄いスピードなんでしょうね（笑）。

成瀬　皆取材に来たけど、「昔、喧嘩っ早かったんですって？」とか、そういうことばかり訊いてくるのがね……俺は、渡瀬さんから人間的なことを教わったから。

——例えば、どういう部分を？

成瀬　一緒にお酒を飲んでいても、渡瀬さんは周りの皆をピンからキリまで見てて、ものすごく気遣う。「皆が楽しければ、それでいい」みたいな。それで、時々きつい意見を言ってもくれる。「それは違うよ！」みたいな……渡瀬さんが亡くなって、新聞にコメントを頼まれた時、「僕は渡瀬さんの真似をしていきます」とだけ書いてくれってお願いしたんだけど、まあ実際のところ、真似はできないよ（笑）。

——素晴らしい話ですね。僕らがこの実録路線をすごく魅力的だと思うのは、そんな出演者達の人間的な魅力が伝わるからだと思うんですよ。

成瀬　そういう風に見えたらありがたいよね。

——「ああ、こういう奴いるよね」と感じる時がありますし、カッコ良さもおかしさも醜さも、全部含めて人間の魅力じゃないですか。その辺りは演じられていてどうなんでしょうか。

成瀬　演じている側——っていうか、俺は何も考えてない。その作品に対して、一生懸命やってるだけ。

——でも一生懸命やるってことは、その役柄になり切っていくってことじゃないですか。

成瀬　うん、本当にそれしかない。だから、芝居の稽古でも手を抜く奴いるじゃん、本当にムカつくんだよ。まあ、口には出さないけど。

——その時の成瀬さんの目つきは怖そうですよね（笑）。

成瀬　いや、笑顔で見てるよ。

——それが一番怖いですよ（笑）。

※4　『無頼 人斬り五郎』（68年11月2日公開／小澤啓一監督）。「人斬り五郎」の異名で恐れられていた元暴力団幹部で、ヤクザから作家に転向した藤田五郎の自伝的ベストセラーを映画化した、日活の渡哲也主演『無頼』シリーズ第4作。

※5　渡瀬恒彦の主演デビュー作、のはずなのだが、目立つのは吉田輝雄という不思議な作品（70年1月31日公開／石井輝男監督）。

——でも、実録路線は、成瀬さんのそういう役者としての生き方を決定づけてくれた作品群ではあるような気がします。

成瀬　そう。基本を作ってくれたのは作さんであり、中島さん。監督が、役者である俺らを上手く操ってくれる。監督に任せておけばOK、みたいな。でも今、そういうのがどんどん減ってきている。

——深作さんの作品も中島さんの作品もそうですが、当時は負けていく、駄目になっていう男の……

成瀬　美学?

——ええ。それがあった時代だと思うんですよ。

成瀬　あの頃は、いろんな人間がいて、皆それぞれ素晴らしい、個性的な魅力があるみたいなものがあったんじゃない?　だからスターさんを使おうが、無名の役者を使おうが、どんな形でもドラマを作れるみたいな誇りを持ってたんじゃないかな。

——それは成瀬さんも同じ気持ちを?

成瀬　こっちは所詮、使われる役者だから。

——いや、「所詮」という魅力があるのかもしれません。「成瀬さんは本当に変わらない」と、中島監督もおっしゃってました。

成瀬　監督こそ、変わんないよね。こっちは腹が出て来たよ(笑)。でも中島さん、高田(宏治)さんとか、当時頑張っていた人で残っている人も段々少なくなっているから、そういう意味では今でも現役でいられるのはありがたいかな。

——成瀬さんにますます頑張ってもらわないと。

成瀬　いや、俺らは年なんだから、Jさんとかが企画を作って、やくざものでも何でもいい、そういう企画を作って映画の世界を盛り上げてくれよ。

——そういう話で言うと、渡瀬さんと成瀬さんが出演された『鉄と鉛』(※6)なんかも完全に東映実録映画の流れにある作品でしたよ。

成瀬　きうち(かずひろ※7)さんが、好きだったからね。『CARLOS/カルロス』(※8)の時にも俺を呼んでくれた。もう、感謝しかないですよ。

——実録路線がもう少し続いたら、世の中はもっと全然良くなっていたんじゃないかと思うんですけどねえ。

成瀬　世の中というか、娯楽の面においてね。

——間違いなく成瀬さんの主演作が観ることができたと思うんですけど。

成瀬　ないっ!(キッパリ)

——いや、絶対あったと思います!

成瀬　昔の映画って、B級作品の2本立てだったわけじゃない?　あれ、何で今もやらないんだろうと思うよね。だって、今は何が当たるかわかんないだんから。低予算の作品をいっぱい作って監督を育てていく。そういう風にしないと、映画界はほんとに駄目になるよね。

——チャレンジできる企画がなくなるのが辛いですよね。

成瀬　そう。新しい才能が出てくる機会がないんだから。「これが売れたから、申し訳ないけど、じゃあ次も三池崇史さん(※9)使おう」みたいなね。

——1本しかないと、三池監督になりますよね。もう1本あればもっと冒険ができる。

成瀬　勝負させればいいんだよ。当たる当たらないを考えないで、色んな若いエネルギーをぶつけられるものをやんなきゃダメだよね。俺にとっての実録は、そんな作品だったと思うよ。

——まさしく、その通りだと思います!

※6　翌日の朝までと命の期限を区切られた探偵と、彼を見張ることになったやくざとが、行動を共にする内に互いに友情を抱くようになるハードボイルド(97年11月15日公開/きうちかずひろ監督)。

※7　きうち・かずひろ/漫画家、小説家、映画監督。60年福岡県生まれ。83年に『BE-BOP-HIGHSCHOOL』で漫画家デビュー、東映で映画化されるなど人気を博し、20年に渡る長期連載となる。91年より映像にも手を広げ、『CARLOS/カルロス』(91年・東映Vシネマ)、『鉄と鉛』(97年)、『共犯者』(99年)などの脚本・監督を務めた。03年以降は、木内一裕名義による小説家としての活動が中心となり、04年のデビュー作『藁の楯』は13年に三池崇史監督によって映画化された。

※8　海外で指名手配を受けた日系ブラジル人三世のマフィア、カルロス・志朗・平田(竹中直人)が日本を舞台に暴れまわる、ハードボイルド・バイオレンス。きうちかずひろ初監督作品。

※9　みいけ・たかし/映画監督。60年大阪府生まれ。助監督を経て、91年にビデオ映画『突風!ミニパト隊』で監督デビュー、1995年の『新宿黒社会』で初の劇場作品を手掛ける。コメディ、バイオレンス、ホラー、コミック原作など多岐に渡るジャンルで映画制作を続け、海外での評価も高い。主な代表作に、『極道戦国志 不動』(96年)、『オーディション』(00年)、『殺し屋1』(01年)、『極道大戦争』(13年)、『無限の住人』(17年)など。

INTERVIEW

橘 麻紀【女優・歌手】

MAKI TACHIBANA／SINGER,ACTOR

たちばな まき／1951年、福島県生まれ。72年に「加納エリ子」の芸名でシングル「汽笛がないている」で歌手デビュー。自慢の脚に1億円の保険をかけたことで話題を呼んだ。73年より東映作品に出演、『ジーンズ・ブルース 明日なき無頼派』（74年）以後、「橘真紀」に改名。75年、『好色元禄㊙物語』出演時に「橘麻紀」と改名、以後も中島貞夫監督、深作欣二監督の作品に数多く出演。ピラニア軍団メンバーとも親交が深く、唯一の「女ピラニア」として活躍。その他、主な出演作に『唐獅子警察』（74年）、『暴力金脈』（75年）、『仁義なき戦い 完結篇』（74年）、『極道社長』（75年）、『狂った野獣』（76年）など。

取材／杉作J太郎　構成／編集部

――「麻紀さん」とお呼びして宜しいんですか？

橘　勿論！

――まさか、こんな日が来るなんて（一同笑）。東京にはいつからお住まいなんですか。

橘　もうずっとです。当時、私アイドル歌手をやっていたんですけど、京都（撮影所）にスカウトされて（笑）。

――えっ、それはまた、どういう経緯で。

橘　後で話を訊いたら、日下部（吾朗）さんが雑誌で私のグラビアを見て、「この娘を連れて来い！」って言ったんですって。最初に口説いてきたのが山城（新伍）さんの当時のマネージャーさんなんですが、「京都なんて知らないから嫌！」って断ったら、日下部さんに、母と一緒に銀座に呼び出されたんです。「ハイヤーを手配するからそれに乗ってくれ。美味しいサンドイッチを食べにおいで」って。で、「今、新人募集はしていないけど、君にはこのくらいの金額のギャラを出すから。ピンハネはしないから」と（一同笑）。で、岡田（茂）社長が「橘真紀」の名前をつけてくれたの。

――なるほど、麻紀さん、信じられないくらい可愛かったですものね。

橘　当時のミスユニバースと同じサイズの、168センチ、上からB90、W60、H90だったのよ。歌手デビュー時に、私の脚に1億円の保険をかけたというのも話題にされてね。

――確かにナイスバディでした！女優になられたのは、いつですか。

橘　73年、『ジーンズ・ブルース』が最初です。

――それ以前に、『やくざ対Gメン・囮』（※1）にも出演されていますね。

橘　ああ、それは「加納エリ子」時代（※2）。父は興業の世界で働いていて、小さい頃から私を歌手にすることに決めていて、3歳の時福島から東京に出てきたんですよ。

――あ！　じゃあ麻紀さんの訛りは福島弁だったんですね！　長年の謎が解けました！　京都撮影所の女優さんなのに、『バトルフィーバーJ』に出てたのが変だなー、とずっと思っていたんです。

橘　ありましたね〜。京都所属なので、それは出張扱いだったんですよ。

――当時の東映の映画と言えば、完全に男性向きの作品ばかりでしたけど、そこへ入って行った時の印象は……。

橘　とにかく（東映に）女優さんがいなかったんです。だから、私なんて本当にヘタクソだったんですけど、本当に多くの作品で使ってもらえて。だから、先日中島（貞夫）監督にお会いした時、「私、ラッキーだったわ！」って言ったら「お前は

※1　73年に公開された梅宮辰夫・松方弘樹主演、工藤栄一監督作品。保釈を餌に警察のスパイとなったやくざ・伊勢（梅宮）と、やくざになりすまし潜入捜査を行う麻薬捜査官・阿久津（松方）のコンビが、麻薬撲滅のための隠密活動を進めていく。飯干晃一原作、高田宏治が脚本を務めている。

※2　加納エリ子名義で「汽笛がないている／太陽が沈むまで」、「目ざめた朝／愛は誰のために」の2枚のシングルを発表。その後も、橘麻紀、たちばな麻紀名義でシングル・アルバムをリリースした

（渡瀬）恒（彦）さんと一緒で、ヤンチャだったからな」って。

――「ヤンチャ」って、どういう意味の？

橘　誰の言う事も聞かない（一同笑）。

――とんでもない話じゃないですか!!

橘　だって、誰も何も教えてくれないんだもの。カチンコだって知らないんだから。拓ちゃん（川谷拓三）にもチョコチョコ注意されたのよ、「監督じゃない、〝先生〟と呼びなさい！」とか言うから、「何なの、この小さい人。チョロチョロ動き回って」なんて思ってた（一同笑）。新年会とかでも、スターの顔なんて全然知らなくて、かろうじて若山（富三郎）先生の顔を知ってたくらいだから、基本みんなタメ口でね（一同笑）。あと、ある女優さんに「真紀ちゃん、おはよう！」って声をかけられても、「あんた、私のこと嫌いなんでしょう？　無理に挨拶しなくていいよ！」なんて言ったりしてね。

――ハハハハハ、確かにヤンチャです！

橘　もう異端児のまま年取った感じですね。

――そんな向こうっ気の強い麻紀さんが、どうしてピラニア軍団のメンバーとは気があったんですか？　ピラニア軍団のメンバーにどう思われていたんですかね？

橘　……ケンカ友達？（一同爆笑）

――少年マンガですよ、それじゃ。

橘　メンバーが誰かデートに行くことになると、「麻紀、金貸してくれ！」「この前の、返してないのに何？」みたいな感じでやってたね。

――ピラニア軍団の金庫番！　そりゃ立場も強くなりますね（笑）。じゃあ、メンバーの方々とお芝居をやるのは、やりやすかったですね。

橘　安心。だってみんな上手だから。飲んでいてケンカになるって言っても、芝居の話でケンカになるんだもん。「あそこの芝居はこうだったんだよ！」「違う、こうだよ」って、もう聞いているだけで疲れる、面白くない、みたいなね（笑）。私はもう、演技とか関係ないから（笑）、「何やってんのよ、仕事終わったのに何なのよ」みたいな。反省するんだったらその時ちゃんとやればいいじゃない、なんて思ってた。もう、信じらんないよね。

――ピラニア軍団のメンバーで一番仲が良かったのは誰ですか。

橘　飲みに一緒に行ったのは室（田日出男）ちゃん、あとは岩尾（正隆）ちゃん。だって2人とも大きいから、ボディーガードにいいでしょう？　店に行って、向こうできれいなお姉ちゃんたちが飲んでると、「麻紀、ちょっと〝一緒に飲まないか〟って言ってきて」「自分で言ってきなさいよ、それで私、割り勘なんて嫌だよ」ってね。割り勘どころじゃなくて、「お前、ちょっと払っとけ」っていうのが何回もあるから（笑）。

――で、どうするんですか。

橘　仕方がないから、「すみません、私たち東映の役者で、ちょっと人相の悪いのが向こうにいるんですけど、ちょっと一緒に飲まない？　私も一緒だから」っていうと安心して来てくれるの。そしたら、2人とも急に標準語になってね、「馬鹿じゃないの？」って（笑）。「志賀勝っちゃんだって、ホストやってて十分モテてるんだよ」とか聞いたけど、脅かしてたんじゃないの？（一同笑）。

――名前が「真紀」から「麻紀」に変わったのは何でなんですか？　以前、カルーセル麻紀さん（※3）に取材した時には「私の名前を獲った」って言ってましたけど。

橘　『好色元禄㊙物語』（※4）に出る時、もう裸になるのが嫌で、撮影直前に新幹線に乗って東京へ逃げちゃったの。

――ええっ!?

橘　4日ぐらい経ってから「もうさすがに代役が決まったかな？」と思って戻ったら、「何やってたんだ！」と怒られて。だって、本当に嫌だったんだもん。

――いや、凄い話ですね……。

橘　だから条件をつけたの。「私の体に触っていいのはピラニア（軍団）だけ」って。だから、絡みは皆そうなってるでしょう？　旦那は拓ちゃんだし、室ちゃんも、私と絡む予定だったんだけど、帯を外す時に指を骨折しちゃって降板したんですよ。

――そうなんですか。

橘　それ以後は脱ぐ役ばっかり！

※3　かるーせるまき／かるーせるまき／ニューハーフタレント。1942年北海道生まれ。15歳からゲイバー、ショーパブなどで勤務、その美貌が注目されて、25歳の時に「愛して横浜」でレコードデビューしたことをきっかけに芸能界へ進出。以後、歯に衣着せぬ言動やキャラクターを活かして、映画・ドラマ・バラエティ・舞台などで活躍。俳優としても、『残酷・異常・虐待物語 元禄女系図』（69年）、『不良番長 暴走バギー団』（70年）、『喜劇特出しヒモ天国』（75年）など出演作多数。

※4　74年公開、ひし美ゆり子・橘麻紀主演の関本郁夫監督作品。己の身体を使って玉の輿を目指すお夏（ひし美）と、貞淑な人妻でありながら夫を殺したことをきっかけにその供養として〝男千人斬り〟の願をかける、お七（橘）という、男と性に翻弄される姉妹の生き様を描く。脚本は田中陽造が担当。

──女性が足りないのが悪い。

橘　で、岡田（茂）社長が一般募集して付けてくれた真紀の「真」を「麻」に変えたのは、カルーセルさんが堂々と脱いでいたから、そんな気持ちを込めて、同じ「麻紀」にしたの。私がサインをする時は「真紀」のサインだったのね。「麻」は脱ぐために付けたの。

──脱ぐ踏ん切りとしてカルーセルさんの名前を貰ったんですか。

橘　カルーセルさんとは、『くの一忍法 観音開き』（※5）で共演していたから。あの映画、私は大っ嫌いなんだけど。

──え、何でですか？

橘　私もうセリフが本当に覚えられなくて、その上に途中から3人メインの女優の1人が揉めたんだか何なんだか、予定より早く殺される設定になっちゃって、その分私の出番が増えちゃったのよ。しかも関東弁の役で、長セリフから三枚目役までやらされるようになっちゃった。意味深な下ネタのジェスチャーもやるし、カルーセルさんの身体に乗り移ったり、「みんな私じゃん」って。本当に嫌だった。

──普通の女優さんは、場面が増えると喜ぶんじゃないですか？（笑）

橘　私は、ヘタクソなのにいい役もらったな、といつも思っているから。

──しかし、意外ですね。映画だと麻紀さんはサラッと脱いでいるように見えるけど、やっぱり脱ぐのは……。

橘　抵抗ありますよ。だってギャラも決まっているじゃないですか。

──あ、脱いでも変わらないんですか？

橘　変わらないですよ。脱いで1日で終わろうが、1カ月かかろうが、変わらないんですよ。1本いくらでも、中島監督の作品だったらノーギャラでも何でも全然ＯＫ。その分、ごちそうになっているからね（笑）。

──ピラニア以外の方の印象はどうですか、例えば小池朝雄さん。

橘　小池さんとは3回くらい夫婦役をやりましたよね。普通のおじさんでしたよ（笑）。

──『日本の首領 野望篇』、覚えていませんか？　野坂昭如さんの奥さん役で、「金がこの家にあるだろう」って小池さんが殴り込んでくるんですけど、わざわざぬいぐるみをすごい血相で抱きしめて、むしろ「ここにあります！」って思い切り教えてるコントみたいなことをしていましたけど（笑）

橘　ごめん、それ覚えてない（笑）。（菅原）文太さんに怒られたのは覚えてる。ある映画でホステス役で出た時、「銀座の一流クラブのホステスは、こんなんじゃないだろう！」って。衣裳が全部自前だったんですけど、それにダメ出しされて。その時の監督は「文ちゃん、麻紀いじめんなよ」って言ってくれたの。でも、私は未だに根に持ってるの。

──中島監督以外の監督の思い出はありますか？

橘　山下耕作監督、深作欣二監督には、とってもお世話になりました。

──深作監督の印象が良かったのはどういうところが。

橘　監督は水戸出身でしょう？　私はフクスマ（福島）だから、もう全然訛ろうが何だろうがＯＫな人なの。「好きにやれ」みたいな。水戸で（初日の）舞台挨拶っていうと、必ず「行くか？」って呼んでくれて。東映はケチだからギャラは決まってるんだけど、あっちは監督の知り合いとかがごちそうしてくれるから行ってたの。あと、深作監督は、お財布買ってくれた（笑）。

──どういうことですか？

橘　『県警対組織暴力』に出た時、自前の財布を撮影に使っていたんだけど、血糊がついちゃったの。

──麻紀さん、何かというと「自前」ですね（笑）。

橘　何か知らないけど、だいたい自前なのね（笑）。こういう性格だから、監督に文句を言ったりしたら「そうか、よしよし、分かった分

※5　76年公開、山田風太郎原作・皆川隆之監督によるお色気時代劇アクション。奪われた御用金3万両の行方を追うため、伊賀組々長・服部半蔵は3人のくの一、お妖、お炎、お乱にその探索を命じるが……。橘は、くの一の1人、お乱を演じた。

※6　山下泰文／やました ともゆき　1885年高知県生まれ。日本の陸軍軍人。官位は陸軍大将従三位勲一等功三級。太平洋戦争勃発時、第25軍司令官としてマレー作戦を指揮して勝利に導き、その勇猛果敢な様は「マレーの虎」と評された。戦後、戦犯としてフィリピン・マニラで軍事裁判にかけられ、46年に絞首刑に処せられた。60歳没。水野晴郎が製作・監督・脚本・主演を務めた映画『シベリア超特急』シリーズの主役として扱われたことでも有名。

※7　鰐淵晴子のレコード「らしゃめん」をモチーフに、幕末から明治にかけて外国人の現地妻として提供された日本女性〝らしゃめん〟たちの歴史に翻弄される姿を描いた、77年公開の牧口雄二監督作品。橘はお園役を演じた。

※8　「実際の殺人を撮影した」と喧伝された『SNUFF／スナッフ』（76年）に影響を受けて、徹底した残酷映画を目指した、76年公開の牧口雄二監督作品。2エピソードで構成されており、橘は後半のエピソードで、幼馴染の捨蔵（川谷拓三）と共に逃避行を繰り広げる女郎・おさとを演じた。

かった」って。で、何日かしたら「おい、麻紀！」ってリボンを付けた箱を渡されて、開けたら三つ折りの真っ赤な財布で。誰に頼んできたのか、自分が買ってきたのかわからないけど、もう子供っぽいのよ。だから「買ってくれたんだ、ありがとう！」とは言ったけど、使わなかったね（笑）。で、山下監督はいつもおとなしいの。おとなしくて怒りもしないけど、注意もしないの。「将軍って言われてるんですって？　何で？」って訊いたことがある。

――陸軍の山下将軍（※6）に似てるからですよね。

橘　そう。その3大監督に私はお仕事をさせてもらっていた、みたいな感じがする。

――牧口雄二監督作品の役も随分良い役でしたけど。

橘　ああ、私『らしゃめん』（※7）が好きだな。あと、『徳川女刑罰絵巻 牛裂きの刑』（※8）の拓ちゃんとのコンビ。あの頃、やっと脱ぐのに慣れて演技ができるようになった。あまり（記事で）良く書かれることはないんだけど、『らしゃめん』はすごく好評だったのよ。「鰐淵晴子が女郎なのに全然脱がないのに対して、橘麻紀が頑張っている」みたいなコメントがあったの。

――女性でありながら、これだけこの男性映画に出られた方って麻紀さんくらいなものじゃないですか。

橘　だから、女優さんが他にいないだけ。でも、それが普通だと思ってたから「芝居のしの字も知らない私が、いっぱいお仕事もらっちゃって、頑張らなきゃいけないのかな」「演技も下手なのに、なんでいっぱい仕事が来るのかな」って、いつも思ってました。だから、貪欲じゃなかったのね。私がすごくお芝居が好きで、女優って仕事が天職なんだって思っていたなら、今の私は違うと思う。でも、これも私の人生だから。

――ピラニア軍団の人たちとそこまでベッタリ一緒だったら、噂とか立たなかったんですか？　スターの方にも相当モテたでしょうし。

橘　立たない（キッパリ）。だって皆、お金ないもん。室ちゃんは、お酒を覚えたかった時によく飲むのに付き合ってもらったけど。

――でも、男と女がずっと同じ時間つるんでいると、そういう噂が立ちがちじゃないですか？

橘　逆に私、レズビアンだって噂が広まった時あるよ。当時浮いた噂がなかったから。

――ピラニア軍団は、後にブレイクして大阪でイベントを開催したり、レコードも出しましたね。

橘　舞台をやる時は、みんなバラバラに仕事していたけど、一日一回だけだから。中島監督か深作監督が「来ない奴は縁を切るぞ」って焚きつけたから、盛りだくさんのことをしてるんですよ。歌ったりお芝居したり、私なんか女一人だから「一本刀土俵入り」のお蔦やったり。館主さんからは記念品もらったけど、もちろん私たちも監督もノーギャラで。

――うわ、贅沢ですね。レコードは、三上寛さんのプロデュースでした。

橘　私も「菜の花ダモン」っていう曲、歌いましたよ。撮影所のアフレコルームで録音したんですけど、皆緊張しちゃって声が出ないんですよ。私だけが経験者だから、中島監督から「麻紀、頼む」って言われて「声出しなさい！」って皆にハッパをかけてね。

――現場監督ですか（笑）。

橘　私が「はい！」って言ったら、みんな歌いなさい、みたいな。みんな飲まないと歌えないの、緊張しちゃってね。恒さんも照れ屋さんだから、自分一人でってのはダメな人だった。でも、志賀勝っちゃんが、あんなに歌い手さんで稼ぐとは。

――レコード、いっぱい出ましたもんね。

橘　もう、皆は丸暗記でスタートだから。レッスンとかなくて、もらったデモテープを聞きこんで練習して本番。

――ちなみに『ダボシャツの天』、「ピラニア軍団の映画」っていう売りなんですけど、ピラニアの人たちはむしろ脇の方ですよね。

橘　でしょ？　あの頃は皆忙しくて、それぞれ違うのやってたから。私も、明日か明後日撮影だっていきなり言われた感じだったから、何の役やったかも全然記憶がないし、どこに出てるか分からないもん。

――とはいえ、そういうところにまで到達したのは凄いですよね。まさに、ピラニア軍団は時代の寵児だったと思います。

橘　うん、まさにあの頃の東映は、私の青春ですね。あの時代があったから今の私がある。中島監督がいたから私がある。ピラニアがいたから私がある。また機会があれば、生きてる仲間たちと集まって会いたいですね。

EPILOGUE:
THE END OF JITSUROKU VIOLENCE

終章
実録路線は何を残したか？

大作主義へと向かった東映は、80年代以降も形を変えながらやくざ映画を作り続ける。実録路線が巻き起こしたあの狂熱は、そこに感じることができるのだろうか――？

『制覇』

概論

東映実録路線の終焉 時代が動き、社会が変わり、女性が戦い始めた

文．杉作J太郎

映画が変わってきたのではない。

社会が変わってきたのである。

『制覇』では、遂に超大作実録路線の主人公が女性になった。それも最前線の女戦士、とかではない。権力の頂点に女性が坐したのである。

トップクレジットは三船敏郎だったが、実質の芯は岡田茉莉子であり、巨大組織のボス亡き後、巨大組織を取りまとめる女ボスを堂々と演じた。そして亡き組長の遺言という形の「あの人の言葉を伝えます」という言葉はテレビのＣＭに大量投下され流行語にもなった。視点を今日に移せば、暴力団の内部覇権争いを描いた映画のＣＭが大量に流れるなど信じられない話であろう。

社会は変わっているのである。

日々刻刻、変わっているのである。

それを変えていくのは誰か。

誰が得をして、誰が損をしているのか。

『制覇』はタイムラグのほとんどない、巨大組織の内部紛争を描いて話題となったが、それは『激動の１７５０日』も同様である。ちなみに、この映画も巨大組織総帥の未亡人役は岡田茉莉子である。

岡田茉莉子という人は、若かりし日の映画を一度でもご覧になったかたはわかると思うが、暴力とはまったく無縁な、別世界の美女である。かわいらしい、少女の面影を残す、透明感のある、清楚な美女である。

が、清純派の座にあぐらをかくほど凡庸ではなかったようで、１９７０年代には前衛的な実験作にも主演している。れっきとしたステイタスは維持しており、大女優の名を欲しいままにしていたとも言える。夫は、映画監督の吉田喜重である。

そして『修羅の群れ』。

この作品は、実録やくざ映画で大車輪の活躍を見せた松方弘樹が到達した「ゴール」の如き作品である。これは松方弘樹本人も、そしてスタッフも口を揃えて語ることである。「大変嬉しかった」と松方さんから伺ったことがあるし、何人かの作り手からも「(松方は)ここまでよく辛抱した」と伺ったことがある。

それまでの刑務所脱獄ものもかなりの大作だ、と観る側の私は思っていたが、製作する側から見れば番組のひとつだったということだろうか。『北陸代理戦争』『仁義と抗争』といったローカル色豊かな「小さな旅」シリーズなどは、原寸大の人間の悲しみや面白さを素朴に、暗くならないように演じた松方弘樹あっての作品と思うが、成り立ちや経緯からそうしたローカルシリーズとして評価されることもまとめられることもなく、ただただ当時は流れていく印象だったのかもしれない。

そういう意味で、やはり『修羅の群れ』は今までにないオールスターの超大作で、それまで松方さんが脇で支えてきた映画群の主役たちが、脇に回ってくれたことを心底感激した、という話は、松方さん本人でなければ理解できないことかもしれない。

だが、それでも時代は大きく大きく動いていた。

『極道の妻たち』シリーズはもうそこまで来ていた。

戦う男より、戦う女の方が絵になりはじめた。これを男の凋落と見るか、女の栄達と見るか。

そのどちらでもあるし、変革はやがて本質となる。いずれにせよ、本書で述べることではないが、心しておきたい。

『修羅の群れ』

✹1982年10月30日公開✹142分
✹東映京都撮影所作品
✹カラー・ヴィスタ

2

あの人の言葉を伝えます!

制覇《せいは》

STAFF

企画／俊藤浩滋　高岩 淡
田岡 満
プロデューサー／佐藤雅夫
厨子稔雄　福井良春
原作／志茂田景樹（徳間文庫刊）
脚本／中島貞夫　西澤裕子
撮影／鈴木達夫
照明／金子凱美
録音／中山茂二
美術／佐野義和
編集／市田 勇
音楽／山本直純
助監督／藤原敏之
記録／石田 照
整音／荒川輝彦
装置／野尻 裕
装飾／窪田 治
背景／西村三郎
衣裳／森 護
擬斗／上野隆三
美粧・結髪／東和美粧
スチール／中山健司
宣伝／丸國 艦　佐々木嗣郎
若林賢勝
演技事務／藤原 勝
進行主任／野口忠志
協力／裏井株式会社、リビングプラザFAC京都 中がわ商事株式会社、醍醐プラザホテル、大阪日日新聞、東映京都美術センター、東映俳優センター
協力／藤映像コーポレーション
監督／中島貞夫

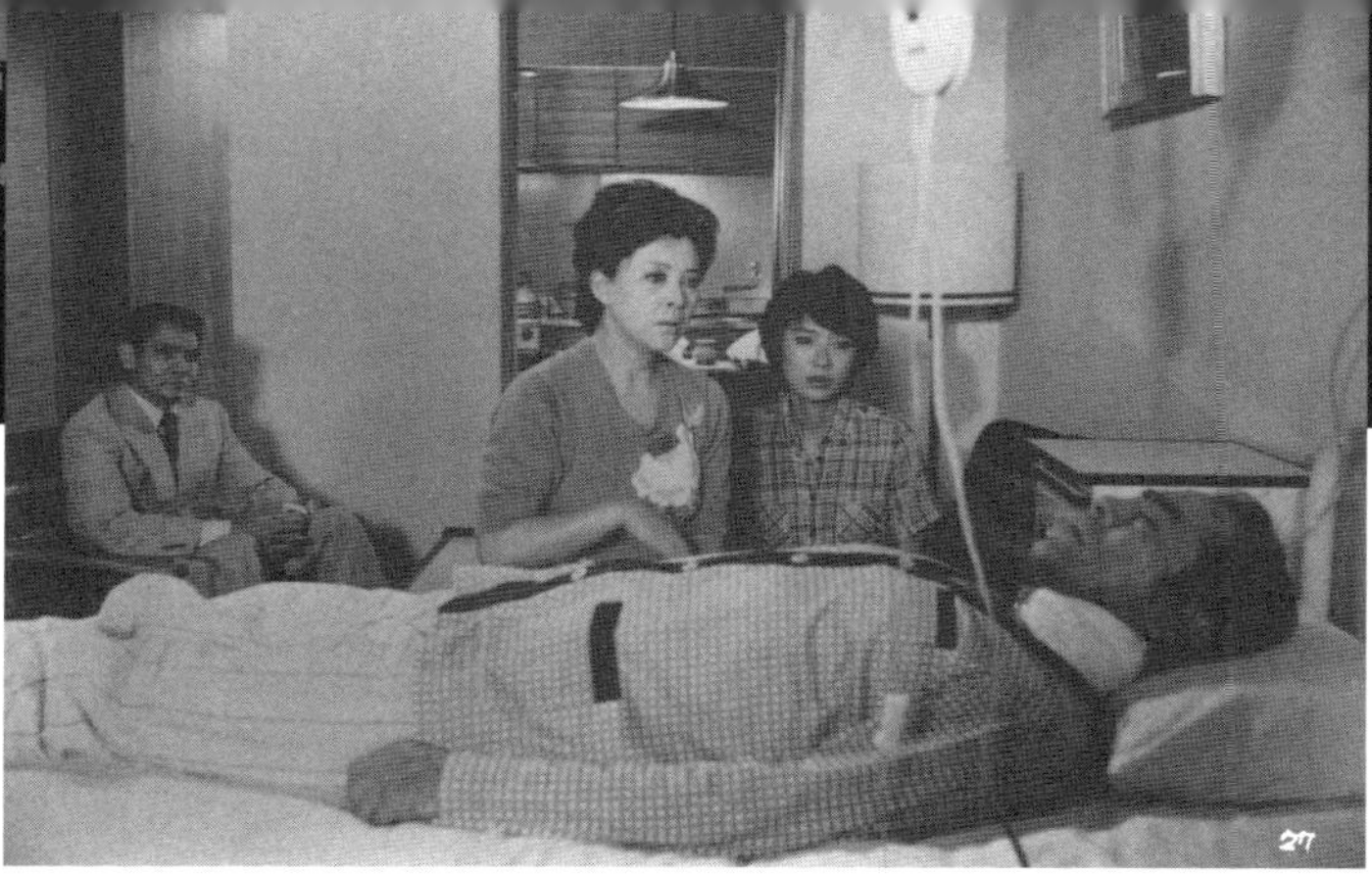

田所組長が狙撃された！
妻のひろ子、長女の悠子も病院に駆け付ける

河上への対抗心を燃やす若頭補佐・権野(左)とその舎弟・海渡(右)

谷口組の若頭・河上は、田所は勿論のこと、ひろ子も尊敬しており、妻の百代はひろ子と比較されることに胸を痛める

CAST

田所政雄／三船敏郎
〃ひろ子／岡田茉莉子
〃孝／高岡健二
〃悠子／中井貴恵
〃範夫／桂 小つぶ
〃冬子／秋吉久美子
〃誠／稲垣昌和
岩戸隼人
○
河上剛二／菅原文太
〃百代／松尾嘉代
○
権野強志／若山富三郎
○
山田日出男／名高達郎
野々村稔／草薙幸二郎
佐伯英樹／中田博久
○
関根真佐人／待田京介
羽田昌男／小田部通磨
中久保利行／曽根晴美
志茂田 徹／小池朝雄
○
及川／若宮隆士
黒木／鹿内 孝
堀川敏美／関根大学
寺内／丘路 千
山倉輝夫／品川隆二
○
野口義治／清水健太郎
中原 宏／菅田 俊
米川喜久三／津村 浩
三島昭次／西村泰治
戸川猛男／橋本直樹
○
大野木安司／寺田 農
戸倉正邦／岩尾正隆

菱川 隆／成瀬 正
○
花森／大島宇三郎
菊池／原吉美
安川 宏／池田謙治
藤田 守／田中 博
○
小林／奈辺 悟
栗原浩次／福本清三
小田／細川純一
○
近江友記／
にしきのあきら
吉峯／沢田情児
酒田組々員／
平河正雄 根津良行
白井滋郎
西川／沢田浩二
元村／小船秋夫
○
石川浩之／岸田 森
〃圭子／中島 薫
柳田／有川正治
○
村岡／梅宮辰夫
棚田警部／今井健二
北村刑事／野口貴史
橋本刑事／きくち英一
金子警部補／高並 功
三村刑事／大木晤郎
桜井／笹木俊志
熊谷／河合絃司
看守／中島俊一
○
鬼頭紀子／加山麗子
久美／大信田礼子
よし江／大川かつ子
ホステス／斉藤可奈江

記者／蓑和田良太
司 裕介 森源太郎
敏子／舟倉たまき
寿子／前田満寿子
〈夢想〉の女／丸平峯子
東日タイムスの女事務員／
津奈美里ん
北斗星マスター／淡 九郎
若者／吉田 猛 丸山俊也
田所政雄の子供時代／
川上恭尚
〃叔父／疋田泰盛
〃叔母／富永佳代子
TVアナウンサー／三村敬三
丸山勝弘／木下通博
竹村亮一／秋山勝俊
○
吉沢／神田橋 満
吉田／宮内 洋
香川／小沢 象
○
三浦徳子
斉藤可奈江
稲垣昌和
武井三二
○
ナレーター／鈴木瑞穂
○
窪川方城／丹波哲郎
○
海渡仙一／小林 旭
○
大友兼継／鶴田浩二

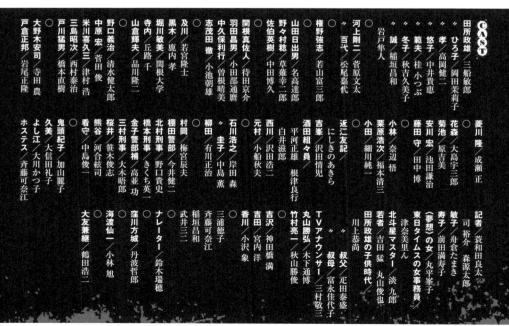

日本最大の暴力団を率いるカリスマも、家では孫にメロメロの祖父の顔に。退院後、久々に揃った家族に囲まれ、幸せな時間を過ごす

何度も田所の命を救った大友院長。田所の運の強さに舌を巻くが……

谷口組の部屋住み・野口は独自に拳銃を入手、田所の狙撃犯を求めて夜の街をさ迷い歩く

STORY

クラブ「ワールド」で、日本最大のやくざ組織である谷口組三代目・田所政雄が狙撃される事件が起こった。誰もが予期せぬこの事態に、谷口組と田所家それぞれに激震が走った。谷口組若頭・河上剛二はさっそく緊急幹部会を開くが、事件時の田所のボディーガードに対する処分を巡って、河上と若頭補佐・権野強志との間に微妙な空気が流れる。河上、権野はそれぞれ自分の手で犯人を捕まえようと、闘志を燃やす。

田所は、以前心臓発作を起こした時に世話になった浪華医科大学付属病院の大友兼継院長の手により一命を取り留め、田所の妻・ひろ子や3人の子供たちも一安心。長男・孝はメンズファッション会社を経営、長女・悠子はボランティア海外派遣会社でアルバイトをする女子大生、高校生の次男・範夫は能天気な高校生と、やくざとは無縁の生活を送っているはずだったが、やがて田所の狙撃事件は彼らに暗い影を落としていく。

襲撃犯は酒田組の下部組織・浪華殉国団のメンバーと判明。谷口組の報復が始まり、絶え間なく事件に警察・マスコミは谷口組に対する圧力をかけていく。悠子の恋人である東日タイムスの記者・山田も、谷口組特集班へと転属となった。

田所が退院し、久々に家族全員が楽しい時間を過ごした夜、孝が私文書偽造・同行使詐欺罪で逮捕される。これは妻の冬子が孝の友人を信じ、不用意に契約書に判を押したためだったが、谷口組撲滅に燃える警察とマスコミは「田所組長長男の事件」であることを強調、それを気に病んだ冬子は、遂に自殺を選んでしまう。

結局、襲撃犯・近江友記は谷口組の報復を恐れた酒田組下部組織・野田組の手によって処理され、田所は河上に〝抗争終結宣言〟を出させ、事態は収拾したかのように見えたが、今度は谷口組内での派閥争いが激化。特に河上と権野は、北陸の石川浩之の処遇を巡って対立を深めていった。石川は権野と盃を交わしていたにも関わらず、河上を通して直系となったのだ。メンツを潰された権野は石川を殺害するが、幹部会決定に泥を塗るこの行為に河上は激怒、田所に権野を破門するよう直訴するが――。

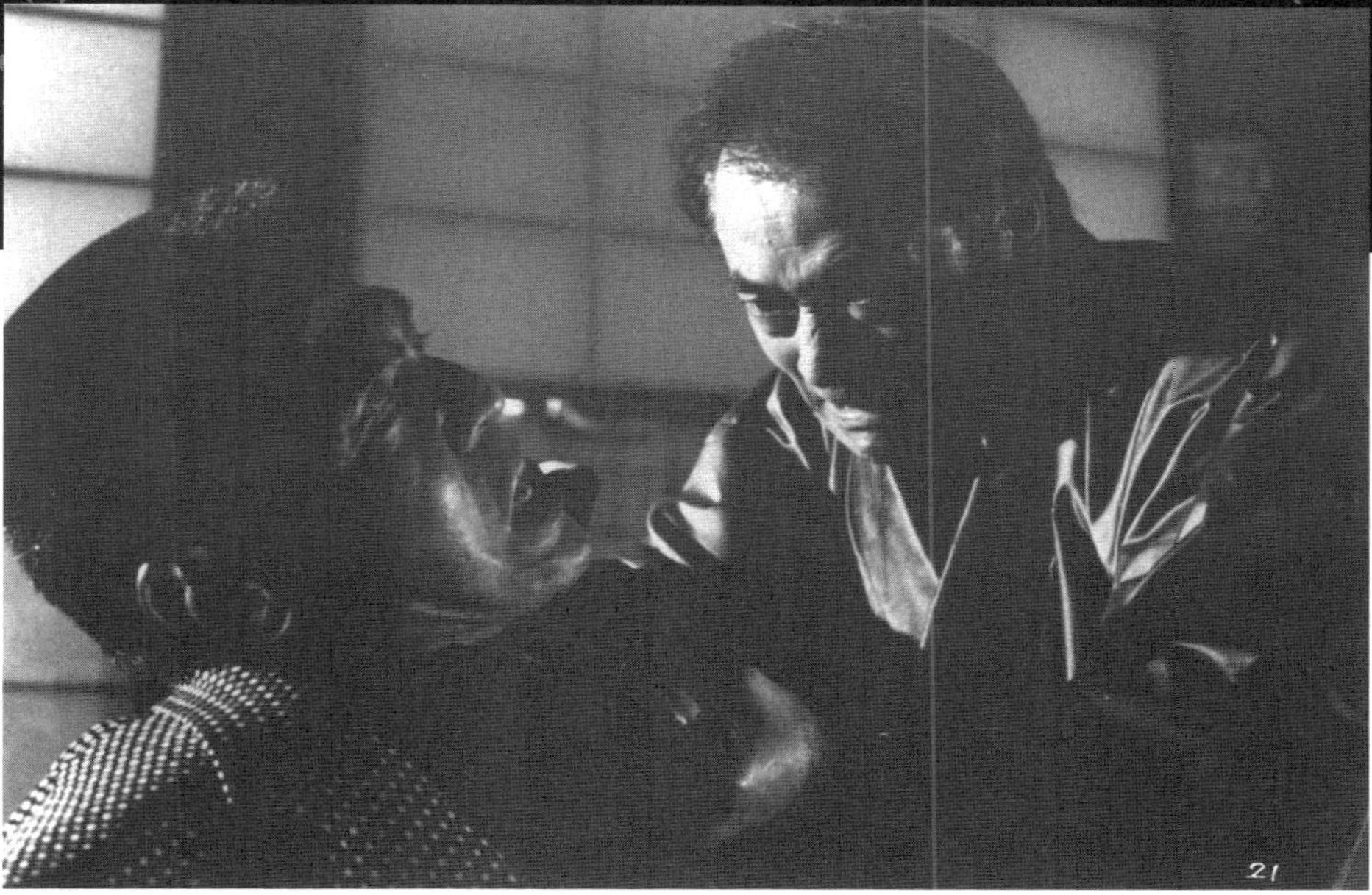

権野の破門を勝手に決定した河上に怒る田所。河上は自分を選ぶか、それとも権野を選ぶのかを田所に問いかける

新聞社を辞めた山田は、田所に悠子と結婚したい旨を田所に伝えた。その決意のほどを確認した田所は、2人の結婚式を開くことに

関東の実力者・窪川からの助言もあり、権野は遂に引退を決意した

再び心臓発作を起こした田所。しかし、遂にその運は尽きて……

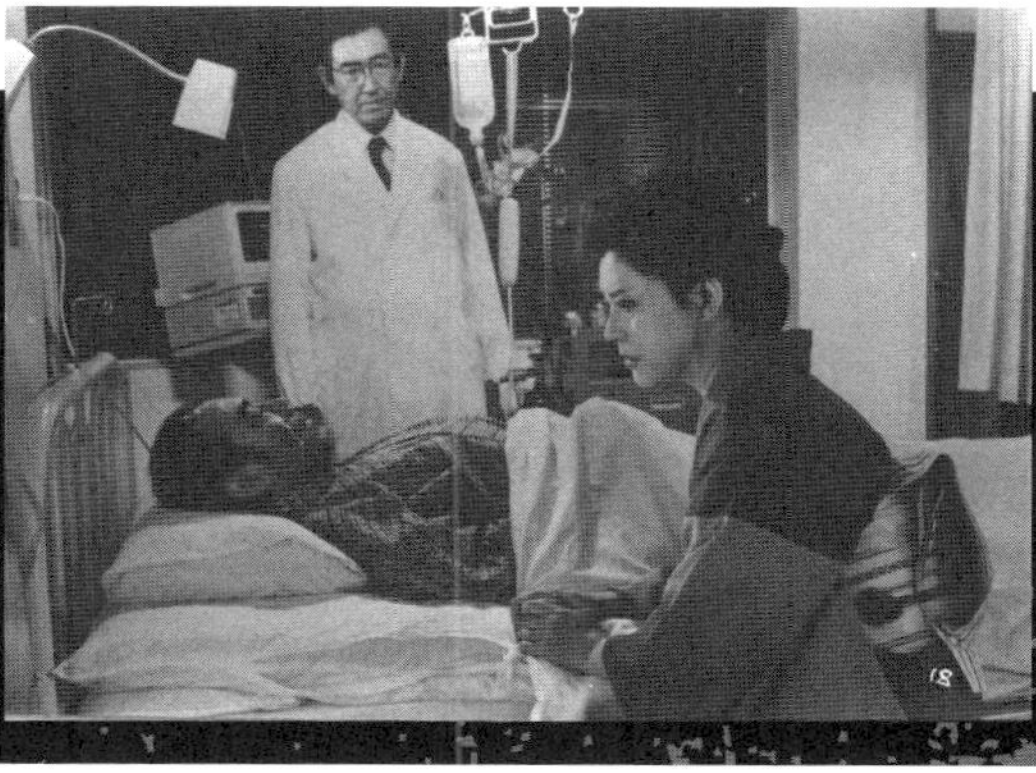

最後まで見とどけるのが「男」。

修羅の群れ

- 1984年11月17日公開
- 122分
- 東映京都撮影所作品
- カラー・ヴィスタ

STAFF

企画／藤映像コーポレーション
製作／俊藤浩滋　高岩 淡
プロデューサー／
佐藤雅夫　斎藤一重
原作／大下英治（徳間書店刊）
脚本／村尾 昭
撮影／赤塚 滋
照明／海地 栄
録音／平井清重
美術／井川徳道、山下謙爾
編集／市田 勇
音楽／木下忠司
主題歌／「神奈川水滸伝」
作詞：星野哲郎
作曲：船村 徹
編曲：丸山雅仁
唄：北島三郎
（クラウンレコード）
助監督／俵坂昭康
記録／石田 照
整音／荒川輝彦
装置／稲田源兵衛
装飾／渡辺源三
背景／西村三郎
衣裳／豊中 健
擬斗／上野隆三
美粧・結髪／東和美粧
刺青／毛利清二
スチール／中山健司
宣伝／寺西国光　小田和治
製作宣伝／丸国 艦
演技事務／藤原 勝
進行主任／野口忠志
協力／東映京都美術センター
東映俳優センター
監督／山下耕作

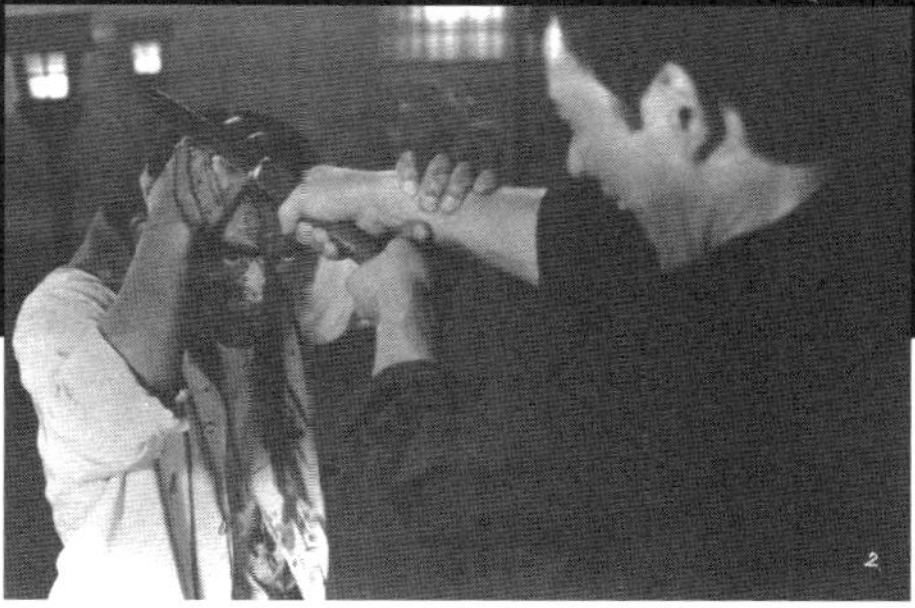

代貸山本の若衆・郷に命を狙われた龍二。報復に向かう途中で兄貴分の横山に「耐えるのも男だ」と諭される

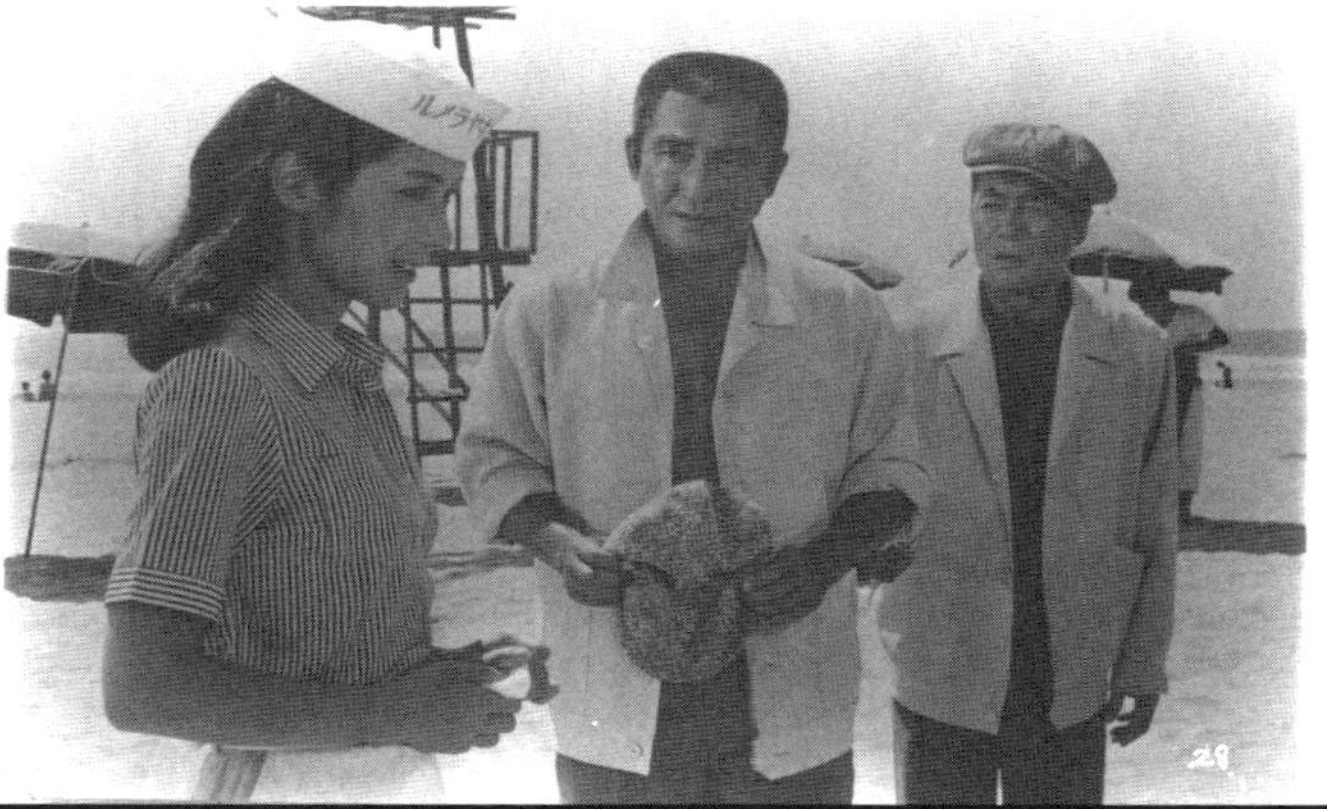

海水浴場の大立ち回りで、雪子はすっかり龍二の虜になってしまった

CAST

稲原龍二／松方弘樹
○
井沢輝一／菅原文太
出水辰雄／北島三郎
石河隆司／北大路欣也
林俊一郎／待田京介
山村修道／張本 勲
長谷部夏治／木之元亮
森谷義男／清水健太郎
輪田久吉／
にしきのあきら
田上 圭／小林 繁
森 将人／鳥羽一郎
○
張 春樹／葉山良二
○
稲原雪子／酒井和歌子
〃 龍行／斎田裕嗣
〃 秋子／池内美紀
中田しずえ／風見章子
三谷千恵／小野さやか
○
宮元広一／宮内 洋
角山吉夫／司 裕介
稲田和夫／原 吉美
佐倉／根津良行
川内三喜／岡崎二朗
船戸富之／菅田 俊
内藤貴志／片桐竜次
高村康伊／櫛田純男
伊原更三／内田タクマ
山田芳彦／奈辺 悟
小松 保／吉田 猛
池本圭一／橋本直樹
黒田／神宮寺 学
松永／山下伸次
佐東政勝／岩田直二

桐原銀一郎／関根大学
山本信次／若宮隆士
郷 三助／成瀬 正
村上源吉／高並 功
ドモ誠／小林昭男
中代義助／川並公二郎
モロッコの舎弟／
勝野賢三 藤沢徹夫
白井滋郎
木村忠夫／浜田 晃
松沢太郎／武井三二
中畑英吉／石井洋充
稲原龍太郎／品川隆二
〃 トク／星野美恵子
〃 龍一／大原敬広
〃 龍二／坂口弘樹
〃 ふみ／長田友子
鄭／小林稔侍
朱／市川好郎
白／沢田浩二
金／池田謙治
呉／清家三彦
李／北野清治
秋本／大木晤郎
会津川／グレート小鹿
野方院長／河合絃司
稲本弁護士／林 彰太郎
片山警部／笹木俊志
室田誠次郎／宮城幸生
天の湯荘／島田秀雄
吉岡日出夫／小田部通麿
巡査／木谷邦臣
金貸し／鈴木康弘
テキ屋馬賊／福本清三
小船秋夫 浅田裕二
中盆／
平河正雄 遠山金次郎
毛利清三

女中／梅田まゆみ
親分／国一太郎
代貸／波多野博
看守／名引直寿
看護師／宮川恵子
韓国人／大倉 晶 村上あゆみ
男／細川純一 奔田 陵
女街／白川浩二郎
娘／西村マミ 武田雅子
世利ゆかり 大川かつ子
おでん屋の親父／蓑和田良太
〃 おばさん／丸平峯子
宣伝ガール／渡瀬ゆき
上杉優子 仁野慶子
神宮寺秋生 一条薫子
ケイ／東 竜子
舎弟／峰蘭太郎 西村泰治
鳥塚 勇／丹波義隆
大原武樹 有川正治
俵坂昭範 山崎 修
森源太郎 志茂山高也
西山清孝 矢部義章
小谷浩三 木下通博
浜田隆広 青野真己
砂崎秀明
○
ナレーター／小池朝雄
○
鶴岡政次郎／若山富三郎
加東伝三郎／丹波哲郎
○
大島英五郎／天知 茂
○
横山新二郎／鶴田浩二

龍二の男っぷりに惚れた愚連隊・モロッコの辰は、兄弟分の井沢にも龍二に会うように勧め、井沢共々龍二と盃を交わすことに

無断で盆を開いた会津川を血祭りにあげる長谷部と森谷は、井沢を庇う形で懲役を受ける

熱海の縄張りを譲られることを鶴岡親分から告げられた龍二。稲原組誕生の瞬間である

STORY

昭和8年・横浜——横浜四親分衆の1人、片瀬の加東伝三郎が、柔道・吉岡道場へ若衆のスカウトに訪れた。警察からも誘いがかかっているという精悍な若者・稲原龍二に目を付けた。伝三郎に「うちで男を磨く気はないかね」と問われた龍二は「是非お願いします」と即答。大学出のエリートでありながら博奕で身を落とし、家や田畑を手放すことになった父親の仇をとるため、自らもやくざとなって男を上げることに決めたのだ。

真面目で柔道の腕も確かな龍二は、加東一家の兄貴分・横山信二郎に可愛がられ、任侠のイロハを教わりながら湘南ではちょっと知られた存在となっていく。ある日、龍二は海水浴場で暴れるチンピラに絡まれた女性・中田雪子を助けた。雪子は龍二に一目惚れして、何かと彼の元へと足を運ぶようになる。

ある日、伝三郎の代貸・山本の賭場で遊んだ龍二は、帰りに襲われて重傷を負ってしまった。そこに駆け付けた雪子は懸命に看病し続け、そのまま2人は結ばれることに。

昭和19年、戦時の勤労奉仕の現場で龍二は伝三郎の兄弟分・横浜笹原一家の桐原とことを起こした。横浜四天王の1人、鶴岡が仲裁に入ったことをきっかけに、龍二の身柄は鶴岡預かりとなった。

昭和24年、熱海の山崎一家石井親分が引退を決意、鶴岡と横山は

（左から）山村、石河、田上を率いて稲原組のために暴れまわる井沢。しかし、その行動は徐々に仁義のレールから逸脱していく

井沢のために指を詰めて龍二に詫びる石河。その姿を見た井沢は改心したかと思われたのだが……

井沢を破門した龍二に「おめえは大きくなった」と声をかけた横山。しかし、その直後に横山は倒れ、帰らぬ人に

八州会・大島（中央）とトラブルを起こしてしまった井沢。このままでは組同士の抗争へと発展してしまう!?

その跡目を龍二に継がせることに決定、稲原組がここに産声を上げた。海軍復員兵の長谷部と森谷、愚連隊のモロッコの辰、その兄弟分・井沢も加わり、稲原組はその勢力をグングンと広げていく。特にモロッコの辰と井沢のコンビネーション・戦闘力は凄まじく、瞬く間に東海道を制圧した。今や龍二の右腕的存在となった井沢は、その力を強大なものにする一方、麻薬ですっかり身体がボロボロになったモロッコの辰は、横須賀の石河一家を身内にするため、自らを犠牲にするのだった。

ある日、横山は井沢の兄弟分である石河、山村を呼び出し、すっかり慢心して道に外れる行為を繰り返す井沢を破門にするよう、龍二に進言すると伝えた。石河は自分の指を土産に龍二に赦しを乞い、ひとまずその場は収まった。しかし、その直後に井沢は八州会の大島親分とトラブルを起こしてしまう。かばうことができなくなった龍二は、胸を痛めながら井沢に破門を言い渡す——。

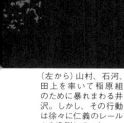

跡目争いから組織分裂へ
日本ヤクザ史上最大の抗争

激動の1750日

- 1990年9月15日公開
- 115分
- 東映京都撮影所作品
- カラー・ヴィスタ

STAFF

製作／俊藤浩滋　高岩 淡
企画／佐藤雅夫
プロデューサー／厨子稔雄　豊島 泉
企画協力／藤映像コーポレーション
原作／志茂田景樹
（「首領を継ぐのは俺だ」より
徳間文庫版）　斯波道男
脚本／村尾 昭　大津一瑯　中島貞夫
撮影／佐々木原保志（J.S.C.）
照明／安藤清人
録音／伊藤宏一
美術／佐野義和
編集／玉木濬夫
音楽／小六禮次郎
音楽プロデューサー／高桑忠男
助監督／
藤原敏之　林稔充　中川裕介
記録／森村幸子
整音／荒川輝彦
装置／梶谷信男
装飾／窪田 治
背景／西村三郎
衣裳／宮川信男
擬斗／上野隆三
美粧／長友初生
結髪／山田真佐子
音響効果／永田 稔
進行／佐藤鋼太　小柳憲子
衣裳コーディネイター／
金丸照美　吉田さなみ
刺青／毛利清二
方言指導／
ミッキー・大場　古谷洋之
小川あたる　首藤真沙保
太田和余　田原美紀
カースタント／
高橋レーシングチーム

神岡組四代目の座を巡り、若竹・成瀬・末次らを中心とした若手グループ（右）と、川井・荒巻ら古参グループの2大勢力が激突する

夫に続き、息子の様に可愛がっていた山地を亡くし、失意の中にある未亡人ひろ子。彼女は空白の四代目を決める大きな要でもあった

火薬効果／BRONCO
劇用車／小野順一
キャスティング／
葛原隆康
スチール／中山健司
宣伝／
石川通生　滝島留一
製作宣伝／丸国 艦
演技事務／藤原 勝
進行主任／野口忠志
ロケ地協力／阪九フェリー
EBSびわ湖教育センター
ホテル レークビワ
（株）マルハンコーポ
レーション
甲子園高速フェリー
株式会社
撮影協力／
PARAMOUNT BED
日本光電工業（株）
（株）三笑堂
東映京都美術センター
東映太秦映画村
監督／中島貞夫
【別班】
撮影／水巻祐介
照明／吉井和夫
録音／芝氏 章
装飾／竹田昭一
記録／中野保子
助監督／萩原将司
比嘉一郎　久島和也
スチール／荒川大介
進行／井尻 亨　松田浩司
監督／玉橋 亨

CAST
若竹正則／中井貴一
○
成瀬 勇／中条きよし
○
神田ひろ子／岡田茉莉子
○
根岸力男／三上真一郎
時津忠久／
萩原健一（特別出演）
○
若竹美佐子／有森也実
千春／林 美里
○
高市次郎／加藤昌也
ナツミ／高樹陽子
○
本堂高道／石立鉄男
南原幸一／趙 方豪
○
関矢義光／本郷直樹
兵頭七郎／品川隆二
島中 昭／南條弘二
末次数馬／成瀬正孝
○
岩間直秀／中尾 彬
竜野 誠／清水健太郎
赤木欣也／青木卓司
倉持／田中博行
島田／石井洋充
本郷昇三／賀嶋哲也
松川 茂／西条 優
○
伊達順治／本田博太郎
国分 隆／河合絃司
久保田吉春／市川好郎
山根民夫／林彰太郎
北上一徳／小林昭男
○
塩崎 昇／志賀 勝
信田健三／野口貴史
加納／河本忠夫
柿沼／滝野貴之
○
立浪岩根／
荒木しげる
真田繁明／吉野泰右
岡／西村泰治
小森／池田謙治
○
三杉鉄也／木下通博
赤井昌平／湯原貴氏
海老原清／砂川真吾
相良国夫／五藤信吾
尾花武志／加藤重樹
○
伊東／関根大学
安井／藤井裕士
富夫／山田永二
矢部／矢部義章
○
福元／きくち英一
西垣／栗原 敏
○
由子／柴田 知
良樹／谷口公洋
晴子／真鍋美保
昌平の母／中島 葵
○
緒方／大前兼二郎
黒崎 修／大村浩之
岩城／司 裕介
藤村／藤沢徹夫
駒崎／細川純一
○
浅利本部長／誠 直也
田村／大木晤郎
刑事／ミッキー・大場
久美／小野さやか
○
沖本／笹木俊志
伊達組員／
山田英二　奔田 陵
記者／峰蘭太郎
稲泉智万
床尾賢一
医師／疋田泰盛
媒酌人／川浪公次郎
本田勝二
小峰裕一
大前兼司郎
諸鍛冶裕太
藤井裕士
浜田隆広
西村陽一
○
ナレーター／田口 計
○
松永良介／火野正平
○
力石竜二／陣内孝則
○
荒巻重信／渡瀬恒彦
○
川井勝司／夏八木勲
○
仁王顕正／丹波哲郎

釈放された若手リーダーの時津は、ひろ子に四代目を継げなければ組を脱退することを宣言し、彼女を味方につける

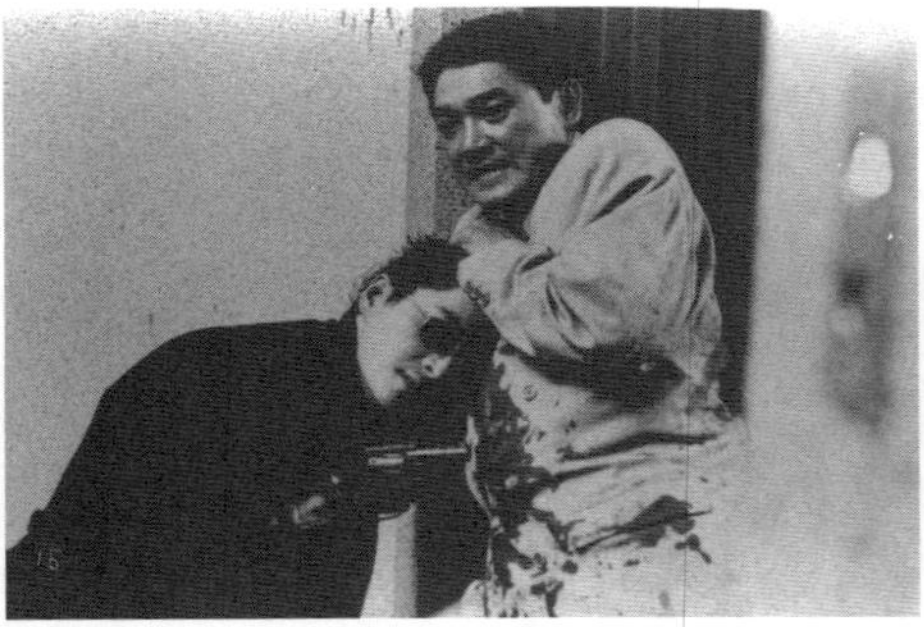

力石率いるヒットマン部隊が、時津ら神岡組のトップクラス3名を血祭りにあげた

STORY

構成員1万2000人を数える日本最大の暴力団・神岡組は、結成以来最大の危機を迎えていた。永らく首領の座に君臨していた三代目・神田一政を失い、さらに四代目の有力候補であった若頭・山地辰一が急死した。相次ぐトップの他界、さらに三代目のカリスマ性によって一枚岩の団結を守り続けていた組内部は大きく揺さぶられた。

このピンチに、急遽古参幹部の1人である川井勝司が三代目代行を、そして若手リーダーの時津忠久が若頭に選出されたが、警察は時津を脱税容疑で逮捕、身柄を拘束した。

跡目が決まらぬまま1年が経過、直系組長89名が列席する神岡組定例幹部会で、遂に川井が四代目に立候補、古参グループの賛同を得たが、山辰組二代目組長・若竹正則が異議を唱え、若手幹部はこれに賛同。若手と古参が大きく対立したまま閉会を迎える。この情報をキャッチした警察は、三代目未亡人ひろ子を「三代目姐」と認定、組解散に向けて徹底追及の構えを見せた。

若竹、成瀬、根岸、関矢を中心とした若手グループと、川井、荒巻、岩間、伊達、国分を中心とした古参グループの間で起こる、静かなる権力闘争。遂に出所した時津は、ひろ子の元を訪ね、もし自分が四代目になれないのなら、若手全員で組を出ることを告げた。重なる心労で倒れたひろ子は、病室を訪れた川井に「〝四代目は時津〟は三代目の遺志」だと伝えた。

古参が欠席する定例幹部会で、時津はひろ子から四代目の指名を受け、これに納得できない川井ほか古参グループは組を抜けて「八矢会」を結成。時津襲名のタイミングで、神岡組は全国の組織に「暑中見舞い」の形をとった脱退組の絶縁状を送付。八矢会と神岡組の全面戦争が遂に始まった。

まずは尼崎の伊達組を解散に追い込み、勢いづく神岡組だが、八矢会も静かに爪を研いでいた。密かに若竹の友人で八矢会系荒巻組幹部・力石をリーダーに、ヒットマン部隊が結成され、隙を見せた時津、関矢、島中を襲撃した。3名は死亡、神岡組はまたしても大きなピンチを迎えることとなる。最大の窮地に若頭となった若竹は先頭になって戦うが、このタイミングで、入院中のひろ子が危篤との知らせが届いた——。

時津の死を乗り越えて組を立て直すべく、成瀬は若竹がリーダーになるように提言した

堅気に戻すつもりの若衆・昌平を殺された若竹。その怒りは、抗争をさらに激化させていくことに

塩崎から時津らの死亡報告を聞いた川井。これで八矢会の天下が来たと思ったが……

お待たせしました！
大好評!!

杉作J太郎のロケ地探訪

文．杉作J太郎　写真．土屋大樹

『激動の1750日』より

実録 淡路島
―石立鉄男さんの最期の地を目指して―

石立鉄男ファンならば終生忘れないシーンが『激動の1750日』にある。今回、私はついにその撮影現場を訪ねることができた。「そう、本当に淡路島。東浦なんだよな。オアシスから一般道に出て少し行くと久留麻。そこの港。その先に仮屋、そこも港、どちらかなんだよ」

土橋亨さんは佐々木原保志カメラマンとこの淡路島ロケを担当した。昨年と今年、二度にわたり記憶を呼び戻すことにチャレンジしていただいたが久留麻と仮屋、そのどちらもがロケの候補地だったのだろう。最終的にどちらで撮影したかは不明。私は行けばわかるだろうと淡路島を訪れた。渡哲也さん、渡瀬恒彦さん御兄弟の故郷でもある。胸が躍った。

石立鉄男さんがボロクズのように撃たれて突堤のコンクリートに崩れた淡路島。

結論を記そう。今回、そのズバリの場所を自信を持って「ここだ」と特定することはできなかった。30年近い歳月が経過。阪神淡路大震災が発生。景色は変わっている。今回、私は石立鉄男さんの撃たれた姿を行く先々、ここではないかと思える場所すべてで再現してきた。石立鉄男さんの残留思念のようなものが流れ込んでくること

を期待したのである。私は石立さんの黄金時代に思春期をすごした石立マニアでもあるのでなにかがシンクロする可能性はあると考えたのだ。そして久留麻、仮屋、そのいずれにもいくつもポイントがあった。

　だが私の体内の石立鉄男測定器はいずれでも強い反応を示した。近いことに変わりはなかったということかもしれない。そのすべてで撮影が行われた可能性もある。土橋さんの記憶もそれゆえに絞り込めなかったのかもしれない。

　淡路島に行った夜。石立鉄男さんの夢を見た。夢の中で石立鉄男さんにガミガミ怒られた。本当の話である。『雑居時代』、『水もれ甲介』といった多くの石立TVコメディで見たのと同じ怒りだった。

結び

「実録路線」は居酒屋なんだ

文.杉作J太郎

赤ちょうちんの居酒屋、そのカウンターで並んで飲んでいる男が2人。杉作君とJ太郎君。もう店内にいるのも彼らだけ。店の親父さんも片付けに入っている様で。

杉「実録路線の大ヒットで、変わったことはいくつもある」

J「それはやっぱり室田日出男、川谷拓三両氏の台頭に代表されるピラニア軍団大ブーム。スターシステムの終焉だろう」

杉「自分の手で映画を作ろうと独立した大スターたちのプロダクションも当時すでに活路をテレビに見ており、時代は大きく変わろうとはしていたが、それでもやはり大スターのちゃんとした演技、仕事を見ることができるのは映画であるという意識はまだあった」

J「ただ、実録路線はひとりの人物のサクセスストーリーではないのだから、自然と登場人物も増え、また本来端役で終わるはずの人物にスポットも当たる」

杉「実録風味を出すために端役の活躍は欠かせないわけだが、それは映画の登場人物、その主役グループと端役グループの逆転現象だった。まるで革命が成功した様な光景で、当時の〝何が起こるかもう誰にもわからない〟空気感は忘れられないな」

J「そしてそれは端役に光を当ててもいいんだ、という意識変革。脇役俳優の人に大きな仕事を頼んでいいんだ、そしてそれを観るのが観客や視聴者は楽しいんだ、という雰囲気に繋がったと思う」

杉「石原プロモーションのテレビドラマ『大都会』、渡辺プロダクション制作のテレビドラマ『前略おふくろ様』がまさにそれ。特に『前略』では室田、川谷人気が爆発、洋酒のテレビコマーシャルも始まり、タレント本まで出た」

J「脚本がどちらも倉本聰」

杉『前略』には高月忠、二期からは志賀勝もレギュラー入りした。そもそも、梅宮辰夫さんがレギュラー出演だから」

J「ゲストも凄かったね。大木実、名和宏。2人とも素晴らしい演技だった。そして特別出演の安藤昇」

杉「八千草薫さんに言った『男に恥をかかせんでくれよ』ってセリフ、決まってたなー」

J「岩尾正隆は主人公のサブを恐喝する役でゲスト出演。世界の異なる恐怖のキャラクターを穏便にこなす名演技、最後は梅宮さんと対決になった」

杉「実録やくざ映画に出ていた人たちは、よその映画やテレビに行くとわかるけど、本当に上手い。梅宮さん、安藤さんみたいな何もしていない様に見える人の上手さに気付くと震えてしまう時がある」

J「橘麻紀さんも言っておられたけど、ピラニア軍団の人達は飲んでケンカもしていても、話題はいつも演技論、映画論だった」

杉「中島貞夫さんのお宅でね。京都の中島貞夫邸はさながら、北海道、倉本聰さんの富良野塾みたいなものだったのかもしれない。中島さんと倉本さんは若い頃から仲間だし」

J「レジスタンスだったことは間違いない」

杉「その革命は成功する。実録映画に出ていた役者は渡瀬恒彦さんを筆頭に、この後日本映画を牽引していくことになるわけだけど、実録路線の何がその結果に繋がったと思う?」

J「単に集団劇でスポットが当たりやすい、人の目に触れやすいから、というだけではないだろうね」

杉「実録ものは、大きな芝居をすると嘘っぽくなる。小さな、リアルな芝居が必要だったんじゃないか」

J「室田さんの顔の筋肉、部分部分が別個に動くものね。ピクピクッて」

杉「日本映画の芝居はそれまでは新劇調の重くてじっくりしたものが主流だったが、実録以後はサラリとした自然体が主流になってるんじゃないか」

J「確かめようがないけど、そんな感じだ」

杉「飲み屋で言えば、何かこう豪華な料理がひとつあって、それをじっくり味わうというよりは、ほら、この居酒屋のように小さな料理がたくさん並んでるほうがたのしい」

J「小さい料理と言って、馬鹿にしてはいけない。毎日毎日、何十年も調理場に立ってる親父さんの腕がまさにこれ。そこいらの料亭なんかよりは本当に旨い」

居酒屋の親父「うれしいね」

杉「実録路線は、映画として地味は地味。大作映画がナイトクラブやキャバレーなら、風合いとして実録路線は居酒屋。酒と料理の相性で勝負だ」

J「全体の中で自分がどうすれば生きるか。活きるか。それは社会生活にも応用できる」

杉「実録路線は役者、物語、音楽、そのそれぞれが実にスマートなセッションを奏でている」

J「人付き合いの苦手な人はぜひ観てほしいね、仲良くするだけが人付き合いじゃないとわかるはず」

杉「深いな。SNS世代に言いたいね、共感するな、と。わからないから面白い」

J「また観たくなってきたな」

DVDソフトカタログ（2018年4月現在）

『やくざと抗争』DUTD03652／2800円＋税
『やくざと抗争 実録安藤組』DSTD03928／4500円＋税
『安藤組外伝 人斬り舎弟』DSTD03929／4500円＋税
『安藤昇のわが逃亡とSEXの記録』DSTD03930／4500円＋税（成人指定）
『実録・私設銀座警察』DUTD03653／2800円＋税
『バカ政ホラ政トッパ政』DUTD03383／2800円＋税
『山口組外伝 九州進攻作戦』DSTD03873／4500円＋税
『日本暴力列島 京阪神殺しの軍団』DUTD03310／2800円＋税
『実録外伝 大阪電撃作戦』DUTD03325／2800円＋税
『沖縄やくざ戦争』DUTD02786／2800円＋税
『実録・飛車角 狼どもの仁義』DSTD03982／4500円＋税
『唐獅子警察』DUTD03311／2800円＋税
『神戸国際ギャング』DUTD03548／2800円＋税
『広島仁義 人質奪回作戦』DSTD20007／4500円＋税
『鉄砲玉の美学』DSTD20023／4500円＋税
『現代やくざ 人斬り与太』DUTD02192／2800円＋税
『人斬り与太 狂犬三兄弟』DUTD02193／2800円＋税
『県警対組織暴力』DUTD02159／2800円＋税　Blu-ray：BUTD02159／ 3500円＋税 ※2018年5月9日発売
『仁義の墓場』DUTD02156／2800円＋税
『やくざの墓場 くちなしの花』DUTD03165／2800円＋税
『北陸代理戦争』DUTD02198／2800円＋税
『脱獄広島殺人囚』DSTD20005／4500円＋税
『暴動島根刑務所』DUTD02608／2800円＋税
『強盗放火殺人囚』DSTD20006／4500円＋税
『やくざ戦争 日本の首領＜ドン＞』DUTD02298／2800円＋税
『日本の首領＜ドン＞ 野望篇』DUTD02299／2800円＋税
『日本の首領＜ドン＞ 完結篇』DUTD02300／2800円＋税
『日本の仁義』DUTD03124／2800円＋税
『日本の黒幕＜フィクサー＞』DUTD03327／2800円＋税
『総長の首』DUTD03125／2800円＋税
『制覇』DUTD03127／2800円＋税
『修羅の群れ』DUTD02084／2800円＋税
『激動の1750日』DSTD02465／4500円＋税

以上、全てのタイトル
販売：東映　発売：東映ビデオ

編集後記

杉作J太郎

実録を語る映画は事件もの、感動ものなど洋邦問わずたくさんあるが、東映のこの時期の実録映画だけである。ファッショナブルで、スタイリッシュで、エッジがビシッと効いてて、時には笑えたり、時には泣いたりできるのは。

別にそれ以前、それ以後の映画にけちをつけるものではない。この本で扱っている実録映画、それらが素晴らしすぎるのである。時代もあるだろう。脚本も演出もカメラも音楽もいい。だが、やはりスクリーンに映っている役者の顔が良い。声が良い。姿勢が良い。

例えば『日本の首領 野望篇』の岸田今日子さんである。前略岸田今日子様。非礼を承知でお手紙をしたためたいくらいである。もちろん電子メールなどではない。手書きである。できれば季節の草花も添えたい。

高橋悦史、松方弘樹という2人を前にした応接間で岸田今日子さんは嬉しそうに笑った。その時、ソファーに腰をかけたままぴょんぴょんと身体を弾ませて見せた。楽しくて、体が弾んだのである。

後にこの映画の今日子さんは「ただの女よ……」燃えるような恋に堕ちる。相手は松方弘樹である。「だって私、男に生まれたかったんですもの」自宅応接間で身体をぴょんぴょん弾ませて微笑んだ、あの日あの時が松方弘樹演じる松枝との初対面である。あの時、今日子さん演じる姉小路尚子は既に自分の中で昂ってくる恋心を感じ取っていた。

我々の日常にもそうした瞬間はある。そんな時、隠せないのは「眼差し」その熱である。

植地 毅

1997年、『仁義なき戦い』からスタートした浪漫アルバムシリーズも、気づけば6冊目。期間にして20年の月日が流れていました。途中、ピンキー・バイオレンスからトラック野郎まで長期休養がありましたが、出版不況と呼ばれる今の時代においても、変わらぬテンションと執筆陣で続けられているのは奇跡的だと思います。そして今回は、実録に始まった浪漫アルバムシリーズが長い周回を経て再び実録に着地した、いわば集大成のような1冊に仕上がっています。ページ数も内容の濃さも過去最高となり、これまでなかなか語られる機会が無かった作品までピックアップできました。安藤昇氏も松方弘樹氏も、往年の名優が次々と鬼籍に入る現実を目の当たりにして、我々に残された時間の少なさを痛感しつつ、この素晴らしきバイオレンス・ムービー群の魅力を後世に遺すべく執筆しました。もう何度観たかわからない映画でも、原稿のために観直す度にまた新たな発見があったりするので、東映ヤクザ映画は本当に気が抜けません。かつてはレンタルVHSが主流だったこれらの作品も、いまはDVD時代を経てネットで月額見放題となり、映画鑑賞のスタイルも大きく変わりました。しかし映画の中身はいつまでも色褪せません。天に昇られた名優たちにも、『パシフィック・リム』風に言えば「ドリフト（ビデオ鑑賞）すれば、また会える」のです。本書もまたドリフトのためのガイドブックとして活用いただければ、ライター冥利に尽きるのであります！

目黒徳間組 構成員

組長 杉作J太郎
J-taro Sugisaku

男の墓場プロダクション局長。別名ＪＸＥ。映画『チョコレートデリンジャー』製作中。著書にハードＳＦ小説『応答せよ巨大ロボットジェノバ』（扶桑社）、『杉作Ｊ太郎が考えたこと』（青林工藝舎）など。ラジオ番組『痛快！杉作Ｊ太郎のどっきりナイトナイトナイト』（南海放送）毎週土曜21時から2時間生放送中。絶対聞いてね。

最高顧問 坪内祐三
Yuzo Tsubouchi

1958年東京生まれ。少年時代から映画館に通いまくり、その癖が未だ抜けず、300本近い東映作品のDVDを持ちながら映画館原理主義者のためその殆どに目を通していない。

顧問 掟ポルシェ
Porsche Okite

安藤先生と麻雀卓を囲んだこともある電撃ネットワークのギュウゾウさんを通じ、安藤先生のサイン色紙をいただいたことが。ご存知のように安藤先生の映画タイトルに何度も用いられた「掟」を通り名に持つ者として甚だ恐縮。2008年の自宅火災で焼けてしまいましたが、あの家の家相はどうだったんでしょうか、先生？

客分 山本賢治
Kenji Yamamoto

漫画家・漫画原作者。カオマンガイが大好きだったが、食べ過ぎて飽きる。最近のブームはささみカツ。代表作は「カオシックルーン」、「trash.」（画：D・P）など。

代貸 飯島洋一
Youichi Iijima

1949年東京生まれ。「浪漫アルバム」シリーズでは毎回ポスターコレクションの資料提供で協力。『ヨコハマメリー』の中村高寛監督の新作『禅と骨 Zen and Bones』で何と！《賭博監修》を担当。ヤクザ、任侠映画に憧れて50と有余年、遂に「俺も、やっと男になれた……」と、感涙に咽ぶ68歳（男）

舎弟頭 植地 毅
Takeshi Uechi

昭和47年生まれの売文業兼デザイナー。東映実録バイオレンスは十代の時点でソフト化されていた作品、ほぼ全て制覇。『日本の首領』３本と『ゴッドファーザー』３本を交互に鑑賞しながら気づいたのは、実録バイオレンスとは虚実入り乱れたリアルなフィクション感という矛盾した姿勢。そこに浪漫が生まれるのです！

本部長 高島幹雄
Mikio Takashima

1965年東京出身。現在はフリーで音楽CDの企画制作ディレクター、ミュージックバードが制作、全国のコミュニティFMで放送『週刊メディア通信』のパーソナリティー他、ライターも。バップ勤務時代は日本のテレビドラマや映画のサントラ音楽発掘CD「ミュージックファイルシリーズ」などの企画制作。

顧問 吉田 豪
Go Yoshida

70年生まれのプロインタビュアー。実はこの『浪漫アルバム』シリーズの名付け親。05年発売『en-taxi』（扶桑社）の70年代東映特集でやった松方弘樹インタビューが最高だったんですけど、黒い交際や女性関係の話が当時の所属事務所の原稿チェックでほぼカットになってたので、いつかどこかでノーカット版を出したいものです。

若中 伴ジャクソン
Ban Jackson

男の墓場プロダクション所属のレスキューライター。企画スタートから約1年、色々頑張りました。楽しんでいただけましたら幸いです。次回も色々頑張ります。

✸STAFF

構成／杉作Ｊ太郎
　　　植地毅
　　　伴ジャクソン

企画協力／東映
　　　　　東映ビデオ

写真／松山英樹（ポスター）
　　　伴ジャクソン

装丁／坂野弘美・植地毅

本文レイアウト／山崎サチ子

編集協力／今森泰一朗（東映衛星放送）
　　　　　小林 渉（東映ビデオ）
　　　　　小川晋
　　　　　門田克彦
　　　　　土屋大樹

編集担当／治郎丸慎也

✸SPECIAL THANKS

東映	三上寛
東映ビデオ	成瀬正孝
東映衛星放送	橘麻紀
中島貞夫	角田龍平
高田宏治	シネマルナティック
土橋亨	（順不同）

✸参考資料

東映映画三十年
　―あの日、あの時、あの映画―（東映）
クロニクル東映1947-1991（東映）
キネマ旬報（キネマ旬報社）
ムービー・マガジン（ムービー・マガジン社）
日本映画俳優全集・男優編(キネマ旬報社)
日本映画俳優全集・女優編(キネマ旬報社)
日本映画監督全集（キネマ旬報社）
月刊シナリオ（映人社）
日本映画1976
日本映画1977
日本映画1978
日本映画1979
日本映画1980（以上、芳賀書店）
映画監督 深作欣二　深作欣二・山根貞男（ワイズ出版）
遊撃の美学　映画監督中島貞夫
　中島貞夫・河野眞吾（ワイズ出版）
映画俳優 安藤昇　山口猛（ワイズ出版）
殲滅 中島貞夫の世界（北冬書房）
映画脚本家 笠原和夫 昭和の劇
　笠原和夫・荒井晴彦・絓秀美（太田出版）
笠原和夫 人とシナリオ（シナリオ作家協会）
高田宏治 東映のアルチザン
　高田宏治・西谷拓哉（カタログハウス）
嗚呼！ 活動家群像　土橋 亨（開発社）
映画の奈落 北陸代理戦争事件　伊藤彰彦（国書刊行会）
東映実録やくざ映画 無法地帯　高橋賢（太田出版）
別冊映画秘宝 実録やくざ映画大全（洋泉社）
東映実録路線 最後の真実（メディアックス）
映画監督 田中登の世界（シンコーミュージック）
（順不同）

この物語はすべてフィクションであり、登場人物団体等の名称も架空のもので、実在のものとは何等関係ありません。

東映実録バイオレンス
浪漫アルバム

第一刷——2018年4月30日

編　著——杉作J太郎・植地毅
発行者——平野健一
発行所——株式会社徳間書店
〒141-8202
東京都品川区上大崎3-1-1
目黒セントラルスクエア
編集03(5403)4332
販売048(451)5960
振替00140-0-44392

印刷・製本——図書印刷株式会社

Printed in Japan

落丁・乱丁はお取り替えいたします。

ISBN978-4-19-864588-5

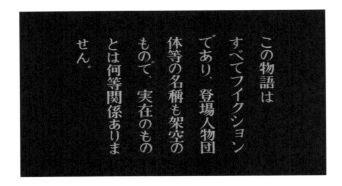